COLLECTION

COMPLÈTE

DES MÉMOIRES

RELATIFS

A L'HISTOIRE DE FRANCE.

―――

Rabutin, tome 1.

LEBEL, IMPRIMEUR DU ROI, A PARIS.

COLLECTION

COMPLÈTE

DES MÉMOIRES

RELATIFS

A L'HISTOIRE DE FRANCE,

DEPUIS LE RÈGNE DE PHILIPPE-AUGUSTE JUSQU'AU COMMENCEMENT
DU DIX-SEPTIÈME SIÈCLE;

AVEC DES NOTICES SUR CHAQUE AUTEUR,
ET DES OBSERVATIONS SUR CHAQUE OUVRAGE,

Par M. PETITOT.

TOME XXXI.

PARIS,

FOUCAULT, LIBRAIRE, RUE DE SORBONNE, N° 9.

1823.

COMMENTAIRES

DES

DERNIÈRES GUERRES

EN LA GAULE BELGIQUE,

ENTRE HENRY SECOND DU NOM, TRÈS-CHRESTIEN ROY DE FRANCE, ET CHARLES CINQUIESME, EMPEREUR, ET PHILIPPES SON FILS, ROY D'ESPAIGNE;

DÉDIÉS AU MAGNANIME ET VICTORIEUX PRINCE, LE DUC DE NIVERNOIS, ET PAIR DE FRANCE,

PAR FRANÇOIS DE RABUTIN,

Gentilhomme de sa compaignie.

NOTICE

SUR RABUTIN ET SUR SES COMMENTAIRES.

On ignore la date de la naissance et celle de la mort de François de Rabutin; on voit seulement qu'il fut homme d'armes dans la compagnie d'ordonnance du duc de Nevers, qu'il fit sous ce prince toutes les campagnes du règne de Henri II, qu'il obtint ensuite le gouvernement de Noyers, petite ville de Bourgogne, et qu'il vivoit encore en 1581.

Quelques biographes ont dit qu'il étoit l'aïeul ou le grand-oncle du comte de Bussy-Rabutin, cousin de madame de Sévigné; et ils se sont étonnés de ce que ce dernier avoit omis ce nom dans la généalogie de sa famille. L'abbé Papillon, auteur de la *Bibliothèque de Bourgogne*, explique cette singularité par la vanité ridicule du comte de Bussy : il raconte que, en ayant parlé à M. de La Rivière, gendre de ce seigneur, sa réponse fut que l'auteur des *Amours des Gaules* n'avoit pas cru pouvoir reconnoître, comme faisant partie de sa maison, un homme qui avoit été domestique du duc de Nevers. Il n'est pas besoin d'observer qu'un homme d'armes n'étoit pas alors un *domestique* dans l'acception que nous avons depuis donnée à ce mot, et que, sous François I et Henri II, les compagnies d'ordonnance étoient en général composées de gentilshommes qui appartenoient aux premières familles du royaume.

Les Commentaires de Rabutin sont une des productions historiques les plus remarquables de cette époque; ils offrent le récit de toutes les guerres du règne de Henri II, depuis les premières hostilités qui eurent lieu dans le duché de Parme en 1551, jusqu'à la paix de Cateau-Cambresis en 1559. L'auteur, témoin oculaire d'une grande partie des événemens, les retrace avec une franchise et une fidélité qui inspirent au lecteur la confiance la plus entière : étranger aux intrigues de la Cour, il loue sans partialité les généraux célèbres qui, après la bataille de Saint-Quentin, préservèrent la France d'une invasion. S'il parle avec enthousiasme des exploits du duc François de Guise, il ne donne pas moins d'éloges, soit à la constance du connétable de Montmorency et de l'amiral de Coligny, tombés au pouvoir des Espagnols, soit à la sage fermeté du duc de Nevers, qui, avant l'arrivée du duc de Guise, sut calmer les alarmes du peuple et empêcher les ennemis de pénétrer jusque sous les murs de la capitale. Il peint des mêmes couleurs la belle conduite que tint Henri II dans cette circonstance difficile, et il présente ce prince, jusqu'alors trop enclin aux plaisirs, déployant toute la prudence et toute l'activité qu'on avoit admirées dans François I son père, lorsqu'en 1536 Charles-Quint voulut conquérir les provinces du Midi, et lorsqu'en 1544, après avoir envahi la Champagne, il s'avança jusqu'auprès de Meaux. Dans ces récits, pleins d'intérêt et de chaleur, une seule omission inspire des regrets ; c'est que Rabutin, par une excessive modestie, garde le plus profond silence sur la part qu'il a prise à des événemens si mémorables.

L'auteur convient avec franchise qu'il n'a aucune connoissance des secrets du cabinet; et, par cette raison, il remonte rarement aux causes des catastrophes qu'il raconte. « Tels négoces, observe-t-il modestement, peu « souvent sont descouverts à de petits soldats comme « je suis, si non que l'effect soit ensuivy. » Mais si l'on ne trouve pas dans ses Commentaires ces anecdotes secrètes qui donnent quelquefois la clef des énigmes politiques, on est bien dédommagé par le soin extrême qu'il met à recueillir toutes les particularités qui peuvent contribuer à faire connoître la manière dont on faisoit la guerre à cette époque.

Son style, qui a presque toujours les grâces naïves des écrivains du temps, s'anime plus d'une fois, et devient alors pittoresque, rapide, entraînant. L'auteur, ayant presque tout vu par ses yeux, excelle principalement dans les descriptions de villes, de châteaux, de positions militaires, de batailles : les récits de l'affaire de Renty, où les Français furent vainqueurs; de celle de Saint-Quentin, où ils furent complètement défaits; des siéges de Calais, de Guines et de Thionville, qui couvrirent de gloire le duc de Guise, sont surtout des morceaux où l'on admire également les connoissances approfondies du militaire et le talent de l'écrivain. Les Espagnols, après la bataille de Saint-Quentin, auroient pu, s'ils se fussent avancés jusqu'à La Fère, exterminer les débris de l'armée française : Rabutin aime à voir dans cette faute commise par les ennemis un effet de la puissance divine, qui avoit voulu châtier la France, mais qui n'avoit pas décidé sa ruine entière. « Il semble, dit-il, que le supresme « dominateur, dieu des victoires, les arresta là tout « court, et leur planta en cest endroit une barriere « pour n'entreprendre outre ce que sa volonté avoit « permis. »

Les narrations qui composent ces Commentaires tirent un grand charme de l'ardeur martiale dont Rabutin étoit animé. Lorsqu'il s'agit de combattre, son imagination s'exalte, et son style s'élève presque au ton de la poésie. Se trouvant près de Mariembourg, dans une belle matinée d'été, il espère se mesurer avec les ennemis. « Chascun, dit-il, se promettoit ce « jour faire autant d'exploits d'armes qu'Homère et « Virgile en disent d'Achilles, Ulysses et Enée : aussy « sembloit-il que le ciel et la terre nous vouloient fa- « voriser en ceste affaire, estant ce jour autant beau « et clair qu'on n'en avoit point vu dans l'an, et la « terre, ni trop molle, ni trop seiche, couverte de « toute verdure et diverses fleurs. »

Rabutin est presque le seul écrivain de cette époque qui ait la générosité de parler avec éloge de Charles-Quint, devenu l'horreur des Français à cause de tous les fléaux que son ambition démesurée avoit attirés sur eux. « Je ne me veux, dit-il noblement, tant « oublier, que de vouloir en mes escrits aucunement « injurier ou alterer la vertu et grandeur de l'Em- « pereur, sachant bien que c'est un des plus vaillans « princes qui soient au monde, qui a mis heureuse- « ment à fin des faits aussi grands que firent en leurs « règnes les Césars. » Il ajoute, selon l'esprit chevaleresque des grands hommes de ce temps, que Charles-Quint *eust passé plus outre,* si, au lieu de faire la guerre aux princes chrétiens, il se fût mis à leur tête pour détruire l'empire ottoman.

Humain jusque dans les horreurs de la guerre, Rabutin déplore la funeste destinée de l'armée de l'Empereur, lorsqu'il fut obligé de lever le siége de Metz, au milieu de l'hiver de 1552 : « Ses soldats, dit-il, se « retiroient où ils pouvoient, en si grande indigence « et misere, que je ne fais point de doute que les « bestes mesmes, voire les plus cruelles, n'eussent eu « pitié de ces miserables, tombans, chancellans par « les chemins, par extrême nécessité, et le plus sou- « vent mourans près des hayes et auprès des buissons,

« pour estre en proie aux chiens et aux oiseaux, ce
« qu'à plus grande raison doit esmouvoir les cœurs
« des personnes que fortune a rendues tant heureuses
« en ce monde, que jamais ne sentirent ny essuyerent
« les duretez de la guerre; et quand ils en parlent, le
« ventre plein et le verre au poing, parmy leurs plai-
« sirs et délicatesses, leur semble que ce soyent nopces
« et voluptez exercer cest estat, qui ne consiste, parmy
« mille et mille périls, qu'au danger de l'ame et du
« corps, s'il n'est justement et prudemment exécuté. »

Après avoir rendu pleine justice au rival de François I et de Henri II, et plaint le sort de son armée, qui, si elle eût pris Metz, se flattoit de conquérir la France, Rabutin donne de longs détails sur l'abdication de ce monarque, qui eut lieu à Bruxelles, dans l'assemblée des états des Pays-Bas, le 23 octobre 1555. Cette cérémonie, où l'on vit le plus ambitieux des princes se démettre de la couronne pour aller terminer ses jours dans un monastère, est peinte avec les traits les plus nobles et les plus touchans. Le contraste de la magnificence que Charles-Quint étale au moment où il va quitter le trône, avec les traces de chagrin et de maladie qu'on remarque sur son visage, porte l'émotion dans tous les cœurs. Le prince Philippe s'avance tête nue, et se met à genoux devant son père; l'Empereur étend la main sur sa tête, lui cède tous ses Etats héréditaires, et lui recommande la justice et le service de Dieu; puis il lui donne sa *bénédiction* et l'embrasse. Le jeune prince paroît vivement touché : alors Charles-Quint, le seul de l'assemblée qui, jusqu'à ce moment, n'eût pas témoigné d'attendrissement, ne peut plus retenir ses larmes : « Elles
« lui couloient, dit Rabutin, le long de sa face ternie
« et pasle, et lui arrousoient sa barbe blanche. »

Les morceaux que nous venons de citer nous semblent suffire pour prouver que Rabutin joignit au caractère le plus noble les talens de l'écrivain. On ne peut que regretter de ne pouvoir fournir aucun détail sur la vie d'un homme qui servit son prince et son pays avec un zèle si pur et si désintéressé ; mais ce silence qu'on est obligé de garder sur sa vie, tourne en quelque sorte à sa gloire, puisqu'il ne faut attribuer qu'à sa modestie l'ignorance où lui-même a laissé la postérité de tout ce qui l'intéressoit : cette réserve se trouve bien rarement dans les auteurs de Mémoires.

Les premiers livres de l'ouvrage de Rabutin parurent en 1555 (*in-4º*, Paris, Vascosan), sous ce titre : *Commentaires sur le faict des dernières guerres en la Gaule belgique, entre Henri II, roy de France, et Charles V, Empereur, depuis l'année 1551 jusqu'en 1554*. Les autres livres furent publiés en 1559 (*in-8º*, Paris), sous le titre de *Continuation des dernières guerres en la Gaule belgique*. Une édition complète de cet ouvrage parut en 1574 (*in-8º*, Paris), et c'est cette édition que nous avons suivie. Les premiers éditeurs de Mémoires semblent aussi l'avoir prise pour modèle ; mais ils se sont permis, on ne sait par quelle raison, de supprimer une quarantaine de pages du neuvième livre : cette lacune n'existe pas dans notre édition.

En 1719, le père Lelong annonça que le comte de Brienne se proposoit de publier une nouvelle édition des Commentaires de Rabutin, dont il avoit rajeuni le style. Il ne paroît pas que ce projet ait été exécuté.

EPISTRE

AU MAGNANIME

PRINCE MESSIRE FRANÇOIS DE CLEVES,

DUC DE NIVERNOIS, ET PAIR DE FRANCE, LIEUTENANT GENERAL POUR LE ROY, ET GOUVERNEUR DE BRIE, CHAMPAIGNE ET LUXEMBOURG.

*M*ONSEIGNEUR,

La deffiance et doute que j'ay eu de ne pouvoir bonnement me souvenir de tant de choses qui sont en nostre temps admirables, me feit premierement prendre les tablettes, et mettre sommairement par escrit ce que me sembloit plus digne de memoire, esperant qu'en rafreschissant la souvenance de tant memorables faits, je pourrois, à l'exemple d'autruy, mieux reigler le cours de ma jeunesse, et, parvenu quelque jour à la derniere saison de mes ans, instruire et enseigner plus aisément ma petite famille. Mais ayant receu cest honneur de me veoir au service du Roy, soubs l'enseigne de vostre compaignie, comme j'eusse un jour entendu de vous l'obligation que ceux qui ont laissé par escrit la verité des choses passées ont sur nous, et les divines louanges que vous donnastes à Jules Cesar, en ce que de la mesme main qu'il avoit combattu ses ennemis il avoit escrit ses Commentaires, vous, Monseigneur, enflammastes de telle sorte mon desir, que si la suffisance y eust esté j'eusse vo-

lontiers prins ceste peine. Et des lors pour le moins non seulement je deliberay continuer ce que j'avois propensé et commencé, mais encor qu'apres je ferois mention de toutes choses, tant de celles dont porteroient tesmoignage mes yeux, que de celles que j'apprendrois de gens fideles et veritables. Non pourtant que j'attendisse jamais de parfaire commentaire, ny me faire enrooler en la troupe des historiographes; seulement je taschois en tirer l'enseignement et instruction de quelque plus capable personne. Au retour du camp, fortune m'a porté à Paris, lieu honoré pour l'excellence de plusieurs hommes de bon esprit. Je m'enquiers des plus suffisans, je les recherche, cognoy, frequente, et finablement m'efforce d'acquerir leur bonne grace. Entre autres je m'addresse à M. Barthelemy, maistre des requestes du Roy, des plus estimez; je lui communique mes brouillards et Memoires, je lui fais ouverture de mon intention: soudain il prend la peine de les lire d'un bout à autre, et regarder curieusement plusieurs passages où il cognoit mon labeur avoir esté grand, et mes escrits conformes à la verité de ce qu'il en avoit sceu et entendu. Par quoy me conseille et m'admonneste de les faire imprimer et mettre en lumiere, non toute-fois sans de rechef les avoir communiquez à gens doctes, entre lesquels, pour la singuliere amitié qu'il portoit à P. Paschal (1); *gentilhomme de rare doctrine et sçavoir, il m'adressa à luy. Qui, voyant mon œuvre mal digéré, et le stile mal limé et poli, ce que moy mesme je cognoissois, tant à cause du peu de temps qui m'estoit resté à les disposer en bonne forme, que pour le*

---

(1) *Pierre Paschal.* On a de cet auteur un ouvrage intitulé: *Henrici II elogium, effigies et tumulus,* in-folio et in-8°; Paris 1560. Cet écrit paroit avoir été fait sur des mémoires manuscrits du cardinal de Lorraine. Pierre Paschal mourut en 1565.

default que je puis avoir des lettres, s'offrit de bon cœur à m'y vouloir ayder; et ne pouvant satisfaire à ce labeur, pour estre continuellement occupé à escrire nos histoires françoises en latin (je dis en latin, Monseigneur, pource que selon l'opinion des plus sçavans hommes, il ne semble point que ce soit un François, mais un Cesar ou un Saluste escrivant), il pria un gentilhomme sien amy, nommé Guy-de-Brués, de Languedoc, prouveu (1) *de grand savoir et humanité, vouloir m'ayder de son opinion. Lequel, pour divers empeschemens qui luy ostoient le moyen de veoir les autres, retint seulement le sixieme livre. Or desjà prevoyant, par grandes apparances, que sur la nouvelle saison nous faudroit retourner à la guerre, ne voulant laisser mon œuvre manque et imparfait, je priay un mien amy, nommé Bernard du Pœy de Luc en Bear, qu'il daignast tant prendre de peine pour moy, que me secourir en ce qu'il cognoistroit y defaillir de propriété de langage, liaison de sentences, et autres choses. En quoy, comme il est homme non seulement amateur de toutes sciences, ains qui est gracieux et secourant à ceux qui les suyvent, m'y a aydé et en tout esté amy.*

Dont, Monseigneur, j'ay eu plus grande hardiesse de vous addresser ceste mienne petite histoire, qui vous sera tesmoignage perpetuel de mon obeïssance : esperant que de vostre grande humanité sera receuë pour aggreable, d'autant qu'il me semble que toutes bonnes choses provenans de moy vous sont deuës et vouées, et que les prendrez tousjours en bonne part; aussi, que pour l'amour de vous je seray tellement favorisé, que ceux qui à bon droict y trouveroient quelque chose à reprendre, à l'honneur de vostre nom passeront par dissimulation mes plus grandes faultes. Monsei-

---

(1) **Prouveu** : pourvu.

gneur, je supplie le Createur vous donner en santé tres longue et très heureuse vie.

A Paris, ce vingt-cinquiesme de mars 1554.
Vostre tres humble et tres obeissant serviteur,

F. DE RABUTIN.

PROOME DE L'AUTEUR.

Si je voulois deduire par le menu les principaux autheurs et les premieres causes des guerres qui estoient esmeuës au temps que je pretens commencer mon histoire, j'aurois argument et suffisant subject pour parfaire un volume qui ne seroit moindre que toutes les Decades de Tite-Live, d'autant que les guerres et differents des princes sont enchainez, et que l'un depend et s'entretient avec l'autre; de sorte qu'en ce cas je ne sçay s'il faudroit prendre ces occasions au commencement du regne de ceux qui sont presens, leurs ancestres et riere-bisayeuls, ou bien les tirer des controverses et inimitiez qui causerent premierement la guerre entre les hommes; car je ne puis croire que la reparation d'un tort, revanche d'un injure, recouvrement de bien, defense des subjects, secours des alliez et confederez, convoitise de nous agrandir, l'ambition de regner ou le desir d'estre monarche, eust eu tant de pouvoir envers nous, que de nous faire porter les armes longuement, et, ce faisant, ruiner tant de bien, commettre tant d'indignitez et scandales, meurtrir tant de corps et perdre tant d'ames, si, oultre cela, chacun de nous n'avoit en soy une chaleur de disputer, et inclination naturelle de debattre, tellement que, quand l'on resiste à nos sensualitez, nous sommes prests à faire foy de la preuve de nos opinions par un tesmoignage des armes; mais laissons resoudre aux plus savans si les guerres viennent des occasions precedentes, ou que nature nous ait disposez à estre querelleux, ou bien si les deux ensemble nous causent ce malheur. Il suffit que la difficulté de propos, la longueur du discours et le desguisement que chacun fait à son droict, me servent de mettable excuse; et pourray aucunement avoir satisfait à tous objets, si, sans chercher lesdites occasions de plus loing, j'en ramene aucunes des plus veritables et dernieres, commençant à celles dont vint la premiere emotion en Italie. Encor veux je protester de deux choses avant la main : l'une, si je ne parle de tout ce qu'est advenu durant le temps dont je fais mention, que ce n'est pour paresse de souffrir le travail de l'escrire; car qui advisera ma profession, et s'enquerra de mes compaignons si j'ai tousjours porté ma part de la fatigue de la guerre, il trouvera que, pour un soldat, j'ay esté assez diligent, ayant retenu ce peu que j'ay voulu escrire; et si on vouloit dire que je ne me suis enquis de ceux qui ont plus veu que moy, je responds que je l'eusse fait volontiers, n'eust esté que dissimulations et parolles faintes, dont tous usent communement aujourdhuy, accoustument peu à peu les personnes à s'esloigner de la verité; de sorte qu'à la parfin la pluspart demeurent menteurs ordinaires. A ceste raison, j'avois peur que m'aydant d'autruy je meslasse, parmi les veritez que j'ay veu, les mensonges. L'autre chose dont je proteste, est que, si je tais la vertu d'aucuns, ce n'est de malice ou d'envie, mais pour ne l'avoir veu, ou sceu veritablement; par ainsi ce n'est par ma faute; et quant à ceux desquels je fais mention, je suis certain que je les louë encor' bien froidement, veu leurs vertueux faicts; et si, touchant les faultes des autres, je ne les sçay aigrir et rendre tant abominables qu'elles meritent, en cela je remets ma cause et consideration à toutes personnes de bon jugement, combien que toute ma vie j'ay esté d'advis que les personnes de vertu soient estimées, sans comparaison plus vertueuses qu'on ne sçauroit dire, les meschans hommes encor' plus meschans que la meschanceté mesme. Par ainsi le default mien de ne sçavoir bien au vif representer la louange et le blasme, je desire estre jugé par la presumption precedente, et ma simplicité estre excusée, si en escrivant mon histoire je n'ay usé d'artifices ny enrichy mon stile, pour plaire à plusieurs oreilles delicates qui se delectent en l'ornement de langage ; parce que suivant la verité, qui est la fin et l'ame de l'histoire, j'ay esté contraint d'escrire les affaires nuëment comme elles sont advenuës. Lesquelles causes, si elles sont bien considerées, mon œuvre ne sera trouvé moins aggreable que la gloire et renommée est requise des vertueux hommes, qui travaillent journellement pour acquerir un nom perpetuel.

COMMENTAIRES

DE

FRANÇOIS DE RABUTIN.

PREMIER LIVRE.

Du commencement et origine des dernieres guerres en la Gaule belgique, puis de ce qui s'est fait en Champaigne, à sa premiere ouverture, en l'an 1551.

[1551] Le seigneur Pierre Loys Farneze, investy des duchez de Plaisance et Parme, par pape Paul troisieme, son pere, par eschange fait à l'Eglise desdits duchez à autres terres et pieces, confirmé et ratifié par la plus grand' part du college et le consentement de l'Empereur(1), moyennant quelque recompense et le mariage de sa fille naturelle avec le seigneur Octave, fils aisné dudit Pierre Loys, se meit le plus diligemment que luy fut possible en reale possession desdits duchez, et employa tout son pouvoir à les fortifier et munir, prevoyant que, non sans difficulté, il en pourroit jouir paisiblement; puis, au plus bref temps

(1) *Et le consentement de l'Empereur.* Charles-Quint avoit au contraire refusé l'investiture à Louis Farnèse, et les cardinaux s'étoient opposés, tant qu'ils l'avoient pu, au démembrement du patrimoine de l'Eglise.

qu'il se veit avoir le moyen, feit construire un chasteau à Plaisance, autant fort et defensable qu'il avoit à se douter et rendre asseuré de ceux qui le pouvoient troubler en sa jouissance; selon aussi qu'il avoit le lieu et le pouvoir commode, principallement pour tenir la ville en subjection, de laquelle, et specialement d'aucuns citadins, se souspeçonnoit. Toutesfois ne sceut-il de si loing prevoir et conduire ses entreprises, qu'enfin par ceux mesmes peut estre desquels se doutoit ne fust tué, et dedans sa forteresse mal-heureusement meurtry, avec telles intelligences, que si tost que sa mort fut publiée dom Fernand de Gonsagues, lieutenant pour l'Empereur au duché de Millan, qui estoit prochain de là, entra dedans avec cavallerie et fanterie, saisissant la ville et le chasteau au nom de l'Empereur son maistre.

Le pape Paul se sentant plus griefvement offensé de la mort de son fils qu'en la perte du bien, par le moyen de celuy qui non seulement de Sa Saincteté et de toute la maison Farneze avoit tiré innumerables plaisirs, mais qui s'y estoit allié; craignant d'estre entierement frustré et dessaisy du surplus, envoya le seigneur Camille Ursin, l'un des capitaines de l'Eglise, avec bon nombre de gens de guerre, à Parme, pour la garder et defendre; estans toutefois déja prins et renduz plusieurs chasteaux du Parmesan aux chefs et serviteurs de l'Empereur. Peu de tems ensuyvant, le pape Paul ja fort vieil, et d'avantage ses jours plus avancez de tel ennuy et tristesse, par sa derniere et expresse volonté testamentaire [1], voulut et ordonna

---

[1] *Par sa derniere et expresse volonté testamentaire.* Paul III étoit mort le 6 novembre 1549.

avant mourir que Parme fust rendue au seigneur Octave son nepveu.

Apres que le siege pontifical eut vacqué aucuns jours, les cardinaux assemblez au conclave pour l'election d'un autre pape furent par intervalles en controverse, pour les prioritez des degrez, dignitez et nations. Finalement fut esleu un cardinal Aretin, de la maison de Monté, intitulé Jules troisiesme; lequel, cognoissant selon equité le droict qu'avoit le duc Octave au duché de Parme, l'en revestit, et manda au seigneur Camille Ursin luy ceder et rendre ce qu'il occupoit, comme au vray propriétaire; nonobstant que l'Empereur, long temps auparavant, eust requis instamment que Parme luy fust rendue, soubs couleur de se dire protecteur de l'Eglise; ayant desja fait menasser le seigneur Camille Ursin, à fin que la luy rendist entre ses mains : ce que ne pouvant obtenir par ce moyen, en apres feit offrir recompense au seigneur Octave, adjoustant diverses promesses ausquelles ne voulut adjouster foy, craignant demeurer devestu de l'un et l'autre, se remémorant de divers exemples qu'il avoit veu advenir en pareil cas.

Et de ce refuz l'Empereur davantage irrité, recourut une autrefois au Pape, avec plus vehementes persuasions entremeslées de menasses, luy faisant entendre les grands fraiz, que luy conviendroit exposer continuellement pour la defense de ce pauvre seigneur et de ses places ; au contraire luy remonstroit les moyens et l'authorité qu'il avoit selon son affection, pour non seulement defendre le bien de l'Eglise, mais d'avancer et eslever les siens. Tant y a que toutes ses persuasions eurent telle efficace à l'endroict du Pape, qu'il feit sçavoir au duc Octave que ne vouloit plus supporter ceste extraordinaire despense comme luy avoit promis.

Se trouvant le duc Octave de ce nouveau changement à bonne cause troublé, lequel avoit eu tousjours bonne opinion que le Pape luy seroit amy, comme ayant receu de sa maison le premier poinct de son advancement, luy feit remonstrer le peu de moyen qu'il avoit si de Sa Saincteté ne luy estoit subvenu, et le grand peril qu'il encourroit si elle luy defailloit. Pour resolution luy fût respondu *que n'y eust plus d'attente, et que se retirast ailleurs où sentiroit pouvoir recouvrer meilleur secours.* Parquoy (veu les grandes apparences que toutes ces menées estoient conduites à l'adveu de son beau pere, qui ne tendoit à autre fin que le spolier et devestir de son propre), prudemment considera que s'il retiroit devers luy peu d'avantage luy en adviendroit, et promptement ne peut eslire meilleur moyen que s'adresser au Roy; lequel, tant pour cognoistre la chose digne de commiseration, que pour estre, à l'imitation de ses predecesseurs, affecté à la defense et tuition du bien de l'Eglise [1], le consola en premier d'un espoir de son secours; toutefois apres avoir par son ambassadeur, qui lors estoit à Rome, fait remonstrer toutes raisons au Pape pour l'induire à meilleur moyen, et ne l'ayant peu resouldre, dèslors en accepta la protection soubs conditions obeissantes et favorables à l'Eglise.

Le Pape estant vaincu et diverty entierement par

---

[1] *Tuition du bien de l'Eglise.* Rabutin entend que, en soutenant Octave Farnèse, le Roi auroit protégé le domaine de l'Eglise, parce que ce prince, remis en possession de ses Etats, eût été vassal du Pape.

les continuelles exhortations de l'Empereur et ses ministres, de premier mouvement trouva fort mauvaise ceste capitulation ; et, de cholere, avec plusieurs menasses, feit courir le bruit de publier une censure sur le Roy et son royaume : qui luy donna occasion de se defier aucunement de luy, et de faire fermer les passages de ses pays, avec defenses de transporter à Rome or n'argent monnoyé ou non monnoyé, pour bulles, dispenses ny autres despesches, jusques à ce qu'autrement il y auroit pourveu. Puis estant condamné le duc Octave comme rebelle vassal, pour n'avoir voulu quitter son bien à tel marché qu'on le demandoit, le Pape consentit à l'Empereur de recouvrer Parme en toutes les sortes que luy seroit loisible. Parquoy dom Fernand (1), qui n'attendoit que cest arrest, esperant participer au proufit, ou pour se monstrer bon serviteur à executer la volonté de son maistre, assembla en diligence toutes les garnisons du duché de Milan et de ce qu'il tient en Piedmont, et commença le gast au territoire parmesan, accompagné du seigneur Jan Baptiste (2), ayant certain nombre de soldats, soubs tiltre et authorité apostolique ; lesquels estans conjoincts avec leurs armées, pour demonstrer que ce n'estoit seulement au duc Octave qu'on en vouloit, assiegerent Parme et La Mirandolle, petite ville adjugée dès long temps au paravant par pape Paul, pour estre tenue soubs la protection du roy François et des autres roys de France ses successeurs ; dont fut exposé à totale perdition le plat païs circonvoisin,

---

(1) *Dom Fernand :* don Fernand de Gonzague, général de Charles-Quint. — (2) *Jan Baptiste :* Jean-Baptiste del Monte, neveu du pape Jules III.

ceste armée excedant de façon de vivre la cruauté barbare, au temps mesmement que restoit encor quelque espoir de pouvoir pacifier ces troubles, estant peu de jours ensuyvans envoyé le seigneur de Montluc (1) devers le Pape pour esclaircir tous ces differens, et sçavoir la derniere intention de Sa Sainctcté : neantmoins continuerent ces excez, tant que le Roy fut contraint d'y envoyer le duc Orace Farneze, frere du duc Octave, avec les sieurs de Termes, d'Andelot et Sypierre, et bon nombre de capitaines et gens de guerre, pour subvenir à ce pauvre seigneur, et à son païs qu'il avoit accepté en sa protection; et d'autre part, manda au seigneur de Brissac, lieutenant-general de Sa Majesté en Piedmont, de se mettre en campagne avec telle armée qu'il pourroit recouvrer, et de chercher le moyen et occasion de faire retirer dom Fernand du siege de Parme et de La Mirandolle, pour retourner deffendre et garder ce que son maistre tenoit seur et sien, plustost que s'entremettre aux choses où il n'avoit aucun droit. En quoy il besogna si heureusement en peu de temps, qu'il se feit maistre de Quiers, et recouvra Sainct-Damian, avec d'autres chasteaux au marquisat de Montferrat; et se fust davantage estendu, si dom Fernand ne fust en brief retourné, pour luy venir empescher l'entrée au duché de Millan.

Ainsi du costé de Levant et d'Italie commença une ouverture de guerre entre le Roy et l'Empereur : lequel encore qu'il eust par plusieurs fois asseuré à l'ambassadeur de France, qui lors residoit près de Sa Majesté,

(1) *Le seigneur de Montluc.* Montluc ne parle pas dans ses Mémoires de cette mission. Il servoit en Piémont sous Brissac, et étoit gouverneur de Moncalieri.

qu'il vouloit persévérer en l'amitié du Roy, ne desistoit pourtant à innover grandes menées tendantes à luy preparer une furieuse guerre és parties de deça ; faisant amasser deniers en tous ses pays, estans faictes secrettes levées de gens de guerre, et toutes ses frontieres munies en diligence, tant de soldats que d'artillerie ; estans aussi equippez vaisseaux de guerre en tous les endroits des mers qui sont en sa subjection, mesmement és Pays-Bas selon la coste de Flandres, et en toutes les contrées où la royne Marie, douairiere de Hongrie, a toute puissance et commandement (laquelle on sçait de tout temps n'avoir eu grande affection et plaisir de veoir ces deux grands princes en paix) : tellement que desjà on commençoit couvertement à user de rigueur à l'endroit des marchands françois qui trafiquoient celle part (1). Toutesfois le Roy, taisant toutes ces petites fascheries pour se monstrer desireux du repos public, envoya amiablement un ambassadeur devers ceste princesse, pour moderer et diffinir toutes ces difficultez, qui, au lieu d'estre receu d'elle avec gracieux accueil, fut, par son commandement, estroittement resserré, et pour quelque temps detenu prisonnier en un vieil chasteau. Et, peu après, ne se pouvant plus contenir sans apertement declairer le vray de son intention, feit generalement par tous ses ports detenir les vaisseaux et marchands de France, comme confisquez, commandant leur estre ostez les voiles et autres instrumens necessaires à la navigation ; mettre la marchandise en terre, laissant consommer les mariniers, qui estoient en grand nombre, avec les pauvres marchands, en frais de pour-

(1) *Celle part* : dans ce pays.

suytes, sans leur donner autre response de leur en faire restitution. Davantage ceste cholere s'estendit sur les marchands qui trafiquoient par terre à Anvers, estant faite inquisition de leurs marchandises et autres biens de tous les François qui y habitoient, comme si deslors ils fussent declairez pour ennemis, et n'eust plus esté question que de butiner. Et non-seulement en toutes ces choses promptuaires (pour estre presentement soubmises à sa disposition) se monstra fort ennemie des François, mais à l'endroit de cinq ou six honnestes gentilshommes françois qui, ayans veu l'Allemage, curieux de cognoistre et veoir les meurs et conditions des nations estranges, retournans en France par les Pays-Bas, furent arrestez long-temps à La Haye en Hollande, et de là menez prisonniers dans des chariots à Bruxelles, avec non moindre d'opprobre comme l'on meine les criminels et ceux qui appellent de la sentence de mort. Où, pour reparation de l'injure qu'ils avoient receuë, leur fut prononcé par le president d'Estat qu'ils avoient esté arrestez à juste cause, qui ne pouvoit estre autre sinon *qu'ils estoient François, et que desjà et de tout temps on les tenoit pour ennemis*, nonobstant que le Roy, pour oster tout moyen à l'Empereur de chercher occasion de luy commencer la guerre, eust faict battre et ruiner le fort de Lynchant, non pour autre cause sinon que les subjects de l'Empereur se plaignoient que le seigneur de Roignac, à qui il appartenoit, les grevoit et endommageoit grandement, encore que ce fort luy eust peu estre propre pour en temps de guerre tenir une partie des Ardennes en subjection. Ainsi donc il me semble qu'on peut aucunement cognoistre, par ces principaux poincts, le premier autheur de ces guerres, et auquel de ces deux princes le tort doit estre imputé.

Et s'il faut prendre les choses de plus loing, je pourray adjouster que l'Empereur ne pouvant tant couvertement faindre son intention que le Roy n'en eust tousjours quelque advertissement, advint qu'après le decès du feu roy François, quand le Roy voulut renouveller et confirmer les alliances des cantons des Suisses et des Grisons, il n'oublia à mettre en avant tous exploits pour les en destourner et distraire, tant par promesses que par menasses, voire jusques à envoyer quelque nombre de cavallerie sur les limites de leur pays, pour recognoistre les accès et entrées les plus commodes pour les assaillir; enfin ne peurent tant faire ces menasses, promesses et presens, que de seduire et aliener ces hommes constans et certains comperes et amis du Roy [1]. De quoy l'Empereur, pour monstrer un signe de vengeance, feit deffendre aux Grisons le commerce et traicte des vivres qu'ils souloient avoir au duché de Milan, sçachant leur pays fort aspre et infertile, esperant par ceste necessité et incommodité les contraindre à entrer en sa ligue et obeissance. Je pourray aussi dire combien luy a despleu et qu'il a trouvé mauvaise l'alliance du roy de France et du roy d'Angleterre, et la restitution de Bouloigne : ce que peut estre cogneu quand M. le mareschal de Sainct André porta l'ordre de France au roy d'Angleterre, s'estant l'armée de mer de l'Empereur opposée et

[1] *Comperes et amis du Roy.* Les Suisses étoient vraiment les compères de Henri II, parce qu'ils avoient tenu sur les fonts de baptême la princesse Claude, depuis duchesse de Lorraine, sa seconde fille. Les marraines avoient été Marguerite, sœur de François I, et Jeanne d'Albret.

plantée entre Douvres et Calais pour empescher ce voyage, que toutesfois n'advint, pour ce qu'il print autre chemin. On sçait aussi en combien de sortes l'Empereur s'est parforcé de rendre les François et les Allemans ennemis; desquels mesmement il en a fait aucuns mourir et traiter rigoureusement, pour cause seulement qu'ils avoient esté au service du Roy, afin qu'estans divisez et espuisez de finances, et sans espoir de secours, tant plus facilement les peust tousjours tenir en servitude : et ne prendray pour exemple que Sebastien de Volgeberg, colonel de lansquenets, ancien serviteur de la maison de France, auquel (au temps de paix et que mesmement s'estoit le plus declairé amy du Roy) l'Empereur feit trancher la teste en la ville d'Auguste (1); et fut prononcé par le ministre de l'exécution, tenant encore l'espée sanglante au poing, qu'autant en seroit fait de tous ceux qui partiroient du pays pour aller servir la couronne de France; comme à la verité ledit de Volgeberg testifia sur l'eschafaut qu'il mouroit pour avoir esté au service du Roy. Et pour declarer le moyen par lequel il vouloit esloigner les Allemans et mettre hors d'espoir de pouvoir recouvrer secours des François, c'est chose toute commune et claire qu'il se vouloit saisir de Lorraine par le moyen de la duchesse douairiere sa niepce (2), laquelle y avoit desjà appellé et fait venir certain nombre d'Espagnols, desquels elle estoit contente veoir manger et outrager ses pauvres subjects, à celle fin de se rendre tant plus

(1) *La ville d'Auguste* : la ville d'Augsbourg. — (2) *La duchesse douairiere sa niepce.* Christine, duchesse régente de Lorraine, étoit fille de Christian II, roi de Danemarck, et d'Isabelle d'Autriche, sœur de Charles-Quint. Veuve de François-Marie Sforce, duc de Milan, elle avoit épousé, en 1540, François I, duc de Lorraine.

forte et asseurée d'eux, s'ils se vouloient rebeller et contredire à ce qu'elle pretendoit, de soubsmettre tout ce duché soubs la protection de son oncle. De quoy fera foy et donnera tesmoignage le refuz que long-temps elle a fait de faire la foy et hommage au Roy à cause du duché de Barrois. Outre cela, l'Empereur se vouloit emparer de ces trois villes neutres, Metz, Verdun et Thoul, et en faire comme de Cambray, afin de reduire toute celle region obeissante et soubmise à luy, pour plus facilement avoir accès et dresser commodement ses entreprises sur les terres du Roy. Je pourrois declarer et deduire plusieurs autres menées et sollicitations pratiquées par l'Empereur à son plus grand advantage pour entreprendre sur nous, que je suis content de taire; et me suffit d'en avoir escrit les principaux poincts de la plus fresche memoire, que chacun (comme l'on dit en commun langage) presque voit encore à l'œil, et ne peut ignorer; tant pour n'obscurcir mon histoire de choses ennuieuses ne concernantes mon intention, que pour oster l'occasion à quelque lecteur scrupuleux de dire qu'estant François j'ay voulu colorer nostre querelle, rejettant le tort sur l'Empereur; ce que je n'entend et ne pourrois faire, pour estre la verité de tout ce different universellement publiée et descouverte. Enquoy toutefois je ne me veux tant oublier que de vouloir en mes escrits aucunement injurier ou alterer la vertu et grandeur de l'Empereur, sçachant bien que c'est un des plus vaillants princes qui soit au monde, qui a mis heureusement à fin des faits autant grands que feirent en leurs regnes *Les Cæsars,* et croy qu'il eust passé plus outre s'il ne se fust arresté à detenir le propre des autres princes ses parents et voisins, ains qu'il eust retourné ses forces conjoinctes avec les leurs, au recouvrement de ce très-grand et très-opulent empire de Levant.

Or, pour continuer la narration de mon histoire, et reprendre ce qu'estoit fait à l'advenement de ceste guerre, le Roy avoit veu que, nonobstant tout le devoir qu'il avoit mis à conserver les traictez d'amitié, son ennemy commettoit tous actes d'hostilité : après avoir longuement attendu que les navires et biens de ses pauvres subjects, detenus injustement aux Pays-Bas, leur fussent rendus, ce que n'avoit peu obtenir; et recevant continuels advertissemens, que sondit ennemy mettoit sus grands preparatifs pour l'envahir et surprendre, ne peut de moins faire que lascher la main aux armes, tant en Levant qu'en Ponant, avec tant heureuse fortune, que d'entrée dom Fernand fut contraint honteusement quitter le siege de Parme et de La Mirandolle, pour retourner secourir le duché de Millan; et en ce mesme temps ayant eu André d'Orie [1], avec l'armée de mer de l'Empereur, deux fois la chasse en la mer de Levant. En celle de deça en la coste de Normandie, par le capitaine Paulin, furent prins et arrestez aucuns vaisseaux et marchands de Flandres, lesquels, soubs couleur de trafiquer, transportoient en leurs contrées vivres et munitions pour apres s'en ayder contre nous.

L'Empereur adverty de toutes ces exécutions, fort irrité et despité, feit saisir et mettre en ses mains toutes seigneuries, terres et chevances [2] que possedoient en ses pays gentilshommes et autres François, leur faisant faire commandement, à peine de la vie et con-

---

[1] *André d'Orie* : André Doria. — [2] *Chevances* : biens mobiliers.

fiscation de bien, d'en sortir et vuider dedans certain brief temps prefix ; et renvoya le seigneur de Marillac, qui lors residoit ambassadeur près de luy, avec plusieurs propos de menasses addressez au Roy, de le rendre le plus pauvre prince de son sang ; et pour ce faire commença deslors à rappeller et racointer (¹) tous ceux qu'il avoit declairé ses ennemis, et à mettre en avant tous artifices et efforts pour endommager le Roy et ses pays, principalement se voulant addresser devers la Champagne, la sçachant adonc assez mal pourveuë de frontieres et villes fortes, et la pluspart de celles qui y estoient, estre en si mauvaise situation pour estre fortifiées, qu'à peu de temps et frais les pourroit emporter. Pourtant estoit tout son dessein de retourner une autre fois par ces mesmes brisées qu'il estoit venu.

Le Roy, encore qu'il eust de longue main pourveü à tous les attentats et deliberations de son ennemy, sçachant ceste publication et ouverture de guerre, avoit adverty tous les princes, gouverneurs et capitaines de ses pays et forteresses, qu'ils se tinssent prets et se retirassent aux lieux où leurs charges estoient commises et addressées ; et au reste avoit mis tant bon ordre d'avoir ses forces preparées promptement, où le besoin requerroit et seroit prochaine la necessité, que, sans estre faites soudaines levées ny emotions, pouvoit en moins d'un mois jetter aux champs une bien grosse armée et puissante, avec une tant honneste et paisible façon de vivre, que ses subjects ne s'en pourroient douloir, ne s'en sentir grandement grevez, au moyen de la bonne reformation et ordonnance qu'y

(¹) *Racointer* : Rechercher, caresser.

avoit erigée et establie messire Anne de Montmorancy, pair et connestable de France.

Ainsi M. de Nevers se retira en son gouvernement de Champagne, avec sa compagnie de cent hommes d'armes, où jà estoit M. de Bordillon, lieutenant de roy en son absence; où tost après luy furent envoyées les compagnies de gendarmerie cy-après declarées, pour les departir et mettre ès villes fortes et endroits qu'il verroit estre foibles, comme il feit. Celle du seigneur de Chastillon à Mesieres; celle du comte de Nantueil au Chesne Populeux; celle du seigneur de La Roche du Maine à Mouson, dont il est gouverneur; celle du duc de Montpensier audit Mesieres, à Ouart et ès environs; celle du seigneur d'Aubigny à Beaumont en Argonne et Sathenay (1); celle de M. le mareschal de la Marche estoit jà à Sedan et Donchery; la sienne demoura à Attigny, Chastel en Porsean (2) et Rhetel, pour estre tant plustost preste et prochaine de sa personne.

Aussitost que les ennemis eurent nouvelle que ce prince visitoit ceste frontiere, pour adviser à munir les plus foibles lieux et loger commodement toutes les compagnies et garnisons que le Roy y vouloit envoyer, afin de faire teste à tout ce qu'ils voudroient entreprendre, proposerent et se meirent à l'essay de luy donner aucun destourbier et empeschement : estans advertis qu'il estoit au Chesne Populeux, gros bourg distant de Mouson environ cinq lieuës, en petite compagnie, donnant ordre à tous affaires qui pouvoient survenir, le comte Mansfel, gouverneur lors du duché de Luxembourg, avec les gouverneurs d'Yvoy et

---

(1) *Sathenay* : Stenay. — (2) *Chastel en Porsean* : Château-Porcien.

Danvillé (1), assemblerent un nombre d'hommes des prevostez qui estoient soubs eux, ensemble quelques Clevois et Gueldrois qu'on y avoit logé et retenu en garnison pour ce duché, et certain nombre de cavallerie; et avec tout cela, proposerent de luy venir faire une cargue (2) en ce lieu. Dequoy toutefois ce prince ne demoura long temps à estre adverty, et pour ce fut tant bien pourveu pour les recevoir par la conduite de M. de Bourdillon, qui ayant assis bon guet et fort sur le passage d'un marets et le Pont-Bar, et sur toutes les advenuës, à veoir l'ordonnance qu'il y avoit mis, estoit fort aisé à juger que s'ils fussent venus comme nous menassoient, encore que fussions en plus petit nombre qu'eux, malaisement se fussent retirez à leur honneur; mais ne comparurent point, et fut dit qu'ils n'avoient peu passer les rivieres adonc fort grosses, et hors rive, pour les importunes pluyes tombées par l'espace d'un mois ou six sepmaines au paravant. Aucuns murmuroient que c'estoit faux rapports, et controuvé advertissement. Tant y a qu'il fut cause de faire avancer huict compagnies des vieilles enseignes, que le Roy envoyoit celle part pour la seurté de la frontiere. Parquoy ce prince le lendemain au matin partit de ce lieu pour retourner à Attigny, attendant de veoir faire les monstres desdites compaignies, pour en après les départir où verroit estre besoing, et les trouva desja arrivées. Pourtant le jour ensuyvant les voulut veoir en bataille en une prairie le long de la riviere d'Aisne, où devant luy se meirent en ordonnance de combattre, et feirent le *limaçon* à reiterées fois; et puis asseurer de ce que j'en vey, non

(1) *Danvillé*: Damvilliers. — (2) *Faire une cargue*: attaquer.

de ma seule opinion, que n'est possible de veoir soldats en meilleur équipage, ny portans meilleur visage de gens de guerre. Leurs monstres faites, ayans touché leurs soldes, le prince les feit departir ainsi : Les capitaines Villefranche et Boisseron à Mesieres, le capitaine Lignieres à Mouson, le capitaine Saincte Marie à Sathenay, les capitaines Gourdes et La Lande à Maubert-Fontaine et Montcornet, le capitaine Favaz à Saincte-Menehou, le capitaine Glanay à Donchery. Assises ainsi ces garnisons, sembloit que desja le populaire de la frontiere se fust renforcé et redoublé de courage; et n'y avoit, depuis les grands jusques aux petits qui ne se préparassent de prendre les armes, pour non seulement se defendre des ennemis, mais pour davantage les aller chercher. A ceste cause journellement couroient les uns sur les autres, demonstrans un présage d'une cruelle et longue guerre.

Après avoir mis bon ordre à tous ces précedens affaires, ce prince prudent et bien conseillé voulut visiter les villes de ceste frontiere, et veoir comme elles estoient munies, et avec quelle diligence les remparts et defenses s'avançoient, où journellement et sans cesse on besoignoit. Et, partant d'Attigny, retourna au coucher au Chesne Populeux, où luy furent apportées les nouvelles par le seigneur Jacques Marie, honneste et sage gentilhomme italien, mareschal des logis de la compagnie de M. de Chastillon, comme par ladite compagnie, à la conduite du seigneur de Luzarche, vaillant et bien experimenté chevalier qui en est lieutenant, avoient esté desfaits quatre cens Bourguignons[1], des-

---

[1] *Quatre cens Bourguignons.* On appeloit ainsi les troupes de

quels estoient capitaines un nommé Bel-homme, et un autre parent ou allié du sieur de Lumés, qui y demeura prisonnier. Ceste desfaite fut executée près de Moncornet ès Ardennes, et y resterent tuez à la furie de sept à huit vingts hommes, le reste mis et chassé à vau de route, et trente ou quarante amenez prisonniers ; des nostres, peu ou point en demeura de tuez : vray est qu'aucuns gentils-hommes y furent blessez, entre autres le sieur de Montifault, qui y receut un coup de picque en la cheville du pied, pour lequel coup depuis par necessité on luy a couppé la jambe, qui ne pouvoit estre sans regret et dommage, estant gentilhomme bien loué et estimé. Quelques chevaux de ladite compagnie y furent tuez et blessez.

Ceste petite desfaite pour un commencement estonna beaucoup les ennemis, et resjouyt fort ce prince, pour les continuels rapports qu'on luy faisoit que ceste maniere de gens, pires que volleurs, exerccoient grands pillages à l'entour de Mesieres, et emmenoient le bestail des paysans, èsquels ne trouvoient grande resistance. Donc pour continuer sa deliberation, ce prince le lendemain partit du Chesne Populeux, suivy de plusieurs grands seigneurs et capitaines, tant de sa maison que compagnie, et le reste y demeura avec le sieur de Giry qui en estoit enseigne, et arriva à Mouson environ les deux heures après midy. Au devant duquel vindrent le sieur de La Roche du Maine, qui en est gouverneur, avec sa compagnie de gendarmerie en armes, et le capitaine Lignieres avec la sienne de gens de pied. Si-tost que ce prince eut à loisir visité

Flandre, parce que ce pays avoit appartenu aux ducs de Bourgogne jusqu'au temps de Louis XI.

et tournoyé à cheval les remparts et murailles, en petite suitte devalla au grand portail devers Yvoy, remontant au long du grand chemin jusques au-dessus d'une haulte montaigne entre ces deux villes, pour considerer et recognoistre à plain la situation de ceste ville adonc ennemie; et, non content de la veoir de si loing, envoya querir les compagnies, tant de cheval que de pied, n'ayans encor posé les armes, pour luy servir d'escorte. Parquoy estans arrivées, furent départies en trois escadrons; l'un desquels, celuy qui estoit le plus esloigné de corselets, estoit plainement descouvert, et les deux autres les plus approchez estoient embusquez dedans des fossez et levées de terre au long de la prairie. La gendarmerie estoit à couvert en un petit bosquet à main droite. Cependant furent envoyez quelques harquebusiers pour attaquer l'escarmouche et attirer la garnison au combat, lesquels approcherent jusques sur la douve du fossé, et tirerent à veuë d'œil jusques sur le pont leviz, sans que personne de leans monstrast le nez : seulement fut par eux entendu un grand tumulte et murmure là-dedans, estans peult estre en doute de veoir leurs ennemis aux portes, et leur ville estre desgarnie, estant allée leur garnison courir, présumans ceste entreprinse avoir plus grand effet que n'advint par la breveté du temps et la nuict qui approchoit : toutefois ceste compagnie donna telle frayeur à une trouppe de trois ou quatre mille Allemans, Clevois et Gueldrois, qu'elle les feit à l'instant tous serrer ensemble, et se mettre en bataille dedans un lieu fort, en un village au-dessus d'Yvoy où ils estoient logez; d'où ne departirent avant nous sentir et cognoistre retirez.

Ce prince ainsi satisfait, tant du devoir de ses soldats que pour avoir à l'aise veu ce qu'il avoit en affection, ayant prins sa revanche de leurs folles menasses, feit tout retirer à Mouson. Le jour ensuyvant, environ les huict heures du matin, il en partit en compagnie de beaucoup de grands seigneurs et gentilshommes, entre autres des sieurs de Bordillon, Bussy d'Amboise et de La Roche du Maine, avec ses gensdarmes et quelques harquebusiers pour l'escorte de ses mulets et du bagage. Estant à une bonne lieue pres de Sedan, au lieu où se devoit trouver la compagnie de M. le mareschal (1) pour tenir escorte à ce prince, alors, ainsi que M. de La Roche du Maine estoit sur le poinct de s'en retourner avec la sienne, les pages de l'escurie, qui estoient montez sur les grands chevaux, et quelques autres qui alloient devant avec eux, tournerent soudain visage devers nous; ausquels le prince mesme demanda pourquoy ils retournoient, et luy fut respondu par l'un d'eux que les Bourguignons combattoient et estoient à l'escarmouche avec la compagnie de M. de Sedan pres de là. Adonc de grand et asseuré courage commanda au sieur de La Roche du Maine de ne l'abandonner, et feit prendre à chacun l'accoustrement de teste, en deliberation d'y arriver assez à temps pour leur faire paroistre combien sa vertu et presence renforceroit le petit nombre des nostres auprès du leur, et sur ce poinct nous meismes *au gallop gaillard.* Je croy qu'ils nous descouvrirent; car, encor qu'ils fussent au double de nous, apperceusmes de dessus une petite motte comme ils se retiroient à la haste, pour gagner un bois qui leur estoit

---

(1) *M. le mareschal :* le maréchal de La Marck.

prochain, leur cavallerie couvrant leurs gens de pied : qui fut cause de nous remettre au pas pour suyvre nostre chemin proposé. Passant au dessus de Sedan, aucuns gentilshommes de la compagnie de M. le mareschal s'avancerent, et raconterent à M. de Nevers comme le tout estoit passé en ceste escarmouche, et comme les ennemis avoient usé de grande ruse pour les attirer au loing dedans la grosse trouppe embusquée derriere la montaigne, et le moyen par lequel les François la descouvrirent. En ces propos et autres arrivasmes à Donchery, où ce prince disna avec peu de temps, afin d'arriver à meilleure heure à Mesieres, où il devoit coucher ce soir là. Or, falloit il passer à la portée d'une longue coulevrine, pres le chasteau de Lumes, la riviere de Meuse entre deux, qui nous faisoit penser que n'approcherions si pres sans quelque allarme, ou pour le moins estre saluez de coups de canon : ce que n'advint ainsi ; mais pource que c'estoit sur le tard et le vespre prochain, il y eut cinq ou six rustres qui sortirent de ce chasteau, se trainans sur le ventre le long de la prairie, marchans à quatre pieds, et feirent tant qu'approcherent le bord du costé où ce prince et la plus grosse trouppe de sa suyte devoient passer, que luy-mesme le premier apperceut, et commanda à ceux qui lui estoient les plus prochains d'aller recognoistre si c'estoient hommes ou bestes. Aussitost qu'ils se veirent descouverts, sans avoir eu le loisir d'approcher de plus pres, par advis de païs, deschargerent harquebusades, qui ne fut que vent. J'ay opinion qu'ils s'estoient là mis, pensans faire meurtre de quelque grand seigneur, ou quelque destrousse sur le bagage ; on feit advancer de noz harquebusiers, qui tantost les deslogerent de là ; peu apres arrivasmes à Mesieres.

Le lendemain, jour de dimanche, pour essayer à faire sortir les soldats qui estoient dedans le chasteau de Lumes, et sçavoir si d'aussi grande asseurance ils combattroient main à main comme ils en faisoient le semblant, commanda le prince que la compagnie de M. de Chastillon, laquelle estoit adonc logée à Mesieres, se préparast de l'accompagner avec celle du capitaine Villefranche, de gens de pied, et y estoit aussi un grand nombre de soldats, tant de celle ville que de toute la frontiere, qui y estoyent accouruz pour veoir l'issue de ceste escarmouche. Noz gens de pied furent partiz en deux troupes: les corselets furent mis en un fond, au long du grand chemin qui tire droit à la porte du chasteau ; le surplus en un autre vallon près de la cassine qui en est prochaine à la portée du canon, où estoit monseigneur avec le sieur de Bordillon, et cent ou six vingts chevaux. La compagnie de M. de Chastillon estoit près d'un village au dessus, à couvert derriere des buissons et hayes. Noz harquebuziers, de grande allegresse et dexterité, allerent harquebuser et chercher l'ennemy au plus près de leurs barrieres et tranchées ; et ne fault douter que la presence de ce prince ne leur creust le cueur et volonté de faire quelque chose bonne et honnorable ; tellement que les soldats de Lumes, qui s'estoient tousjours tenuz forts dedans les tranchées, rehaulsées de palliz qui environnent et ferment un cloz de vignes près de ce chasteau, enfin en furent mis hors et deboutez par noz seuls harquebusiers, qui, en preuve de ce grand devoir, en apporterent au prince et à M. de

Bordillon des palliz qu'ils avoient arrachez à leur barbe, sans y avoir perte d'un seul François : bien y furent deux ou trois soldats blessez, et le jeune comte d'Aspremont, par trop se hazarder, eut une harquebuzade dedans l'espaule droite. Derechef on retourna les semondre; mais on les trouva tant refroidiz, avec ce que le vespre nous invitoit à nous retirer, que le prince feit remettre toutes les compagnies en ordonnance, pour reprendre le chemin de Mesieres : ce ne fut toutesfois sans estre convoyez de ceux de Lumes à coups de canon, tant que leurs boulets se pouvoient estendre. Je ne veux oublier à dire le commandement qui fut fait par ce prince au seigneur de Raré, gouverneur adonc de Mesieres, de faire assembler tant de chariots et charettes que pourroit recouvrer, pour amener et rendre en sa ville tant de bleds, foings et fourrages, qu'on trouveroit ès terres du seigneur de Lumes, afin d'oster le moyen à l'ennemy de s'en pouvoir ayder; aussi que le tout luy estoit confisqué pour la rebellion du vassal contre son souverain. La saison estoit adonc fort basse et mal-propre pour demener la guerre, s'estans les ennemis retirez, et que les monstres de la gendarmerie se devoient faire en bref pour le quartier de janvier. Cecy fait, le prince se retira à Chaalons en Champaigne, devers madame la duchesse qui se trouvoit mal.

Le repos ne luy fut pas grand, car ayant eu advertissement que les Bourguignons avoient prins une eglise d'un petit village sur la riviere de Chesse, nommé Douzy, des terres du sieur de Sedan, que les paysans, selon leur commodité, avoient fortifiée pour eux retirer et defendre contre les courses des ennemis, et qu'ils la deliberoient renforcer davantage pour estre de celle part maistres de la riviere, ou pour garder ceux de Sedan de sortir librement, delibera de les aller lever, et rompre ceste entreprise : ayant assemblé de quatre à cinq cens hommes d'armes, et toutes les vieilles bandes et garnisons assises celle part; accompagné de M de Bordillon, du comte de Nanteuil, du sieur des Pots, des sieurs de La Roche du Maine, de Bussy d'Amboise et de Losses, sans plusieurs autres grands seigneurs et capitaines ; arrivant avec ceste petite armée pres de Sedan, fut trouvé que les ennemis sentans sa venue avoient bruslé le village et abandonné le fort, et d'une mesme traite fut suivy le chemin à Yvoy, au long duquel ne fut trouvée aucune chose de resistance. Vray est qu'estans à une lieue près, ceux de la ville sortirent, une grande partie à cheval, et peu de gens à pied, seulement à la seureté du canon ; mais quand ils apperceurent que noz harquebusiers les affrontoient d'asseurance, sans crainte de leurs boulets, se retirerent froidement peu à peu dedans leur ville, et nous prinsmes le chemin pour entrer plus avant sur leurs terres; ce qui fut exploité en peu d'heures à leur grand degast. Le bruit se esleva entre les soldats que le prince avec ses compagnies proposoit aller courir tout le plat pays, à l'entour de Luxembourg, ce qu'il pouvoit facilement executer; toutesfois, par plus meure deliberation, en fut diverti, et tournasmes visage. Au retour, par mauvaises guides, beaucoup des nostres s'esgarerent dedans les forts et bois des Ardennes, sur lesquels les Ardennois deschargerent leur furie, se voulans venger du degast qu'on leur avoit fait, et en desfeirent quelque nombre, non de grande estimation, pour estre la pluspart coquins, et gens de là autour, qui s'arrestoient au pillage et à chose de petite valeur. Ainsi retournasmes à Sedan : de là les compagnies reprindrent le chemin pour se retirer chacune en son quartier ordonné; ce prince et ceux de sa compagnie à Mesieres, et de là, y ayant quelque peu sejourné, à Chaalons, puis à la Cour pour trouver le Roy, où il fut fort malade.

A Mesieres demeura M. de Bourdillon, comme lieutenant de roy en l'absence de M. de Nevers, pour prouvoir (1) aux affaires survenans, esquels si sagement et prudemment mettoit une police, que non-seulement de nous, mais des ennemis mesmes estoit estimé tres-sage gentilhomme, meritant justement les estats qu'il a. Ce que j'en dis ne me doit estre imputé à flatterie ; car, ainsi qu'une petite cloche ne rend grand son, aussi sa louange ne depend de mon affirmation, mais de ses faits et du Roy, qui, pour tesmoignage de sa fidélité, l'a constitué capitaine sur cinquante hommes d'armes de ses ordonnances, avec la faveur telle que chacun sçait qu'il a de Sa Majesté. Encore que du costé de Champagne la guerre guerroyable fust la plus ouverte et continuelle, si est-ce que de tous endroits de ce royaume les François et les ennemis se cherchoient ordinairement pour s'endommager. Du costé de Picardie estoit M. le duc de Vandosme avec messieurs d'Anguian et de Condé ses freres, et d'autres grands seigneurs et capitaines, au nombre d'environ quatre cens hommes d'armes et neuf ou dix mille hommes de pied, tant des garnisons que des compagnies mises sus nouvellement, entrepre-

(1) *Pour prouvoir :* pour pourvoir.

nans grandes fatigues et executions sur les Flamens et Hennuyers, les endommageans fort, et ayant fait grandes courses dedans le fond et au milieu de leurs contrées, jusques à estre intromis dedans Arras, si les intelligences que ce prince y avoit n'eussent esté malheureusement descouvertes. En Champaigne, combien que le prince fust absent et pres du Roy, le plus souvent M. de Bourdillon, avec telle cavalerie qu'il luy plaisoit eslire, alloit courir bien douze ou quinze lieuës dedans le duché de Luxembourg et les Ardennes, mesmement pour aller rompre un fort qu'on luy avoit rapporté les ennemis avoir basti pres de Sainct-Hubert. Autant en faisoient les sieurs de La Roche du Maine et comte de Nanteuil, noz capitaines et soldats; quoy qu'il advint, le plus souvent ne trouvoient rencontre dont ne vinssent au dessus, et si quelque cas leur advenoit moins à leur proufit, c'estoit par trop grand malheur et mauvais ordre.

Peu à leur advantage sur nous en dressoient les ennemis, encore seulement où ils sçavoient n'y trouver grande defense, pour y estre entre eux peu de gens aguerriz et exercitez en cest art, estant la pluspart laboureurs et paysans tirez freschement de la charrue, amassez par les prevostez à leur mode; ausquels n'y a sçavoir n'experience. Et où ils se trouvent les plus forts, et que noz soldats sont par eux rompuz, et par leur foule renversez, mieux leur adviendroit de tomber entre les griffes des bestes brutes, que se fier en leur misericorde et pitié, comme ils feirent cognoistre, et que je veux descrire, le jour de Saincte Luce, en une course près de Maubert-Fontaine, en laquelle furent tuez un gentil capitaine d'une des vieilles enseignes, nommé Gourdes (¹), et vingt-cinq de ses soldats, tous hommes vaillans. Les Bourguignons auparavant ayans esté le plus souvent battus et repoulsez celle part, delibererent s'y trouver si forts, et avec telle astuce, qu'ils se vengeroient une fois pour toutes.

Ainsi s'embusquerent dedans un bois prochain dudit Maubert, et sortoient dehors peu à peu, faisans monstre de petit nombre, estans là dedans à couvert leur plus grosse force : ce que tantost fut rapporté à ce jeune et trop hazardeux capitaine, qui estoit avec son enseigne en garnison en ceste petite ville : lequel de prompte chaleur et bonne volonté, comme on le peult estimer, sans attendre d'estre mieux accompagné ne suivy, desbanda avec ving-cinq ou trente de ses soldats mieux cognuz et fideles, et d'une tire, la teste baissée, alla donner dedans. Eux, faignans fuyr, se retiroient tousjours près de leur secours pour les attirer ; ce qu'ils conduirent de tel aguet, et en sorte qu'ils le rendirent et ses hommes enveloppez de toutes parts, d'où ne pouvoient eschaper en nulle façon, sans estre tuez ou soubmis à leur discrétion et misericorde : de laquelle peu userent envers eux ; car le capitaine, ayant deux coups de picque en la gorge, et plusieurs autres playes sur son corps, y laissa la vie, et la pluspart de ses meilleurs soldats, qui l'avoient suivy, hachez en pieces à ses pieds. Et fault confesser le vray, et ce que depuis a esté dit et rapporté : s'il eust voulu croire un autre capitaine nommé La Lande, en fust autrement advenu, et mieux à nostre proufit

---

(¹) *Gourdes :* Nicolas de Gourdes, mestre de camp d'un régiment d'infanterie.

et honneur ; lequel estoit d'advis qu'on attendist M. de Bordillon, la gendarmerie et soldats de Mesieres, qui jà estoient advertis et venoient en extrême diligence pour les secourir ; de la venue desquels sitost que les ennemis eurent nouvelles, au grand trot gaignerent les forts du bois. M. de Bordillon estant arrivé, après avoir entendu le combat de ce capitaine, avec la gendarmerie piquant au grand gallop, pour prevenir et empescher que les ennemis ne se rassemblassent et fortifiassent dedans leurs forts, poulse et entre avant dedans le bois, mais avec si grande infortune, par un chemin si estroit et où la foule s'y trouva si grande, qu'il estoit impossible d'y manier les chevaux. Nonobstant, passant plus oultre, les rencontra à l'entrée d'un petit essart (¹), lesquels, sans faire teste, se jetterent dedans le bois et s'escarterent des deux flancs du chemin ; dont à coups de pique tuerent grande quantité de chevaux et peu d'hommes, pour avoir peu d'harquebusiers. Là fut assez veu de quelle hardiesse combattoit M. de Bordillon, et quels grands efforts il faisoit pour encourager ceux qui le suyvoient, tant qu'un gentil roussin, que le sieur de Bussy d'Amboise luy avoit donné, fut tué soubs luy. Certainement là plusieurs gentilshommes et vaillans soldats feirent preuve de leur valeur, entre lesquels se trouverent le sieur de Vigiez, soubs-lieutenant de M. le duc de Montpensier, l'enseigne et le guidon, tous lesquels y perdirent leurs chevaux. La cause de la perte de tant de chevaux estoit que nos soldats, qui venoient de Mesieres, ne peurent, pour quelque diligence qu'eussent sceu faire, arriver à heure pour entrer les premiers dedans les forts du bois, afin de

(¹) *Essart* : lieu découvert.

donner ouverture aux gens de cheval; car, avec quatre grandes lieuës qu'il y a de Mesieres jusques-là, les soldats, armez et chargez d'équipage, avoient tant couru pour y arriver à poinct, qu'au plus fort ils estoient hors d'halene, et trouverent que les gensdarmes retournoient desjà. La canaille du pays, nostre mesme, qui au commencement y estoit accourue bien eschauffée à la veoir, faisant plus de monstre que d'effects, nonobstant toutes remonstrances ne voulut onc combattre, et entendoit plus à despouiller les morts qu'à nous soustenir. Pour retourner à mon premier propos, parlant de la cruauté des Bourguignons et de la mauvaise guerre qu'ils font aux François, aucuns à ceste rencontre tombez prisonniers en leurs mains l'experimenterent, lesquels à sens froid miserablement ils tuerent, et cruellement feirent mourir. Ce que je croy que promptement le capitaine Gourdes cognut, qui ayma mieux être occis en combattant que, se rendant vaincu, estre après dissipé villainement. Entre ceux des nostres qu'on trouva perdus, et estimez estre d'eux tuez, y eut un jeune gentilhomme, archier de la compagnie de M. de Nevers, nommé Montigny; un autre aussi, appellé Pommier, Gascon, qui fut trouvé blessé et decouppé sur toutes les parties de son corps, dont peu de temps après mourut; un autre aussi, nommé La Serve, jeune gentilhomme de bon cueur, qui fut abbattu et blessé peu en la teste; mais il contrefeit si bien le mort, qu'ils ne le chargerent davantage; puis, quand il se veit d'eux pour mort abandonné et mis en chemise, se releva, et tant que les jambes le peurent porter, alla retrouver les François où les peut recognoistre, qui ne fut sans rire.

Pour conclure, chacun s'acquitta vaillamment de son devoir; et eust-on encore mieux fait à moindre perte si l'entreprinse, dès le commencement, eut esté conduite par conseil préveu, et qu'on les eust chargez en lieu aisé et commode à gens de cheval. Toutefois, les ennemis furent si rudement poursuyviz et serrez, qu'ils furent contraints abandonner le bois, et au grand trot se retirer. Longuement fut debattu si on les devoit suivre. Enfin on advisa que les gens de cheval et de pied estoient lassez et harassez, le temps importun, et qu'y avoit autres bois que pourroient regaigner avant qu'on les peust attaindre; pour ce fut resolu de retourner au logis. Et le corps de ce gentil capitaine Gourdes fut rapporté à Mesieres, et honorablement ensepulturé, avec grand deuil et plainct de tous les capitaines, et non moindre regret de tous les soldats.

C'est ce que puis sçavoir de la course du jour Saincte-Luce, faite près Maubert-Fontaine; et ne passeray outre qu'en cest endroit n'escrive la brave entreprise que paracheva le capitaine Ville-Franche avec sa compagnie, peu de jours après. J'estime que chacun sçait assez que le chasteau de Lumes n'est qu'à une demie lieuë loing de Mesieres. Or, est-il que le plus souvent ses soldats alloient veoir ce chasteau, qui tenoit le party imperial, pour inviter ceux de leans à donner le coup de picque ou d'harquebusade : tant qu'une nuict, assez près de la sentinelle, allerent planter des fautosmes de paille, armez et habillez, ayans la façon et faisans mine d'harquebusiers, avec les mesches et cordes allumées; et d'autre costé feirent chaudement donner alarme. Ceux de dedans, descouvrans ces marmousets, les jugeans estre hommes en camisades, feirent tirer sur eux force coups d'artillerie : cependant les soldats entrerent dedans un jardin, où ils coupperent une grosse voicture de choux, et avec des limes ayans destaché des sentines et gondelles (1) qui estoient dedans les fossez, enchaisnées au pied de la muraille, les meirent dedans pour les avaller à Mesieres. D'autres, avec des solives et grosses pieces de bois, rompirent et enfoncerent la muraille d'une bergerie en la basse court, et emmenerent un bon troupeau de moutons et bestes blanches à Mesieres. Puis, voyans que c'estoit petit fait s'ils ne se montroient vivement, dresserent avec la scopeterie une brave et furieuse escarmouche. Parquoy une enseigne blanche avec les croix rouges se voulut advancer de sortir la premiere, qui fut tantost rembarrée là-dedans, et remise jusques dans les portes. Ainsi nos soldats, ayans executé acte de bonne grace et digne de memoire, retournerent joyeux au logis, bien prouveus de chairs et herbages pour vivre et passer un long temps en la garnison. Que m'a semblé ne devoir être mis en silence, tant pour la lecture, donnant plaisir et augmentation de bon vouloir aux lecteurs, que pour conserver l'estimation deuë à ceux qui sont inventeurs de bonnes choses, tels que, suyvant mon premier propos, sont les hommes exercitez en l'art militaire, ayans tousjours plus en recommandation l'honneur et la gloire que la vie, ou qu'avec une cruauté et certaine avarice leur profit particulier ; principalement aymans mieux perdre et l'un et l'autre, que la vertu et réputation d'humanité.

Or, pour de trop loing ne m'esloigner, et suyvre

---

(1) *Sentines et gondelles* : barques et radeaux.

tousjours mon intention, les Bourguignons, apres ce massacre, s'assembloient journellement, et de plus en plus leur nombre croissoit, jusques à cinq et six mille hommes de pied et mille ou douze cens chevaux. Estans advertis qu'un jeune capitaine, nommé Sainct-Amand, duquel je n'ay autre cognoissance, assembloit gens pour le Roy, au long de la lisiere de Lorraine, le vindrent surprendre et desfeirent, et luy et ce qu'il avoit amassé, non loing d'une abbaye nommée Gorzes ; ce que leur estoit aisé (à ce que ay ouy dire), pource que c'estoit toute canaille, et autre chose n'en sçay. En ce mesme voyage, la veille de Noël, allerent assieger le chasteau d'Aspremont, ès marches de Lorraine, qui est à present à M. de Nevers, par une donation que luy en a fait ce jeune comte qui fut blessé devant Lumes, auquel ils entrerent aisement et sans grande resistance, pour n'estre ce chasteau fort ne remparé, et qu'adonc n'y avoit dedans que neuf ou dix hommes villageois et paysans, à raison que ce prince ne l'avoit fait autrement fortifier ne munir, estimant que seroit compris en la neutralité de Lorraine. En ce peut-on veoir évidemment la petite defense que trouverent dedans, quand aussi-tost on sceut la prise que le siege, combien que, le plus soudain que fut possible, M. de Bordillon avec gendarmerie et gens de pied y allast pour le secourir, qui toutefois plustost qu'estre à moytié du chemin eut nouvelles que les Bourguignons estoient jà dedans. On dit que de la surprise de ce chasteau le Roy sceut fort mauvais gré à la duchesse de Lorraine ; et murmuroit-on que certainement elle y avoit donné tout port et faveur.

J'estois à Chaalons quand les nouvelles furent apportées à monseigneur que les ennemis, ayans mis le feu en la basse court de ce chasteau, ravy ce qu'avoient trouvé de bon là dedans, et fait pendre un de leurs espions à la porte, s'estoient retirez dedans Lorraine, tenant le chemin de l'abbaye de Gorzes. J'estois aussi en la chambre de M. de Bordillon quand luy fut rapporté comme de rechef avoient mis le feu en ceste abbaye, et se retiroient prenans le train vers Aubenton, petite ville non forte en la contrée de Thirasse (1), dedans laquelle estoit le sieur d'Aubigny avec sa compagnie de quarante hommes d'armes, et le capitaine La Lande avec son enseigne de gens de pied. Toutefois changerent d'opinion; aussi le temps leur estoit divers, qui rendoit le pays presque inaccessible, contraire à leur déliberation, et se tenoient pour bien asseurez que nous estions advertis, et n'eussent gueres temporisé sans nous tenir à leur queuë.

Un peu auparavant, après les grandes pluies et inundations d'eau, estoit tombé un grand pan de la muraille de la ville Saincte-Menehou : à ceste cause, pour renforcer la garnison qui estoit dedans, y furent envoyez les dix hommes d'armes et leur suyte d'archers, que M. de Nevers avoit eu de creuë par le decez de M. de Longueville, jeune prince prevenu de mort avant qu'il eust fait preuve de tant de vertus dont sa jeunesse donnoit grand presage; estant dedans le sieur d'Esclavolles, gentil chevalier, sage et hardy, auparavant lieutenant de feu M. le duc de Guyse. On doutoit quelque surprise, pource que les ennemis en

---

(1) *Thirasse* : Thiérarche.

gros nombre estoient prochains, sans sçavoir certainement leurs deliberations. Enfin ne s'ingererent d'attenter aucune chose de ce dont on se doutoit; mais dèslors commencerent à se rompre, tant pour sçavoir que journellement nous nous renforcions, que pour estre mal conduicts, et ne trouver lieux desgarniz, faciles à estre surpris promptement. Ainsi dès ce temps, sur la fin du mois de janvier, ne furent executées au long des frontieres choses meritans d'estre mises par escrit, sinon quelques petites courses de chacun costé, en l'une desquelles fut tué le capitaine Lignieres, et la pluspart de sa compagnie desfaite, entre Hedin et Montereuil, desquelles je ne feray long discours, pour cy-après narrer meilleures choses.

DEUXIESME LIVRE.

Le voyage du Roy Très-Chrestien aux Allemagnes, pour la restitution de leurs libertez.

[1551] Ainsi passa la pluspart de cest hyver en courses, surprises et rencontres, irritemens de la fureur des deux princes, lesquels neantmoins dressoient tous preparatifs à l'esté prochain, pour commencer la guerre de beaucoup plus cruelle qu'auparavant. Et cependant aucuns des plus grands princes et seigneurs d'Allemagne, entre autres le duc Maurice, de la maison de Saxen (1) envoyerent devers le Roy pour luy demander secours. Or, pour briefvement discourir les causes, faut entendre après que l'Empereur eut defait le duc Jan de Saxen, et que la pluspart de toute la Germanie, par l'induction de ses favoriz, se furent soubsmis à sa mercy et misericorde, recognoissans leur faute (si faute y avoit), d'autant que l'humanité et douceur devoit estre grande en luy, qui se dit empereur des Allemagnes, usa d'extreme rigueur envers eux; car, non content de s'estre emparé de leurs villes, forteresses, et tous autres biens, et non encor satisfait de les veoir sacmenter (2) et saccager par les Espagnols, retint et resserra estroitement prisonniers ceux que luy pleut des principaux, en aussi grande misere et captivité que s'ils eussent esté les plus vi-

---

(1) *De Saxen*: de Saxe. — (2) *Sacmenter*: mettre à sac.

cieux et criminels du monde; et les autres furent dechassez et banniz de leurs propres biens et maisons, desquelles jouissoient les autres nations estranges. Entre autres furent traictez de ceste facon le duc Jan de Saxen et l'Ansgrave de Hessen, les deux premiers electeurs seculiers, non tant pour la seule cause de rebellion comme pour les vouloir contraindre, et s'ayder d'eux en plus grande chose à laquelle de long temps il aspiroit, à sçavoir, de faire eslire son fils (1) empereur. Et ce que depuis ayant mis en deliberation à la diete de Spire, les electeurs aymerent mieux luy denier estans absens, et ne s'y voulans trouver (pour la reverence qu'ils portoient à Sa Majesté), qu'estans presens l'arguer et reprendre de tant injuste demande. En quoy neantmoins il persista avec telle obstination, que deslors il conceut une grande haine contre eux, et feit solliciter Ferdinand, roy des Romains, son frere, qui tint le premier degré pour succeder à l'Empire, à fin qu'il y consentist; que ce prince debonnaire ne pouvoit raisonnablement accorder sans le consentement du roy de Boesme (2), son fils, qui lors estoit en Espagne; lequel estant mandé par l'Empereur (qui se promettoit facilement l'induire à cest accord), dénia et contredit constamment à tant inique deliberation. Parquoy deslors le pere et le fils luy revindrent en aussi grand haine que tous les dessusdits, tellement qu'à peine les pouvoit-il regarder. Et tant s'en faut que depuis ce temps il ait voulu subvenir à son propre frere le roy des Romains, qu'il a mieux aymé employer les forces de l'Empire contre ceux qui

(1) *Son fils* : Philippe, depuis roi d'Epagne sous le nom de Philippe II. — (2) *Du roy de Boesme* : l'archiduc Maximilien.

n'avoient en rien delinqué, et veoir ses pays bruslez, pillez, et ses pauvres subjects estre emmenez en perpetuelle servitude par les Turcs que le secourir. Et tellement estoit ceste ambition de regner enracinée au cueur de l'Empereur, et le desir enflammé de rendre ce Sainct Empire hereditaire, que, n'y ayant peu parvenir par tous ces moyens precedens, il s'advisa d'un autre plus grand, à sçavoir, soubs pretexte de reformer la religion chrestienne et cest *interim* (1), qu'il avoit permis aux Allemands de faire assembler un concile, auquel, par le moyen du Sainct Pere et consentement des prelats espagnols, qui lors estoient en bien grand nombre à Trente, pourroit canceler la bulle dorée (2), et bailler nouvelle forme sur l'election de l'Empereur, et que cy après, pour un empereur et un coadjuteur de l'Empire, on en peust eslire deux. Dont estant prudemment consideré par toute la Germanie que si ceste entreprise venoit en effect et ratification, seroit à la tresgrande diminution de leur grandeur et authorité, adviserent d'y remedier. Et se sentans desja tant grevez et outragez de continuelles surcharges et exactions, ayans esgard qu'anciennement estoient appellez hommes libres et francs, et se voyoient servir à une nation estrange, delibererent tenter tous efforts pour

(1) *Cest interim*. Il y a ici quelque confusion. En 1548 Charles-Quint publia un *interim* ou réglement sur la religion, qui ne devoit avoir d'effet que jusqu'à la décision du concile. Le pape Paul III regarda cette publication comme un attentat à son autorité spirituelle. Il mourut en 1549, et Jules III, son successeur, rappela en 1551, à Trente, le concile qui, ayant été assemblé à Bologne, étoit interrompu depuis quelque temps. On ne s'occupa jamais dans le concile de la bulle d'Or; ce fut à une diète tenue la même année que l'Empereur essaya de faire changer cette bulle.

(2) *Canceler la bulle dorée*: anéantir la bulle d'Or.

se mettre hors de ceste servitude; tant est grande et inestimable la douceur de liberté et franchise, que tous animaux oublient le danger de tous perils pour l'avoir et obtenir. Et voyans tous les Germains que de leur seul pouvoir n'eussent sceu entreprendre cest affaire sans la faveur de leurs alliez et voisins, pour estre leurs villes et contrées pleines et gardées de grosses garnisons que l'Empereur y avoit mis, s'addresserent premierement au roy de France, leur ancien germain (1), et trescertain amy, requerans son secours, que ce prince leur accorda tresvolontiers, tant pour continuer en l'humanité de ses predecesseurs, que pour l'affinité que les François ont avec les Germains, dequoy ceste gent se sentit tant eslevée et resjouye, que deslors luy donnerent le tiltre de protecteur du Saint Empire.

Pourtant dès le mois de mars, sur le printemps, en la saison que le sauveur de tout le monde restitua par sa mort la vie aux mortels, le roy Très-Chrestien, après avoir fait, par son conseil, plusieurs belles ordonnances, edicts et statuz, tant sur la descharge et soulagement de son pauvre peuple, que sur la reformation de ses gens de guerre, de cheval et de pied, que des officiers et ministres de justice, alla en sa ville de Paris, capitale cité de tous ses païs, en laquelle confirma et restablit toutes choses statuées, tant par ses predecesseurs rois que par luy, concernantes l'augmentation et union de la republique; abolit et effaça toutes autres au contraire, en commandant au senat et court de parlement la maintenue et garde de justice et du droit de chacun, et la fidelité que doivent

(1) *Leur ancien germain* : leur ancien allié.

tous loyaux subjects à leur Roy. Prenant congé d'eux alla visiter les reliques et monumens des glorieux martyrs sainct-Denis, Eleutere et Rustic, apotres de France; puis print le chemin avec la Royne, et grande compagnie de princes et seigneurs, devers Chaalons en Champagne, en laquelle ville sejourna quelque temps, attendant une partie de son artillerie et munitions.

M. le connestable, pair de France, et conducteur de ses forces, s'avança devant à Victry, lieu ordonné, et aux environs, où s'amassoient de toutes parts gentilshommes et soldats, tant de cheval que de pied, et où estoient amenez vivres de tous les endroits du royaume. Sans les compagnies des François naturels, levées selon les commissions que le Roy avoit fait distribuer à plusieurs capitaines, sans les autres que j'ay nommé dès le commencement, entretenues tant ès forts devant Boulogne que Escosse, lesquelles estoient jà en Champagne, il avoit fait descendre de ses pays de Piedmont environ vingt enseignes de vieilles bandes et vieux soldats, nourriz et soldoyez, par paix et guerre, tant par le feu Roy que par luy, hommes aguerris, méritant le moindre tiltre de capitaines, bien armez, braves, et en grand equipage, desquels je nommerois le nom des chefs, s'ils n'estoient assez cogneuz, et que souvent ont esté changez pour estre eslevez en plus hauts honneurs, ou sont depuis morts : aussi ce ne seroit que brouiller papier de choses ennuyeuses, que passerons legerement pour en dire de meilleures. Suffit que toutes ces compagnies faisoient le nombre de dix à douze mille hommes. Davantage, en Provence, Languedoc, et toute Aquitaine, furent faites levées, selon les ordonnances et commissions du Roy, de trente-cinq enseignes, dont une partie estoient gentilshommes puisaisnez et cadets de grosses maisons, pretendans par valeur et hardiesse de parvenir à honneurs et biens. Le reste estoient vieux soldats exercitez en cest art, pour y estre ceste nation naturellement encline : et pouvoit estre le nombre d'eux dix mille hommes ou plus; estant le sieur de Chastillon (1), nepveu de M. le connestable, general sur toutes lesdites compagnies de fanterie, tant vieilles que nouvelles. Des Allemands et lansquenets le comte de Ringrave en avoit deux regimens, qu'est dix enseignes pour regiment; lesquelles estoient jà assemblées à Vouy et Sourcy, gros villages près de Thoul. Le comte Recroc (2) en avoit autant, lesquelles en ce temps n'estoient encore complettes, mais s'assembloient ordinairement au Bassigny. Un autre capitaine allemant, nommé Chartel (3) (lequel autrefois avoit eu conduite de gens de pied pour les villes protestantes contre l'Empereur) avoit, comme l'on estimoit, de trois à quatre mille lansquenets assez mal en ordre, mais gens de guerre par commune estimation, lesquels l'avoient tousjours suivy en ces guerres, et de rechef s'estoient retirez soubs sa charge, abandonnans leurs biens et possessions pour le suivre : toutes lesquelles compagnies faisoient le nombre de quinze à seize mille hommes. Je ne feray project ou nombre des grands seigneurs, gentilshommes et autres qui vindrent, et se sont trouvez le long de ce voyage, lesquels (pour le

---

(1) *Le sieur de Chastillon.* Gaspard de Coligny, qui devint par la suite si célèbre, venoit d'être nommé colonel général de l'infanterie.

(2) *Le comte Recroc* : Reckrod. — (3) *Chartel* : Schertel.

parfaire et s'y trouver en bon ordre) ont engagé, vendu et aliené de leur propre bien; de quoy je me tayray, pource qu'avec ce qu'il me seroit bien difficile d'en dire la verité, encore que j'en eusse le pouvoir et le moyen, aucuns le trouveroient bon, et les autres mauvais. Ce me sera donc assez que le grand zele des François envers le Roy soit manifesté et cogneu par tout le monde; et ne seroit ainsi que reiterer et redire ce que renommée a publié universellement.

Quant à la gendarmerie et cavallerie, y pouvoit avoir quinze cens hommes d'armes, avec leur suitte d'archers, deux mille chevaux legers et autant d'harquebusiers à cheval, desquels estoit general M. le comte d'Aumale, puisaisné de la maison de Guyse. Tout lequel nombre de gens de pied et de cheval, après que les munitions et victuailles y furent assemblées, fut conduit et addressé devers Thoul, premiere ville neutre, à l'entrée de Lorraine. Au-devant de M. le connestable, conducteur de ceste armée, furent apportées les clefs de ceste ville, et fut rendue à sa volonté sans autre different, estans avec luy les premiers princes de ce royaume, comme messieurs de Vendosme, de Nevers, d'Anguian (1), de Condé, de Montpensier, de la Roche-sur-Yon, le marquis d'Albeuf (2), de Nemours et de Rohan, et presque un nombre infiny d'autres grands seigneurs et gentilshommes.

Cependant le Roy estoit à Ginville (3), où sejourna douze ou quinze jours, tant pour l'amour de la Royne, laquelle y estoit fort malade; et peu s'en fallut que ceste très-vertueuse dame ne laissast les miseres de ce monde, pour envoller là sus en l'infinie gloire qui luy

(1) *Anguian* : Enghien. —(2) *Albeuf* : Elbeuf.—(3) *Ginville* : Joinville.

est preparée, si celuy qui depart tout bien et mal, ne nous eust regardé de son œil de pitié, ne nous voulant oster en noz persécutions notre totale esperance. En ceste ville aussi, la duchesse douairiere de Lorraine vint devers le Roy, tant pour se mettre, et M. de Lorraine son fils, avec son pays, en la protection et obeissance de Sa Majesté, que pour s'excuser et descharger d'aucunes intelligences qu'on la souspeçonnoit avoir avec les ennemis. Il y a de grandes opinions et conjectures que ce qu'elle en feit estoit maugré elle, et que, si elle eust pensé en bref avoir secours de l'Empereur son oncle, malaisément eust fleschy le genoil. Entre autres conclusions, le Roy luy feit entendre qu'il vouloit retirer en France, près de M. le Daulphin son fils, M. le duc de Lorraine, fils d'elle, pour cy-après en confermer une certaine alliance.

Au temps aussi que le Roy sejournoit à Ginville, et que M. le connestable estoit près de Thoul avec la plus grande partie de l'armée, se faisoient traictes et menées par les seigneurs et gouverneurs de Mets devers Sa Majesté et ce lieutenant du Roy, pource qu'on vouloit passer et entrer dedans ladite ville, et en avoir vivres et autres necessitez, comme avoit eu l'Empereur precedemment, quand estoit descendu en France, sans declarer le surplus. Eux, allegans leur neutralité, consentoient à donner vivres et toutes necessitez pour argent, ainsi que disoient avoir esté observé par l'Empereur, consentans que le Roy et M. le connestable, avec suitte d'aucuns princes et des plus favoriz y entrassent; mais on vouloit avoir ce passage, entrée et issue franc et libre, sans autres capitulations; car nous estions adonc les plus forts. Enfin M. le connestable, lequel estoit retourné à Ginville, tant pour accompagner madame de Lorraine, que pour resouldre ceste affaire avec Sa Majesté et son conseil, peu de jours ensuyvant, tenans tousjours compagnie à la duchesse, alla retrouver l'armée à Thoul, quant et quant la faisant marcher droit à Pont-Camouson (¹), petite ville de ce duché, bien située, par le milieu de laquelle passe la riviere de Moselle, portant tiltre de marquisat.

Or pource que de long-temps une abbaye assez forte, appellée Gorzes, distante de là environ quatre lieuës, avoit le renom d'estre un vray refuge et retrait de voleurs, aussi que les paysans du territoire se plaignoient, disans estre là dedans un nombre de telle maniere de gens exerçans infiniz larrecins, y envoya dix enseignes de fanterie françoise et quelque cavallerie legere, avec trois ou quatre pieces d'artillerie : et d'abordée, ayant esté sommez, ne voulurent ouir, estant là-dedans un capitaine espagnol, qui se faisant encroire d'estre plus asseuré qu'il ne se trouva, dont mal luy en print; car en peu d'heures estant la bresche faite, les soldats du premier effort y entrerent, et ce que fut trouvé de prompte furie exécuté, mesmement luy passé au fil de l'espée, après fut pillée, saccagée, et le feu mis dedans.

Du Pont-Camouson fut prins le chemin droit à Mets, et aux bourgs et villages à l'entour; jusques auprès des murailles fut logée et campa l'armée françoise. Peu après, M. le connestable fit sommer la ville d'obeïr au Roy, et plustost accepter ses gracieuses et liberales conditions, que d'y estre forcez avec plus grand danger pour eux. Les seigneurs, qui prenoient

(¹) *Pont-Camouson* : Pont-à-Mousson.

ceste menée tirée de longue main estre à la totale destruction de leur authorité, y eussent volontiers contredit; mais ils estoient adonc trop petits compagnons : car les délices et richesses les avoient tant aveuglez, que n'avoient jamais pensé à remedier à cest inconvenient. Au contraire, le menu populaire, qu'ils mangeoient par exactions, ne demandoit autre chose que d'eschapper de leurs mains pour obeir à un prince qui les traitast plus humainement ; et ne restoit plus que cest esgard de n'estre plus francs et libres, qui les detint suspens et douteux, prolongeans leur derniere response par excuses de leurs anciennes confirmations de franchises des premiers empereurs et rois de France ; tant qu'importunement ce general les somma de luy en rendre en brief leur finale resolution, autrement il en feroit approcher le canon, et sentiroient l'aigreur de la puissance d'un si grand Roy. Pour conclusion, eux voyans ceste très-forte armée estre proche, et sur leurs bras preparée, et en appetit de s'enrichir de leurs thresors de long-temps accumulez, estant leur cité desemparée et mal pourveuë, fut moyenné par le sieur de Bordillon avec eux que M. le connestable et les princes cy-dessus nommez, et beaucoup de gentilshommes, avec deux enseignes de gens de pied, y entreroient : ce que passa ainsi. Mais au lieu que les deux enseignes ne devoient estre que de six cens hommes au plus, on les doubla, et se trouvèrent près de quinze cens ou plus, hommes esleuz et choisis. Eux, voyans la queuë si longue, estans les premiers et principaux entrez, voulurent fermer le pertuis quand ils se trouvèrent les plus foibles; car ceux qui estoient entrez des premiers, soldats experimentez, gagnerent les portes, et repoulserent ceux de la ville, tant que toutes furent ouvertes, et y entra plus gros nombre. Voilà comment ceste puissante cité, ayant regné par temps immemorial en toute haultesse et presomptueux orgueil, fut en peu de temps surprinse et rendue à l'obeissance du Roy le dimanche, jour que nous solennisons l'entrée de Jesus-Christ en celle de Hierusalem, qui estoit dixieme jour d'avril 1552.

Au temps de ces executions, le Roy estoit enccre à Ginville, attendant l'advancement de la santé de la Royne pour se venir rendre et trouver le reste de son armée, qui estoit demeurée pour sa conduitte jusques à Mets, où l'attendoit M. le connestable, à fin de remettre en ses mains ceste belle cité. Et le lundy unzieme de ce moys en partit, après y avoir fait ses pasques comme treschrestien, accompagné de MM. de Guise et de Boisy, grand escuyer, de Sedan, et Sainct-André, mareschaux de France, des gentilshommes de sa chambre, ordinaires et extraordinaires, pensionaires et officiers, avec les deux cens gentilshommes de sa maison, de l'une desquelles bandes est capitaine M. de Boisy, le sieur de Sainct-Cyre, lieutenant, et le sieur de Saisy, enseigne : de l'autre, M. de Canaple, chevalier de l'ordre, de grande et meritée reputation; lieutenant, le sieur de Sainct Forgeux, vieil chevalier de renom ; enseigne, le sieur de Vilernoil, sage et gentil chevalier de la maison de Jaulcourt, l'une des plus anciennes maisons du duché de Bourgongne, lequel depuis deceda près de Soissons au retour de ce voyage; des quatre cens archiers de sa garde, François et Escossois, et des deux cens Suisses ; les compagnies de messieurs le Dauphin, de Guise, d'Aumalle, et mareschal de Sainct André, faisans le nombre de quatre cens hommes d'armes, estoient aussi demeurées pour escorte et conduite de Sa Majesté. Avec ceste grande compagnie et suitte, print le chemin de Thoul, où le mercredy treiziesme jour arriva. Entre une petite villette appellée Foul, et celle de Thoul, vindrent au devant de Sa Majesté les gouverneurs de ceste cité neutre, luy en presenter les clefs en signe d'obeissance, ce qu'elle accepta gracieusement et de bon visage, les asseurant de toute faveur et support; près de laquelle estant arrivé, l'environna et visita à l'entour, et entra par une autre porte que par celle où on l'attendoit avec le poisle, à raison de la grande presse et foule de peuple qui s'esjouyssoit et attendoit à le veoir, combien qu'elle se trouvast presque autant grosse à celle où il passa. Quant à son entrée, elle n'estoit sumptueuse en artifices ou grands appareils, car il entra en armes, luy mesme armé comme estoient les princes et grands seigneurs qui le costoyoient, et generalement toute la suitte; les heraults d'armes vestuz de leurs cottes de veloux cramoisi azuré, semées de fleurs de lis, avec les trompettes et clerons sonnans au devant de ce très-puissant et très-victorieux roy. En ce triomphe passa le long d'une grande rue, et fut conduit bien avant dedans la ville, non loing de la grande eglise, où l'attendoient quatre des premiers et potestats avec le ciel triomphant. Accompagné de ces grands princes et seigneurs, alla jusques devant le portail de ce temple où l'attendoit le clergé, avec plusieurs sanctuaires, en leurs habits officiaux et riches. Là, après avoir promis et fait solennel serment de maintenir et garder ceste cité en tous ses droits et libertez, entra dedans, auquel feit son oraison, et fut chanté à Dieu, en signe de resjouyssance, le cantique plein de ses louanges. Cecy accompli, se retira au palais episcopal, où estoit dressé le logis de Sa Majesté. Le reste de ce jour employa, à sçavoir l'administration de ceste republicque, mesmement les qualitez des estats, et de leur bonne ou corrompue versation (1). Apres y avoir, selon son conseil, constitué une police à la descharge du populaire, y establit son lieutenant et gouverneur, le sieur d'Esclavolles, chevalier sage et experimenté, auparavant lieutenant de la compagnie de feu M. de Guise, avec trois enseignes de gens de pied françoises, desquelles les deux estoient soubs sa charge, et l'autre soubs le sieur de Mont Sainct Pere.

Le lendemain le Roy partit de ceste cité de Thoul, accompagné de tous les princes, grands seigneurs, gentilshommes et compagnies susdites, et des bandes de lansquenets du capitaine Chartel, avec quelques enseignes de Gascons, arrivées nouvellement, qu'on avoit fait sejourner, campées tant en la prairie que logées aux fauxlbourgs, avec cinq ou six pieces d'artillerie de campagne. De là fut prins le chemin de Nancy, belle et forte petite ville, située en lieu assez plain, non loingtaine d'une petite riviere appellée Muz (2), qui vient des montaignes de Vaulges, ville de long temps capitale du duché de Lorraine, dedans laquelle est une fort magnifique maison et excellent palais aux ducs, distant de Thoul environ cinq lieuës. Le Roy y arriva environ les deux heures apres midy. Au devant de Sa Majesté vindrent M. le duc de Lor-

---

(1) *Versation* : administration. — (2) *Muz* : la Meurthe.

raine, beau et sage jeune prince, conduit par M. le comte de Vaudemont son oncle, accompagné et suivy de beaucoup de grands seigneurs et gentilshommes lorrains; lesquels, ayant trouvé le Roy assez prés de la ville, apres avoir proposé plusieurs bons propos, et pleins de toute douceur, comme j'estime, l'accompagnerent jusques audit palais. A la porte de la ville l'attendoient les maires et eschevins avec le poisle, soùbs lequel s'estant arrestée Sa Majesté, allans au devant les heraults d'armes, à la mesme sorte qu'à son entrée à Thoul, passa le long de la ville jusques à Sainct George, eglise cathedrale, pour y faire son oraison; en laquelle est inhumé Charles, duc. de Bourgongne (1), qui fut desfait pres de là par René, roy de Hierusalem et de Cecile, et duc de Lorraine. En signe de resjouyssance et allegresse, furent deschargées plusieurs pieces de grosse et menue artillerie. En ceste ville passa le jour du grand vendredy, jour auquel on rememore à tous chrestiens la cruelle passion et mort qu'endura le fils de Dieu pour nostre redemption. Puis ayant disposé du doaire de madame de Lorraine, ordonna M. le comte de Vaudemont gouverneur et general audit pays, mesmement en celle ville de Nancy, et de toutes autres choses, au proufit de ce jeune prince: ce faict, luy feit dresser son estat pour l'envoyer en France. Le samedy suyvant en partit, et ce jeune prince, non sans grands pleurs et regrets de madame sa mere, à la conduite de M. de Bordillon, et de la compagnie de cent hommes d'armes de M. le Daulphin, fut amené à Reims, où estoit mondit sieur le Daul-

---

(1) *Charles, duc de Bourgongne.* Voyez le précis qui est en tête des Mémoires de La Marche, première série, tome 9, page 70.

plin, avec messieurs ses freres et autres jeunes princes.

Ce jour le Roy coucha à Condé, une maison champestre pour le plaisir des ducs, pour ce qu'elle est assise en lieu hault et bien claire, ayant belle et lointaine veuë; au dessoubs la prairie spacieuse et de grande estendue, arrousée et circuie de trois rivieres qui près de là s'assemblent, sçavoir Muz, Madon et Mozelle; par le hault est voisine des forests, pourquoy semble commode à tous plaisirs et passetemps de princes, et toutes chasses et volleries.

Au partir de ce lieu, le jour de la resurrection de Jesus-Christ, le Roy alla coucher à Pont Camouson; et fut Sa Majesté logée au palais des marchiz (1), y sejournant pour celle seule nuict. Le lundy ensuyvant fut continué le chemin de Metz, distant de là cinq bonnes lieuës, le long duquel fut fait souvent hault le bois (2), pour attendre l'artillerie, estant fascheux, plein de ruisseaux et mortes (3).

A un petit quart de lieuë près de Metz, du costé de Pont Camouson, en une plaine, estoit l'armée du Roy attendant sa venue, laquelle estoit l'une des plus belles que jamais prince chrestien meit ensemble, et qui m'a semblé meriter d'estre couchée par escrit, selon l'ordre qu'ay veu au plus près qu'elle estoit estendue, non en grandes tourbes d'hommes, mais autant complette de vertueux et vaillans capitaines et soldats, autant bien et richement armez, autant bien à cheval, que depuis mille ans fut armée. De ce que j'en dy j'appelle tous ceux qui l'ont veuë à tesmoins, amis et ennemis; car, pour commencer premierement à la fanterie, il

---

(1) *Des marchiz* : des marquis.—(2) *Hault le bois* : halte.—(3) *Mortes* : eaux stagnantes.

y avoit trois bataillons quarrez, le premier desquels estoit des vieilles enseignes soldoyées et entretenuës dès le temps du feu roy ès guerres de Piedmont, de Champagne et Boulongne, avec d'autres nouveaux capitaines dressez au commencement de ces guerres, sans y comprendre aucuns braves soldats et jeunes gentilshommes de maison, lesquels y estoient pour leur plaisir et sans solde du Roy: complet, de quinze à seize mille hommes, desquels estoient de neuf à dix mille armez de corselets, avec les bourguignottes à bavieres, brassals, gantelets et tassettes jusques au genouil, portans long bois (1), et la pluspart le pistolet à la ceinture; et cinq ou six mille harquebusiers, armez de jacques et manches de maille, avec les morions autant riches et beaux qu'est possible, l'harquebuz ou scopette luisante, polie et legere; les fournimens fort exquis et braves; le reste ayans armes selon la qualité des personnes. Le second bataillon estoit de Gascons, Armignacs, Biscains, Bearnois, Basques, Perigourdins, Provençaux et Auvergnacs, faisans monstre de dix à douze mille hommes, ayans la caire (2) et le port de gens de guerre; ce que le fait croire est que ils sont exercitez, et souvent à la fatigue et combat ordinaire avec leurs ennemis, tant par terre que sur la marine; desquels il y en pouvoit avoir de huict à neuf mille portans long bois, armez de corselets et halecrets, et deux ou trois mille harquebusiers, avec mailles et morions. Le troisiesme estoit d'Allemans, en nombre, comme j'estime, de sept à huict mille, desquels estoit colonel le comte Reingrave, gens de guerre et asseurez, comme faisoient cognoistre à leur ordre et

---

(1) *Long bois*: piques. — (2) *La caire*: la physionomie.

marche de bataille, assez bien armez à leur mode, autant les picquiers qu'harquebusiers.

Quant à la gendarmerie et cavalerie, elle estoit ordonnée par rancs sur les flancs de ces bataillons, et y pouvoit avoir mille ou unze cens hommes d'armes, avec la suitte d'archers; les hommes d'armes montez sur gros roussins ou coursiers du royaume, turcs et chevaux d'Espagne, avec les bardes peintes des couleurs des sayes que portoient les capitaines, armez du hault de la teste jusques au bout du pied, avec les haultes pieces et plastrons, la lance, l'espée, l'estoc, le coustelaz ou la masse, sans encore nombrer leur suitte d'autres chevaux sur lesquels estoient leurs coustilliers et vallets, et, sur tous, paroissoient les chefs et membres de ces compagnies, et d'autres grands seigneurs, armez fort richement de harnois dorez et gravez en toute sorte; leurs chevaux forts et adroits, bardez et caparaçonnez de bardes et lames d'acier legeres et riches, ou de mailles fortes et déliées, couvertes de veloux, draps d'or et d'argent, orfaveries et broderies en sumptuosité indicible; les archers armez à la legere, portans la demie lance, le pistollet à l'arçon de la selle, l'espée ou le coustelaz, montez sur cavallins et chevaux de legere taille, bien remuans et voltigeans; entre lesquels, selon le pouvoir que chacun se sentoit avoir, n'estoit rien oublié qu'il ne fust desployé pour se faire paroistre et veoir à qui mieux mieux. Quant à la cavallerie legere et harquebuserie à cheval, il y pouvoit avoir près de deux mille chevaux legers, lesquels estoient armez à la legere de corselets, brassalz et bourguignottes, la demie lance, ou le pistollet ou le coutelaz, si bon leur sembloit, ou l'espieu gueldrois, montez sur cavalins, doubles courtaux ou chevaux de legere taille et vistes. De harquebusiers à cheval y en avoit de douze à quinze cens, armez de jacques et manchés de maille ou cuirassines, la bourguignotte ou le morion, l'harquebuz de trois pieds de long à l'arçon de la selle, montez sur bons courtaux, chacun selon sa puissance; estant M. d'Aumalle general sur toute ladite cavallerie legere. Il y avoit aussi de trois à quatre cens Anglois, lesquels estoient partis de leur pays à la conduite d'un milord, pour venir à la guerre pour leur plaisir, sans commandement, comme je croy, de leur Roy; desquels la pluspart estoit à cheval sur guildins [1] et petits chevaux vistes et prompts, sans estre fort armez, vestus de juppons courts, avec le bonnet rouge à leur mode, et la lance comme une demie picque, dont ils se sçavent fort bien ayder, et sont bons hommes, qui vont de sçavoir et adresse à la guerre, comme l'ont esprouvé ceux qui y ont esté avec eux.

En ceste belle ordonnance trouva le Roy son armée près de Metz, qui, avec les princes, grands seigneurs, gentilshommes et toute sa maison, ensemble toutes les compagnies susdites, depuis le Pont-Camouson jusques-là, commanda tenir ce mesme ordre, et marcherent tousjours en bataille, armez de toutes armes: qu'estoit chose admirable à ceux qui avoient ceste felicité de le veoir, son armée passant par le bas, le long de la prairie, pour speculer et considerer à son aise les bataillons de sa fanterie, où fut caressé et bien venu de la scopetterie, qui dura au moins trois grosses heures; et estoit clairement cogneu à sa face riante et ouverte l'aise qu'avoit Sa Majesté à veoir tant de vail-

---

[1] *Guildins* : chevaux hongres.

lans hommes en si grande monstre, demonstrans une naturelle volonté et affection de bien faire et combattre pour son service. Après avoir fait bon recueil à plusieurs grands seigneurs et capitaines qui s'y estoient des premiers avancez; après aussi diverses accollades et caresses de ceux qui estoient demeurez avec Sa Majesté et des premiers, cómme des parens, voisins et amis, suyvant le chemin droit à la ville, fut salué de son artillerie, qui estoit un peu au-dessus de son armée, dedans des vignes sur une motte : à sçavoir de seize grosses pièces, canons et doubles canons, six grandes et longues coulevrines, six moyennes et douze bastardes, et deux paires d'orgues, estrange et nouvelle façon d'artillerie : faisant tout cela tel et si merveilleux tonnerre, qu'il sembloit que le ciel et la terre voulussent recommencer la guerre entre eux, ou que tout deust reprendre la premiere forme d'un caos ; estant le sieur d'Estrée grand-maistre et general sur toute ladite artillerie, sage et prudent seigneur auquel telle charge est bien convenable, pource qu'il a le soing et solicitude qui y est requise. Ici ne veux passer l'entreprinse brave que dresserent les ennemis, et presume-t-on que c'estoient ceux de la garnison de Theonville. Cependant que toute ceste armée estoit ainsi en bataille, et que ceux qui estoient ordonnez pour garder les bagages, s'abusoient à regarder ceste triomphante et brave assemblée, vindrent donner dedans quelques vallets et gougeats qui y estoient demeurez, mesmement du costé des lansquenets, desquels emmenerent le meilleur et le plus aisé à porter; avant qu'on eust donné ordre et depesché gens pour les suyvre et repoulser.

Le dix-huictiesme d'avril, le Roy après un peu avoir consideré et visité le dehors de la ville de Metz, entra par la porte Champenoise, où, avec le poisle et ciel triomphant, quatre des premiers gentilshommes de la ville l'attendoient, soubs lequel estoit Sa Majesté royale, les clerons et trompettes sonnans, avec les blasons et armoiries de France, les heraults d'armes vestuz de leurs cottes de veloux cramoisi azuré, semées de fleurs de lys; les deux cens Suisses marchans en bataille des premiers, que trois cardinaux suyvoient, vestuz de leurs longues robes rouges, et leurs rochets dessus : à sçavoir messieurs les cardinaux de Lorraine, de Chastillon et de Lenoncourt, archevesque de Metz; puis M. le connestable, la teste descouverte, armé de toutes pieces, portant l'espée nue devant Sa Majesté, à l'entour de laquelle estoient tous les princes et grands seigneurs presque de tout son royaume, en une magnificence et pompe inestimable; à sa suite, toute sa maison, ses gardes, et un nombre infini d'autres qui l'avoient suyvy en la presse pour veoir ce triomphe. Je laisse à penser le peuple qui estoit par les rues, aux fenestres, aux galetas et sur les maisons, pour contempler une si nouvelle et esmerveillable haultesse. Certainement n'estoit celuy, depuis les enfans jusques à ceux qui alloient à potences de vieillesse, qui ne dist et confessast n'avoir jamais veu n'ouy parler d'une telle compagnie et noblesse : dequoy pourroient faire foy tous ceux qui l'ont ainsi veu. Devant le grand temple arriva le Roy en ce triomphe, où se trouva tout le clergé et chapitre de Sainct-Estienne, avec divers habits de grand prix et valeur, et plusieurs reliquaires et dignitez. Près de là, descendirent premierement messieurs les cardinaux, puis M. le connestable, lequel à pied retourna devers Sa Majesté, luy prestant la main pour descendre de cheval, ainsi que feirent après tous les princes et grands seigneurs qui en estoient les plus prochains. Le Roy, s'approchant près du clergé, meit la main dextre sur les évangiles, protestant et faisant vœu de garder et deffendre à son pouvoir les droicts, libertez et préeminences de ceste très-ancienne et opulente cité, selon que depuis s'est veu (1). Après plusieurs cérémonies, tout le clergé commença en musique à chanter cantiques et louanges à Dieu, auquel respondoient les orgues et divers instrumens harmonieux. Le Roy, suivy de tous les princes et grands seigneurs, entra en ceste triomphante et tant riche maison de Dieu, et lieu d'oraison, en laquelle il acheva la sienne fort devotement. Le logis de Sa Majesté estoit appareillé au palais archiépiscopal auquel fut conduite; et peu de temps après, aucuns gentilshommes de la ville, lesquels y estoient demeurez, ou pour tenir le party de France, ou pour ne se sentir coulpables d'aucunes charges suspectes, luy vindrent faire la reverence, et par M. de Guise le feirent supplier très-humblement de leur pardonner s'ils l'avoient offensé en chose que ce fust, promettant luy estre cy-après fideles et loyaux. Et pource que tous les citoyens, mesmement le populaire, estoient fort estonnez de veoir tant de gens de guerre logez en leurs maisons, ce que jamais n'avoient accoustumé ne veu, sans sçavoir la consequence, requirent que son bon plaisir

---

(1) *Selon que depuis s'est veu.* Au contraire, d'après les conseils du connétable, Henri II abolit les priviléges de la ville de Metz, faute qui eut des suites funestes. (Voyez les Mémoires de Vieilleville, livre IV, chapitre 14.)

fust d'y statuer une ordonnance; à quoy Sa Majesté, de clemence royalle, feit response pleine de parfaite humanité et douceur, qui les contenta fort, disant qu'il n'estoit là venu pour les destruire et ruiner, mais pour les defendre et garder en leurs droicts et privileges, et ce qu'il avoit entreprins si avant, estoit pour la doute que son ennemy ne s'emparast de leur ville et biens, pour après l'endommager et ses pays. Au surplus commanda à M. le connestable de faire publier dedans la ville et ès environs par toute son armée, qu'à peine de la mort et griefve punition, homme ne fust si hardy de prendre ne transporter aucune chose sans payer raisonnablement, si ceux à qui elle appartiendroit se trouvoient; de ne battre ne molester leurs hostes ny habitans du territoire de Metz; de s'en aller ne partir du logis sans les contenter; de ne mettre la main aux armes, si ce n'estoit contre ses ennemis. Ce que fut fait et publié dedans et dehors la ville, et aux environs furent levées potences et signes patibulaires, pour en donner plus grande cognoissance à tous.

Ceste ordonnance fut tenue et si bien observée en toute l'armée du Roy, sans mutinemens ne violences, que au departir chacun s'en alla content, et demeura au peuple une bonne opinion de nous, en louant l'humanité du Roy et la noblesse de France. Cependant les chevaux-legers et harquebusiers à cheval, qui trottoient des premiers, et estoient logez assez près de Theonville, d'heure à heure s'y alloient presenter et appeller ceux de là-dedans à l'escarmouche; et ne se passoit jour que n'en fussent dressées maintes, tant par les sorties des Bourguignons que par la semonce des nostres, desquels la pluspart estoient jeunes hommes, qui avoient le feu à la teste, et qui ne cherchoient que nouvelles entreprinses et à veoir, toutefois, tousjours à la conduite de vieux routiers de guerre, et capitaines usitez et experimentez. J'estime qu'autant en estoit-il du costé des ennemis; parquoy ne pouvoit advenir autrement, et est facile à croire qu'on y pouvoit veoir divers passages de cest art, et de braves et vaillans hommes.

Trois jours le Roy sejourna en ceste riche et puissante cité de Metz, pour sçavoir et cognoistre le regement de tous leurs estats et gouvernement de leur republique, pour confirmer les bons et abolir les pernicieux et dommageables, et ériger loix et ordonnances pour la conservation et maintien d'icelle communion, au contentement de chacun estat, entre autres choses, pour deliberer de la fortification selon sa volonté; et dès-lors en furent proposez les moyens, et fut commencé à y besongner, à faire raser et abbattre plusieurs petites casettes et maisons de plaisir, que les bourgeois et citoyens avoient basti en leurs jardins et vignes, au long des fossez, près des murailles, lesquelles pouvoient grandement servir aux ennemis à faire leurs approches; et pour estre une coste trop prochaine d'une montagne qui pouvoit commander et nuire fort à la defendre, fut conclud, selon la resolution de tous les ingenieurs, et de ceux qui entendent l'industrie des fortifications, de coupper de la ville en cest endroit, et y eslever une tranchée et rempart, de grandeur et haulteur au niveau, le plus que seroit possible, de cette coste. A toutes ces choses, et plusieurs autres nécessaires ayant estably une police, laissant M. de Gonnor, frere de M. le mareschal de Brissac, gouverneur et son lieutenant, avec la compagnie de M. le comte de Nanteuil (lequel et M. de Jametz estoient pour ostages donnez au duc Maurice), et deux cens chevaux-legers, deux cens harquebusiers à cheval, et douze enseignes de fanterie, tant pour la garde de la ville que conduite des vivres et munitions qui en sortoient et venoient des autres lieux circonvoisins, pour suyvre nostre armée.

Le Roy en partit le jeudy après Pasques, vingtiesme d'apvril, pour commencer son voyage, et fut son armée levée des environs par M. le connestable, qui en estoit general, et le premier à l'avant-garde, accompagné de la pluspart des princes et grands seigneurs que j'ay cy devant nommez, sans d'autres qui y arrivoient chacun jour. Le surplus estoit à la suitte du Roy, estant Sa Majesté la premiere en sa bataille, pour estre exemple à tous de le suyvre, mesmement en justice; car ne se peult nier que durant tout ce voyage, et tant que ses enseignes ont esté desployées aux champs, que n'ait commandé et observé une justice tant grande et sévere en son camp, que les ennemis et estrangers s'en esmerveilloient; qui me fait penser et croire, avec les prieres du pauvre peuple, que le supernel Dieu des batailles luy avoit mis les armes au poing, pour dompter les hommes qui s'estimoient invincibles. A l'arriere-garde n'y avoit que trois ou quatre cens hommes d'armes qui demeuroient tousjours à la queue pour faire suyvre ce que venoit après, ou pour empescher que les villains et Marangets (1).

---

(1) *Marangets* : les habitans du canton de Morange. Ils passoient pour ennemis implacables des Français.

ne detroussassent ceux qui ne pouvoient aller si-tost que les premiers, ou les bagages qui estoient demourez et arrestez par les chemins par accident. Je ne puis donner certaine raison pourquoy, car à moy tels secrets n'estoient communiquez. Toutefois je pense que c'estoit à cause que n'avions point d'ennemis au doz qui fussent si forts que nous. Aussi estoit grand bruit que le Roy, avec ceste puissante armée, s'alloit joindre au duc Maurice, lequel, avec une autre, avoit jà repris plusieurs villes des protestans, les remettant en leur premiere liberté, et dechassant les garnisons que l'Empereur y avoit assis, pour leur tenir le pied sur la gorge ; qui attendoit le Roy auprès d'Auspourg, devers lequel de Metz y avoient esté envoyez le sieur de Montmorancy, les comtes de Villars et Ringrave, pour en sçavoir certaines nouvelles ; si est-ce que la publique renommée et commune opinion de tous, jugeoit toutes ces intelligences et simulations estre un faux appast et couverte amorce de mauvais goust, de laquelle toutefois le succez n'est tourné grandement à nostre prejudice. Pour ce jour que le Roy deslogea de Metz, l'armée ne feit grande traicte, et campa à une lieuë et demie près, en deux petits villages desquels l'un s'appelle Serre et l'autre Gouin.

De ce lieu le lendemain partit, et alla camper à Racourt et Rouvres, près d'une petite ville appellée Numiny (1), des appartenances du comte de Vaudemont, située au pendant d'une petite montagne au dessoubs de laquelle coule une petite riviere qu'ils appellent Seille, qui va passer à Metz ; l'avant-garde es-

(1) *Numiny* : Nomeny.

toit campée un peu au dessus. Quant à nommer de mot à mot les villages, lieux et places, où toute ceste grande armée a passé et campé, sinon les plus fameux, et où a esté executé acte meritant à estre noté et mis par escrit, avec ce qu'est fort difficile pour estre les noms estranges et malaisez à nommer, encore ne le peux-je faire pource que le plus souvent la gendarmerie estoit estendue en divers endroits pour trouver vivres plus aisément, pour eux et leurs chevaux, à la moindre foule du peuple, et ne demouroit, tant de l'avant-garde que de la bataille, sinon les personnes des princes, quelques grands seigneurs et gentilshommes de leur suite, la maison du Roy et ses gardes avec la fanterie tant françoise que d'Allemans, fors en lieu serré, mal aisez ou suspects, et ne veux oublier avant qu'entrer plus avant, que toute l'armée, sçavoir : hommes de combat, tant de cheval que de pied, durant le voyage, voire jusques au rompement du camp, a marché en campagne, tenant tousjours ordre de bataille, ce qui nous travailloit grandement, et a fait mourir beaucoup de gens de bien et de braves hommes, par fievres continues, pleuresies et diverses maladies. Plusieurs autres, dès ce temps, ont longuement traisnez et languy, à la fin sont morts diversement. Une des principalles causes est que beaucoup de personnes, selon leurs qualitez et commoditez, par le temps de paix et repos, s'estoient tant relaschez et abandonnez à leurs aises et voluptez, qu'advenue ceste soudaine entreprise, pour peu de peine et travail estoient abatuz et demourez soubs le faiz; depuis, la continuation et accoustumance nous a renduz usagers de necessité.

Au partir de ce lieu, fut pris le chemin à une petite

villette nommée Luneville, située en lieu propre pour l'usage de vivre, aux racines de petites collines et montaignettes où il y a quelques vignobles et terres de labeur, près de laquelle passe une petite riviere qui s'appelle Savon; de l'autre costé a une prairie grande et spacieuse, à l'entour de plusieurs villages et censes. Le Roy, M. le connestable, les princes et grands seigneurs estoient logez dedans la ville; les gentilshommes de sa maison et ses gardes estoient au fauxbourg; le reste estoit campé à l'entour, et la gendarmerie aux villages.

Le lendemain, le Roy et son armée en deslogea, et y demoura dedans une enseigne de gens de pied et quelques harquebusiers à cheval, pour l'escorte de la munition qui nous suivoit, et alla loger à Blamont, une autre petite ville capitale d'une comté qui en retient le nom, en laquelle estoit la duchesse de Lorraine, pource qu'on disoit ladite comté estre de son assignal, et ordonnée pour se retirer. L'assiette en est belle et plaisante, presque semblable à celle de Luneville, sinon que le terrouer n'est si bon ni fertile. Le Roy, M. le connestable, les princes et grands seigneurs estoient logez la pluspart dedans le chasteau et dedans la ville; le reste du camp à l'entour, et la gendarmerie ès prochains villages. Dedans ceste ville demoura pareillement une enseigne de gens de pied et quelque cavallerie pour la mesme fatigue que ceux de Luneville. Le jour ensuyvant, vingt-septiesme d'avril, la gendarmerie de l'avant-garde feit une grande traicte de cinq grandes lieuës du pays, qui en valent dix parisiennes, pour estre le pays tous bois, broussailles, essars, bossu et raboteux, et les villages petits et escartez, mal aisez à loger grosses compagnies, et allasmes loger aux plus prochains d'une petite ville appellée Salebourg (1), appartenant au duc de Lorraine, derniere ville de sa comté de Vaulges, au pied des montagnes qui separent ladite comté d'Allemagne. L'assiette est assez mal plaisante à l'œil, pour estre en lieu bas et marescageux d'un costé, et d'autre trop prochaine des montagnes et grandes forests; toutefois je la penserois abondante en grands profits de bestial et nourriture. Le Roy et le reste de son armée sejourna audict Blamont un jour, et, au partir de là, vint camper en deux assez bons villages, appellez, l'un Ubigny, et l'autre Sainct-Georges. En ce lieu furent apportées les nouvelles de la paix entre le Pape et le Roy. Près de Salebourg, son armée estoit campée au long du pendant d'une montagne, ayant au-dessus les bois et au-dessoubs la prairie, et une petite riviere de laquelle je ne sçay seurement le nom, si ce n'est celle qui passe à Blamont et à Luneville, sortant de ces montagnes. Près de là, M. le connestable, l'avant-garde estant campée à la portée d'une coulevrine près de la ville, estoit logé dans une grosse maison en un petit village où n'y avoit que trois ou quatre maisons et quelques granches. Tout à l'entour estoient dressées les tantes et pavillons des princes et grands seigneurs. Le Roy, à demie lieuë plus arriere, estoit logé en un chastelet édifié nouvellement en un essart, sur une petite montagne. Tout à l'entour estoit la bataille campée, et un peu arriere estoient logez ses gentilshommes et ses gardes. Deux jours fut séjourné en ce lieu, tant pour attendre l'artillerie et les munitions,

(1) *Salebourg* : Sarbourg.

que de toutes parts ès environs estoient envoyez commissaires et hommes deputez pour amasser vivres, et amener toutes provisions au camp, pource que de France ne d'autres lieux derriere nous n'en venoit plus, ou pour estre desjà trop esloignez de nos limites, ou à raison qu'estions près du passage par lequel l'armée devoit descendre en la plaine de Salverne (1). Ainsi fut fait en partie ce peu de sejour, pour donner temps à ceux qui estoient derriere de nous reprendre, et s'assembler avec nous pour passer ce pas, qui estoit sans mentir fort scabreux et dangereux à petites compagnies, estant plein de bois forts et obscurs, les chemins estroits et creux. Au-dessus estoient rochers hauts et inaccessibles, sinon avec grande difficulté, desquels les brigands peuvent de loing veoir ceux qui y doivent passer, les attendre et enfermer, sans avoir moyen de s'en retirer. Quant aux vivres, je ne peux dire que jusques-là nous ayons eu necessité de ce que touche la vie de l'homme, sinon de vin aucunement; les chevaux n'y mangeoient pas leur saoul, mesmement ceux de la bataille; car nous estions ja bien avant en la saison, et près du temps commode à recueillir les foings nouveaux, estans les vieux bien cours et presque tous mangez. Quant à l'avoine, les bons bleds estoient si chers, que le pauvre peuple estoit fort aise d'en faire son pain et substance, qui l'encherissoit grandement; encore ce peu qu'en restoit, les gros usuriers l'avoient retiré et reservé dedans les villes, ou le vendoient cherement et au double, à grand'requeste et priere. Vray est que nous, qui estions à l'avant-garde, qui trottions des premiers sur le pays, avions l'advantage d'en

(1) *Salverne :* Saverne.

trouver et recouvrer plustost que ceux qui nous suyvoient, bien souvent par grandes traictes surprenans les paysans avant qu'ils eussent moyen de retirer leurs biens, et le plus souvent n'en laissions gueres à ceux qui venoient après, pour la mauvaise consideration que nous autres François avons. Et ce peu que demouroit à nostre partement, le pauvre homme le cachoit le plus estroictement qu'il avoit le moyen, de crainte que ne luy fust ravy des derniers. Vray est que les bleds estoient jà grands en herbe, qui aidoient fort à soustenir et vivre beaucoup de chevaux; mais les grands chevaux de service, après qu'ils en avoient tasté, devenoient vains, vagues, et diminuoient d'en-bonpoinct et force. En ce lieu (comme couroit le bruit) le Roy eut nouvelles du duc Maurice, duquel ordinairement en estoient forgées mille sortes de paroles, et plustost en mal qu'en bien, pour la desfiance que chacun pronostiquoit de luy.

A Salebourg demoura une enseigne de gens de pied et quelques chevaux legers, et le deuxieme jour de may, le Roy avec toute son armée en partit, et alla loger en deux petits villages dedans des bois, appellez Meltebourg et Andressenty, qui sont à l'evesque de Strasbourg deux lieuës de Salebourg, ses gentilshommes et ses gardes et toute la bataille campée à l'entour de Sa Majesté; M. le connestable et l'avant-garde, un quart de lieuë plus avant en un autre village nommé Andreoux, qu'on disoit, s'il m'en souvient, appartient au comte Palatin, où il y a une grosse tour quarrée en forme de pavillon, assez forte, en laquelle on laissa cinquante harquebuziers, pource qu'elle est à l'entrée du passage du costé de deçà, et sur le front des bois, qui durent jusques au pied des montagnes, de l'autre part, longs et larges, de fort fascheux et estrange chemin. Ce jour mesme la gendarmerie de l'avant-garde passa ce passage, et devallasmes en un gros village nommé Sainct-Jouan, où est située une abbaye de femmes en sauve-garde du comte Ringrave. Là nous trouvasmes force bons vins, qui renforça de beaucoup nostre bien venuë. Aucuns allerent descendre droit à Salverne, et furent logez au pied des montagnes, du haut desquelles, tant que la veue se peut estendre, on descouvroit une belle et fort grande plaine, qui dure près de six grandes lieues du pays, qui vallent plus de dix françoises, peuplée de gros et grands villages, riches et opulens, de bois, rivieres, ruisseaux prairies et autres lieux de proufit, que ceux du pays appellent la vallée d'Aussaiz. Le terrouer est gras et fertile, qui rend les hommes habitans cette contrée fiers et hautains, pource qu'ils ne sont chargez ne foulez de grandes exactions, et n'ont accoustumé de veoir gens de guerre couchez en leurs lits, ne manger si privément à leurs tables; mais, selon le commun proverbe, ce sont eux qui le font aux autres. Ce que tant les estonna au commencement, que beaucoup abandonnoient leurs maisons et biens, et s'enfuyoient aux bois. Ainsi noz soldats commencerent à faire un grand désordre, et le tout estant à l'abandon, se meirent à piller et robber où ne se trouvoit à qui respondre, car la volonté prompte plus à mal qu'à bien, leur augmentoit le desir de l'execution, aussi que, le plus souvent, la robe abandonnée se presentoit à la prise. Le lendemain, le Roy et toute l'armée traversa ces grandes forests et devalla en celle belle plaine; mais non sans grande peine l'on y feit descendre l'artillerie et les munitions, tellement qu'à traverser tous ces forts de bois et rochers y eut des bagages beaucoup destroussez, quelque escorte et conduicte qu'il y eust, mesmement ceux qui estoient sur chariots et charrettes; car, estant le chemin estroit et rabotteux, facilement se rompoient les essois (1), les lymons, ou quelque autre chose, ou bien versoient; pourquoy demouroient derriere, et les villains bandoliers avoient le moyen et loisir de les saccager et retirer dedans l'espesseur du tailliz avant que peussent estre secouruz. Les autres, sur mulets et sommiers, qui pouvoient suyvre, ne tomboient en tel danger. Il y avoit aussi tant grande suite et quantité de bagages, qu'ils tenoient plus de pays et faisoient plus de monstre que toute l'armée; qu'est, selon le jugement de beaucoup, une chose mal ordonnée, causant un desordre et famine de camp. Et n'y avoit jusques aux simples soldats et vallets qui ne feissent traisner mille hardes et brouilleries sur chariots et charrettes, ou sur chevaux et jumens. Le Roy, M. le connestable, les princes et grands seigneurs, estoient logez dedans la ville de Salverne, le reste aux fauxbourgs, ou campée à l'entour. Toute la fanterie estoit logée et estendue le long de la prairie, faisant une belle et grande monstre; la gendarmerie et cavallerie de l'avant-garde estoit deux lieues plus avant logée en gros et riches villages, ausquels le plus communement trouvions abondance de vivres, mesmement de bleds et vins, et peu de foins et avoines.

Salverne est une petite ville qui est du domaine de l'evesque de Strasbourg, située au pied des montagnes,

(1) *Essois* : essieux.

sur le grand chemin et passage par lequel on descend des pays de deçà pour aller à Strasbourg, Spire, Francfort et en tous endroits des Allemagnes; parquoy est habitée de riches marchands, qui trafiquent en divers endroits d'une part et d'autre. L'assiette est fort belle et plaisante, commode pour le plaisir et proufit, bien bastie de beaux edifices et maisons à leur mode. Elle a le soleil levant du costé de la haute Allemagne, l'occident à l'endroit des montagnes, les Suisses et la Franche Comté à midy, et les bas Allemans à septentrion. Elle a en front les labourages et terres de rapport en grande estendue, un peu au dessoubs les prairies longues et larges, arrousées d'une petite riviere, et grande abondance de fontaines et sources vives: au doz, sur les cousteaux et pendans des montagnes, sont les vignobles, esquels croissent de fort bons vins blancs et rouges; au dessus les bois et chauffages. Sur trois hauts rochers au dessus sont trois vieux chasteaux, forts de situation et non d'art comme je pens, toutefois que je ne les ay point veuz de près, estant le chemin mal aisé et dangereux pour la hauteur du lieu. Prés de cette ville fut la desfaite des Lutheriens et la victoire acquise par feu de bonne memoire le bon duc Anthoine de Lorraine (1). Elle est environnée, du costé de la plaine, de gros villages, à une et deux lieuës près desquels estoit logée toute la gendarmerie, qui se sentoit fort soulagée d'estre plus au large qu'elle n'avoit esté auparavant : ce que par le Roy et son conseil fut

(1) *Le bon duc Anthoine de Lorraine.* Ce fut le duc Claude de Guise qui, de concert avec le comte de Vaudemont son frère, remporta cette victoire sur des fanatiques d'Allemagne qui, poussant jusqu'aux dernières conséquences les principes de Luther, prétendoient que tous les biens étoient communs. (Voyez du Bellay, livre III.)

prudemment consideré, faisant en ce beau lieu temporiser son armée trois jours entiers pour un peu la refreschir et delasser des longues traites qu'on avoit fait auparavant, pour entendre aussi plus certaines nouvelles du duc Maurice et de sa deliberation. En ce lieu vindrent au Roy, de divers endroits, ambassadeurs et grands personnages, les uns pour s'offrir et leur pouvoir à son service; les autres pour obtenir, pour eux et leurs subjects, descharges et soulagemens; mesmement des Suisses, pource que ceux de la Franche Comté estoient en grande crainte que toute ceste nuée ne tombast sur eux. Toutefois, à la faveur des cantons, si le Roy en avoit quelque volonté, changea d'opinion. De la ville de Strasbourg devers Sa Majesté fut envoyé un *houpeman,* c'est à dire en allemant seigneur, pour la supplier d'avoir souvenance et esgard à la bonne volonté qu'ils avoient à luy faire service, et vouloir supporter et soulager leur plat pays le plus que seroit possible, offrans vivres et provisions en payant raisonnablement; ce que pleut au Roy, et leur accorda liberalement, ainsi que se disoit communement.

Audit lieu de Salverne furent faites grandes exécutions, par les prevosts et ministres de justice, d'aucuns soldats qui destroussoient les munitions, pilloient et ramenoient des villages plusieurs meubles, comme linges, habits, vaisselles, bestail et chevaux, et ce que pouvoient rencontrer; et ne sceut encore estre tant rigoureuse la punition, qu'on les en peust divertir, tant pour trouver les maisons ouvertes et abandonnées, que par faute de bonne police qu'on avoit oublié à y mettre dès le commencement, que nous laisserons à

6.

disputer aux bien sçavans et bien entendus en ces matieres.

Le sixiesme jour de may, le Roy avec toute son armée se leva de Salverne, estant demouré dedans une enseigne de gens de pied et quelque cavallerie legere, pour la seureté de nostre queuë. Ce jour ne feit que deux lieuës du pays. Le lendemain alla camper en un gros bourg; là en un chasteau Sa Majesté estoit logée, et dedans le bourg et à l'entour les princes, grands seigneurs, gentilshommes et ses gardes; le reste de la bataille campa aux environs; M. le connestable avec l'avant-garde un quart de lieue plus avant; la gendarmerie s'estendoit jusques à une petite lieue près de Strasbourg. Quant à descrire certainement la situation et murs de la ville de Strasbourg, je ne puis, pour n'en avoir approché d'une lieue; car les citoyens ne vouloient permettre entrer personne, ne seulement approcher à la portée du canon. Quant à l'opinion en laquelle communement on la tient, on ne l'estime que l'un des villages d'Allemagne : à la voir, chacun pouvoit croire et juger que c'est une fort belle, grande et riche ville, et très-forte, comme elle en a le bruit, assise en lieu plat de tous costez; le Rhin passe dedans en deux endroits, qui la part en trois, toutes lesquelles parties sont closes et environnées d'eaux, avec une autre petite riviere qui vient près de là s'assembler au Rhin; les vignobles n'en sont pas loin; le terrouer est sablonneux et mourveux, qui fait quantité de mottes et terres mouvantes: à ceste cause, comme je pense, anciennement estoit appellée *Argentine*. En aucuns quartiers, comme ès pendans des montagnes ou près des villages, les terres y sont meilleures pour estre souvent amendées et engressées; et me semble que les paysans y sont bons laboureurs, car, encor que le terrouer ne soit fort bon et le climat froid, les bleds en herbe estoient plus beaux et grands en ceste saison que ne sont un mois plus tard aux nostres ; aussi que nous y trouvions des bleds vieux en grande quantité, et par-deçà estoient fort chers. En ce temps commencerent les grandes chaleurs, lesquelles accroissoient nostre travail de beaucoup, mesmement aux soldats et gens de pied, plus qu'à nous qui montions à cheval à deux heures après minuit et y demeurions jusques à demy jour avant que d'estre logez; encore le plus souvent logions aux villages, où trouvions vivres et rafreschissemens. Les soldats de pied partoient premierement que nous, et cheminoient jusques à ceste mesme heure, ayant tousjours les armes sur le doz, marchans en bataille avec la chaleur et la poussiere, qui les grevoit et altéroit grandement. Quand ils arrivoient en leurs quartiers, ne trouvoient que la place vuide sans vivres et sans moyen, plustost qu'autrement, d'en recouvrer promptement : ainsi alterez avec une chaleur vehemente, beuvoient de ces eaux froides merveilleusement; à raison de quoy tomboient en grandes maladies, pleuresies et fievres, dont en mouroit grand nombre de braves hommes.

Pour ne fouler le territoire et pays circonvoisin à l'entour de Strasbourg, une nuit seulement l'armée y sejourna ; le lendemain, tirant à main gauche, fut pris le chemin à une petite ville appellée Hagueneau, laquelle au commencement feit quelques difficultez de ne vouloir faire ouverture et contribution de vivre comme les autres, s'opiniastrant en ceste folie jusques à ce qu'elle veit qu'on vouloit approcher l'artillerie pour y ouvrir passage : enfin ayant parlementé elle se rangea à la raison, et M. le connestable avec le sieur de Chastillon y entra et ordonna de tout, comme le besoing requeroit. Ce jour le Roy campa en une tuillerie au dessoubs de la ville, et toute l'armée à l'entour; le lendemain alla disner dedans, où luy fut fait grand recueil par les habitans. Toute la gendarmerie de l'avant-garde, au nombre d'environ huict cens hommes d'armes et plus, estoit logée à deux grandes lieues par-delà, en un seul gros village, auquel la plus grande partie estoit à couvert. Ceste petite ville, selon que la consideray en passant, est fort belle et proprement située pour toutes commoditez, bien close de murailles hautes et de bonne estoffe, garnie de grosses tours et defenses, assez fortes pour resiter à un camp volant, circuie de fossez creux et profonds à fond de cuve et pleins d'eau vive, prochaine d'un costé de grands bois et forests, de l'autre de larges et spacieuses prairies et marescages. Le terrouer est sablonneux et mort, presque pareil à celuy de Strasbourg; de vignoble j'en vey peu ou point. De-là fut poursuivy le chemin pour aller à Wisbourg (1), belle et petite riche ville au pied des montagnes qui separent la haute et basse Allemagne, comme un terme triangulaire, par trois chemins tirans en divers lieux de par-deçà à passer le Rhin, pour tournoyer toute la haute Allemagne et l'une et l'autre Pannonie, et, en le suivant, pour descendre le long des basses Allemagnes en Gueldres, Cleves, Juliers, Lieges, Brabant, et par tous les Pays-Bas, faisant presque d'un costé une borne entre la Gaule belgique et

(1) *Wisbourg* : Weissembourg.

la grande Germanie. Ceste ville est voisine de Spire environ trois lieues grandes, qui en valent pour le moins six françoises; la situation est fort agreable à l'œil et commode, comme on le pourra juger promptement, riche et garnie de grands biens pour les usages et proprietez qui y sont : pour ce ceux du pays l'appellent la ville aux trois Alliances, dont ils portent en leur blason trois escussons avec les armoiries de trois grands seigneurs, et un monde au milieu. Le terrouer est sablonneux; il y passe une petite riviere qui fait moudre grande quantité de moulins à divers usages. Les habitans nous furent fort gracieux et secourans en toutes choses. Le Roy n'y logea point, ne son armée, qui alla loger au village une lieue plus avant, nommé, ce me semble, *l'Estat.* M. le connestable avec l'avant-garde estoit logé en un autre petit village à la portée du canon; plus loing la gendarmerie de l'avant-garde estoit campée dedans un bois au-dessoubs, au loing du chemin, tirant de là à Spire, près d'une fort belle maison qu'on disoit estre à l'evesque dudit Spire.

En ce lieu on esperoit avoir certaines nouvelles du duc Maurice, et tenoit-on pour chose veritable que le Roy trouveroit près de là grande compagnie de grands seigneurs de ces pays, qui l'advertiroient de toutes choses; l'on y adjoustoit beaucoup d'autres promesses de ce duc Maurice. Pourtant, afin d'avoir advis certain de luy, y fut envoyé le sieur de Lanssac, gentilhomme de grand sçavoir.

Cependant, en ce sejour, le Roy eut nouvelles que la reyne d'Hongrie, avec une grosse armée, avoit prins Sathenay, et desjà estoit entrée en ses terres, bruslant et dégastant tout le plat pays à l'environ. Devers Sa Majesté plusieurs *houpemans* et seigneurs allemands vindrent luy remonstrer pour les communes la foule et charge que soustenoient par les fraiz de son armée. Ausquels fut rendue la response autre et plus haulte que ne la pourrois asseurer. Tant y a que la publique opinion la disoit estre suffisante pour leur faire entendre leur ingratitude, ayant le Roy amené à grands fraiz une grande et puissante armée, pour seulement les secourir et remettre en leurs libertez, maisons et biens, appellé par eux à très-grandes prieres; laquelle raison seule les devoit assez esmouvoir à nous secourir, non-seulement de vivres et autres necessitez, mais à exposer leurs corps et personnes pour recognoissance de ce grand bien.

Estant de retour, le sieur de Lanssac ne rapporta de ce duc Maurice que frivoles excuses, entre lesquelles que l'armée du Turc estoit descendue bien avant en Austriche, dont il avoit promis, comme aussi y estoit obligé, à Ferdinand, roy des Romains et de Hongrie, de l'aller secourir pour trois mois; parquoy ne pouvoit accomplir sa promesse promptement. Cela entendu, le Roy, par l'advis de tout son conseil, delibera de retourner en France pour deffendre ses terres, et employer ses forces pour en dejeter et repoulser l'ennemy. Et pour ne fouler pas trop le plat pays, afin aussi que son armée trouvast plus commodement vivres, la partit en trois parties, l'une desquelles demeura avec Sa Majesté, à sçavoir du nombre, cinq cens hommes d'armes, mille ou douze cens tant chevaux legers qu'harquebusiers à cheval, les vieilles bandes et compagnies de fanterie françoise, le regiment de lansquenets du colonel Chartel, avec les gentilshommes de sa maison, et ses gardes à la conduite de M. le connestable. Ainsi print le chemin des montagnes, lieux deserts et fort difficiles, ausquels le Roy, les princes et grands seigneurs, et generalement tous les soldats, endurerent grandes indigences de vivres, tant pour eux que pour leurs chevaux : toutefois, avec le temps et labeur, qui les choses impossibles fait possibles et en avoir le bout, descendirent en la Comté vers Salebruht (¹) et la Comté à Deux Ponts. L'autre troupe, qui estoit de huict cens hommes d'armes au moins, avec le comte Reingrave et son regiment d'Allemans, fut conduite par M. de Vendosme, prince d'incredible valeur, reprenant les mesmes brisées que l'armée avoit suivy en ce voyage, où pareillement nous eusmes beaucoup de necessitez. Toutefois ce gentil prince et tous ceux qui l'accompagnoient y donnererent un tel ordre, que par faute des vivres n'endurasmes point, reprenant le chemin au sortir des bois et montagnes pour descendre vers Marsault (²) et Chasteau Salins : de là se vint joindre et reprendre l'armée du Roy près de Waldersen, petite ville à six lieuës de Metz, en assez belle assiette, ayant d'un costé les bois et de l'autre les montagnes, et une petite riviere qui s'appelle Sarre, qui sépare la Lorraine des montagnes.

M. d'Aumalle, avec cinq cens hommes d'armes, huict ou neuf cens chevaux legers et harquebusiers à cheval, et le regiment du comte Recroc, print le tour au-dessus de Spire, passant par dedans les montagnes et les lieux estroits, inhabitez et deserts, qui, avec

---

(¹) *Salebruht* : Saarbruck. — (²) *Marsault* : Marsal.

grand travail, feit si bien, qu'il parvint sans grand default au mesme lieu où le Roy estoit jà attendant de reunir son armée pour parfaire les choses que verrez cy-après.

Et ne veux oublier, avant que commencer autre chose, qu'estant adverti ou se doutant que l'armée de la royne de Hongrie assiegeast le chasteau de Jamets, despourveu adonc de chef, estant le seigneur en ostage entre les mains de ce duc Maurice, y envoya le sieur de Losse en grande diligence avec vingt hommes d'armes et trente archers de la compagnie de M. le mareschal de Sedan, deux cens chevaux legers, et autant d'harquebusiers à cheval. Depuis fut trouvé que les Bourguignons, à leur confusion, avoient tourné le doz et s'estoient retirez.

TROISIESME LIVRE.

De ce qu'a esté executé par le roy Très-Chrestien au duché de Luxembourg à son retour d'Allemagne, en l'an 1552.

———

[1552] Sur la fin du mois de may, auprès de Wisbourg, comme j'ay dit, le Roy eut nouvelles que la reyne de Hongrie avec une puissante armée avoit pris la ville Sathenay, et que sur ses terres et és environs exerçoit estranges cruautez; ce qu'estoit veritable, non que l'on ait trouvé qu'elle y fust en personne, comme le vulgaire disoit; mais estant en Flandres assez certaine de la necessité à laquelle estoit reduit l'Empereur son frere, comme femme caute et subtile, solicita un Martin Roussan [1], bastard et mareschal de Cleves, descendre au duché de Luxembourg avec trois ou quatre mille soldats clevois, gueldrois et walons, et de cinq à six cens chevaux, où il trouveroit le comte Mansfel, le baillif d'Avanes [2] et le gouverneur de Cimetz, ausquels elle avoit pareillement mandé d'amasser toutes les forces qu'ils pourroient finer, pour entrer és païs du Roy et y exécuter toutes les cruautez qu'ils pourroient inventer, à fin de le divertir et destourner de parfaire son voyage; dont ces trois seigneurs, assemblez avec le nombre de douze à quinze mille hommes de pied, et environ trois mille chevaux, s'adresserent premierement à Sathenay, où n'avoit artillerie, ne

[1] *Roussan*: Van-Rossen. — [2] *Avanes*: Avesnes.

munitions, soldat, ne garnison aucune pour le Roy, que les habitans seulement et un capitaine lorrain que la duchesse de Lorraine y avoit mis, qui (peult estre selon l'intention de sa maistresse) ne leur feit grand refuz. Soudain après y estre intromis, commencerent à faire reparer les bresches et remettre le fort en son premier estat, bastir un boulevert de terre du costé de Dun le Chasteau, et une plate forme devers la Justice, faisans courir le bruit de vouloir aller assieger Villefranche, petite villette neufve, ou plustost chasteau, au dessoubs dudit Sathenay, sur la riviere de Meuse, où n'y avoit adonc que Guillanton, qui en estoit capitaine, avec ses mortes payes et une compagnie de gens de pied du capitaine Le Vignan. Tantost la nouvelle parvint jusques à la Reyne et à M. l'admiral d'Annebault (que le Roy à son departement avoit constitué visroy (1) en France), qui estoient lors à Chaalons en Champaigne, où estoit aussi M. de Bordillon, qui promptement, à cest avertissement, le soir mesme entra avec dix-sept chevaux seulement dedans Villefranche, ayant mandé sa compagnie y arriver dedans celle nuict, ce qu'elle feit, et pareillement advertir le capitaine de Montfaulcon, nommé le sieur de Montot, gentilhomme du païs voisin, pour faire retirer le plustost que seroit en sa puissance les habitans dudit Montfaulcon, et de cacher leur artillerie, leurs biens et munitions, et avec ce que pourroient recouvrer de soldats se retirer devers luy audit Villefranche. Quand les Bourguignons furent advertis que M. de Bordillon estoit là dedans pour les attendre à pied ferme, et qu'on avoit

---

(1) *Constitué visroy*. D'Annebaud n'étoit pas vice-roi, il étoit seulement chef du conseil sous la régence de la reine Catherine de Médicis.

pourveu à leur deliberation, changerent d'advis, et luy fut rapporté par son espion qu'ils avoient conclu de tourner à Mouson. Parquoy partit de ce lieu soudainement, laissant en son lieu chef et lieutenant de roy le sieur de Chastellux, lieutenant de sa compagnie, avec une partie de sadite compagnie, auquel pour ce mesme effect la Reyne et M. l'Admiral avoient favorablement escrit, luy donnans toute authorité et puissance. M. de Bordillon, avec le reste de sadite compagnie, se meit toute la nuict en chemin, et entra au poinct du jour dedans Mouson, où estoit M. de La Roche du Maine avec sa compagnie de quarante hommes d'armes, et le baron de Cerny avec la sienne de trois cens hommes de pied, lesquels ne s'accordoient guéres bien; et trouva davantage les habitans troublez et grandement descouragez, tant pour cognoistre ceste petite ville foible (ce qu'elle est irremediablement à raison d'une fort haulte montagne trop prochaine, laquelle y commande en tout, encore qu'on y ait fait ce qu'on a peu pour la couvrir) que pour la sentir mal pourveue de toute defense; mesmement que la plus grande part des habitans, par mauvais presage, en ce qu'ils voyoient les principaux en vuider et mettre hors les meilleurs de leurs meubles, estoient descouragez à la defendre et secourir. A ceste cause, afin de les consoler et leur croistre le cueur, non seulement les asseura du brief secours du Roy retournant d'Allemagne, mais y feit entrer sa vaisselle, son equippage et ses meilleures bagues, leur promettant, quand le siege y arriveroit, de ne les abandonner; ce que les meit en telle confidence, que deslors le courage leur revint, et delibererent d'y vivre et mourir avec luy.

Les Bourguignons, pour executer leur premiere conclusion, passerent la riviere de Meuse au pont de Sathenay, et avec ce qu'ils pouvoient avoir d'artillerie, qui n'estoit en grand nombre, vindrent camper en un petit village entre ces deux villes, nommé Mousac, où incontinent furent advertis que M. de Chastellux estoit dedans Villefranche, qui souvent les saluoit de coups d'artillerie, desquels estoient tuez jusques dedans leurs logis; et trouverent que ceste petite ville n'estoit tant defournie qu'ils avoient pensé; ce qu'eux cognoissans, et que le chef qui estoit là-dedans n'y estoit pas demeuré pour se laisser sourdement surprendre, ainsi qu'ils presumoient, mais comme homme esprouvé et certain (ce qui est sans mentir), sage et hardy, issu d'une des plus anciennes maisons du duché de Bourgogne, qui déliberoit les empescher et resister à toutes leurs entreprises, sans faire autre semblant, coulerent au long de la riviere jusques au village de Briolles, où ils mirent le feu, et ruinerent l'eglise et le fort.

Apres ce beau faict tournerent à main droite, montans à Montfaulcon; où l'on ne leur feit grande resistance, et sans contredit meirent le feu où bon leur sembla, mesmement en ce beau temple de Nostre-Dame, où ils commirent des meschancetez et malheuretez plus enormes que les Turcs et Infideles ne les voudroient attenter. Apres je laisse à penser avec quelle terreur et espouvantement le menu peuple commença à fuir et s'espandre de toutes parts; dequoy les ennemis fiers et eslevez, trouvans les passages libres et ouverts, descendirent en la plaine, et vindrent saisir un petit chasteau appellé Boullandre. Là ils laisserent quelque compagnie pour servir d'escorte aux vivres et provisions qu'ils faisoient mener et conduire audit Sathenay. De là, suyvans toute ceste vallée au long de la riviere, saccagerent plusieurs villages et chasteaux, en aucuns meirent le feu, et des autres ravirent et emporterent jusques aux cloux de fer et socz de charrue, comme à Sainct Jevain, Conrad, Remonville, en l'abbaye de Chaery et autres lieux, tousjours continuans de pis en pis jusques à Grand-Pré, petite ville sur la riviere d'Airre, entre Saincte-Menehou, Chaalons et Attigny. Et là, ayans esté advertis comment M. l'Admiral amassoit gens pour les venir veoir, s'arresterent; puis sitost que M. l'Admiral eut mis ensemble les legionnaires de Champagne, et reuni les Suisses avec la gendarmerie, qu'ils entendirent qu'en diligence avec ses compagnies s'approchoit d'eux, après dix mille meschancetez qu'ils y feirent et perpetrerent, abandonnerent Grand-Pré, y ayant mis le feu, et en feirent autant à Boullandre, et le plustost que leur fut possible retournerent à Sathenay, où estans arrivez ouyrent nouvelles pires pour eux que les premieres, à scavoir comme l'armée du Roy à grandes journées retournoit d'Allemagne pour les venir rencontrer et desfaire et que ja les chevaux legers de l'avant-garde estoient à Luxembourg, et au long du pays eslargis. Davantage M. l'Admiral les tenoit de fort près, et estoit avec son armée de l'autre part de la riviere, prest à les combattre. Pource ne sceurent promptement inventer meilleur conseil que de se retirer et fuyr en grand desordre; tellement que si les nostres eussent esté advertis d'un gué et passage qui estoit aupres de Villefranche pour leur coupper chemin aussitost que de les suivre par Sathenay, ils en eussent fait une grande boucherie. Ainsi se retirerent ceux du pays en leurs lieux et maisons, et la pluspart des Clevois et Gueldrois furent mis dedans Yvoy.

Ayant le Roy entendu les malheuretez et violences que ces Bourguignons et ennemis avoient exploité et commis en ses pays, meu grandement de pitié et de tristesse, avoit, à grandes journées et grands travaux, fait passer son armée par les montagnes, bois et lieux divers et inhabitez, pour plustost les joindre et rencontrer, afin de venger son peuple de tels outrages. Et pour plus legerement faire ses gens marcher, feit partir et sortir de son camp la plus grand part des bagages, et les malades, leur ordonnant pour escorte les compagnies du comte d'Aran et vidasme de Chartres, avec quelques chevaux legers et harquebusiers à cheval, et les rendre devers Metz, ou en tel lieu qu'ils se pourroient retirer, à leur liberal arbitre. Depuis estant sceue la soudaine retraite des ennemis, ou à mieux dire fuite, fut moderée ceste extreme diligence pour adviser le meilleur à ce que seroit de besoing après executer, et fut deliberé, par le conseil, estre très necessaire et utile pour le bien public, et de toute la France, saisir et joindre à la couronne le duché de Luxembourg, comme succession et propriété escheue à la maison de Vandosme (1) dès la mort du connestable de Sainct Pol, qui en estoit vray possesseur et seigneur, portant le nom et les armes, combien que Charles, duc de Bourgogne, injustement depuis l'eust usurpée, pour estre un vray receptacle et refuge de larrons et toute nation sedicieuse, propre à susciter tous maux; et fut

---

(1) *A la maison de Vandosme.* La maison de Saint-Pol n'avoit possédé qu'une petite partie du duché de Luxembourg.

remonstré au Roy qu'il feroit chose agreable à Dieu, proufitable aux hommes, mesmement à ses pauvres subjects, de suppediter et dompter ceste gent, et reduire à son propre ceste contrée, pour luy servir de boulevert et frontiere. Toutes ces raisons ouyes et bien debattues, fut approuvé par tout le conseil estre le plus seur et certain d'ainsi l'exploiter et mettre à fin. Ce que deslors proposa de faire, et d'y employer toutes ses forces.

Pour ce commanda son armée prendre le chemin droit à un chasteau nommé Roc de Mars (¹), au long de la riviere de Mozelle, entre Theonville et Treves, assis au pendant d'une montagne, en lieu naturellement et de soy assez fort, et les fortifications assez bonnes, mais non bastantes pour attendre la fureur d'un tel Roy, comme ils avoient eu opinion, estant au dessoubs la villette, bien commode pour toutes choses convenables, portant tiltre de vicomté ; dedans lequel fut fait rapport au Roy qu'il y avoit grand nombre de gentilshommes, damoiselles, et autres voisins de reputation qui s'y estoient retirez, estimans que premierement Theonville seroit assiegée, contre laquelle le Roy employeroit toutes ses forces, plustost que s'arrester à ce petit chasteau ; et s'il advenoit que Theonville fust emportée ou rendue, qu'ils seroient receuz à composition honneste : advenant autrement, presumoient estre assez forts pour attendre le premier choc, après seroient ouys à capituler. Au contraire, le conseil fut d'advis que valloit mieux s'addresser premierement à ce chasteau, auquel on trouveroit promptement vivres et provisions pour rafraischissement de

(¹) *Roc de Mars* : Rodembach.

l'armée, adonc harassée et encore ennuyée de ce voyage, et là où feroient refus de se rendre à la premiere semonce, que l'on donneroit le sac aux soldats, pour les encourager davantage à faire après leur devoir. Quant à aller promptement assieger Theonville, très-forte et inexpugnable, que long temps y seroit consumé au siege, sans faire peult-estre chose d'importance, et perdroit-on l'occasion et le temps d'executer autres deliberations plus certaines ; et cependant que les autres villes et forts se renforceroient de toutes commoditez plus que Theonville, demeurant entre Metz et ce chasteau, lequel on repareroit : puis quand le Roy laisseroit bonne garnison, que seroit fort difficile aux ennemis de faire la recueillie de leurs biens, ayans de tous costez leurs ennemis, lesquels annuellement les pourroient empescher et grandement troubler : parquoy seroit contrainte, maugré elle, peu après de se rendre à l'obeissance du Roy. Ceste opinion jugée qui fut la plus expediente et certaine, l'on envoya sommer le chasteau de Roc de Mars; ceux de dedans feirent response qu'ils n'estoient pas encore prests à se rendre, pensans l'artillerie n'estre si prochaine qu'elle estoit : laquelle promptement l'on feit approcher, et fut assiegé devers la montagne de six gros canons et deux grandes coulevrines, qui le battoient au long d'une grande muraille où n'y avoit qu'une grosse tour quarrée d'un flanc, et le portail qui servoit d'un autre, et, entre la ville et le chasteau, fut dressée une batterie selon le bas, qui tiroit à une grosse tour et un quanton de muraille. Si-tost que l'artillerie de dessus commença à donner, et que desjà elle esbranloit fort le hault de ceste tour, et les defenses

de la muraille, ceux de dedans voyans que c'estoit
à bon escient, et qu'on ne leur donneroit le loisir d'estre
ouys, sans temporiser guères, commencerent à faire
signal de vouloir parlementer; mais les soldats qui
estoient desjà en bataille prests à se lancer dedans,
ayans senti que ce butin leur estoit destiné, et se
doutans que si l'on venoit à composition, qu'ils seroient frustrez du sac, quant et quant qu'ils entendirent qu'ils vouloient parlementer n'attendirent une
vollée de canon; mais, comme gens forcenez de grande
furie, les uns s'allerent jetter dedans les fossez creux
et profonds de la hauteur de deux lances, toutesfois
secs et sans eau, commençans à gravir et ramper au
long de leurs picques : autres avec force fagots et bois
allerent mettre le feu à la porte ; dont ceux de dedans
furent tantet en telle sorte estonnez, que, sans faire autre
resistance, s'allerent cacher et enfermer, les uns aux
chambres et greniers, les autres ès caves et lieux secrets du chasteau. La fortune encore leur fut tant
adverse et contraire, que noz soldats, mesmement
ceux de l'enseigne du capitaine Villefranche, trouverent une poterne qui descendoit de la basse court
dedans ledit fossé, laquelle soudain enfoncerent, et,
sans trouver resistance, monterent à mont, et ce qu'ils
trouverent à chaude colle (1) et furie premiere tail-
lerent en pieces, qui n'estoient en grand nombre ne
personnes de valeur. Les autres qui estoient à la porte,
entendans leurs compagnons dedans qui fourageoient
desjà, pour en avoir leur part enfoncerent et meirent
les portes dedans, ainsi entrerent à la foule. C'estoit

---

(1) *Chaude colle* : premier mouvement de colère. Dans l'ancien langage, *colle* ou *cholle* vouloit dire *colère*.

après piteuse chose d'entendre les clameurs et espouvantables criz des miserables captifs, tant hommes que femmes, et ouyr les froissemens et chamailliz des portes, fenestres et coffres que noz soldats derompoient; l'on eust dit estre la forge de Vulcan. Le comte Reingrave, colonel des Allemans, de cecy adverti, qui ne pensoit ceste surprise advenir si promptement, à toute haste alla supplier très-humblement le Roy d'estre commandé aux soldats mettre fin à leur furie et cesser, remonstrant à Sa Majesté que la dame de ce chasteau estant là dedans avec autres dames et damoiselles du pays, estoit sa parente, à raison de quoy luy requeroit le don de ce chasteau. Ce que le Roy luy octroya liberalement, estant fort loyal et gentil seigneur estranger, qui a fait et continué ordinairement de grands services aux rois de France : parquoy y fut envoyé M. de Chastillon pour faire retirer les soldats. Or, pource que j'ay dit que ce chasteau sembla au conseil estre propre et commode à donner grands empeschemens à ceux de Theonville, le Roy laissa dedans une enseigne de Gascons du capitaine La Prade, et cent chevaux du capitaine La Sonnerie.

Puis estant traversée la riviere de Mozelle, le Roy et toute son armée alla camper au dessoubz d'une petite ville appellée Mont Sainct Jean, laquelle fut saccagée et bruslée, comme aussi furent Soulieuvre et beaucoup d'autres gros villages ès environs. Nous feismes en ce lieu quelque peu de sejour, durant lequel journellement estoient dressées diverses et braves escarmouches devant Theonville, esquelles, tant les François que les Bourguignons, monstroient grandes evidences et preuves de leur hardiesse et vaillance,

sans toutesfois que nous ny eux y ayons perdu homme
de renom dont j'aye ouy parler. Le commun bruit
alors estoit (et croy que les ennemis le pensoient ainsi)
que Theonville seroit assiegée ; mais le Roy et son conseil le proposoit autrement : car, sans y faire plus
long sejour, au partir de là, passasmes à Estain, une
petite ville de Lorraine à quatre lieues de Metz, et six
ou sept de Verdun ; de là fut tourné visage soudainement pour reprendre le chemin de Danvillé, où jà
estoit à l'entour M. l'admiral d'Annebaut avec les legionnaires de Champagne, et trois ou quatre mille
Suisses, deux ou trois mille chevaux, tant des ordonnances que d'autre cavallerie, ayant empesché beaucoup de secours qu'on pouvoit donner à ceste ville.
Dedans estoit gouverneur le sieur de Marcy, gentilhomme de ce pays, bien aymé et loüé ; lequel, à ce
qu'on dit, ne pensoit si promptement avoir tant grande
besongne sur les bras, pour n'estre encore parfaitement
pourveu de toutes choses qui luy eussent esté nécessaires au besoing : toutefois, à l'arrivée du camp, y
plouvoient des canonnades aussi espessement que la
gresle tombe du ciel, nous faisant penser qu'on ne les
auroit à si bon marché qu'on les a eu depuis.

Ceste ville est en lieu plain et marescageux, et malaisé à approcher par temps de pluyes et hyver ; mais
le temps estoit adonc fort propice aux François pour
la grande secheresse que faisoit, car c'estoit au solstice
d'esté, que le soleil est en son plus haut degré, au
signe de Cancer. Nous estimions estre dedans ceste ville
près de deux mille hommes de pied, et environ trois
ou quatre cens chevaux, desquels une partie estoient
gentilshommes du pays, et le surplus chevaux legers.

et harquebusiers, que les François ont appellé depuis carabins. Ils feirent assez bravement leur devoir à sortir aux escarmouches, tant pour empescher que la ville ne fust recognue, que pour nuire aux approches, faisant leur artillerie fort bien son office, et grande exécution tant de soldats que de vastadours (1) : en fin ne peurent donner si bon ordre à leur affaire que l'artillerie ne fust assise jusques sur le bord de leurs fossez, à sçavoir, à l'endroict du chasteau et devers la prairie, sans une batterie qui estoit sur une petite montagne, de six grosses et grandes couleuvrines qui tiroient impetueusement aux defenses, dont estoit assez mal pourveuë ceste ville, encore qu'elle fust toute neufve et bastie avec grand vouloir et délibération de la rendre imprenable. La batterie commença le quatorzieme de juin, autant furieusement et soudainement que fut jamais ville canonnée. Le dimanche auparavant, feste de la Trinité, 12 de juin, le Roy estoit allé faire son entrée à Verdun, non si triomphante que les précédentes, pour les necessitez ausquelles alors estoit reduite ceste grande cité, estant pleine de malades, et de toute maniere de gens de l'armée françoise. Ce jour M. le cardinal de Lorraine luy donna à disner en l'evesché; le soir le Roy retourna au coucher en son camp près de Danvillé, pour veoir commencer la batterie.

Jusques au seiziesme de ce mois, jour de la feste du Sacrement divin, dura ce merveilleux tonnerre devant ceste ville, ayant fait deux breches moyennement raisonnables, plus celle devers la riviere et le chasteau, mais non encore tant que le fossé ne fust plein d'eau,

(1) *Vastadours* : pionniers.

de la hauteur d'une pique, et y falloit monter plus d'une toyse et demie de haut; tant y a que ne restoit plus qu'à donner l'assault, que les soldats françois, comme ils monstroient au visage, desiroient presque autant qu'un bon festin, quand ceux de dedans se rendirent au bon plaisir du Roy; ce que ne peurent autrement moderer, estant hors d'esperance d'avoir secours de leur prince. Le bon plaisir du Roy fut que les chefs et principaux demeureroient prisonniers, les soldats sortiroient un baston blanc au poing, avec liberté de se retirer où bon leur sembleroit; quant aux biens et meubles qui demeuroient dedans la ville, en seroit disposé à la discrétion de Sa Majesté. Depuis il donna le tout à M. de Chastillon, reservé l'artillerie, dont les soldats commencerent desjà à murmurer. Ce que fut parachevé en moins de quinze jours, sans y avoir perte d'homme de renom, que du capitaine Ville-Franche, lequel y fut fort blessé d'une mousquetade, dont depuis mourut dedans ceste ville de laquelle luy avoit esté donné le gouvernement; duquel fut grand dommage, estant vieil capitaine, hardy et experimenté. Sa compagnie fut donnée au capitaine Breul, gentilhomme du duché de Bourgongne, vertueux et vaillant, auparavant lieutenant de la compagnie du capitaine Salsede.

En ce lieu le prince de Salerne, grand seigneur du royaume de Naples, vint offrir son service au Roy, ayant eu quelque mauvais traitement et injure de l'Empereur; lequel Sa Majesté accepta humainement, l'asseurant de toute ayde et faveur, ainsi que depuis a esté cogneu luy avoir esté observé et tenu. Or de là mesme, un peu auparavant l'on avoit fait partir un nombre de fanterie avec quelque cavallerie, tant pour efforcer Vireton et rompre les forts des environs, que pour sommer et recognoistre Montmedy, où, en l'escarmouche faite au devant, fut tué le jeune Estauges, gentilhomme bien plainct et regretté. Le seigneur Saincte Marie, qui estoit dedans gouverneur et capitaine, feit response au herault d'armes qu'il n'estoit encore prest à se rendre; mais quand il auroit veu ce que ceux d'Yvoy feroient il adviseroit du meilleur. Quant à estre recogneuë, on trouva qu'à la fin elle pourroit estre prise, mais non si facilement que n'y fallust employer du temps et des frais; et, n'estant place de si grande consequence comme Yvoy, laquelle cependant qu'on s'amuseroit à ce petit lieu se pourroit de toutes choses renforcer, fut advisé de temporiser quelque peu, ou pour le mieux d'inventer autre ruse pour la surprendre à plus petite despense.

Le comte Mansfel, lieutenant-general pour l'Empereur, et gouverneur au duché de Luxembourg, craignant d'estre surpris en lieu foible, voyant les affaires de son maistre ainsi mal aller, ne pouvant toutesfois pour son honneur au besoing quitter ceste charge, pour faire cognoistre qu'il estoit bon serviteur s'estoit enfermé dedans Yvoy, où jà estoit le seigneur de Strinchant, gouverneur de la ville, que ceux de ce pays estimoient une forteresse tenable pour resister contre la puissance humaine; pour ce, tout le plat pays y avoit remis le but de toute son esperance, et la pluspart de tous les gentilshommes et leurs biens y estoient receus. Si-tost que fut sceu que le chef s'y estoit enclos, M. le connestable y envoya les compagnies de messeigneurs de Nevers, mareschal de Sedan, et du seigneur de La Roche du Maine, quelque cavallerie legere, et environ deux mille hommes de pied, pour envelopper la ville, fermer le passage, et oster la liberté de plus entrer ou sortir. Tost apres toute l'armée suivit, et fut ceste ville enceincte de tous costez. Ils ne furent si prodigues de leurs munitions à l'arrivée de nostre camp comme ceux de Danvillé, et ne tiroient coup d'artillerie qu'avec occasion, et où pensoient estre de portée; départans leurs provisions avec pois et mesure, pour le grand desir et bonne affection qu'ils avoient de se defendre et soustenir le siege le plus long temps que leur seroit possible, voire jusques au terme que presumoient l'Empereur les pouvoir secourir; et croy fermement qu'ils eussent esté opiniastres jusques au bout, si la volonté de tous eust esté semblable à celle du chef et de beaucoup d'autres qui estoient dedans. Mais tout ainsi que l'homme est l'animal le plus eminent et parfait, sur tous aussi est-il le plus difficile à estre cogneu, je dis quant à sa volonté et malice, car il la peut faindre et diversifier; toute autre beste irraisonnable communément est poulsée et conduite selon son naturel. La ville d'Yvoy est au pied d'une montagne assez prochaine et qui luy nuyt fort; de l'autre costé, a la prairie et plaine fort large et spacieuse, au long de laquelle descend une petite riviere qui se nomme Chesse, qui vient devers Danvillé, qui s'enfle toutefois davantage près de là, à cause de plusieurs petits ruisseaux qui entrent dedans elle, et s'assemble à Meuse près de Sedan, faisant moudre des moulins joignant les murailles d'icelle ville.

Dedans on disoit estre pres de trois mille hommes de pied, desquels la pluspart estoit Allemans, Clevois et Gueldrois, hommes qui n'ont accoustumé de porter longue faim ou soif, et ne sçavent que c'est d'estre estroitement enfermez et s'assubjectir à une extresme necessité. Le reste estoit des gens du territoire, la compagnie du comte Mansfel, de cent hommes d'armes, avec environ cinq cens chevaux, tant des gentilshommes voisins que de ces carabins et harquebusiers. Au commencement feirent bravement leur devoir à sortir et escarmoucher, et donnoient à cognoistre leur deliberation resoluë de bien défendre leur partie de mieux en mieux. Ils ne faisoient gueres sorties sans executer quelque bonne chose, et emmener des François prisonniers, ou en rendre des morts ou bien malades ; aucunefois autant en advenoit d'eux. Et pour dire la verité, ils feirent de grands et vertueux efforts, tant par hommes que avec leur artillerie, pour divertir et empescher d'approcher la nostre de leurs murailles si pres qu'elle fut, par la grande diligence et très-bonne conduite du seigneur d'Estrée, estant posée en deux endroits jusques sur la douve de leurs fossez, à sçavoir : du costé de Mouson, contre un petit canton de muraille qui seul avoit demeuré à estre remparé la longueur d'environ deux toises, pres d'un portail neuf, où n'avoit guères bons flancs ; et, un peu au dessus, qui battoit en biaisant, à cette mesme place, plus fort qu'en autre lieu, où elle feit un petit pertuis. Dessus la montagne on avoit mis les six grandes coulevrines, qui tiroient à plomb dedans presque toutes les ruës, le long des courtines, droit au doz de ceux qui eussent voulu defendre la brèche : avec une tant admirable terrestre et terrible furie foudroyoit toute celle artillerie, qu'on eust dit que tout devoit abismer.

Quand ces Allemans entendirent ceste estrange feste qu'on leur sonnoit, et veirent qu'il ne leur estoit loisible de se pourmener sur le pavé sans estre esmouchez bien souvent si près des oreilles que le poil y demeuroit, le cueur leur commença à defaillir, et jugerent impossible de pouvoir davantage se defendre. Pour ce, d'un commun accord, s'assemblerent soubs la halle, sans se préparer pour combattre ne faire semblant de vouloir taster d'un assault; et non seulement eux, mais d'autres les plus braves qui fussent là dedans, avoient faute de courage, comme depuis a esté sceu par aucuns prisonniers. Combien que quelque grande foudre et violence qu'eust sceu faire nostre artillerie, si n'avoit elle fait ouverture si grande en toutes les deux bresches, où il y eust peu entrer quinze hommes de front, sans les trabuchets et artifices qu'ils pouvoient appareiller pour repoulser les assaillans. C'estoit donc le moins qu'ils eussent sceu faire que de soustenir un assault; et en cela on peut de plus en plus cognoistre les merveilles et estranges jugemens du tout puissant et supernel dominateur, lequel avoit reservé ceste gent outrecuidée pour estre domptée par un roy treschrestien, et defenseur de sa foy.

Le comte Mansfel ayant les armes sur le doz, et prest à se presenter le premier à l'assault, commença à haranguer et admonester ses Allemans, disant qu'il estoit temps de monstrer le devoir et service qu'ils vouloient faire à la Cesarée Majesté, en leur remonstrant que facilement, et sans danger de leurs personnes, pouvoient repoulser vigoureusement les François, estant la nation germanique d'immortelle reputation; leur remettant devant les yeux plusieurs beaux exemples de la vertu de leurs predecesseurs avec autres propos pour les animer et solliciter à bien faire leur devoir. Toutefois il ne sceut si bien dire qu'ils y voulussent mordre, et pour conclusion luy fut dit qu'il en deliberast comme bon luy sembleroit; mais que si les François le combattoient par devant, ils le defferoient par derriere. Dont il se trouva merveilleusement estonné et esbahy, car ils estoient les plus forts là dedans, et ne sçavoit plus qu'y penser ne donner remede, qu'avec grandes exclamations maugréer sa vie et detester son malheur, disant entre autres protestations: « Or, Dieu et les hommes me soient tesmoings si c'est par ma faute que ceste forte ville soit ainsi perduë! » Puis, s'adressant à un gentilhomme françois qui estoit là-dedans prisonnier, luy dit: « Mon gentilhomme, je veux que vous soyez maintenant en liberté, à fin que soyez tesmoing de ceste infidelité et defenseur de mon honneur et innocence, quand vous oyrez parler de ceste lascheté. » Ainsi avec les grosses larmes aux yeux, passionné de vehemente douleur, se retira en son logis. Alors le seigneur de Strinchant et d'autres feirent monter un trompette sur un petit torrion (1) du costé des tranchées, qui demanda pour les assiegez à parlementer avec M. le connestable, ce que leur fut accordé. Tost après sortit ledit Strinchant, accompagné de trois ou quatre, pour capituler et traicter de leur reddition, que ne peurent autrement impetrer qu'avec le bon plaisir du Roy, presque semblable à l'accord de ceux de Danvillé, à sçavoir que lesdits comte et Strinchant, avec les principaux qui estoient là-dedans, demeureroient prisonniers, les soldats sortiroient

(1) *Torrion :* tourelle.

un baston blanc au poing, pour se retirer à leur volonté, et de tous leurs biens qui estoient leans, qu'il en disposeroit selon sa clemence; lesquels depuis furent donnez à M. le connestable, qui les departit à sa compagnie et à celle de M. de Montmorency son fils; dont les soldats des vieilles bandes se mutinerent couvertement, et dès-lors commencerent à se rompre et à secretement abandonner leurs enseignes. En ceste ville fût trouvée assez grande quantité de forts et beaux chevaux, de belles armes, et diverses hardes de bonne estoffe et riche prix. Je vous laisse à penser quel dueil et desplaisir receut le comte Mansfel, quand on luy manda de sortir pour se rendre avec les autres prisonniers au logis de M. le connestable; certainement ce grand seigneur, lieutenant d'un empereur, estoit attaint au vif de grand regret et tristesse, se voyant si bas et attenué de sa hautesse et préminence, ce que son visage demonstroit assez, lorsqu'il addressa sa parolle et harengue fort élégante et honneste (tel est il estimé à raison des lettres, sçavoir et vertus, desquelles son magnanime cueur est proveu) à ce lieutenant de roy, que peu d'hommes ont peu retenir; tant y a qu'elle tendoit aux fins de s'excuser et descharger de ceste trop legere reddition d'une ville si forte et defensable. Cela fait, il fut amené avec le reste des autres prisonniers à Paris. Telle fut l'issue et reddition de la forte ville d'Yvoy, le vingt troisiesme de juing, sans y estre tuez devant, hommes de reputation, qu'un gentilhomme nommé le seigneur de Haultefort, parent du seigneur de La Faitte (1), qui fut dès le commencement fort blessé en une escarmouche, et em-

---

(1) *De La Faitte*: de La Fayette.

mené prisonnier dedans la ville, et depuis avec seurté et response renvoyé au camp, où il mourut.

Tost après ceste reddition, on envoya de rechef sommer Montmedy avec grands bruits de trompettes et charrois, faisans démonstration de la venuë du camp. Le capitaine Saincte-Marie, et ceux qui estoient dedans, ne se sentans estre plus forts que ceux d'Yvoy, sans esperer d'estre secourus, se rendirent vies et bagues sauves, reservé l'artillerie. Ainsi quitterent la place sans coup frapper.

Ces trois villes, Danvillé, Yvoy, Montmedy et Luxembourg, et la pluspart du duché, avoient esté une autre fois prises par feu de bonne mémoire Charles (1), troisiesme fils du roy François, et duc d'Orleans, et depuis rendues par un appointement (2) fait entre l'Empereur et le Roy : mais elles n'estoient adonc si fortes ne remparées de telle façon comme à present : car Danvillé n'estoit alors qu'une bourgade, et fut presque toute bruslée et ruinée, et depuis a esté nouvellement bastie, selon les modernes fortifications, avec boulleverts, bastions, plates formes, autant belles et defensables qu'est possible d'en veoir ; les remparts larges et hauts, et d'aussi bon conroy (3) qu'on en pourroit trouver ; le tout revestu de murailles de bonne matiere et estoffe. Quant à Yvoy, vray est qu'elle estoit desjà si forte, qu'elle ne fut prise d'assaut, et n'y fut fait bresche capable pour la forcer ; ains le capitaine Guelphes ayant inventé et luy-mesme forgé une quantité de mortiers qui des-

(1) *Charles.* Ce jeune prince fut dirigé, dans cette expédition glorieuse, par Gaspard de Tavannes. (Voyez Mémoires de ce dernier.)—
(2) *Par un appointement :* la paix de Crépy.—(3) *D'aussi bon conroy :* aussi bien disposés.

chargeoient de ceste montagne divers gros boulets, les estonna et espouvanta tellement de ces estranges machines, que Gilles de Levant, premier chef là-dedans pour l'Empereur, se rendit avec la paction faite et accordée pour luy et ses gens plus honnorablement, vies et bagues sauves, enseignes desployées, avec quelque artillerie, encore que ce fust un forgeron et contadin eslevé en cest honneur par sa valleur et hardiesse. Et n'estoit pour lors si fortifiée que maintenant quand nous l'avons assiegée, estant très-bien renforcée, mesmement par une plate forme que les Impériaux avoient fait bastir en ce lieu où elle fut offensée; qui me fait esbahir grandement comme ce comte, un autre Cesar, issu d'une des meilleures et des plus anciennes maisons d'Allemagne, n'avoit dès le commencement mieux preveu aux necessitez et deffaults de ceste clef et forteresse, et ne s'accompagnoit d'hommes fideles et certains, forts à tout labeur, avant que succomber à telle necessité; ou, si la breveté et importunité du temps et autres affaires ne l'auroient permis, comment tant legerement il s'alla précipiter et jetter là-dedans, pour en sortir à si petit honneur et defense: qui sera un bel exemple aux chefs des villes qui, inconsiderément et par prompte volonté, demandent et appetent telles grandes charges; et quand ils voyent les dangers sur leurs testes presls à tomber, sont ceux qui les accidents alleguent pour excuses, quand n'est pas temps; car plustost qu'entreprendre si pesant fais faudroit le soulever, l'assayer, excogiter et contrepenser les affaires encore plus grandes qu'elles ne se monstrent, jaçoit (1) que nous ne devons

(1) *Jaçoit :* encore que.

vouloir estre advenu autrement, pour la belle et proufitable conqueste que nostre prince en a fait, estans ces deux villes sur toutes autres pernicieuses et dommageables à ses pauvres subjects; lesquelles de rechef encore mieux a améliorées de toutes fortifications et artificielles commoditez : donnant le gouvernement de Danvillé au sieur de Rabaudanges par la mort du capitaine Ville-Franche, avec quatre enseignes de fanterie, et deux cens, tant de chevaux-legers qu'harquebusiers, pour la garnison ordinaire. Le gouvernement d'Yvoy premierement fut donné au sieur de Blaineau, et depuis au sieur de Haulcourt, avec pareil nombre de soldats ; celuy de Montmedy au capitaine Baron, Parisien, soldat de son jeune aage, nourry et eslevé en la guerre, avec trois enseignes de gens de pied et cent chevaux, pour la garde et garnison.

Durant le siege d'Yvoy, M. le mareschal de Sedan (1), vray heritier de la maison de la Marche, pour ne laisser glisser et perdre une si propre occasion que fortune luy presentoit de recouvrer son duché de Bouillon, de long temps querellé par ses predecesseurs, sur lesquels on dit l'Empereur, à l'adveu de l'evesque de Liege, à faux tiltres l'avoir injustement usurpé, supplia le Roy lui donner secours et ayde pour s'efforcer à le reprendre : ce que Sa Majesté ne luy voulut denier, estans ceux de ceste maison de long tems fideles serviteurs de France, en quoy mieux persevere ce gentil et vaillant sieur. Pourtant furent

---

(1) *Le mareschal de Sedan.* Le maréchal de La Marck, fils du maréchal de Fleuranges. Il avoit épousé la fille cadette de la duchesse de Valentinois.

ordonnez pour son secours le sieur de Jours, colonel des legionnaires de Champagne, et quelques autres compagnies, au nombre de deux à trois mille hommes de pied, avec sa compagnie, et douze ou quinze cens chevaux, et cinq ou six pieces de grosse et moyenne artillerie. Avec tant peu d'armée alla planter le siege devant ce chasteau (1) très-fort, et plus que beaucoup de personnes ne le pourroient croire ny estimer s'ils ne l'avoient veu, comme pourrez entendre par ceste description :

C'est un rocher haut et droict, sortant d'une montagne à laquelle je pense qu'autrefois estoit assemblé ; mais par ceux qui edifierent premierement, et depuis encore plus en a esté separé et divisé par une fosse large et creuse environ de cent cinquante pas en diametre, cavée et adaptée au ciseau et marteau avec grand labeur, en la plaine et circonference duquel est entaillée la meilleure part du chasteau dedans la roche vive, avec pareil artifice en forme presque ovale et barlongue (2), ayant du costé de celle fosse une plate forme haute et eslevée, qui descouvre presque l'une des montagnes, au pied de laquelle est un petit boullevert ou casemate, bien percée à propos pour garder d'approcher près de ce costé, ny asseoir machines; à l'autre bout est le portail qui sort dehors, de chacun costé, de douze à quinze pieds, avec les lumieres ou canonnieres pour defendre les flancs, servans pareillement de plate forme. En la concavité et au dedans est un corps de logis à l'antique, en quadrature de pavillon, couvert d'ardoises; au-dessoubs

(1) *Devant ce chasteau* : le château de Bouillon. — (2) *Barlongue* : de longueur inégale.

sont les caves voultées, entaillées dedans le roc mesme, avec un puits fort creux, de quatre vingt ou cent brasses profond, ayant la source d'une eau autant bonne et fresche qu'est possible de trouver. Au surplus, ce chasteau est percé tant à propos, qu'un poulet ne s'y pourroit descouvrir sans estre emporté et attaint. Il estoit garny d'artillerie et de munitions pour un long temps, ayant un seul accez, encore bien estroit et mal-aisé, inaccessible par tous les autres costez. Au-dessoubs est le bourg, qui souloit estre ville, mais tant derompu et dessiré (1) par les guerres, qu'il est presque inhabité, où decourt un torrent appellé Semoys, avec grand bruit, qui vient devers Montmedy, lequel, par les neiges et pluyes hyvernalles, quelquefois devient fort impetueux. Par un costé est couvert d'une autre montagne pleine de bois et rochers raboteux et si aspres, qu'est presque impossible d'y resider ne l'endommager de cette part loingtaine à la portée du canon. Les autres lieux sont vallées fort basses et profondes.

Sans avoir esgard à toutes ces choses, ou pour son bon droit se confiant à l'aide du supernel juge juste et équitable, par intelligence ou pour tenter la fortune, M. le mareschal le vint assieger; et pour demonstrer sa petite armée plus grosse qu'elle n'estoit, plusieurs fois faisoit passer et repasser par un mesme lieu les compagnies de cheval et de pied, afin que ceux de dedans, voyans tant grand nombre de enseignes, pensassent que ce fust toute l'armée françoise. Peu apres feit affuter son artillerie sur la crope de cette mesme montagne, au lieu le plus prest, com-

---

(1) *Dessiré* : déchiré, dévasté.

mode et batable que fut choisy, mais encore tant mal aisément, qu'avec gros chables falloit retenir les pieces qu'elles ne roulassent du hault en bas; desquelles ne fut jamais tiré six volées, ayant seulement egratigné le dessus de la muraille, avec si peu d'apparence de bresche que rien moins, quand le capitaine de ce chasteau, bastard de la maison de Haurion, reputée des plus anciennes de cette contrée, demanda à parlementer; et peult-on penser qu'il ne le sceut si-tost demander que encore plustost fut ouy. Il requeroit beaucoup de conditions avant que sortir, que peu serviroient à estre recitées; enfin luy fut accordé que, si dedans trois jours ne luy venoit secours, qu'il rendroit la place, vies et bagues sauves, reservé l'artillerie et autres munitions qui estoient dedans. Parquoy donna son fils en hostage à M. le mareschal. Les trois jours finis, il sortit avec ses compagnons. Depuis, M. le mareschal et autres seigneurs et capitaines se sont esmerveillez du foible courage de ces Liegeois, ayans quitté et rendu ceste place inexpugnable à si petite occasion, confessant luy-mesme qu'à peine l'eust creu ne pensé, et ce qu'avoit entrepris avoit esté fait à l'adventure. Le capitaine aussi de ce chasteau, pour son loyer et retribution, a eu la teste tranchée : qu'est pour tousjours confirmer mon dire, ceste punition leur advenir, et la victoire estre concedée au Roy, par permission divine. Par la reddition de ce chasteau, advenue le dernier jour parachevant les trente ans que ce duché avoit esté usurpé et occupé, M. le mareschal recouvra presque tout le surplus qui estoit concernant et appartenant audit duché, estans bourgs, villages et quelques petits forts, non de grande résistance et difficile oppugnation; en laquelle ayant establi le sieur des Avelles, gentilhomme de ses plus cognuz, capitaine, logé et mis bonne et seure garde, tourna joyeux trouver le Roy qui estoit à Sedan, se retrouvant Sa Majesté un peu mal, tant pour les fatigues de ces guerres que pour les grandes et extraordinaires chaleurs de ceste saison, comme estoit advenu à plusieurs grands seigneurs, gentilshommes et autres ayans fait ce voyage, qui estoient contraints de se retirer aux villes prochaines pour recouvrer santé. Cependant M. le connestable, avec l'avant-garde et meilleure partie de l'armée, gaignoit tousjours le devant, tirant droit à Cimets (1), tant pour suivre la victoire que pour l'envie qu'on avoit de rencontrer l'armée de ceste reyne de Hongrie, faisant merveilles et choses estranges en la Picardie, comme le bruit continuoit; laquelle toutefois s'esvanouyt en peu d'heure, selon sa coustume, ayant senti le vent de ceste venue. Neantmoins fut continué le chemin conclud droit à Cimetz. Peu de jours ensuyvans, le supernel Tout-Puissant, non-seulement restitua la santé au Roy, mais luy demonstrant par seure evidence qu'avec sa colone et force il combattoit : estant mort le sieur de Lumes (2), sans savoir veritablement comment, ne par quel accident ou par maladie, ou, comme disoient quelques-uns, par l'esclat d'une piece d'artillerie qu'il faisoit essayer, ou, ainsi que d'autres semoient le bruit, par effusion de tout son sang, ayant mis son pied en l'eauë, ceux ausquels escheoit la succession

---

(1) *Cimetz* : Chimay.—(2) *Estant mort le sieur de Lumes*. La prise de ce château, qui étoit un repaire de brigands, est décrite d'une manière très-circonstanciée dans les Mémoires de Vieilleville, livre IV, chapitre 29.

de ce chasteau, et un nommé Merenbargue, qui le gardoit pour le parti imperial, le rendirent à la merci et clemence du Roy, entre les mains du sieur de Vieilleville, lieutenant de la compagnie de M. le mareschal de Sainct-André, qui les traita assez humainement; peu après ont esté sapez et renversez les forts de ce chasteau, ne restant que le donjon, que la Majesté royale, avec partie de la confiscation de ce rebelle vassal, donna à M. le duc de Nivernois et comte de Rhetois [1], et l'autre à un gentilhomme françois, dit le seigneur de Conflant, ayant espousé la niepce et vraye heritiere dudit seigneur.

Le chasteau de Lumes est assis au pied d'une montagne, comme sont presque toutes les places fortes : de ce costé-là est le bord de la riviere de Meuse; de l'autre part a la prairie large de la portée d'une couleuvrine, et d'estendue en longueur de plus de dix lieues, estant d'un bon mille proche de Mezieres, à laquelle a fait et faisoit souvent beaucoup d'ennuis, mesmement aux fauxbourgs de deçà Meuse, pource que le sieur de ce chasteau disoit y avoir aucuns droicts seigneuriaux; en sorte que par temps de guerre ceux qui y demeuroient n'y eussent osé coucher seurement ny laisser meubles d'importance, pour la crainte de ceux du chasteau, qui traversoient la riviere à bateaux et de nuict leur venoient donner innumerables alarmes, ravissans ce qu'ils trouvoient de bon : et non-seulement à cest endroict estoit fort dommageable aux François, mais presque à tout le long de ceste lisiere, estant un vray magazin et boutique de bannis et essoreil-

---

[1] *M. le duc de Nivernois et comte de Rhetois* : le duc de Nevers, comte de Rhetelois.

lez (¹) de France, qui sçavoient les destroits et passages pour servir de guides et espions en temps de division aux ennemis. Pourtant le feu roy François, pensant l'avoir sans canon, y avoit vis-à-vis de la porte fait bastir un blocul, qui ne feit autre chose que despense et fraiz, pource que mauvais ordre y regnoit. Le seigneur de leans avoit esté nourri page en la maison du Roy; depuis, par un temps, sa place et forteresse avoit tenu le party de France; mais par un despit rompit sa foy et tourna sa robbe (²) pour prendre la croix rouge, et y a perseveré jusques à la mort, combien que ce chasteau ne se soit trouvé tant fort et defensable que le commun bruit le tenoit; car, avec ce qu'il estoit batable et subject à estre miné aisément, par dedans on a trouvé beaucoup de fautes : entre autres y avoit si peu d'espace entre le rempart de la basse-court et la muraille du donjon, qu'il estoit impossible d'y mettre soldats ny artifices pour defendre une bresche; davantage les plates formes estoient eslevées en l'air sur pieces de bois et piliers : ainsi donc, sans plus griefs tourmens, fut rendue ceste forteresse au Roy.

Toutes ces choses furent exécutées heureusement par les François dedans tout le mois de juing et sur tout le commencement de juillet, que le Roy, ayant recouvert santé, délibera reprendre le chemin pour retrouver son armée, constituant M. le duc de Nivernois son lieutenant-general au gouvernement de ce qu'il avoit conquis au duché de Luxembourg. M. de Nevers incontinent après delibera de retourner devers

---

(¹) *Essoreillez* : à qui l'on a coupé les oreilles. C'étoit une des punitions qu'on infligeoit aux maraudeurs.—(²) *Tourna sa robbe* : changea de parti.

Roc de Mars, pour le remunir et renforcer, tant de vivres que de toutes choses necessaires, et pour faire le degast et recolte de la moisson à l'entour de Theonville, accompagné des forces de gendarmerie, de sa compagnie, celle de M. le duc de Bouillon, des seigneurs de Jametz, de Bordillon et de La Roche du Maine, environ sept ou huict compagnies de cavalerie legere et harquebusiers à cheval, et vingt enseignes de fanterie, tant de la legion de Champagne qu'autres. A ceste cause, ainsi accompagné au partir de Sedan, il retourna passer à Yvoy et Danvillé; de là, suivant toute la frontiere et visitant toutes les places fortes, alla descendre jusques au dessoubs de Metz, en un village appellé le Pont de Richemont, à deux lieues de Theonville, à trois de Metz. S'estant là parqué et fait amasser toutes provisions, tant de vivres que de charrois, le jour ensuivant, y estant en personne avec sa compagnie et quelques autres, tant de cavallerie legere que de gens de pied, en feit conduire une partie, mesmement grand nombre de chairs salées, vinaigre, seel et poudres, devers Roc de Mars; et parce qu'il estoit force de passer près de Theonville, le seigneur de Chambourg, qui en estoit adonc gouverneur, et beaucoup de braves hommes de la garnison, eussent esté bien marris s'ils n'eussent fait cognoistre quelque chose de leur bonne volonté à nous venir veoir : pourtant avoient-ils mis une embuscade assez près du lieu où nous devions passer, non point pour donner en teste, n'estant assez forts, mais pour serrer la queuë à ceux qui demeureroient derriere; ce qu'advint, car un homme d'armes de la compagnie de M. de Nevers, nommé le seigneur de Chevenon, estant demeuré esloigné de la troupe par accident ou par autre grande affaire, tira droit à quelques arbres, et où il voyoit certain nombre d'hommes vestuz de rouge et de presque semblable pareure que la sienne, ne cognoissant de loing la difference des croix ny escharpes, desquels il approcha si près, qu'il se trouva enveloppé d'eux de tous costez: toutefois, estant homme vaillant, de bon cueur et bien à cheval, adverty qu'il luy estoit besoing alors de s'ayder de tous ses membres s'il ne vouloit demeurer pour le passeport, feit si grand devoir et preuve de sa gentille petite personne, qu'il se meit hors de leurs mains sans estre blessé que d'une dragée de pistollet dedans la main, combien qu'en eussent esté deschargées sur luy plus d'une douzaine, dont son cheval fut attaint dedans la cervelle, et peu après en mourut. Ainsi estant eschappé, et les ennemis descouverts à petite perte des nostres, se retirerent devers la ville, non sans estre suivis jusques assez près des portes. Nous nous retirasmes aussi, mais non sans avoir maintes canonnades, avec perte de quelques chevaux et peu d'hommes. Le lendemain M. de Bordillon avec sa compagnie et autres, tant de cavallerie legere que de gens de pied, parfeit le semblable voyage pour la conduite d'autres vivres, qui furent aussi menez audit Roc de Mars; et sans grands empeschemens furent les soldats françois qui estoient dedans rafreschis de tout ce qu'il leur estoit besoing. Après tout le degast des bleds et fourrages qu'il fut possible de faire ès environs de Theonville, et avoir donné assez de temps et moyen à ceux de Metz de recueillir les leurs, sur la fin du mois de juillet, Monsieur (1)

(1) *Monsieur.* Rabutin désigne ainsi le duc de Nevers, auquel il étoit attaché.

avec son petit camp se leva du Pont de Richemont et se retira devers Metz, attendant autres nouvelles. Bientost après, en ce lieu ayant sceu que le Roy avoit rompu le sien des Pays-Bas, se retira du costé de Champagne, vers Chaalons.

Pour retourner dire ce que exploita l'armée françoise depuis nostre departement, le Roy, ayant prins congé de la Royne, partit de Sedan pour aller trouver M. le connestable, qui s'estoit arresté avec une grande partie de l'armée à l'entour d'un fort chasteau appellé Trelon, qui est à un grand seigneur de ces Pays-Bas, parent du comte d'Aramberg, dit Barbanson (sçachant l'armée de la royne de Hongrie estre rompue et esvanouye), tant pource qu'on luy avoit rapporté ce chasteau estre garni de grand nombre de soldats ennemis, faisans maintes destrousses et volleries sur les François, que pour les grands biens et munitions desquelles l'on disoit estre muni et prouveu, avec ce qu'il avoit osé attendre le canon, encore qu'il fust moins fort que d'autres places qu'on avoit subjuguées auparavant. Ceux qui estoient dedans, estans comme personnes désesperées, souhaitans autant la mort que la vie, au commencement feirent grand semblant de se mettre, à leur possible, en devoir de tenir bon; mais enfin furent efforcez de furie, et la pluspart taillez en pieces, les forts aussi de ce chasteau sapez et ruez jus (1), et le tout mis à desolation. Autant en fut fait d'un autre chasteau prochain de là, appellé Glaion, qui est à un grand seigneur de ces Pays-Bas.

Or, pour contenter les vieilles enseignes, on les avoit fait passer deux lieues plus avant, jusques à une petite

(1) *Ruez jus*: renversés.

ville nommée Cimetz, qui est au duc d'Ascot [1], ville autant ennemie des François que possible estoit, et où se retiroit plus de mauvais peuple qu'en lieu de toutes les Ardennes ; pourtant on avoit grand desir de la ruiner. Donc, y estans arrivées toutes les compagnies tant de cheval que de pied, avec artillerie, fut ceste ville sommée, pour estre gardée et defendue seulement d'aucuns soldats et autres fugitifs, et que les plus apparens habitans s'estoient retirez avec le meilleur de leurs biens, tant ès forts des Ardennes que ès Pays-Bas : n'y voulurent premierement entendre, sçachans bien, quoy qu'ils accordassent, qu'ils seroient saccagez ; parquoy se preparerent à se defendre, et fallut que l'artillerie tirast à bon escient, et y feit bresche, sans toutefois pour cela qu'ils voulussent se rendre : à la fin, ayans veu l'ouverture, et ne se sentans plus en puissance de tenir la ville, la quitterent, et en diligence se retirerent, avec ce qu'ils peurent trainer et emporter, dedans le chasteau. Ainsi les soldats françois entrerent à la foulle là-dedans, et la saccagerent de tout ce qu'ils peurent ravir, qui n'estoit butin de grande estimation. Apres fut question d'avoir le chasteau, et fut sommé par deux ou trois fois sans vouloir dire mot, tant que derechef fallut que le canon en parlast, donnant du costé de la grosse tour. Or enfin le capitaine du chasteau, voyant la bresche qui commençoit fort à s'ouvrir, se déclaira, demandant à parlementer ; et sur le propos de la composition, la plus-part des soldats françois gaignerent le grand portail à si grande foulle, que de la presse s'estouffoient l'un l'autre ; les autres gravirent et entrerent par divers

[1] *Au duc d'Ascot* : d'Arschot.

endroits. Et de cette façon, à froide et petite résistance, furent surpris la ville et le chasteau de Cimetz, dont estans maistres les François, se hastoient et diligentoient tant à fouiller et chercher les biens de ces miserables Bourguignons, que dedans la voulte d'une des tours du chasteau où ils avoient retiré les pouldres à canon, furent bruslez et rostis plus de cent ou six vingts soldats françois, où eux-mesmes sans penser avoient mis le feu. Le tout ayant esté bien recherché et revisité, le feu fut mis par toute la ville, dedans le chasteau, et grand nombre de prisonniers prins et ramenez, estant toutefois demeuré prisonnier le capitaine de leans à un capitaine françois, à qui il s'estoit rendu.

Ceste cruelle exécution meit les Bourguignons en telle frayeur, que les hommes et femmes, petits et grands, fuyoient de toutes parts pour éviter la fureur des François, estant le bruit partout qu'on alloit assieger Avanes, où jà plusieurs fois avoient esté dressées maintes escarmouches par nostre cavallerie legere. Et ose bien dire que l'assiete de ceste forte ville avoit jà esté recogneue pour trouver moyen de l'emporter ; ce que je croy qu'on eust fait si les pluyes ne fussent survenues par trop abondamment ; aussi que nostre camp diminuoit journellement, à raison de beaucoup de nos soldats qui tomboient malades d'heure en heure pour le long travail precedent, et que d'autres, ennuyez de la fatigue, ou chargez de proyes, se departoient, tant secrettement qu'avec congé. A ceste cause fut remise ceste entreprise à autre temps, et pris le chemin à Estrée au Pont ; et là, sur la fin du mois de juillet en cest an, fut départie toute l'armée pour la mettre ès garnisons, en attendant ce que feroit l'ennemy.

QUATRIESME LIVRE.

De ce qui s'est fait en Lorraine devant la puissante cité de Metz et pays de Picardie, tant par l'armée de l'Empereur que celle du Roy, en l'an 1552.

[1552.] L<small>E</small> Roy, comme j'ay discouru, fut contraint de rompre son camp dès la fin du mois de juillet, tant pour les grandes maladies qui y survenoient, causées des non accoustumées chaleurs précédentes, que pour l'abondance des pluyes, qui commençoient desjà à tomber en ces pays occidentaux et froids ; et voyant son armée journellement se desfaire, pour la rafreschir et soulager, la feit mettre et départir ès garnisons, avec estroites defenses, tant à la gendarmerie que fanterie, de n'en départir et s'absenter, se doutant que l'Empereur, prince de grand cueur, ne laisseroit passer le surplus de ceste année sans, en quelque sorte que ce fust, tenter tous moyens pour avoir sa revanche. Mais, nonobstant ceste ordonnance, la pluspart des soldats ne tindrent aucune garnison, et n'y eût ordre que, pour reveoir leurs femmes et enfans, aucuns à toute haste ne gaignassent leurs domicilles ; les autres pour se remonter et remettre en équipage, ceux principalement qui avoient fait pertes en ce voyage ; et ceux qui avoient amassé butins, pour les rendre et conduire en leurs maisons. Aucuns aussi estans malades s'efforçoient d'atteindre où leurs propres habitations ou de leurs amis, ou bonnes villes, pour se rafreschir et recouvrer santé. Parquoy, entre tous ne demeura que les estrangers et les plus loingtains; qui fut en partie cause que tant promptement que le besoing requeroit le Roy ne peust rassembler son armée, et en partie l'opinion que chacun tenoit que l'Empereur estoit mort, ou de pouvoir fort dénué, veu qu'il n'avoit fait aucune résistance ny à ce duc Maurice, ny à nous, qui avions à la rigueur ainsi traité ses pays et subjects. Toutefois depuis chacun se trouva fort estonné quand par toute la France fut publié et mandé expressément à tous soldats de retourner à la guerre, et sur le commencement de l'hyver, ayant le Roy receu advertissement qu'ès Allemaignes estoient faites diverses levées de gens de guerre, et la pluspart à l'adveu de l'Empereur, sans qu'on sceust à la vérité où on les vouloit employer, sinon par quelques rapports et presomptions, qui menassoient Metz devoir estre assaillie.

Pour à quoy obvier, et afin de prouvoir en diligence à la fortification de celle grande ville, le Roy envoya dès le commencement du mois d'aoust M. de Guise, tant pour l'esgard de l'amitié et reverence que ceux de ce pays portent à ce prince et à tous ceux de sa maison, que pour se confier en sa prudence et bonne conduite; lequel, nonobstant la breveté du temps et l'incredible labeur, usant de toute la commodité que la saison luy permettoit, non-seulement la fortifia et prouveut de toutes choses necessaires, mais, l'ayant gardée et defendue contre toutes les forces que le plus grand prince de l'Europe pouvoit assembler, en a acquis une immortelle et glorieuse renommée par tout le monde. Si-tost que ce prince y fut arrivé, à fin d'estre mieux adverti où l'Empereur proposoit conduire toute ceste grande armée qui se dressòit aux Allemaignes, à raison d'un bruit qu'on disoit le roy des Romains la vouloir mener en la Transsylvanie contre le Turc, envoya en divers lieux explorateurs afin d'en apprendre aucunes nouvelles certaines; lesquels, estans de retour, rapporterent que pour vray ces preparatifs estoient mis sus pour le recouvrement de Metz; car l'Empereur, cognoissant la premiere fureur des François estre violente et d'abordée intolerable, nous avoit laissé jetter nostre premier feu, esperant après recouvrer la commodité de se pouvoir venger : et pourtant appaisa (nonobstant tous interests) premierement ces tumultes des Allemans, et se reconcilia avec le duc Maurice en eslargissant le landgrave de Hessen, son beau-pere, et le duc Jean de Saxen, son cousin-germain, cognoissant ce duc Maurice estre homme subtil, et celuy qui luy pouvoit nuire ou ayder en ses entreprises. Quant aux autres princes et seigneurs (desquels, à mon opinion, volontiers se fust vengé s'il ne s'en fust voulu servir en ce mesme affaire), il les attira et endormit si doucement au son de ses amiables parolles et promesses, que ils ont esté les premiers à luy donner entrée et accez ès principales villes de toute la Germanie, comme à Auspourg, Nuremberg, Ulme, Francfort, Spire, Strasbourg et autres, esquelles si bien besongna avec ses persuasions, qu'il en tira argent, armes, hommes et toutes provisions de guerre, leur faisant grandes protestations, et les assurant devoir estre employées au recouvrement de ces trois citez franches, Metz, Verdun et Thoul, desquelles il se promettoit mettre hors facilement les François, et de tout le duché de Lorraine chasser entierement, mesprisant et blasmant le voyage que le Roy avoit fait en leur pays, le desguisant avoir esté entrepris plus à leur désadvantage, diminution de leur grandeur et biens, que pour la publique liberté. En quoy je ne puis que je ne m'esmerveille de la trop facile crédulité de ceste gent, veu que lorsqu'il usoit de tels langages pour les distraire de l'alliance et amitié du Roy, à peine pouvoient estre reparées les grandes bresches qu'il avoit fait en leurs villes, à peine pouvoient estre leurs despouilles départies entre ses soldats, lesquels à peine pouvoient estre hors de leurs maisons dont avoient esté dechassez, et eux remis en liberté par le duc Maurice à la faveur du Roy, et desquels encore ne pouvoient estre mis en oubly les estranges ravissemens et rançonnemens. Je ne sçay aussi s'ils avoient point aucune cognoissance de son intention, qui estoit de s'emparer desdites trois villes franches, et les adjouster à son propre, comme il a fait Cambray, les fortifier et munir d'Espagnols, comme aussi il proposoit autant en faire de tout le duché de Lorraine, à fin de clore le passage aux François, et leur oster le moyen de pouvoir secourir les Germains et delivrer de sa servitude, voulant semblablement, par cest accez, eslargir ces limites sur les pays du Roy.

Donc les persuasions de l'Empereur eurent telle vertu et efficace à l'endroit des Estats du Sainct Empire et les villes franches, qu'il luy fut ottroyé et fourni un gros nombre de gens de guerre payez pour un certain temps. Oultre, feit venir de ses vieilles enseignes de fanterie, tant d'Espagnols que d'Italiens, un autre grand nombre qui estoient ès garnisons des forteresses d'Italie, Lombardie et Piedmont; avec ce, de la Franche-Comté et haulte Bourgongne et de ce qu'il tient encore au duché de Luxembourg, il tira un autre grand nombre, tant de cheval que de pied; de Hongres, Polacques, Bohemes, autre grand nombre, principalement à cheval, desquels estoit general le grand seneschal de la Moravie. La reyne Marie luy envoya assez bon secours de Flamens, Hennuyers et Walons, desquels estoit general le sieur de Brabanson (1). Et quant à nommer particulierement les chefs d'une si grande armée, telle que ce prince amena devant Metz (sinon des plus grands et principaux) il m'est très-difficile, pour n'en avoir eu aucune apparente cognoissance. On disoit que le duc d'Albe estoit son lieutenant-general et colonel sur tous les Espagnols, duquel estoit lieutenant de la cavallerie espagnolle le seigneur Loys de Avilla; le marchis de Marignan estoit chef et colonel des Italiens; un comte d'Allemagne estoit lieutenant-general du marchis Joachim de Brandebourg, sur les Allemans. Sur d'autres commandoient le comte de Nanssau (2) et le sieur de Bossu. Le comte d'Aiguemont (3) estoit general de certain nombre de cavallerie. Pour conclusion, le commun bruit (4) estoit en ceste grande armée estre près de deux cens cinquante enseignes de gens de pied de diverses nations, et près de vingt ou vingt trois mille chevaux combattans.

(1) *Le sieur de Brabanson.* Dans des libelles qui circuloient en France, on prétendoit que ce général étoit l'amant de Marie, sœur de Charles-Quint, gouvernante des Pays-Bas; cela étoit faux.

(2) *Nanssau* : Nassau. — (3) *Aiguemont* : Egmont. — (4) *Le commun bruit.* Ce calcul est exagéré : l'armée de Charles-Quint étoit d'à peu près cent mille hommes.

Cependant que ceste grande armée s'assembloit aux Allemagnes, Ferdinand, roy des Romains et de Hongrie, en faisoit dresser une autre pour mener en la Transsylvanie contre le Turc, qui descendoit ceste part avec une très grande puissance; à raison de quoy estoient faictes diverses levées dont faut présupposer que de l'armée, laquelle le duc Maurice avoit assemblé estant d'accord avec l'Empereur, et restitué en tous Estats et biens, une partie s'en alla avec luy en ce voyage contre le Turc. Et pource qu'en ce traicté n'estoit compris, ainsi que peut estre vraysemblable, le marchis Albert de Brandebourg (1), ou pour certain autre mescontentement, se separa, prenant son chemin à travers l'Allemagne, avec le duc de Zimmeren, parent du comte palatin, landgrave de Lytembourg, le comte Ludovic d'Ottingen, le comte d'Altembourg et d'autres vaillans hommes des reliques de la guerre des Allemans contre l'Empereur, qui, estans assemblez au nombre d'environ soixante ou soixante-deux enseignes de gens de pied et près de deux mille chevaux, selon leur dire, venoient au service du Roy, et portoient en leurs enseignes desployées les armoiries de France, vivans neantmoins, soubs ce pretexte, d'autre façon que le droit ny équité le permettoient; ce que continuerent jusques à Treves, ville imperialle, laquelle à leur venue ils pillerent avec grands excez. Le Roy, adverty promptement, envoya l'evesque de Bayonne devers le marchis Albert pour entendre son intention et convenir avec luy de sa solde et de celle de ses gens, qui continuoient leur façon de vivre soubs

---

(1) *Le marchis Albert de Brandebourg*. Ce prince étoit compris dans le traité de Passau, mais il avoit refusé d'y accéder.

le tiltre et adveu du service de France, endommageans les ennemis en toute sorte, mesmemeut sur les limites du duché de Luxembourg. La premiere response de ce marchis fut honneste et gracieuse, disant, quant à son appointement, n'estre venu au service du Roy pour un proufit particulier et esperance d'y thesauriser; mais que toute sa vie avoit eu desir d'employer sa personne, biens et puissance, pour luy faire entendre combien il avoit souhaitté, et encore desiroit d'entreprendre chose qui fust agreable à Sa Majesté, pour le bon zelé qu'il y avoit cogneu d'avoir favorisé à la reduction des franchises et libertez de la Germanie; et que pour ceste raison s'estoit departy et separé d'avec le duc Maurice; estimant le Roy tant juste et équitable, qu'il feroit donner suffisante solde et appointement à ses soldats, hommes esleus et vaillans, prests à mourir pour son service, et qui de mesme intention l'avoient suivy, adjoustant davantage plusieurs autres bons propos qui seroient trop longs à reciter. Mais le Roy et son conseil regardoient les choses de plus loing, et se desfioit-on que l'Empereur ne fust après ce marchis pour le pratiquer, se monstrant quelque opinion et apparence que son appoinclement estoit desjà en terme que l'Empereur avoit tousjours delayé à conclure, esperant le prevenir, et soubs ceste dissimulée fiance, le serrer et joindre de si près avec son armée, qui estoit en campagne, qu'il l'auroit à tel marché et condition que desiroit. Dequoy, à mon advis, ce marchis se doutoit, ayant en fresche memoire le traitement qu'il avoit veu estre fait à ses parens et alliez. Parquoy tendoit à gaigner tousjours le devant, s'asseurant, s'il pouvoit attaindre les pays du Roy, et se

seroit mis à sauveté, que ne luy pourroit manquer
d'estre receu du Roy, ou que l'Empereur seroit encore
fort aise de le retirer à luy, et accorder ce qu'il de-
manderoit, ainsi qu'on a veu depuis estre advenu. Toutefois j'ay ceste ferme opinion que si dès-lors se fust
voulu arrester et recevoir les raisonnables offres que
le Roy luy presentoit, en toutes choses eust cogneu
la différence de la fidelité de ces deux princes. Sur ces
menées secrettes, ce marchis ne laissa de passer outre :
montant contre mont la riviere de Mozelle et cos-
toyant Theonville, vint camper à Roranges, trois lieues
près de Metz, où, si-tost qu'il fut arrivé, envoya demander vivres à M. de Guise pour la fourniture de
son armée; lequel, tant pour oster toute occasion à ce
marchis de former un mescontentement sur un refuz,
encore qu'il fust raisonnable, feit tout ce que luy fut
possible de luy en departir pour aucuns jours. Ce que
toutefois estant par luy mal consideré, ne desistoit de
l'importuner journellement pour en tirer en aussi
grande abondance comme s'il n'eust esté question
que de les prendre à son plaisir, sans avoir esgard à
la necessité future ny au lieu où ce prince estoit ordonné qu'il devoit garder pour tems incertain. Et par
tant de fois l'importuna, qu'il fut contraint de luy remonstrer par le seigneur Pierre Strossy que la raison
de la guerre, qu'il n'ignoroit pas, ne permettoit qu'on
defournist une place de garde, mesmement de telle
importance que Metz, des vivres et provisions dont
elle seroit munie, pour les distribuer à un camp qui
seroit maistre de la campagne, et qui pourroit suyvre
autre chemin et pays, comme devers les salines, pays
très fertil, auquel non seulement trouveroit toute com-

modité de vivres, mais, en les mangeant et consumant, desavantageroit d'autant l'ennemy de les y pouvoir recouvrer. De ceste raison, du commencement ce marchis se monstra estre contenté, et sembloit qu'en premier cest advis eust esté bien receu de luy, mesmes demanda un homme qui sceust le pays, pour l'y conduire et mener. A quoy fut ordonné par M. de Guise, et de Metz expressement envoyé Gaspard de Huz, gentilhomme natif de Metz; toutefois en peu d'heure changea de propos; car, au lieu de prendre chemin vers les salines, il s'approcha davantage à une lieue près de Metz, et vint camper en un lieu appellé Aey, où il feit quelque sejour, usant de toutes les ruses qu'il pouvoit imaginer pour, soubs couleur de se demonstrer bon serviteur du Roy, et se faindre tel envers M. de Guise, le surprendre et mettre en danger toutes choses, ou les troubler par un desordre, si la prudence de ce prince n'eust esté si grande que de le prevoir et y remedier. Puis ayant ce marchis à divers logis tournoyé toute cette contrée, après estre retourné devers Treves pour en retirer un nombre de ses soldats qu'il y avoit laissé, finablement devalla au Pont Camouson, sans toutefois avoir encore rien resolu avec l'evesque de Bayonne, tant de son appointement que de la solde de ses gens, combien que de rechef le Roy eust renvoyé le sieur de Lanssac devers luy pour la mesme cause. Ce neantmoins ne peust avec luy aucune fin conclure; traisnant toujours cest effect en diversité de demandes colorées de belles parolles, en quoy estoit malaisé d'asseoir bon fondement. Et pourtant on entra davantage en souspeçon de luy, et la premiere desfiance commença de croistre plus qu'auparavant. Parquoy le plustost que faire se peust, le Roy feit assembler son camp à Sainct Michel (1), petite ville de Lorraine sur la riviere de Meusè, six lieues à costé de Pont Camouson, autant de Verdun, et à dix grandes de Metz, où se trouverent M. le connestable, le duc de Nevers, le comte d'Anguian, le prince de Condé, le comte d'Aumalle, le seigneur de Rohan le mareschal de Sainct André, le seigneur de Chastillon, general de toute la fanterie françoise, le comte de Villars, le seigneur de Bordillon, ordonné lors mareschal de camp, les comtes Reingrave et Recroc avec leurs regimens de lansquenets, et plusieurs autres grands seigneurs et capitaines.

Quant à l'armée impériale, elle estoit toute preste, et s'engrossissoit journellement, ayant tellement desja cheminé, qu'estant arrivée à Deux Ponts s'estoit eslargie et estendue par tout le pays de Vaulges : en sorte que nécessairement estoit requis de loger, et faire entrer dedans Metz, tout le secours, tant d'hommes, d'artillerie, et toutes munitions qu'on avoit deliberé d'y envoyer. Et pourtant le plus commodément que fut possible, de ce lieu de Sainct Michel M. le connestable y envoya les compagnies de gens de cheval et de pied qui pour ce estoient ordonnées. Et eut le seigneur Orace Farneze (2), duc de Castres, la charge et conduite dudit secours, menant avec luy un nombre de pionniers et de pouldres, pour de tant plus renforcer ceste ville, non toutefois en si grande quantité que M. le connestable eust bien voulu, et qu'il eust

---

(1) *Sainct Michel*: Saint-Mihiel.

(2) *Le seigneur Orace Farneze*. Horace Farnèse, duc de Castro, frère d'Octave, duc de Parme.

fait sans le douté de ce marchis, qui estoit toujours au Pont Camouson, estans ses hommes sur le plat pays de l'environ, abandonnez à maux intolérables; robbans, pillans, et ne laissans que ce dont ils ne faisoient cas, ou que ne pouvoient porter ne traisner; ce qu'on trouva estrange, et qui de beaucoup augmenta la desfiance qu'on eust peu avoir de luy: neantmoins pour l'amener à toute raison, furent envoyez devers luy messieurs d'Aumale, de Chastillon, et le comte Reingrave, à fin de le prier vouloir faire cesser ce dégast et destruction de peuple, et finalement pour resouldre avec luy le dernier accord de son appointement, et solde de ses hommes. Lors se manifesta grandement le doute qui estoit auparavant formalisé de luy en nuée, rendant une response ambigue et austere avec un maintien d'homme despité et mal content, demandant presque la moitié de la rançon d'un Roy pour appointement. Et quant à la façon de vivre de ses hommes, sur cela feit response qu'il estoit amy du Roy, et allié de la maison de Lorraine, mais qu'il vouloit que ses soldats eussent à vivre, et qu'ils en prinssent où en trouveroient; au refus estoit resolu de ce que il avoit à déterminer, et où se devoit retirer. Ce qu'estoit vray, car l'Empereur le voyant eschappé et hors de son pouvoir, par tous moyens le feit solliciter et attirer à soy, le remettant en tous ses biens, luy faisant les plus belles offres et promesses du monde, avec lesquelles de long temps sçait allaicter les hommes inconstans; qui estoit cause de faire varier ce marchis, et le tenir suspens: faisant de cecy fort évidente preuve le refus des deniers que M. le connestable luy envoya.

Toutes ces choses mettoient M. le connestable et le

conseil en grande diversité d'opinions, voyans l'Empereur avec une très-grande armée s'approcher journellement, ce marchis estre ja en pays bien avant, solicité de l'ennemy, avec les armes au poing, prest à executer divers maux ; du costé de Picardie aussi l'ennemy estre ja en campagne avec une grosse armée, bruslant et fouldroyant tout où il passoit. Et à bref dire, l'on pouvoit préméditer et penser devoir advenir divers malheurs, si le supreme Seigneur n'eust usé de pitié envers nous, detournant le succez et infortuné advenement de tant de prochains dangers, et les changeant en meilleures adventures, dont noz esprits s'asseuroient que le Seigneur nous garderoit, et à noz prieres qu'il rendroit tant plus prompt l'esprit de M. le connestable à remedier à ceste petite nécessité. Car estant l'Empereur arresté malade de ses gouttes, et, tant pour ceste cause que pour l'importunité du temps, sejournant son armée en la comté de Vaulges, à la plus grande diligence que fut possible on serra nostre armée à Sainct Michel, renforcée tant de fanterie françoise, Allemans et Suisses, au nombre de près de trente mille hommes de pied, que de sept à huict mille chevaux. Parquoy commençasmes à mieux esperer et reprendre cueur : tellement que l'advis de beaucoup estoit d'aller desfaire ce marchis cependant que celle du plus grand ennemy estoit loingtaine, ne pouvant faire sa retraitte en lieu asseuré pour luy ne ses hommes, sans estre affamé et ruiné. Toutefois d'autres trouverent et choisirent ceste déliberation meilleure : puis qu'on l'avoit trouvé de si fascheuse convention, que seroit bon de tirer de dessoubs son æsle, et soustraire la meilleure part de ses capitaines et soldats par le moyen et cognoissance de noz Allemans, avec la seurté de leur faire bon traittement : ce que fut si bien conduit, qu'avec grand mutinement entre eux un colonel, nommé Reifberg, avec son regiment, des lors accepta le parti françois et se retira devers nous.

Ce marchis voyant l'armée de France qui s'enfloit tous les jours, luy estant fort voisine, que desjà on murmuroit de luy appareiller une cargue, et que ses soldats se mutinoient, desquels plusieurs à la file se rangeoient de nostre costé, et par tous ces accidens estre en peril d'estre surpris et enclos, feit entendre à M. le connestable, puisque ne plaisoit au Roy l'accepter et retenir à son service, ne luy voulant accorder appointement et paye raisonnable, qu'on luy donnast passage pour se retirer, disant, pour couvrir son intention, que là où en autres lieux sur les terres de son ennemy, luy pourroit faire service autant ou plus que celle part, et pourroit conquerir terres qui luy demeureroient perpetuellement, sans s'arrester à petite chose, protestant toutefois sur sa foy de ne prendre party avec l'Empereur contre luy. De cecy le Roy adverty, et cest affaire bien disputé au conseil, fut opiné le plus expedient de faire pont à l'ennemy se retirant, que mettre les armes en la fournaise pour les eschauffer davantage, tant pour asseurer le peuple de l'impetueux advenement de cest homme ne cherchant que son adventure sans respect de sa vie, que pour honnestement le convoyer et contenter. Car de vouloir combattre à main forte (encore que la fortune nous fust favorable) ne pouvoit advenir la victoire sans perte peut estre de beaucoup de vaillans hommes dont le Roy avoit lors bon besoing, estant prochain un ennemy plus grand que l'autre : à fin aussi par prudente consideration que ne nous fust reproché avoir desfait un qui venoit à nostre secours, mesmement de noz anciens amis et confederez les Germains. Pour ce demoura près de luy l'evesque de Bayonne pour seurté et conduite à luy faire donner libre passage par tous les pays du Roy. D'autre part fut ordonné M. d'Aumalle pour le costoyer avec environ deux cens hommes d'armes et cinq cens chevaux legers.

Ainsi ayant sejourné environ trois sepmaines ou un mois à l'entour de Pont Camouson, se leva, et, suyvant la vallée, se vint asseoir et camper en la prairie au dessus de Thoul, sur le bord de la riviere de Mozelle, estant la generalle opinion qu'il vouloit donner dedans la Franche Comté et la comté de Ferette. Durant l'espace d'environ quinze jours qu'il y feit sejour, Dieu sçait les vacarmes et estranges extortions que ses soldats faisoient sur le commun peuple à l'entour. Le peuple, estimant que M. d'Aumalle fust constitué pour y mettre ordre, incessamment s'addressoit à luy avec grandes plaintes, pour l'esmouvoir à pitié et compassion. Entre autres luy fut raporté que ces barbares avoient forcé et saccagé une maison de gentilhomme prochaine de Thoul, où ils avoient perpetré et commis des malheurtez incroyables. Parquoy M. d'Aumalle escrivit et manda à ce Marchis qu'il eust quelque esgard à la foule et oppression de ce pauvre pays neutre, et qu'il eust souvenance de l'alliance qui estoit entre luy et la maison de Lorraine. Dequoy il ne feit grand compte, mais continuoient ses soldats à faire de pis en pis, dont redoubloient ordinairement les clameurs addressées à ce prince, tant qu'il fut contraint finalement de respondre à ce populaire qu'il ne pouvoit autrement y remedier, et ne vouloit oultrepasser sa charge. Et deslors les communes commencerent à se mutiner et s'assembler, et où ils les trouvoient escartez en despechoient le pays, et les assommoient comme pourceaux. Ce que estant venu à la cognoissance de ce marchis, envoya son trompette devers M. d'Aumalle, l'advertissant dû sacment et perte de ses gens, laquelle se doutoit advenir à son adveu. Auquel M. d'Aumalle feit response qu'il sçavoit assez l'asseurance et promesse que luy avoit esté faite, à sçavoir de luy donner passage libre et ouvert pour se retirer sans porter dommage aucun aux François, ny à leurs alliez, qu'il asseuroit luy avoir esté maintenu et gardé; mais que de son costé ne s'acquittoit justement de ce qu'il avoit promis, pour les oppressions et foules que faisoient ses gens, encore en pays neutre et non ennemy, pour lesquelles les communes estoient fort mutinées, tellement que s'il n'y mettoit ordre mal luy en pourroit advenir. Le semblable ce marchis manda par un gentilhomme de ses plus favoris au seigneur d'Esclavolles, gouverneur de Thoul, plus, à ma fantaisie, pour avoir cognoissance du dedans de la ville, des fortifications, des soldats, et de toute la police, que pour autre raison. Toutefois le recueil luy fut fait si honneste, et la conduite tant prudente, avec une response sage et gracieuse, qu'il n'entendit et ne veit chose de grande importance, ne dont il luy peust faire dangereux rapport.

En ceste opinion ce marchis deslogea d'auprès de Thoul, et luy redoubla de beaucoup plus le jour ensuivant son mescontentement. Car au partir de Thoul, à la premiere stance qu'il feit, alla camper au long d'un estang, sur un marets; et tant mal luy advint, que celle nuict il pleut comme si le ciel se fust ouvert, tant que il ne cuida jamais trouver les moyens de s'arracher de ces paluds, ny en faire mettre hors son artillerie, estant embourbée jusques aux affuts et moyaux des roues. Enfin, tant travailla avec grands efforts d'hommes et chevaux, qu'il s'en meit hors : en cela pouvant cognoistre que M. d'Aumalle n'estoit là envoyé pour luy nuire, selon que le lieu et le temps estoient commodes, et comme beaucoup d'hommes volontairement luy conseilloient. Mais nous laisserons le marchis en ces mauvais chemins, pour parler de ce qu'adonc faisoient les armées du Roy et de l'Empereur.

Nous estions desjà bien avant au mois d'octobre, quand l'armée imperialle estoit encore au pays de Vaulges et devers les Deux Ponts, estant tousjours l'Empereur mal disposé, aussi qu'il attendoit le secours des Pays-Bas, qui n'estoit encore arrivé, et son artillerie et munitions qu'il faisoit amener sur le Rhin, jusques à Confluence (1), pour de ce lieu la faire monter contremont sur la riviere de Mozelle, jusques auprès de Metz; et pource que les plus grandes froidures de l'hyver commencent en ceste saison, ce séjour faisoit penser à beaucoup de personnes que l'Empereur n'entreprendroit si tard tant grande besogne, et qu'il n'exposeroit une tant belle et bien complette armée à cuider vaincre et la rigueur du temps, et une ville bien pourveue; mesmement, selon le rapport des espions, la pluspart de tous ses capitaines estoient de cest advis, et luy conseilloient de plustost essayer à

---

(1) *Confluence* : Coblentz.

recouvrer toutes les autres petites villes, tant du duché de Lorraine que sur la frontiere des duchez de Barrois et Luxembourg; èsquelles feroit hyverner son armée et la tiendroit à couvert toute la mauvaise saison, cependant que ceux de Metz seroient contraincts de manger leurs vivres et consumer leurs munitions; estans tousjours neantmoins tenus en subjection par les courses que ses soldats feroient sur eux et ès environs, pour de plus en plus les affoiblir et leur oster tous moyens de recouvrer vivres, dont se trouveroient avoir faute sur le temps nouveau : lors il les pourroit à son grand advantage assaillir; au contraire luy remonstroient qu'avant qu'il eust ordonné de la disposition du siege de ceste grande ville, et que son artillerie fust assise et preparée pour la battre, l'hyver seroit entierement venu; qui seroit cause d'interrompre tous moyens, tant par neiges et froidures faisant mourir grand nombre de ses soldats, que pour la difficulté qu'on auroit à recouvrer vivres, estans detenus et arrestez par la contrarieté et indisposition du temps, comme aussi pour estre sur les chemins destroussez et destourbez par les François. Davantage, avec la perte y pourroit recevoir une telle et tant grande honte, qu'il voudroit en après luy avoir cousté sa couronne d'empereur, et ne s'y estre trouvé; car ayant esté combattu et en partie desfait par la fureur et violence du temps, il avoit encore un autre ennemy fort et puissant, qui n'attendoit que l'occasion pour de tous poincts le ruiner. Cest advis, encore qu'il fust le plus certain pour l'Empereur, ne fut pourtant tel receu de luy. Mais ayant l'esprit picqué et solicité de un extreme desir de se venger, oublioit tous accidens et perils pour mettre heureusement à fin un seul poinct par lequel on peust cognoistre qu'il se seroit vengé du Roy; et entre autres luy sembla meilleur de s'addresser premierement à ceste ville de Metz, dedans laquelle il sçavoit estre beaucoup des principaux princes et grands seigneurs de France; au surplus qu'elle estoit parfaitement fournie et pourveue de grandes munitions : parquoy luy sembloit que, si dedans le surplus de ceste année, pouvoit tant bien besogner que seulement la peust recouvrer facilement par le moyen des prisonniers qu'il auroit trouvé dedans, pourroit obtenir et r'avoir ce que le Roy auroit prins sur luy ; sinon qu'il s'aideroit de nos mesmes bastons et preparatifs pour nous y contraindre; et qu'estant venu au dessus, et ayant subjugué ceste premiere et principale forteresse, où estoit la fleur des soldats françois, il se promettoit aisément venir à bout des autres moindres; tant y a (quelle que fust l'intention de l'Empereur) qu'il s'achemina avec son armée devers la riviere de Mozelle, sans toutefois suyvre le droit chemin, comme s'il eust voulu descendre vers Theonville et le duché de Luxembourg; de quoy M. de Guyse adverty, pour ne laisser perdre et demeurer en proye une des vieilles enseignes du capitaine La Prade qui estoit dedans Roc de Mars, donna si bon ordre, qu'à la veue des ennemis, moyennant la faveur d'une escarmouche que M. de Nemours et le comte de La Roche Foucault dresserent devant Theonville, ladite enseigne (ayant mis le feu par tout ce chasteau) fut retirée et mise à sauveté avec la meilleure part de l'artillerie qui estoit là dedans.

M. le connestable avoit tousjours attendu à Sainct-

Michel, pour veoir et cognoistre ce que l'Empereur voudroit entreprendre : ayant sceu que l'armée imperialle marchoit tenant le chemin susdit, doutant l'advenement de diverses choses, entre autres que, délaissant Metz, ne s'adressast à Verdun qui n'estoit encore fort ne presque en bonne defense, ou à quelque ville foible et despourveue, feit pareillement marcher l'armée françoise et s'approcha près de Verdun; en laquelle ville estoit lieutenant pour le Roy M. le mareschal de Sainct-André, avec sa compagnie de cent hommes d'armes, et le sieur de Tavannes, qui en estoit gouverneur, avec la sienne de cinquante hommes d'armes, et huict enseignes de fanterie françoise de la legion de Champagne, deux compagnies de chevaux legers et autant d'harquebusiers à cheval; lesquels sans cesse jour et nuict faisoient travailler à la fortification, faisant amener et remplir ceste grande ville de bleds, vins et tous vivres qu'on pouvoit trouver à l'entour. Autant en faisoient, s'efforçant de mieux en mieux ameliorer leurs places, le sieur de Rabaudanges, gouverneur de Danvilé, et le sieur de Blaineau, lors gouverneur d'Yvoy, et le capitaine Baron, gouverneur de Montmedy; jaçoit qu'elles fussent desjà fortes et bien munies, si veilloient-ils continuellement pour adjancer ce que presumoient y falloir et estre necessaire.

Or ne restoit plus que la ville de Sathenay (autrement par langage corrompu appelée Astenay), laquelle, s'il fust advenu que l'ennemy eust prins la campagne, l'on estimoit que elle auroit le premier assaut, tel peult-estre qu'elle n'eust peu soustenir, estant donc denuée et despourveue de toutes choses. Combien qu'auparavant le feu roy François l'eust fait remparer et fortifier, pour luy servir de quelque umbre ou parement contre ceux du duché de Luxembourg; qui depuis luy ayant esté remonstrée sa mauvaise assiette, et plus incommode pour luy, si après l'avoir fortifiée elle tomboit és mains de l'ennemy, feit demollir et sapper en plusieurs endroits les forts et boulevers, et ruiner les flancs et defenses, la remettant ainsi au domaine du duc de Lorraine. Et derechef le Roy l'ayant recouverte et mis hors les Bourguignons qui l'avoient saisie, et qui commençoient à la reparer, comme j'ay discouru precedemment, pour s'en ayder contre luy, l'avoit tousjours tenue en ses mains, sans toutefois y avoir rien adjousté de nouvelle fortification, ains seulement pour empescher que elle luy fust dommageable. Quelque temps après, luy estant remonstré par M. de Nevers qu'on la pourroit rendre forte et defensable, et que luy-mesme sans danger entreprenoit de la garder, deslors commanda à estre cherchez et employez tous moyens et artifices pour la fortifier en extreme diligence; à quoy ce prince se rendoit volontairement tant subject et enclin, que tout grand labeur luy sembloit plaisir pour parfaire cest œuvre, qui luy estoit en telle recommandation, qu'on le trouva de beaucoup et du principal avancé, avant qu'on presumast les fondemens estre encore assis.

Et non-seulement à ces remparts et fortifications M. de Nevers avoit l'esprit vigilant et adonné, mais estant adverti qu'en une petite ville nommée Vireton, prochaine de Sathenay de cinq lieues, s'estoit assemblé un nombre de volleurs et bannis, ne vivans d'autres proyes que de volleries et destrousses qu'ils exerçoient és environs; prevoyant que si le siege arrivoit devant Sathenay, ce receptacle de brigands pourroit estre fort propre aux ennemis à y retirer leurs vivres, munitions et toutes necessitez, avec une conduite si prudente et secrette les alla surprendre, si qu'un matin avant qu'ils le pensassent estre encore esveillé, n'ayans aucun moyen de se sauver ou avoir secours, se trouverent enclos et enveloppez par ce prince, accompagné de dix enseignes de fanterie françoise : à sçavoir, deux de Verdun, deux de Danvilé, deux d'Yvoy, deux de Montmedy et des deux de Sathenay; de cavallerie, des compagnies de M. le duc de Bouillon, des sieurs de Jametz et de La Roche-du-Maine; des chevaux legers et harquebusiers à cheval du capitaine Sapoigne, et de plusieurs gentilshommes de sa maison; lequel, estant ainsi arrivé devant ceste ville, afin d'exécuter promptement sa déliberation, la feit battre le plus soudainement que se peut faire, sans donner loisir de faire tranchées, ne dresser gabions; mais estant couverte l'artillerie seulement d'aiz, tables, portes, charettes, et ce que sur le champ on pouvoit trouver pour mettre au devant, la feit asseoir et bracquer si à poinct, qu'en peu de temps la muraille fut fort empirée et la breche cogneue raisonnable : ce que ceux de leans endurerent sans faire semblant d'avoir peur ne de se vouloir rendre. Les soldats françois voyans l'ouverture, avoient si grande ardeur d'aller à l'assaut, impatiens de tant temporiser, que, sans attendre le commandement du prince, Le Chesne, enseigne du capitaine La Lande, suivy de quelque nombre de ses soldats, se lancea dedans le fossé pour donner, la teste baissée, droict à la bresche : qui toutefois fut vaillamment repoussé par les Bourguignons, et fort blessé, dont depuis mourut. Arbelay aussi, enseigne du capitaine Baron, y fut tué, et beaucoup de vaillans soldats. Enfin les assiegez, voyans et ne se sentans assez roides et forts pour soustenir un assault general, feirent signal de vouloir parlementer, requerans que l'on leur donnast quelque peu de respit, dedans lequel, s'ils n'avoient secours promptement, promettoient se rendre les vies et bagues sauves. M. de Nevers ne leur voulut accorder une seule heure de delay; ains leur feit response qu'à l'instant, s'ils ne se rendoient les vies sauves et à sa discretion seulement, qu'ils attendissent l'assault et les feroit tous passer au fil de l'espée. Eux, ayans un peu pensé à ce danger, se rendirent à la mercy et discrétion de ce prince. Ce qui advint si à propos et à bonne heure, qu'il ne restoit plus que deux boulets de coulevrine. Eux sortis, pour ne donner loisir aux soldats françois de s'abuser au sac, le feu fut mis en divers lieux de la ville. Quant aux prisonniers, M. de Nevers leur avoit jà donné congé, quand fortune leur fut encore tant ennemie qu'ils furent recognuz par le capitaine Sapoigne leur voisin, fils de Gilles de Levant, autrefois gouverneur de Luxembourg pour l'Empereur; lequel Sapoigne remonstra à ce prince que le plus homme de bien d'eux tous avoit cent fois merité la mort, et qu'il leur feroit encore grande grace de leur sauver la vie; et si on les mettoit en liberté, ce seroit leur donner moyen de faire d'avantage de mal aux François. Pour ce furent la pluspart d'eux retenuz et ramenez prisonniers à Sathenay, depuis une partie renvoyez, reservez les principaux, mesmement le capitaine, nommé Dalaumont, autrement Maladerie, et son enseigne, appellé

Arbonniere. Toutes ces choses heureusement mises à fin dans ce seul jour, retournasmes le soir mesme coucher à Sathenay avec toutes les compagnies, reservé celles de Montmedy, lesquelles pour estre prochaines se retirerent de ce lieu, leur estant fait commandement de venir journellement par centenes demolir et ruiner ce que le feu n'avoit peu desfaire et consumer de Vireton.

Le lendemain ayant depesché le seigneur de Sainct-Symon pour porter les nouvelles au Roy, qui estoit tousjours à Reims, et commandé au sieur des Potz, gouverneur de Sathenay, de recevoir des habitans de la ville le serment de fidelité au Roy, partit pour aller trouver M. le connestable, qui faisoit temporiser l'armée du Roy, attendant que voudroit attenter l'ennemy : lequel, selon l'advertissement et rapports des espions, se trouvant avoir toutes ses forces assemblées, et le secours qu'il attendoit des Pays-Bas estant arrivé, avoit repris le chemin devers Metz, et s'estoit approché jusques à Serebruc (1), sept ou huict lieuës près. Et peu de jours ensuyvans vindrent autres nouvelles comme le duc d'Albe, lieutenant general de l'Empereur, et le marchis de Marignan, colonel des gens de pied italiens, avec quatorze mille hommes de pied, quatre mille chevaux, et six pieces d'artillerie de campagne, s'estoient davantage approchez, jusques à venir recognoistre la ville et les lieux les plus commodes pour asseoir leur camp. Et ne s'acheva ceste leur entreprise sans une furieuse et brave escarmouche de noz soldats, qui, estans sortis, pour le commencement leur feirent veoir, et sentir à leurs soldats, de

(1) *Serebrue* : Saarbruck.

quelle affection et volonté ils avoient deliberé de se
defendre et les soustenir. En quoy les nostres acquirent dès-lors une grande reputation, tant de M. de
Guise que des ennemis; lesquels après se retirerent à
Saincte-Barbe, deux lieuës en arriere, avec peu d'avantage, et perte de près de huict ou neuf vingts
hommes; et de nostre costé y perdismes le seigneur de
Marigny en Picardie, issu de l'ancienne et bien renommée maison de Salezart, et cinq soldats qui furent
tuez sur le champ. Les seigneurs de Mompha, lieutenant
de la compagnie du seigneur de Randan, de Silly, le
capitaine Sainct-Aulbin, le capitaine Soley et son enseigne La Vaure, et l'enseigne du capitaine Gourdan,
avec dix ou douze soldats, y furent blessez; et peu de
jours après moururent Silly, Mompha et La Vaure.
J'ay bien voulu escrire ce mot d'advertissement et rapport qui nous en fut fait, à fin de donner à entendre
qu'adonc n'estions tant esloignez que n'en eussions
souvent nouvelles; non que je vueille entreprendre de
tant parfaitement narrer et deduire les escarmouches,
sorties, et tout ce qui s'est fait durant ce siege, comme
beaucoup de gentils esprits d'hommes qui y estoient
presens, et plusieurs fois se sont trouvez aux meslées,
et après, de la mesme main qu'ils avoient combattu,
escrivoient les faicts dignes de memoire. Entre lesquels je puis nommer Salignac (1), gentilhomme de
nostre temps, de meritée reputation tant aux armes
qu'aux lettres, lequel en a tellement bien et selon la
verité escrit, qu'il n'estoit presque besoing en parler

---

(1) *Je puis nommer Salignac*. Cette relation du siége de Metz, dont
Rabutin fait un si grand éloge, suivra immédiatement les Mémoires de
ce dernier.

davantage, ny en atteindre autre chose; mais si quelquefois je viens à en dire aucuns poincts, c'est seulement pour m'acquitter de ma promesse et entreprise d'escrire les affaires ausquels je me suis trouvé, et selon les nouvelles qui nous estoient rapportées.

Pour reprendre donc notre marchis Albert (lequel M. d'Aumalle costoyoit tousjours avec tel desastre que l'importunité du temps luy en faisoit assez de preuve), ayant suivy ce chemin jusques assez près de Neuf-Chastel (1), continuans ses soldats leur premiere et accoustumée façon de vivre, estoit en fort grand travail d'esprit de ce qu'il avoit à faire et conclure, ou de se retirer à fin de n'acquerir pour luy et les siens un immortel tiltre d'infidelité, ou d'entendre aux promesses et offres ausquels le sollicitoit l'Empereur : à la fin (comme si la fortune eust eù plus de pouvoir sur luy que la vertu), se persuadant luy pouvoir succeder à son souhait, comme, au nom de l'Empereur, le duc d'Albe luy promettoit, qui ne pretendoit qu'à le divertir et interrompre son proposé chemin pour retourner vers Sainct-Nicolas, adhera et s'arresta à telles persuasions, non sans depuis en avoir resenty la repentance.

M. d'Aumalle estant adverty de toutes ces menées et sollicitations, en advertit le Roy, qui estoit tousjours à Reims pour prouvoir à tous costez, tant de cette part que de Picardie, luy faisant entendre, selon aucuns de son conseil, prochains de sa personne, que le plus expédient estoit de le desfaire, plustost que le permettre se joindre à l'ennemy et le renforcer d'autant. Et pour ce faire, luy faisoit entendre les moyens

(1) *Neuf-Chastel*: Neufchâteau.

qu'il avoit, pourveu qu'on luy baillast deux cens hommes d'armes. Le Roy luy feit reponse qu'il trouvoit bonne ceste deliberation, mais qu'elle fust executée prudemment et sans trop grand hazard. Et quant et quant manda à M. de Bordillon d'aller trouver M. d'Aumalle avec lesdits deux cens hommes d'armes, et luy obeïr en ce qu'il voudroit l'employer pour son service. A quoy ne feit faute, approchant de luy trois lieuës près; duquel lieu l'advertit promptement comme, par le commandement du Roy, à la plus grande diligence qui luy avoit esté possible, l'estoit venu trouver pour luy obeir, le suppliant de luy mander son bon plaisir et ce qu'il auroit à faire. M. d'Aumalle luy feit response qu'il se contentoit fort de sa bonne diligence, et que ce marchis avoit jà passé la riviere de Muz, et estoit prest à traverser l'autre de Madon pour se retirer au camp de l'Empereur, et ne cognoissoit grands moyens de le suivre davantage; parquoy déliberoit en brief de se retirer à Thoul pour faire la guerre à l'ennemy. Ceste response fut cause que M. de Bourdillon ne bougea de Blaineau, attendant son retour.

Or, deux ou trois jours auparavant, mondit sieur d'Aumalle avoit envoyé son trompette avec lettres devers ce marchis, la teneur desquelles est fort difficile de sçavoir; tant y a que le trouvant au bourg de Sainct-Nicolas, où estoit allé en petite compagnie pour conclure et arrester sa revolte, faisant peu de cas de ces lettres, le trompette fut retenu, afin que retournant promptement il ne descouvrist le secret et feist rapport de ce qu'il avoit veu; lequel, esbahy de ce nouveau traictement, se retira devers le truchement de ce marchis, pource qu'on le disoit avoir esté nourry en France, estimant par ce moyen qu'il auroit encore quelque bonne affection de faire plaisir à ceux de la nation de laquelle il auroit receu toute doulceur et humanité : mais au contraire le trouva homme brave et presumptueux, qui se jugeoit de grandissime valeur, pour la familiarité qu'il avoit avec son maistre. Ce trompette le supplioit procurer sa despesche et retour, et luy au contraire, sans faire response à sa priere, disoit diverses injures des François, et, leur souhaittant mille malheurs, protestoit avec grands juremens que, avant qu'il fust longtemps, se baigneroit en leur sang. Ainsi force fut au trompette d'attendre jusques au jeudy precedant le malheureux jour de la desfaite de son maistre, qu'on luy dit qu'il seroit expedié, et que le lendemain s'en retourneroit avec sa response. Ce que n'advint toutefois ; car ce jour, toutes choses estant changées en pis, et fortune ayant monstré son triste visage à son maistre, le rendant prisonnier de ce marchis, le pauvre trompette fut traité de ces malpiteux Allemans plus rigoureusement qu'auparavant, estant mené lié et garotté et traisné, comme si d'heure à autre il n'attendist que d'estre pendu ou mourir malheureusement. Ainsi ce marchis avoit déliberé le lendemain de prendre le chemin au camp de l'Empereur, et ne restoit plus qu'à reunir et appaiser aucuns de ses capitaines et soldats, lesquels n'avoient point envie de tourner visage pour faire serment à l'Empereur.

Ce vendredy vingt-huictiesme d'octobre, jour infortuné, de ce partement estant M. d'Aumalle acertené, à la diane partit avec toute sa cavallerie du port Sainct Vincent où il avoit couché, et se vint mettre en bataille sur le hault d'une montagne appellée la Croix du Monstier, au-dessus de ce marchis, pour (comme je croy) considérer et veoir ce qu'il voudroit faire, et quel chemin il prendroit. Lequel aussi ordonnoit ses batailles, pour (comme j'estime) suivre son chemin accordé, sans avoir opinion pour ce jour de combattre contre les François. Toutefois ces deux armées ne furent longtemps voisines, que les escarmouches commencerent à se dresser chaudement, tant par gens du pays que d'aucuns soldats françois qui estoient accouruz, pensans voler et destrousser quelque butin sur la queuë de ce marchis. Auquel en fut fait le rapport par deux ou trois fois avant qu'il en voulust rien croire, ou pour le moins le dissimuloit, faisant response à ceux qui luy faisoient tels rapports, que M. d'Aumalle ne le cherchoit pas. Mais les plaintes luy redoubloient si souvent, que luy-mesme avec son truchement voulut aller recognoistre comme il estoit du tout à la vérité, où il fut repoulsé fort rudement, et d'une harquebusade près de luy fut tué son truchement. Ce que soudainement l'estonna si fort, qu'il pensoit estre adonc à ses derniers termes. Depuis estant revenu à soy, à toute bride retourna vers ses gens, et avec vives et affectionnées prieres et exclamations leur remonstra que M. d'Aumalle, avec grand nombre de gendarmerie françoise, les attendoit là au passage pour les hacher en pieces, tellement que le moins qu'il leur pouvoit advenir c'estoit la mort, laquelle ils ne pouvoient éviter sans faire une extresme et grandissime preuve de leur force et hardiesse. Leur proposoit aussi, s'ils avoient doute de la rigueur et punition de Cesar (1), qu'il ne leur falloit attendre ny esperer

---

(1) *Cesar* : l'Empereur.

meilleur traitement des François. Ces propos, avec moitié frayeur et asseurance, leur monstrant au doigt ceste montagne presque couverte de cavallerie françoise, les peurent tellement esbranler et irriter, qu'ils se mutinerent en telle sorte, qu'ainsi que forcenez et desesperez, la teste baissée vindrent charger les compagnies de M. d'Aumalle, lequel adonc estoit sur le poinct et délibération de se retirer. Mais c'estoit si tard, qu'ils estoient jà près à se joindre et combattre, avec si grand malheur, que de premiere abordée rencontrerent une troupe de valets que l'on avoit fait demeurer en un lieu pour faire monstre, lesquels ils meirent incontinent à vau de route; et quant et quant chargerent sur un autre squadron de chevaux-legers et harquebusiers à cheval, lesquels pareillement meirent en desordre, trouvans ouverture sans combattre pour donner jusques aux rancs de la gendarmerie; laquelle ils enfoncerent et contraignirent reculer à coups de pistolets, dont ils portent grand nombre, estans la pluspart des compagnies mal pourveuës de lances pour les soustenir. M. d'Aumalle voyant sa cavallerie ainsi rompue et fuyr de tous costez, picqué et attaint de vehemente tristesse, prevoyant une malheureuse fin à ceste entreprise, manda au seigneur de Brezé, lieutenant de sa compagnie, qu'il se retirast, et le mieux qu'il luy seroit possible sauvast sadite compagnie. Depuis voyant le grand feu allumé près de luy, et les ennemis fort meslez avec la principale troupe de sa gendarmerie, et la plus prochaine de sa personne, où le combat estoit fort aspre, et les ennemis vertueusement soustenuz par ce petit nombre, qui estoit de gentilshommes bien renommez et vaillans jusques au bout, se rallia avec sa compagnie, leur criant avec un visage riant et asseuré : « Mes compagnons et mes amis! bataille! bataille! » Puis avec le hazard de fortune, sans respect de sa vie, l'espée au poing, donna dedans ceste meslée, et feit tous les plus grands efforts qu'on pourroit dire de la vertu humaine. Toutefois la foule des ennemis renforçoit continuellement, et le nombre des siens diminuoit, tant pour estre abandonné d'aucuns qui s'enfuyrent, que les plus vertueux estoient tuez et abbatuz devant luy, et les autres fort blessez et mis à pied, prins et emmenez prisonniers par ces Allemans. Luy, estant blessé de deux ou trois coups de pistollets au corps et en la teste, son cheval tué soubs luy, finablement fut abbatu et prins. M. de Rohan y fut tué, et ne sçait-on comment à la vérité : aucuns ont dit que son cheval estant hors d'haleine, et ne se pouvant plus tenir en pieds, depuis la prise de M. d'Aumalle fut tué en un petit village près de-là. Les autres ont rapporté que deux Allemans le tenoient prisonnier, et luy avoient desjà osté l'accoustrement de teste, querellans auquel demeureroit, quand y arriva un troisieme, qui après plusieurs disputes luy donna un coup de pistollet dedans la cervelle, dont il mourut sur l'heure. Mais comment qu'il soit advenu, ce fut un fort grand dommage de la perte de ce prince, qui estoit de la maison de Bretagne, et qui contrarioit et opiniastroit fort contre ceste entreprise. La compagnie de M. d'Aumalle y fut presque toute desfaite, et entre autres d'hommes de renom tuez, desquels, j'aye cognoissance, le sieur de Nançay, guidon de ladite compagnie, le sieur de la Motte Dusseau, guidon de la compagnie de M. le visdame de Chartres, le guidon de la compagnie du comte de Sanserre, le sieur de Sainct-Forgeux, capitaine de chevaux-legers, le baron de Couches, le sieur de Joncy, puisaisné de la maison de Rochebaron en Charrolois, le jeune Vaux, et plusieurs autres gentilshommes au nombre d'environ deux cens. De prisonniers en demeura beaucoup avec M. d'Aumalle, entre autres le sieur Desgully, maistre de camp des chevaux-legers, le baron des Guerres, et le sieur Dau (1), lieutenant de la compagnie du vidasme de Chartres, lesquels pour n'estre cognuz, avec le moyen de leurs amis eschapperent à petite rançon.

Quant à M. de Bordillon, ce soir mesme luy estans rapportez aucuns propos que tenoient les paysans de ceste desfaite venans de ce costé-là, sur l'heure feit monter à cheval un gentilhomme de sa compagnie, nommé le sieur de La Tournelle, accompagné de quelques autres chevaux, pour l'aller de plus près sçavoir, et luy en rapporter le certain. Depuis peu de temps ensuyvant par deux gentilshommes d'authorité (qui s'estoient de ceste cruelle meslée sauvez et eschappez) luy fut dit et recité comme le tout estoit passé. A ceste raison, sans faire plus grand'perte, ne donner plus grand travail aux hommes, despescha cette nuict le sieur de Chastellus, lieutenant de sa compagnie, pour en porter les tristes nouvelles au Roy, et quant et quant envoya son trompette devers le comte de Vaudemont, pour le prier de permettre les corps de M. de Rohan et du baron de Couches estre ensepulturez dedans l'église de Nancy, comme ils furent, et d'autres aussi.

Ce marchis ayant le cueur enflé, estimant par ce

---

(1) *Le sieur Dau* : Jean d'O.

beau faict s'estre davantage avancé en la bonne grace de l'Empereur, reprint son chemin devers Nancy, où il eut plusieurs propos avec le comte de Vaudemont sur ceste desfaite, qui, parmy ces devis et plaisans contes, se rioit de la grande hardiesse de M. d'Aumalle. Après retourna camper, au partir de là, au Pont Camouson, de l'autre costé de la riviere, où peu après l'Empereur luy envoya deux mille chevaux pour le renforcer et luy faire escorte, jusques à ce qu'il fust joint à son camp, qui desjà estoit tout assemblé et campé à l'entour de Metz. Un peu au-dessus du pont aux Mores, dedans les vignes, près d'une abbaye dédiée à Sainct-Martin, estoit le quartier où le treizieme de novembre s'alla parquer ce marchis Albert.

L'armée du Roy estoit arrivée à Clermont en Argonne, petite villette bien située, au duché de Barrois, au-dessus de laquelle sur le hault d'une montagne est un chasteau naturellement fort, pour la haulteur inaccessible en deux ou trois endroits; lequel, pour estre commode et duisant à beaucoup de necessitez, M. de Chastillon, partie par ruse, partie par frayeur qu'eut le capitaine de ce chasteau, voyant arriver l'armée françoise, surprit et rendit à la volonté de M. le connestable son oncle pour le Roy. Depuis on a besongné par un long temps à davantage le fortifier et ameliorer. En une autre petite ville aussi, nommée Varennes, et aux villages à l'environ, toute à couvert estoit logée l'armée du Roy. M. le connestable, estant demeuré M. de Nevers lieutenant-general en l'armée, partit de ce lieu pour aller trouver le Roy à Reims, fort triste et ennuyé de ceste mauvaise adventure. Mais fortune, ne se pouvant contenter de ceste premiere touche, voulut davantage esprouver sa constance et magnanimité, luy rechargeant deux ou trois mauvais tours ensuyvans : car peu de jours après la desfaite de M. d'Aumalle, luy fut rapporté comme son chasteau de Hedin estoit rendu à l'Empereur par le seigneur de Rasse, qui en estoit gouverneur.

Et pour dire comme le tout s'est passé (selon que je l'ay ouy reciter), le sieur du Reux, lieutenant pour l'Empereur ès Pays-Bas, avec un nombre de Flamens, Hennuyers et Walons montant à quarante enseignes de gens de pied, et environ deux ou trois mille chevaux, s'estant mis en campagne en déliberation de forcer et surprendre La Fere en Picardie, qui est à M. de Vandosme, et depuis ayant trouvé que mal-aisément en viendroit à son honneur, y estant dedans M. l'admiral d'Annebault, bien pourveu de ce que luy estoit nécessaire, après avoir bruslé les villes de Noyon, Nelle, Chaulnys, Roye et une magnifique maison que le feu roy François avoit fait edifier pour le plaisir de la chasse, nommée Foulembray, et de sept à huict cens villages, desquels la pluspart estoient du patrimoine de M. le duc de Vandosme, et, pour en parler au vray, fait des maux infiniz, tousjours à l'adveu de la royne de Hongrie, alla assieger Hedin. La ville fut tantost prise, n'estant assez forte pour soustenir batterie ny assault. Tost après le chasteau fut assiegé du costé du parc, où une grosse tour qui defendoit les flancs de cette part, fort cassée, et les defenses abbatues et fracassées, trouverent façon de sapper et trancher par le pied un grand pan de muraille ; et à coups de canon rompre les quarres et esperons, tant de cette grosse tour que de la muraille. Parquoy le tout fondit et fut renversé dedans le fossé, qui le remplissoit et faisoit pont fort aisé pour aller à l'assaut, estant demeuré le rempart entierement devestu et empiré, ou n'avoit gabions ne cavaliers pour le couvrir et defendre; toutefois que l'on disoit le rempart estre encore de sept à huict pieds de hauteur. Ceux de dedans voyans ceste muraille tombée soudainement, et leur fossé plein, furent si esperdus et estonnez, que, sans attendre aucun assault, se rendirent à composition, vies et bagues sauves. De cette composition estoient chefs les sieurs de Rasse et de Janlis, à laquelle ne voulut onc consentir ne l'accorder le sieur de Douric de la maison de Querquy. Pour ceste tant soudaine perte, on dit que le Roy fut fort esbahy, veu que peu auparavant le sieur de Rasse luy avoit mandé qu'il n'eust aucune doute de son chasteau de Hedin, et ce que depuis on trouva fort estrange, et qui donna aux nostres argument d'en parler diversement; d'autant que le sieur de Rasse avoit fort bonne reputation de vaillant chevalier.

Depuis peu de jours ensuyvans, le Roy sceut comme M. l'admiral d'Annebault par une fievre continue estoit decedé à La Fere en Picardie, où s'estoit mis pour la defendre contre les ennemis.

Tous lesquels accidens de mauvaise fortune advenus subsecutivement, ne peurent fleschir ny abbattre le magnanime et tres-haut courage de ce grand Roy ; mais sçachant assez que ceste fortune, que les hommes feignent, n'est autre chose que permission divine, meu du zele et desir de tres-chrestien prince, recourut au seigneur des seigneurs, qui départ ses graces sans acception de personne, autant aux grands que aux petits, faisant admonnester son peuple de se humilier et mettre en jeusnes et oraisons, pour requerir la pitié et misericorde éternelle, et invoquer le Créateur, dieu des batailles et de paix, qu'il lui pleust les regarder en sa clemence, ne les permettans tomber ès mains de noz ennemis. En cette grande confidence (comme feit le prince des Hebrieux), remettant sa totale force en la main dextre de l'Omnipotent, partit de Reims pour s'approcher jusques à Chaalons, où manda venir M. de Nevers, messieurs le mareschal de Sainct-André et de Chastillon, et les principaux chefs de son armée, à fin d'adviser et conclure au plustost le plus expedient pour recouvrer le chasteau de Hedin.

Pour ce fut prudemment advisé d'envoyer envers M. de Guise, afin de sçavoir de luy combien de temps il pourroit garder et defendre la cité de Metz, ou s'il avoit default et necessité de quelque chose dont auroit besoing d'estre plustost secouru; lequel, s'asseurant à la volonté de Dieu, et de la foy et loyauté de beaucoup de vaillans hommes qui l'avoient suivy et veilloient près de sa personne, manda au Roy que n'eust aucune doute de sa cité, ne de ceux qui estoient dedans, ausquels tous il avoit cogneu semblable et parfaite affection pour son service, aymans mieux laisser la vie qu'avec deshonneur sortir de ce lieu; au reste qu'il n'avoit faute de chose que ce fust, dont il eust occasion de ne la pouvoir garder contre toute la puissance des hommes, avec l'ayde de celuy sans lequel en vain veille qui entreprend la garde des citez. L'advertissoit aussi comme, dès le deuxieme de novembre, le duc d'Albe avec la plus grande partie de l'armée imperiale avoit quitté le logis de la belle Croix (estant demouré le sieur de Brabanson avec trois regimens de hauts Allemans, deux de bas et trois mil chevaux), et, ayant passé la riviere de Seille, estoit venu camper près de la ville, départant son armée és environs, comme à Sainct-Clement et à Sainct-Arnoult, où il estoit logé avec les compagnies espagnoles. Une partie des Allemans estoit logée au Pont de Maigny; dom Loys de Avilla, avec la cavallerie espagnole, à la Maladerie; le seneschal de la Moravie, avec les chevaux bohemois, à Blery; le surplus à Olery, et Sainct-Priech à la Grange aux Dames, à la Grange aux Merciers, et autres lieux à l'environ; luy donnant aussi advertissement qu'ils avoient commencé leurs tranchées près de la porte Sainct-Thibaut, comme s'ils vouloient en cest endroit asseoir leur principale batterie. Sur la fin escrivit les noms et surnoms de ceux qui avoient fait mieux leur devoir aux sorties et escarmouches, n'oubliant plusieurs autres affaires selon le temps servant à sa response.

Le Roy ainsi asseuré de cette part, ordonna M. de Nevers son lieutenant general sur toutes ses forces qui demeuroient en Lorraine; et, pour les bons et continuels services que luy avoit fait et faisoit journellement M. de Chastillon, luy octroya et l'honnora de l'estat d'admiral de France, et à l'instant mesme le constitua son lieutenant pour ramener son armée de Lorraine en Picardie, par résolution de ce qui seroit consideré estre necessaire et utile. Puis, tous les chefs estans advertis et instruits de leurs charges, l'armée fut levée par M. l'Admiral pour luy faire prendre le chemin droit à Hedin. M. le mareschal de Sainct-André retourna à Verdun. M. de Nevers, avec sa compagnie et celle du sieur de La Roche-du-Maine, se retira à Sainct-Michel, afin de couper les vivres aux ennemis et les divertir de s'escarter par ces vallées. Dedans Sainct-Michel estoient desjà les enseignes du capitaine La Prade et du sieur de La Motte-Gondrin, cent chevaux legers du capitaine Pelou, et cent harquebusiers du capitaine l'Adventure, et M. de Bordillon avec sa compagnie, qui peu auparavant estoit retourné du lieu où M. d'Aumalle luy avoit escrit.

Sitost que M. de Nevers fut arrivé à Sainct-Michel, fut faite une course par sa compagnie avec quelques chevaux legers et harquebusiers à cheval, de laquelle estoit chef le sieur de Mouy, guidon de sa compagnie, gentilhomme vaillant et hardy, jusques à Malatour, petite villette assez forte près de Gorzes, et en d'autres gros villages en une vallée assez estrange, pleine de bois, ravins et lieux dangereux, que ceux du païs appellent La Veure, esquels se estoient espanchez et retirez aucuns soldats, tant espagnols qu'allemans, de l'avantgarde imperiale, desquels les uns furent tuez et les autres amenez prisonniers. Ceste infortune tomba sur aucuns qui retournoient du chasteau d'Aspremont, cuidans y prendre au giste le comte; auquel si bien advint, qu'il estoit à Sainct-Michel, près de M. de Nevers; car, au lieu de penser prendre, furent prins et ramenez avec quelque peu de butin.

Semblables courses là et aux environs furent continuées par M. de Nevers l'espace de trois sepmaines, s'y trouvant luy-mesme en personne; desquelles les ennemis furent tant ennuyez et travaillez, que force leur fut d'oublier le chemin de cette part; et pour ces continuelles alarmes estoit l'armée imperiale maintefois contraincte demourer la moitié d'un jour en bataille avec grand travail et froidure; mais s'ils souffroient beaucoup de maux, nous n'en estions point exemptez, pource que le plus souvent nous montions à cheval sur la minuict, endurant les gelées et le froid si aspre, qu'aucuns de noz compagnons en ont eu depuis divers membres endormis, et les autres morts et perdus de la peine et tourment insupportable que ils avoient eu, ayans continuellement les neiges jusques au ventre des chevaux. En tel equipage nous demourions, passans le jour et la nuict sans repaistre; puis autour (1), lorsque nous pensions reposer et prendre un peu d'haleine au logis, nous falloit faire le guet pour crainte de la surprinse des ennemis. Ainsi, tant pour nous garder que pour donner de la peine et ennuy aux imperialistes, nous souffrions nostre part de l'incommodité du temps, mais beaucoup moins qu'eux, comme le certifioient et rapportoient plusieurs pauvres soldats italiens; lesquels journellement venoient à la file, du camp de l'Empereur, pour supplier M. de Nevers de les accepter au service du Roy; lequel, esmeu de grande pitié, voyant les uns nuds et à demy transis, les autres avec les dents longues en bon appetit, sans forme de monnoye, usoit envers eux, comme il est très-humain, de grande liberalité, et leur faisoit distribuer sur ses coffres argent pour vivre, attendant la solde du Roy; puis les envoyoit au capitaine André de Maye-More, homme d'esprouvée hardiesse, pour en addresser (2) compagnies, tant à pied que de cavallerie legere.

Par eux et autres espions, aucunement estions ad-

(1) *Autour*: au retour. — (2) *En addresser*: en former.

vertis des grandissimes diligences et admirables préparatifs qu'avoit fait le duc d'Albe pour dresser sa batterie; les grandes esplanades, les tranchées autant amples, larges et creuses que l'on ayt veu long-temps y a; le grand nombre d'artillerie et munitions, la presque innumerable quantité de gabions et vastadours qu'il faisoit bastir et emplir continuellement sans repos, ne faisant cas de la vie de ces miserables personnes non plus que de bestes brutes, et exposées à la merci de l'artillerie et contrebatterie de la ville. Nous rapportoient aussi les grands empeschemens et fascheries que leur donnoient ceux de dedans incessamment, leurs sorties hardies et furieuses, telles qu'on les estimoit plustost fayez (1) et esprits diaboliques, que hommes mortels; tellement qu'un sergent de bande, accompagné de cinq ou six soldats seulement, avec sa hallebarde, avoit chassé et contrainct abandonner leurs tranchées à plus de trois cens hommes ennemis. Quelques autres aussi oserent aller enclouer leur artillerie et tuer les cannoniers sur leurs pieces, ce que toutefois les ennemis ne reputoient à fait digne ny d'eux, ny de cueur vaillant et magnanime. Oultre, deux et trois fois le jour, la cavallerie sortoit mettant en tel desordre les ennemis, qu'aucuns des gentilshommes des plus hazardeux qui vouloient faire acte digne de memoire, ou par souvenance et amour de leurs amyes, alloient rompre leurs bois et donner coups d'espées jusques dedans les tentes des ennemis et en couper les cordages, executans choses estrangès et non ouyes de nostre memoire. Or si les François desiroient par tels efforts se monstrer loyaulx

(1) *Fayez* : doués du pouvoir des fées.

subjects à leur roy, le duc d'Albe ne reposoit de son costé; lequel estant curieusement desireux et enflammé de rendre en l'obéissance de l'Empereur son maistre ceste très-puissante cité, pour le resjouir de la prinse de tant de princes, grands seigneurs et vaillans hommes qui estoient dedans, que, n'espargnant tout labeur, ne la vie des siens, rendit sa batterie preste le vingtieme de novembre, commençant à tirer aux defenses, à sçavoir, à celle du portail de la porte Champenoise d'un boulevert qui est dedans; à la grosse tour, laquelle est devers la riviere, appelée la Tour d'Enfer, et surnommée la Tour de Lanques, et à une petite eglise estant dedans la ville, où estoit une plate forme. A bref dire, ce qu'ils jugeoient estre pour nostre defense et leur pouvoir nuire, raserent et ruinerent.

Nous entendismes pareillement, tant par le commun bruit que par le merveilleux tonnerre de l'artillerie, que le vingt-sixiesme jour il commença à la canonner avec telle impetuosité, que, de memoire des vivans, ne s'en est ouye de pareille, ayant d'un front, par le rapport des espions, quarante grosses pieces, lesquelles, portant boulet de poix extraordinaire, tiroient jour et nuict sans intermission que pour les rafreschir. Il faut penser que les assiegez ne dormoient pas, ains que les princes et grands seigneurs, et generallement jusques aux plus petits, portoient la terre et la hotte pour remparer en telle diligence et solicitude, qu'à l'endroict où il pensoit que la bresche seroit faite, en moins de vingt-quatre heures, deux fois enleverent (1) le rempart de la hauteur du parapect, laissant entre la vieille muraille et le rempart les

(1) *Enleverent* ; élevèrent.

flancs et une tranchée garnie de diverses bonnes drogues, pour festoyer les ennemis s'ils fussent venus à l'assault, ainsi que depuis nous avons veu et reciterons en son lieu. Pourtant retournerons à dire ce que l'armée françoise feit depuis son partement.

Sitost que le sieur du Reux, avec l'armée du Flandres, qui estoit encore à l'entour de Hedin, sentit approcher la nostre, sans faire semblant de vouloir combattre pour soustenir ceux qui estoient prests d'estre assiegez, soudainement se retira. Dedans ce chasteau demeura le fils dudit sieur du Reux, auquel le pere avoit juré et promis une grande punition (1) s'il rendoit ceste place avec deshonneur et reproche. A la mesme charge on disoit avoir esté son compagnon un gentilhomme hennuyer, de bonne estimation, nommé Harenville. Ainsi, ayant fait reparer et remparer la bresche faite par eux plus forte qu'auparavant, et s'estans pourveuz et renforcez de tout ce que pouvoit imaginer leur estre de besoing, semoient le bruit de plustost vouloir, les uns après les autres, mourir là-dedans que se rendre à si bon marché que ceux qui premierement en estoient sortiz. Bien-tost après, estant arrivée l'armée de France, M. de Vandosme, lieutenant pour le Roy au gouvernement de Picardie, feit faire ses approches et asseoir l'une de ses batteries au mesme endroit que les Bourguignons avoient dressé la leur, et l'autre sur le pendant d'une petite montagne du costé de Therouenne. Ainsi ceste ville de Hedin commença à estre canonnée le dix-septiesme de decembre fort furieusement, et y furent deschargez quatre mille et soixante-six coups de canon, sans faire bresche et ou-

---

(1) *Une grande punition* : il l'avoit menacé de le poignarder.

verture; que n'eust encore le rempart derriere de dix-huict à vingt pieds de hauteur. Toutefois, faute de cueur et crainte de mort saisit les assiegez, et se rendirent à composition telle qu'ils sortiroient leurs vies et bagues sauves, leurs enseignes ployées, avec deux moyennes pieces d'artillerie à leur queue, sans rien oster ne transporter autre chose de ce qu'avoient trouvé là-dedans. Ainsi fut rendu et remis en l'obeissance du Roy le chasteau de Hedin, par la bonne conduite de M. le duc de Vandosme, le dix-neufieme de decembre. Et combien que le fils de M. du Reux se fust acquitté de son devoir à le garder, neantmoins, craignant la cholere de son pere, j'ai entendu qu'il demeura long-temps sans s'oser presenter devant luy. Soudain après, M. de Vandosme estant adverty que les ennemis avoient cuidé tenter la fortune de passer la riviere pour venir donner bataille sur l'heure qu'il parlementoit avec ceux de Hedin, à l'adveu du Roy les voulut relever de ceste peine, et luy-mesme les alla chercher avec ses forces, en intention de les combattre s'ils eussent voulu attendre ; mais, ne se sentans assez forts, se retirerent devers les villes fortes et plus avant en leur pays, luy quittans et abandonnans les passages, pour executer son bon plaisir et moyen de se venger des cruautez qu'ils avoient commises en ses terres.

Au temps que ces affaires se demenoient par de-là, M. de Nevers, comme j'ay devant discouru, ayant fait du costé de Sainct-Michel plusieurs et diverses courses au grand dommage des ennemis, à l'augmentation de sa gloire et louange, en partit par un advertissement qu'il eut comme du costé d'Espinaux, par le comté de Vaudemont, descendoient ordinairement de la Franche-Comté grandes quantitez de vivres et provisions conduites au camp de l'Empereur. Pour ce, avec ce peu de gendarmerie que pouvoit avoir, qu'estoit environ deux cens hommes d'armes, cent ou deux cens chevaux legers, et autant d'harquebusiers à cheval, se retira devers Vaucouleurs, petite villette françoise assez renommée, sur la riviere de Meuse, prochaine de Thoul de cinq lieues, enclavée dedans plusieurs terres de Lorraine ; de laquelle un jour ou deux ensuyvans partit pour aller audit Thoul, faisant y approcher ses forces, qu'il feit loger en un fort beau et grand village nommé Blaineau, terre du temporel, et justice du chapitre de Sainct-Estienne de Thoul, et en d'autres petits à l'entour. Tost après leur venue, fut fait un roolle des hommes d'armes et archiers les plus disposts et mieux montez, au nombre de cent ou sixvingts, à la conduite du sieur de Mouy, pour aller rompre et percer la chaussée d'un fort grand estang, en la comté de Vaudemont, afin de noyer et perdre plusieurs villages qui estoient au dessoubs, où se retiroient plusieurs vivandiers, et où les fourrageurs des ennemis y trouvoient encore grands quantitez de bleds et fourrages. Laquelle toutefois fut trouvée desjà rompue et percée, aux grands interests du comté. Nos gens ayans agrandy le pertuis, et s'en retournans, rencontrerent une grande file et suite de chariots et charettes chargées de toutes sortes de vivres et munitions addressées au camp imperial, desquelles du tout ayans fait grand degast, et defoncé grand nombre de vins d'Arbois, et mis à perdition le surplus, ayans tué une partie des guides et chartiers, amenerent ce que peurent des chevaux, et se retirerent avec grand danger; car estoient contraincts de passer en plain jour dedans plusieurs villages où estoient logées aucunes compagnies des ennemis, tant de pied que de cheval. Ce que toutefois par bonne fortune advint sans perte d'un pour n'estre cogneuz, estans habillez en marchans sans croix n'escharpes blanches apparentes, et leurs harnois couverts de manteaux, estimez ainsi avant-coureurs servans pour les attirer en embuscade, où craignans les ennemis que leur plus grande trouppe fust couverte et cachée; pourquoy M. de Nevers, fort content de leur devoir, peu après se retira à Vaucouleurs.

Or, pour reprendre ce que faisoit l'Empereur devant Metz, c'estoit peu à son advantage et proufit, n'ayant sceu, avec toute la fouldre et impetuosité estrange de son artillerie, faire un seul pertuis ne passage pour donner l'assault que luy avoit demandé ce marchis Albert, pensant davantage s'advancer en sa bonne grace; pource qu'ayant brisé presque toute ceste grosse Tour d'Enfer, tout le grand pan de mur entre ladite tour et la porte Champenoise, et ce boulevert qui la couvroit, ne peut raser l'avant-mur, autrement dit fausse braye, laquelle soustenoit les quartiers de la muraille qui tomboient et estoient arrestez les uns sur les autres entre cest avant-mur et le pied de ladite muraille; et, par ce moyen (comme ils desiroient), n'emplissoient le fossé, mais servoient à ceux de dedans de plus fort rempart; parquoy fut advisé par son conseil de changer la batterie en un autre endroit un peu au-dessus, et de miner celle part pour renverser dedans le fossé cest avant-mur et fausse-braye, dequoy M. de Guyse adverty, feit par dedans contreminer en divers lieux, esquels on pouvoit cognoistre et prévoir leurs advenues, en sorte qu'ils n'eurent loing estendu ne cavé leur mines, que les sentinelles et escoutes des assiegez les pouvoient ouyr et sentir; ce que commença à les decourager, affadir et desgouter grandement de leur entreprise.

Deslors, tant pour les merveilleuses et grandes froidures qui les empeschoient, que pour les necessitez et default de diverses choses, à tous leurs soldats defailloit le courage, mesmement aux Allemands; lesquels feirent remonstrer à l'Empereur qu'il pleust à Sa Majesté de commander faire bresche raisonnable pour entrer et prendre ceste ville, aymans trop mieux tous mourir honorablement en l'assault, qu'ainsi miserablement de faim et froid. Cæsar adonc (comme on peult le croire) fut piqué de la recognoissance de sa faute, avec un regret d'y avoir assis si mauvais commencement, prévoyant une honteuse fin et pernicieuse issue. Toutefois, pour leur croistre le cueur et encourager, les asseura et leur promit que, si, dans la fin de l'an bien prochaine, ne venoit à chef de ceste besogne, leur donneroit congé pour se retirer. Ce que les feit temporiser et prendre patience; et, pour faire preuve et demonstrance de ceste affection, commanda de rechef au duc d'Albe en extreme diligence de faire continuer et poursuyvre ces mines commencées; ce qu'il faisoit, ainsi que nous estoit rapporté, avec si grande volonté et ardeur, que n'abandonnoit cest œuvre jour ne nuict; mais le temps lui estoit si maling et contraire, que tout demeura imparfait. Parquoy deslors au camp des ennemis chacun decheoit de force et courage; les nostres en accroissoient, faisans de plus en plus continuelles sorties et chargés sur eux, diminuant journellement leur armée : car les uns se desroboient et retiroient par troupes en leurs pays; les autres en grand nombre estoient trouvez roides et transis dedans les tranchées et leurs loges; les autres palles, etiques, morts de faim, pource (en partie) qu'ils estoient mal payez, estant fort espuisé et vuidé le thresor de l'Empereur.

Lequel, voyant approcher le terme promis aux Allemans, ayant devant les yeux une craintive honte de s'en retourner sans avoir fait aucune bonne chose (estant là en personne), les feit pratiquer pour sonder s'ils vouldroient le suivre à aller assieger Thoul, ville imperiale, laquelle on n'avoit peu parachever de fortifier pour la peste, qui fort eschauffe (¹) longtemps précédemment avoit là regné. A quoi feirent response qu'ils n'avoient délibéré, et ne leur estoit commandé des princes et electeurs de passer oultre que premierement Metz ne fust prinse et rendue; partant, s'il plaisoit à Sa Majesté leur faire ouvrir breche, comme avoit promis, ils estoient tous prests à y mourir ou entrer : ce que ne leur pouvoit asseurer et qu'estoit hors de sa puissance. De ce temps, environ le dixhuictieme de décembre, commença à faire retirer les plus grosses et meilleures pieces de son artillerie; peu après, ayant assemblé son conseil pour conclure une honorable retraite, fut commandé au comte d'Aiguemont, colonel et chef sur deux regimens de cavallerie logée à Pont Camouson, descendre avec ses forces le long de la rivière jusques à Thoul, et le plus bas que lui seroit possible, pour descouvrir le pays et sçavoir

---

(¹) *Fort eschauffe* : fort contagieuse.

quel nombre de gendarmerie pouvoit estre là au long avec M. de Nevers; doutant peult estre qu'à sa retraite ne luy feissions plus grands empeschemens. Donc ce comte avec sa cavallerie partit de Pont Camouson, et le long de Mozelle devalla jusques à Thoul, laquelle il feit sommer en passant par les faulxbourgs, adressant son trompette au sieur d'Esclavolles, qui en estoit gouverneur; lequel ayant entendu la semonce du trompette luy feit signal de la main qu'il se retirast, combien qu'il eust juste occasion de douter sur ceste semonce, voyant la faulte de vivres, la ville prenable et battable de tous costez, mal pourvue d'artillerie et munitions; dequoy advertit M. de Nevers, qui estoit à Vaucouleurs. Le gentilhomme de sa maison qui portoit les nouvelles, nommé Tortespée, fut prins sur les chemins par quelques uns de ceste cavallerie qui s'estoient espanchez pour trouver quelque butin esgaré, comme leur advint; car, luy ayans osté cent escus qu'il avoit soubs l'esselle, ne le fouillerent plus avant, et fut si escort (1), que, se voyant à demy bandon, (2) se sauva à travers les bois par l'obscurité de la nuict : ainsi parfeit son message. Et si tost que M. de Nevers eust cest advertissement, manda toute la nuict querir sa gendarmerie, pour à l'instant se rendre près de luy, laquelle estoit logée à une et deux lieues près; et combien que fust le temps de repos et que la plus part fussent desjà au sommeil, ce mandement feist tantost prendre à chascun les armes sur le doz et promptement monter à cheval. Ainsi toute la nuict passasmes à faire bon guet, comme estoit de besoing, d'autant que ce comte s'approcha de nous le plus près qu'il peut, et vint sur

---

(1) *Escort* : adroit. — (2) *Bandon* : gardé.

le bord de la riviere, en un village appellé Pagny sur Meuse, pensant bien nous surprendre; mais voyant les feux de tous costés, oyant le bruit et hannissement des chevaux, et par autres apparences cognoissant qu'estions advertis et l'attendions, se retira par les brisées par lesquelles estoit venu; et, retournant contremont la riviere de Mozelle, passa au plus près d'une petite ville nommée Gondreville, assise sur le bord de ceste riviere du costé de Nancy. De l'autre part, peu auparavant estoit arrivé le baron des Guerres, qui retournoit freschement d'une course, et non adverti d'avoir ses ennemis si près de luy; peu s'en fallut qu'il ne passast la rivière au bac, ce que s'il eust fait luy fust advenu autant comme à quelques uns de sa compagnie, lesquels, pour avoir jà traversé la rivière du costé des ennemis, furent surpris, les uns blessez, les autres prisonniers, et peu ou point de tuez. Le baron se sauva, comme je croy, dedans ceste petite villette et ne fut rigoureusement poursuivy, tant pour l'obscurité de la nuict, que pour la crainte qu'ils avoient d'estre chargez et suiviz. Ceste nuict fut envoyé le sieur de Sainct-Simon, gentilhomme de la maison de M. de Nevers, avec vingt-cinq ou trente chevaux jusques à Thoul, pour entendre du sieur d'Esclavolles comme estoit advenu de tout ce succez à la verité, à son retour. Par son rapport fut par M. de Nevers depesché le sieur de Fouronne, gentilhomme de sa maison, pour advertir le Roy de toutes ces affaires; lequel en briefve response luy manda et pria de chercher tous les moyens qu'il seroit possible de donner ordre que ceste ville de Thoul fust gardée, et peust tenir quinze jours seulement, dedans lequel temps ne faudroit luy mesme la venir secourir avec toute sa puissance. Monsieur, à ceste response, ne se voulut fier à autre de ceste charge ; mais, la reservant à soy, le vingt-deuxiesme de decembre, le lendemain de la feste Sainct Thomas avant Noël, suivy de messieurs de Bourdillon, de Bigny, maistre d'hostel de la Reyne ; d'Eschenetz, de Giry, enseigne de sa compagnie ; de Mouy, guydon, de Sainct-Simon, de Plaisance, de Jars et de Blarru, gentilshommes de sa maison, avec sa compagnie, s'alla loger dedans cette ville ainsi desnuée et despourveuë.

Si tost que ce prince y fut arrivé, feit la ronde sur les murailles à l'entour de la ville, et visita un commencement de remparts et deux plates formes que le sieur d'Esclavolles avoit fait bastir et commencer au-dedans ; ce que fut trouvé tres-bien inventé par les ingenieurs et maistres des fortifications, qu'il avoit fait venir pour considerer et estre instruite la disposition et parachevement de ceste fortification, entreprise et imprimée tellement en son affection, qu'il ne restoit homme près de sa personne à qui n'en donnast quelque commission, et luy mesme la pluspart du temps n'en bougeoit, interrompant les heures ordinaires de ses repas : tant estoit enclin le prince à ceste besongne, qu'il ne resta guères de temps que ne fust eslevée une plate forme, qui portoit son nom. M. de Bordillon estoit aussi soigneux apres une autre, et sembloient presque estre jaloux l'un de l'autre sur la perfection de leurs œuvres.

D'avantage feit visiter par toutes les maisons, greniers et caves, et prendre le serment de ceux qui y habitoient pour sçavoir à la verité quels bleds, vins, foings, fourrages et tous vivres qui pouvoient estre dedans la ville, à fin d'y ordonner une police; mais l'on en trouva bien peu, ayans esté transportez par les bourgeois et ceux qui s'estoient retirez en autres lieux pour le danger de la peste, et ce qui estoit resté dedans la ville consumé et gasté sans raison par les soldats et ceux qui estoient demeurez durant ce peril; dont estant informé qu'en deux petites villettes, l'une nommée Foul, l'autre Gondreville, l'on en avoit retiré grande quantité en ce temps, tant du plat pays que des petites villes et terres françoises, pour la crainte des ennemis, les envoya sommer et faire commandement de les amener et rendre dans Thoul. Devers Gondreville fut envoyé le sieur des Eschenetz, suivy de loing d'une enseigne de gens de pied, avec certain nombre de gens de cheval; le prevost et les habitans après quelques difficultez se trouverent tant soudainement surpris, qu'enfin s'adviserent que mieux leur vaudroit d'obeir. Ceux de Foul furent opiniastres et fols, s'oublians à l'endroit du sieur de Mouy, qui devers eux estoit mandé avec environ cinquante chevaux, tant de la compagnie de M. de Nevers qu'autres, venant après luy une enseigne de fanterie, pour les sommer humainement d'obeir à ce grand prince, lieutenant du Roy, sans davantage l'inciter et luy donner occasion de sentir la gravité de sa cholere: toutefois, après ses honnestes remonstrances, voyant le prevost temerairement contester, et à sa dissimulée presumption les villains estre rebelles, feit incontinent escheller la ville; et prise que fut d'assault, aucunement sentirent le payement de leur folle inconsideration, mais non tellement qu'ils le meritoient, leur estant secourable l'humanité du sieur de Mouy, lequel feit cesser la furie des soldats françois, jà eschauffez au carnage. L'enseigne de fanterie y demeura logée jusques à ce que tous les vivres qui estoient dedans furent conduits à Thoul, sans ravir ne transporter autre chose, pour estre tousjours maintenus en leur neutralité.

Ainsi de toutes parts ès environs, au commandement de Monsieur, tous vivres et munitions furent amenez dedans Thoul avec si bon ordre, que chacun vivoit un peu mieux et avec plus grande discrétion qu'auparavant. Depuis, il advisa qu'advenant le siege la ville seroit mal pourveuë de gens de pied, y estans quatre enseignes seulement, sçavoir : deux du sieur d'Esclavolles, gouverneur, celles des capitaines Mont-Sainct-Pere et Le Fresne, dont feit venir encore les deux du capitaine Volusseau et Éloy, y adjoustant le capitaine André de Maye-More avec ses chevaux legers et harquebusiers à cheval italiens. Le baron des Guerres y estoit jà avec sa compagnie de chevaux legers. En cest appareil nous attendions de jour en jour le siege, oyans d'heure à autre un nombre infini de faux rapports et menteries de leur venue : dequoy tant peu nous soucions et avions crainte, que le plus souvent ne laissions à sortir et les aller veoir de près, pour estre asseurez de leur deliberation. Le comte d'Aiguemont estoit tousjours à Pont Camouson avec sa cavallerie, lequel, comme je croy, estoit refroidi de sa colere; car ce peu de temps qu'il y sejourna, nous estans à Thoul, ne feit aucun semblant de se mettre en pays pour nous visiter; ains, peu après, en partit sans parachever un seul poinct de ses menasses.

M. de Nevers estant adverti comme l'Empereur estoit esbranlé à se retirer, et son armée se rompre et diminuer journellement, ne laissoit guères passer jour sans envoyer gens sur pays pour les haster d'aller, et le plus souvent, au lieu de les advancer on les faisoit reculler, estans amenez prisonniers. Toutefois, on les trouvoit en si grande pitié, que, sans leur faire mal, on les laissoit passer. En cest estat demeurasmes jusques au dernier jour du mois de decembre, que l'Empereur, ayant eu nouvelle de la reprise du chasteau de Hedin, se voyant decheoir et diminuer de toutes choses, craignant le retour de l'armée du Roy, et tomber en plus grande honte et vitupere pour trop attendre, se retira des premiers le premier jour de l'an, laissant au duc d'Albe toute charge pour departir son armée et ordonner de la retraite. Si tost que fut sceu par le camp que Cesar estoit party, les chemins et villages à l'entour estoient couverts et pleins de ses soldats, qui se retiroient les uns en leur quartier, les autres où ils pouvoient, en si grande indigence et misere, que je ne fais point de doute que les bestes mesmes, voire les plus cruelles, n'eussent eu quelque pitié de ces miserables soldats, tombans, chancellans par les chemins par extrême necessité, et le plus souvent mourans près des hayes et au pied des buissons, pour estre proye aux chiens et oyseaux : ce qu'à plus grande raison doit esmouvoir les cueurs des personnes que fortune a rendu tant heureuses en ce monde, que jamais ne sentirent ny essayerent les duretez de la guerre; et quand ils en parlent le ventre plein et le verre au poing, parmy leurs plaisirs et delicatesses, leur semble que soyent nopces ou voluptez exercer cest estat, qui ne consiste, parmy mille et mille perils, qu'au danger de l'ame et du corps, s'il n'est justement et prudemment executé.

Pour ne perdre temps, et par advertissement que M. de Nevers avoit receu sur le chemin de la Franche-Comté, envoya le sieur de Moye et le capitaine André de Maye-More, avec environ cinq cens chevaux, tant de gendarmerie que d'harquebusiers à cheval, pour chausser les esperons à messieurs les Comtois, se retirans par ces climats : et peu s'en fallut que le fils du sieur de Granvelle, le baron de Corlaou, le sieur de Dissay et le comte de Pondevaux, avec autres gentilshommes de leurs limites, ny laissassent du poil ; qui, se doutans de ceste venue, faisoient petites poses où ils passoient et longues traictes. Les nostres, ayans failly ceste premiere entreprise, d'une traicte s'allerent au poinct du jour embusquer près d'une petite ville appellée Rambevillers (1), dedans laquelle estoit un commissaire des vivres qui venoient de la Franche-Comté pour l'Empereur, et le maistre de la monnoye de Bezanson, avec deux autres marchands qui conduisoient grande quantité de tous vivres et provisions. Ces commissaires et marchands estoient au paravant chevallez (2) et conduits à l'œil par un Lorrain qui servoit d'espion, par lequel M. de Nevers estoit seurement adverty de ce qu'estoit à executer pour les surprendre et saisir prisonniers. Parquoy, embusquez que furent assez près de ceste ville, le sieur André envoya certain nombre de ses soldats italiens, qui devoient advertir l'embusquade par un signal, s'ils entroient, et devoient gaigner la porte et en dejetter les gardes. Adonc eux faignans de venir du camp imperial, et d'endurer grand froid et faim, se complaignirent tant, qu'ils furent mis dedans pour trouver des vivres. Tost

---

(1) *Rambevillers* : Rambervilliers. — (2) *Chevallez* : épiés.

après quelques autres y arriverent; lesquels feirent comme les premiers, et se trouverent leans assez forts pour repoulser les gardes des portes, qui n'estoient que gros paysans lorrains, armez de vieilles hoguines, de bastons rouillez ou bruslez au bout. Le capitaine André, parlant fort bon espagnol, y arriva aussi peu après, demandant à entrer, ce que luy refuserent à l'instant. Ses soldats, qui jà estoient advertis du signal qu'il leur avoit donné, quant et quant chargerent sur les portiers à demy endormis, et les autres yvres; desquels les uns furent massacrez, les autres contraints à leur faire place et abandonner les portes, desquelles fut faicte peu après pleine ouverture; dont l'embuscade advertie, à bride abbatue donna dedans ceste ville. Je laisse à penser quel mesnage y fut fait. M. le commissaire y fut trouvé caché dedans la paille d'un lict, qui, avec ces marchands, fut amené prisonnier à Thoul, les vivres et provisions dissipées, renversées, gastées, et le plus que l'on peut mises à perdition. Autant en feirent à Espinaux, Chastel sur Mozelle et Remiremont, où fut fait de grandes violences à l'abbesse et aux dames, et mesmement par ces Italiens nouvellement venuz du camp de l'Empereur au service du Roy.

Devers Metz M. de Nevers avoit envoyé le sieur de Chastelluz, lieutenant de la compagnie de M. de Bordillon, avec pareil nombre de cavallerie, pour recognoistre et rapporter le certain de ceste retraicte; lequel, passant par le Pont Camouson, trouva que le comte d'Aiguemont avec son regiment de cavallerie en estoit party; où n'estoit demeuré qu'un grand nombre de miserables malades. De ce lieu passa jusques à Metz, où il trouva que le duc d'Albe et Brabanson avec la plus grande partie de l'armée imperiale, estoient deslogez en un desordre estrange, et, presque oze-je franchement dire, chassez de punition divine, partans de nuict avec deux feux seulement pour signal, le plus secrettement qu'ils pouvoient, sans bruit de trompettes ou tabourins, laissans les tentes dressées et grande quantité de toutes sortes de harnois et armes, de caques pleines de pouldre à canon, un nombre infini de meubles et ustensilles, ayans caché soubz la terre une partie de leur artillerie, demeurant pour ostages une multitude incroyable de pauvres malades, envers lesquels M. de Guise, les princes qui estoient dedans Metz, et generalement les autres, jusques aux simples soldats françois, userent de charité très-humaine, leur administrant toutes necessitez et tels soulagemens que pauvres malades estrangers ont besoing, non avec telle rigueur et austerité que peult estre ils eussent traicté les subjects du Roy, quand fussent tombez entre leurs mains à leur mercy. Sur la queue donna M. le vidasme de Chartres, ayant desfait une compagnie de leurs chevaux-legers, et fait brusler un grand nombre de leurs pouldres qu'il avoit destroussé à leur veue, et retourna avec plus de prisonniers qu'il ne vouloit, sans perte ne dommage des siens.

Le marchis Albert estoit demeuré le dernier à partir, pour servir d'escorte et arriere-garde, et pense que depuis ne fust sans s'en repentir; car si-tost que M. de Guise sceut qu'il gardoit la queue du loup, chercha tous les moyens pour le festoyer, luy donnant tant d'allarmes sans cesse, qu'à peine pouvoit avoir heure de repos. Oultre ce, advertit et pria M. de Nevers de le secourir avec toutes ses forces, pour le desloger. Soudain qu'il eut ces nouvelles en feit part à M. le mareschal de Sainct-André estant à Verdun, pour s'assembler et joindre à ceste entreprinse. Parquoy le troisieme jour de janvier il partit de Thoul avec toute sa gendarmerie et cavallerie et trois enseignes de fanterie, accompaigné de M. de Bordillon et de plusieurs gentilshommes et capitaines. Ce matin mesme alla disner à Pont Camouson, où le reste de ce jour attendit nouvelles de M. le mareschal, lequel estoit jà party, et avoit prins un autre chemin plus bas, ayant aussi envoyé le sieur de Mouy devers M. de Guise, le priant de l'advertir de sa resolution sur cest affaire, duquel attendoit response. Estant de retour le sieur de Chastelluz, et par luy acertené de tout, mesmement que ce marchis cherchoit tous moyens pour se sauver et retirer, le cinquieme de ce mois partit avec M. de Bordillon, suivy d'aucuns gentilshommes de sa maison et compagnie, au nombre de deux cens chevaux, pour aller à Metz, où, avec sa troupe, fut bien venu et caressé, tant de ce magnanime et victorieux prince de Guise, que de tous les autres grands seigneurs, gentilshommes et bons compagnons qui estoient demeurez apres ce siege. Lesquels nous monstrerent à l'œil et au doigt les grandes ruines et abatiz de tours et murailles, faites par l'artillerie de l'Empereur, les mines commencées et interrompues, les contremines par dedans, leurs remparts et tranchées basties et complettes avec si grande diligence, que les espaules leur douloient, et les avoient encore enflées de tant y avoir jour et nuict porté la hotte; les appareils estranges qu'ils avoient apprestez pour recevoir les ennemis à l'assaut, comme potz, lances à feu, cercles, tortiz, chausse-trappes, grenades et toutes sortes de feux artificiels, desquels estoit un des premiers autheurs M. de Sainct-Remy, gentilhomme vertueux, et en ces choses et autres de gentil et subtil esprit.

Le reste de ce jour ces princes eurent le plaisir à veoir les braves sorties et escarmouches de leurs soldats sur ce marchis et ses Allemans; lesquels on alloit chercher en leur fort, et donner coups de picques et harquebuzades, jusques dedans leurs loges, pour les attirer au combat en la plaine ; ce que ne vouloient faire qu'à contrainte, se tenans serrez et uniz, sans se rompre ny escarter. En cest estat et continuelle peine estoient contraints demeurer dès le matin jusques au soir, ne s'osans espancher ne eslargir pour chercher vivres; car si-tost qu'estoient trouvez en petit nombre tout soudain par les marangets et fouillards, villains du pays, estoient esgousillez et desfaicts. Dequoy davantage ennuyés se devoient plustost lever, comme les nostres desiroient, attendu que l'on ne les pouvoit forcer qu'avec perte. M. de Guise feit mettre en une petite isle au dessoubs du pont des Mores, quatre moyennes coulevrines, lesquelles tiroient à vollée jusques dedans eux. Tant leur fut fait d'ennuis, que deux jours après ce marchis, ayant perdu la meilleure part de ses hommes, en plus petit nombre qu'il n'estoit venu partit de là, prenant son chemin vers Treves. Il fut quelque peu suivy, et avoit on bon marché de ses gens, estans assez combattuz de froid, faim et toute misere; mais les François, esmeuz de grand'pitié, n'en tenoient compte; ains au lieu de les tourmenter, ils leur ouvroient le passage et laissoient aller les membres quittes, ne souhaitans que tenir le chef seulement, pour payer l'escot de tous.

Ainsi à sa confusion et honte deslogea l'Empereur de devant Metz, sans avoir fait un seul poinct des rigoureuses menasses qu'il avoit mandé au Roy, estant une si grande et merveilleuse armée qu'il y amena, desfaite et ruinée, non totalement par fer et faim, mais plustost par ire divine; par laquelle il peut entendre et cognoistre qu'en la force des hommes, ou ès grandes armées, ne consiste la victoire; laquelle fault requerir et attendre avec juste querelle du seul regnant éternellement, tout bon et tout puissant. Quant au reste, il demeura si à sec et espuisé d'argent, que au partir du logis il devoit presque toute la solde de ses miserables soldats. Voylà où il employa les promesses et juremens faicts aux electeurs du Sainct-Empire, et en quoy furent exposées tant de grandes provisions qu'il tira d'eux, estant, à brief dire, destitué de tous moyens pour entreprendre de long temps après chose de consequence et de valeur. M. de Guise, par le sieur de Randan, manda au Roy toutes ces nouvelles; lequel, ayant rendu très-dignes et très-devotes graces au roy des roys, qui luy avoit concedé une si triomphante victoire, incontinent manda par tout son royaume que en cantiques et hymnes on chantast à Dieu omnipotent les louanges de sa haultesse, grandeur, puissance admirable et ineffable bonté; le suppliant de nous tenir en sa garde, defense et tuition, ainsi qu'il faisoit les enfans d'Israël, gardans ses commandemens.

M. de Guise feit le semblable à Metz avec une triomphante et generale procession, où il se trouva en toute humilité et devotion, comme aussi feirent tous les princes, messieurs d'Anguian, de Condé, Montpensier, de La Roche-Surion, de Nemours, et les sieurs Horace Farneze, Pierre Strossy, le vidasme de Chartres, les sieurs de Montmorancy, de Danville, de Gonnort, gouverneur de Metz; de La Broce, lieutenant de la compagnie de M. le duc de Lorraine, et de La Roche-Foucault; les vicomtes de Thuraine et de Martigues; les sieurs de Lanques, Antragues de Biron et Sainct-Remy, et generalement tous les gentilshommes, capitaines et vaillans soldats qui estoient demeurez après ce siege; lesquels tous le seigneur Dieu veuille conserver en santé et prosperité.

Puis ayant ordonné la garnison laquelle demeureroit dedans Metz, et disposé de toutes affaires, après les monstres faictes, tant de la gendarmerie que fanterie, on nous donna congé pour nous aller reposer et rafraischir en noz maisons, et luy s'en alla à la Cour trouver le Roy. Le semblable feirent M. de Nevers et les princes que j'ay cy-dessus nommés.

CINQUIESME LIVRE.

De la prise de Terouenne et Hedin par l'armée de l'Empereur, puis de ce que s'est fait au pays de Artois et Cambresis, par celle du Roy, en l'an 1553.

[1553] Nous avions desja passé une partie du mois de janvier avant que ces princes chrestiens, fort esmeuz l'un contre l'autre, eussent retiré leurs puissantes armées pour donner repos à leurs soldats, mesmement l'Empereur, lequel avec une très-grande perte avoit en ce temps levé son siege devant la grande cité de Metz, tenant le chemin avec ceste infortune devers le Rhin ; le reste de ses miserables soldats se retirans comme le moyen se présentoit, la pluspart mendians avec une incredible pitié, entre autres les Allemans, lesquels pour leur butin tant esperé et promis reportoient en leurs maisons necessité, maladie et tout malheur ; ayant esté ceste nation sur toute autre la plus odieuse aux François, pour la haine qu'ils portoient à ce marchis Albert, lequel après recogneut sa grande faute, et resentit sa prochaine ruine, se voyant abandonné par celuy qui luy avoit par tant de sermens asseuré toute faveur et amitié, et restitution de tous ses biens, le relevant par promesses en plus grands honneurs qu'il n'avoit onques esté par cy-devant. Parquoy se cognoissant au but et presque à la fin de son esperance, comme homme de toute espece de furie tourmenté, adjoustant malheur à malheur, proposa commettre toutes sortes de tyrannies, et tous genres de crimes et ravissements, de beaucoup plus estranges que les premiers, principalement sur le propre et domaine des evesques ses voisins, ses alliez, et d'un pays. La principale cause qui l'induit le plus à tant se oublier fut qu'au rompement de son camp l'Empereur le laissa le dernier, sans luy laisser argent, ne luy donner contentement ou asseurance de mieux le récompenser, selon sa premiere promesse, et que, pis estoit, sans luy faire distribuer un seul denier pour la paye de ses soldats. Pour ce, craignant d'estre massacré et tué par ses mesmes soldats, pour les appaiser et maintenir, les mettoit en quelque petite ville, bourgade ou chasteau, et leur en bailloit le sac pour les contenter, leur avallant la bride sur le col d'executer cruautez non jamais ouyës. En ceste meschante façon de vivre fortune l'affrianda pour quelque temps, mais d'autre costé lui brassoit plus grande confusion; car les evesques et seigneurs ecclesiastiques, ausquels avoit esté tant pernicieux, avec leurs voisins, et ceux que tant avoit grevez et endommagez, assemblerent une armée où aucuns d'eux se trouverent en personne, et le duc Maurice, qui, peu auparavant, estoit retourné de son voyage contre le Turc pour le roy des Romains, ensemblement le suyvirent, et serrerent de si près, que, luy ayans donné la bataille en cest an, le neufvieme de juillet devers Coulogne, près d'un petit village appellé Siferhausen, le desfeirent et ruinerent, estans demeurez morts de ses gens de quatre à cinq mille hommes, et luy pour un long temps tenu pour mort, avec petite perte tant des leurs, mesmement des hommes de reputation, que du duc Maurice, lequel, pour y avoir esté fort blessé, mourut peu après. Voilà l'issue qui souvent advient aux hommes violateurs des loix divines et humaines.

L'Empereur devallant le long du Rhin et des basses Allemagnes, se plaignant grandement d'eux, et remettant la faute en partie sur leur negligence, ne luy ayans envoyé secours si tost que luy avoient promis, laissoit entre les haults Allemans une guerre civile, et sédition si grande, que le pere en devint ennemy du fils, et le fils du pere, le frere prenant les armes contre son propre frere : chose très-piteuse et cruelle. Toutefois il envoya, peu de temps ensuyvant, ses ambassadeurs avec lettres de toute douceur et confort, pour les reconcilier, s'excusant de la faute sur la contrariété du temps, avec mille autres honnestes excuses faisans couverture à les conserver en leur premiere volonté enclinée à sa faveur; laquelle estoit esvanouye et perdue en eux, pour se sentir avoir esté par tant de fois seduits de tels et semblables attraicts. Et ce que en restoit encore en aucuns le Roy effaça entierement par la harengue et remonstrance que ses ambassadeurs leur proposerent. Dequoy l'Empereur adverty en conceut tel despit en son esprit, qu'il en fut presque jusques à payer le tribut naturel, dont fut si grand bruit par tout, que chacun le tenoit pour estre mort et consumé en terre, quand il nous recommença la guerre plus aspre que jamais. Et pource que la publique opinion est par la France, quand on le dit ainsi mort, que c'est adonc qu'il songe et conspire grandes inventions contre ses ennemis, ce qu'il attenta peu après m'en fait avoir quelque doute; car à la primevere et sur le nouveau temps, pour donner fondement à sa deliberation, mesmement que l'argent est le nerf de la guerre, dont estoit fort desgarny, feit dresser imposts, tailles, subsides, et toutes sortes d'exactions sur ses pays et subjects, voire, selon qu'a esté rapporté pour vérité, jusques à exiger et prendre tribut du servant et de la servante, des plus pauvres et mendians. Puis, se sentant un peu remis et renforcé de deniers, solicita ses amis et confederez de luy lever gens et soldats. De la part des hauts Allemans, peu en vint à son service, pour le grand mescontentement et la raison susdite; des bas Allemans, comme des Clevois, Gueldrois, et Walons, en recouvra assez grand nombre. Des Espagnols naturels on peut croire que ne s'est trouvé luy en estre venuz de nouveaux, que le reste du siege de Metz, certainement les meilleurs soldats et les mieux experimentez qu'il a en son armée; car les Espagnes estoient tant chargées d'ennemis et diverses alarmes, faites continuellement par les Argives (1) et Barbares, que malaisément, et sans leur grand dommage, ne pouvoient desfournir leur pays. Des Italies, on ne trouvera que soit venu grand nombre d'Italiens en son camp, pour le mauvais traitement qu'ils avoient eu devant Metz. Davantage, depuis que la seigneurie de Senes (2) s'estoit soubmise en la protection du Roy, le prince de Salerne et le duc de Somme, tenans son party en ces pays par de là, avoient retiré devers eux, avec bonne solde et paye asseurée, les meilleurs soldats qu'ils cognoissoient et sçavoient estre de leur nation, et de ceux mesmes de l'Empereur; lesquels acceptoient ce party, tant pour l'amitié de leurs parents, voisins et amis, qui les y semondoient et soli-

---

(1) *Argives* : Algériens. — (2) *Senes* : Sienne.

citoient, que pour estre la guerre sur leurs lieux, ayans moyen de mieux y faire leur proufit. On peult aisément conjecturer que le Roy de toutes ces praticques et menées estoit, tant par ses secrets amis que par espions, asseurément adverty, et que de son costé faisoit toutes les diligences que l'on sçait estre en la puissance d'un grand roy, et n'estoit rien espargné pour le prevenir, et divertir les uns et gagner les autres. Estant la chose assez commune et publique, par tous les moyens que luy estoit possible, il faisoit amasser et assembler deniers pour tendre à ses fins; mais aussi on ne peut nier que ce n'ayt esté avec une si grande humanité d'un roy demandeur, trouvant son peuple plus liberal et prompt à luy donner et départir de ses biens pour sa tuition, qu'il n'estoit volontaire à leur demander. Tel et si grand heur a donné Dieu aux roys de France, d'avoir en obeissance le meilleur et le plus fidele peuple qui soit au monde; car si, en la necessité, après l'exposition de tous biens, leur prince se presentoit, requerant pour son salut de leur propre sang, il n'est rien plus certain que de leurs mains se saigneroient pour luy en départir. De ce que j'en dis et ay dit, j'appelle Dieu et les hommes à tesmoings si c'est pour plus noter l'ancien ennemy de France, que pour exalter et louër nostre françoise nation, et défendre la querelle de nostre Roy, jaçoit que mon naturel y soit avec raison plus enclin; ce que j'abbregeray pour suyvre mon premier propos. Comme en France, le reste de cest hyver, on ne parloit de la guerre en sorte que ce fust, sinon par murmures et conjectures, et n'en estoit rien sceu par ceux qui alloient et venoient au commandement de ces deux princes, estant remis le deliberé et conclusion de cest affaire au sein et secrette memoire du conseil privé. A la Court, le plus souvent, on ne faisoit mention que de festins et triomphes, de toutes sortes de jeux et passetemps; mesmement en ces jours furent célébrées à Paris les festes et nopces du seigneur Orace Farnaize, duc de Castres, et de madamoyselle Diane, fille naturelle du roy Très-Chrestien, avec une sumptueuse magnificence.

Mais ne tarda guères que l'Empereur ne feist troubler ces temps de bonnes cheres, nonobstant que toutes ses affaires n'eussent si entier effect qu'il espéroit; car, environ la fin du printemps, sur le commencement d'esté, avec ce qu'il avoit peu assembler d'hommes, et à la conduite premierement du seigneur du Reux, envoya assieger Teroenne, qui toutefois ne demeura guères en cest estat, estant prévenu de mort; et depuis fut ceste charge donnée au seigneur de Binecourt, chevalier entre eux estimé un peu plus doux et gracieux. Ceste cité, combien qu'elle fust petite de circuit, avoit un renom immortel par tout le monde, comme on peut veoir ès commentaires de Jules César. Elle estoit située sur la petite riviere du Liz, ès confins de la Gaule Belgique, gens belliqueux, comme l'asseurent les historiographes, nommée par les latins *Morini*: maintenant on l'appelle la comté de Pontieu, assez prochaine de la grande mer Oceane, en assiette quelque peu pendante, environnée de paluz et lieux marescageux, de bois et grandes forests; au reste, curieusement fortifiée par les rois de France, ausquels, depuis un long temps, est escheuë (selon qu'on peut cognoistre par les chroniques), pour leur servir de boulevert et frontiere, tant contre les Anglois que les Flamens et Hennuyers, entre lesquels elle est enclavée, leur ayant fait maintes destrousses et empesché diverses entreprises qu'ils pouvoient dresser sur la Picardie. Parquoy desjà une fois fut razée (1), rez pied rez terre, par les Anglois, et y fut semé du sel en signe de perdurable extermination, et de rechef maintenant ruinée et destruicte par les Bourguignons, Flamens et Hennuyers, leur estant fort odieuse; lesquels ont importunément induit l'Empereur à ceste entreprise.

Or, pour estre estimée imprenable, et que, tant par advertissemens que par bonnes considerations, on présumoit que l'ennemy ne convertiroit ses forces en cest endroit, mais plustost qu'il s'adresseroit en Champagne devers Mesieres et Yvoy, on ne l'avoit si soigneusement pourveuë de vivres et toutes munitions, comme estoit requis à soustenir un long siege. Dequoy advertis les voisins ennemis, feirent si bonne diligence et si prompte, qu'elle fut assiégée à l'improviste, estant seul là-dedans principal chef le seigneur de Losses, avec ses chevaux legers et quelques gens du pays, non en grand nombre ne de grande defense; et pour en parler sans dissimulation, selon la naturelle négligence de nous autres Français, ou par l'avarice des precedens gouverneurs (2), estoit ceste clef demeurée devestuë et denuée de toutes provisions.

(1) *Desjà une fois fut razée* : en 1513. Voyez *Tableau du règne de Louis XII*, prmière série, tome XV, page 126.

(2) *L'avarice des précédens gouverneurs.* Le dernier gouverneur de Térouane étoit Jean d'Estouteville, seigneur de Villebon, qui venoit de passer au gouvernement de Rouen. C'est le même qui, dans cette ville, en 1562, eut la main coupée par le maréchal de Vieilleville, à la suite d'un festin où ils prirent querelle. *Mémoires de Vieilleville*, livre IX, chapitre 12.

Pourtant fallut faire de necessité vertu, et, où prudence n'avoit eu lieu fut besoing que force secondast : tellement qu'à la barbe des ennemis, et malgré eux, estant, comme on les jugeoit, la plus grande part non usitez à l'art militaire, on la renforcea d'hommes, de vivres et de tout ce que l'on peust; estant envoyé là dedans lieutenant pour le Roy, M. d'Hessé, chevalier de l'ordre, très-sage et très-vertueux, comme aussi fut le seigneur de Montmorency, fils aisné de M. le connestable, avec la pluspart de leurs compagnies, suyvis d'un grand nombre d'autres seigneurs, gentilshommes et vaillans soldats; lesquels y entrerent, les uns pour acquerir honneur, et les autres suyvans leurs capitaines pour la defendre et garder. Je laisse à penser combien ceste brave entreprinse et exécution, rapportée à l'Empereur, rengregea son despit, et rendit de plus en plus opiniastre à la faire battre et assaillir. Le Roy, au contraire, sçachant ainsi sa ville renforcée de braves hommes, de vivres et de toutes munitions, receut en son esprit telle asseurance et contentement, que, sans de plus loing considerer les ruses et inventions estranges de l'ennemy, sans plus diligens préparatifs ne amas d'armée, pour soustenir une poignée d'hommes, encore qu'ils fussent les plus braves et hardis du monde, subjects toutefois à estre, par le temps et continuel labeur, affoiblis et rompus, se promit qu'estoit impossible de la pouvoir forcer sans permission divine. Ainsi fut donné le loisir aux Imperiaux de faire tous leurs efforts, et user librement de ce qu'ils pouvoient imaginer propre à enfoncer et demolir une forteresse : vous asseurant que ne perdirent vainement ceste occasion ; car encore que ceux de dedans, et que M. de Vandosme, avec gendarmerie des garnisons à l'environ, leur donnast les empeschemens et alarmes que luy estoit possible, pour leur nombre de beaucoup plus gros et fort que le nostre, on ne peust empescher que ne feissent leurs approches où bon leur sembla. Si assiegerent leurs batteries en tous les lieux où leur pleut, et cogneurent qu'ils pouvoient endommager la ville et ceux de dedans, voire jusques à approcher et mettre les bouches de leur artillerie au plus près et sur le bord du fossé, entre le chasteau et la tour du Chapitre, et sur une petite montagne où estoit la Justice, qui en est assez prochaine, ayans amené, je crois, de toutes les villes et chasteaux de Flandres et Artois, toute sorte d'artillerie, avec munitions innumerables de pouldres et boulets. Tant ceste gent sembloit estre aise de la veoir ainsi environnée, que les femmes et petits enfans, non seulement y accouroient, ains de joye en chantoient chansons et rythmes, amenans et apportans en leur camp tous grains, breuvages, bestails et autres vivres à monceaux, qui demonstroient leur armée plus grande en nombre que prouveuë de bons soldats.

Leur batterie commença environ la fin du mois de juing, la plus estrange et furieuse qui ayt esté faite, selon le rapport de ceux qui l'ont ouye, depuis cent ans en çà, tellement que, à ouir le tonnerre qu'elle rendoit, on eust plus tost jugé estre montagnes qui tomboient les unes sur les autres, et toutes sortes de fouldres y estre meslées, qu'inventions humaines; mais jaçoit que les boulets tombassent aussi espessement dedans la ville, que grosse gresle descend du ciel, et que n'y eust sur le rempart, par les rues et dedans les maisons, lieu seur et sans danger, toutefois ces vaillans et hardis capitaines et braves soldats en avoient peu de frayeur; car, faisans continuelles sorties et recharges sur les ennemis au milieu de ces esclairs et fumées, les rechassoient et rembarroient à monceaux dedans leurs forts et tranchées, à la similitude qu'un loup affamé sortant d'un bois fait fuir et serrer ensemble les troupeaux de moutons espars, et quelque-fois les contraignoient abandonner leurs tranchées, et avoient le loisir d'enclouer de leurs pieces et mettre le feu en leurs pouldres; mais bien plus, en leur despit entrainerent jusques dans la ville une de leurs coulevrines, et depuis en tirerent divers coups sur eux, combien que le grand nombre d'artillerie et munitions qu'on amenoit de tous costez ordinairement en leur camp, réparoit en peu d'heure le desordre et default que les nostres avec grand labeur et danger y avoient mis; estant, comme j'ay retenu d'un sage et experimenté en cest art, plus grande perte à l'assiegé d'un homme seul qu'à l'assiegeant de dix. La tempeste et fouldroyante batterie des ennemis renforçoit de jour en jour, et ne demeuroit dedans la ville tour ne tourelle, jusques à une girouette, qu'ils ne portassent par terre; il n'y avoit defense dedans ne dehors qu'ils ne rasassent : bref, à la veoir ainsi battre et demolir, on eust bien creu qu'ils avoient deliberé de l'abysmer et anéantir, comme ont depuis fait. Ceux de dedans, sans aucun respect de leurs vies, au mesme lieu qu'ils veoient que le boulet donnoit de moment en moment portoient sur leur doz la terre, la fassine, le gazon et le fumier; ce qu'affoiblissoit de beaucoup noz soldats pour la continuelle fatigue qu'ils avoient le jour de remparer, et la nuict au guet, à la sentinelle, et soustenir diverses alarmes avec peu de repos, faisans à la necessité l'office et faction de soldat et du vastadour, pour le mauvais ordre que ceux qui en avoient la charge avoient mis à munir la ville d'artizans et vastadours, encore moins d'outils necessaires à tel besoing, comme de pioches, picqs, palles, rancoins, serpes, coignées et telles sortes de ferrailles dont ils avoient si grande disette là-dedans, que les pauvres soldats estoient aucunefois contraincts de piocher la terre avec palles à feu, et, en maniere de parler, la gratter avec les ongles; pour lesquelles, ou semblables necessitez, plusieurs villes de France ont esté emportées par les ennemis, encore qu'elles feussent prouveuës des meilleurs hommes du monde, et n'est à moy d'en accuser personne, sinon ayant la liberté et la langue d'en parler après les autres. Pour auquel besoing subvenir et donner aucun resjouissement au travail des assiegez, on feit entrer dedans le capitaine Grille, avec cent harquebusiers à cheval; ce qu'il entreprint et executa tant bravement, et avec telle conduitte, qu'ayant forcé leurs guets à petite perte de ses vaillans soldats, il se guinda dedans, ce qu'accreut grandement leur courage. Ce mesme jour, ensemble feirent une sortie sur eux assez heureusement, et feirent leur retraitte comme gens de guerre, et sans avoir du pire.

Ceste gent se monstroit tant ennemie de ceste miserable ville, qu'elle n'oublioit rien pour faire apparoistre son extrême desir de la veoir à totalle destruction. Et combien que jour et nuict on ne cessast de la tourmenter par toutes les sortes que l'on pouvoit imaginer, de tant plus croissoit le courage aux François à les repoulser; ce que vous peult estre admirable d'ouyr reciter et entendre la très-grande diligence qu'ils faisoient à remparer et se fortifier, qu'à moy aisé à le vous escrire et proposer; car, en moins d'une heure, ils avoient enlevé le rempart hors d'eschelle, où veoient que l'artillerie faisoit esbranler la muraille, et rendoient plus fort en un instant ce qu'elle avoit demoly en un jour, qu'il n'estoit auparavant. Toute-fois la fouldre de leur artillerie estoit si terrible et impetueuse, tonnant sans intermission, que n'y avoit rempart, levée, ne defense, qu'elle ne dissipast et renversast sans remede; laquelle ainsi furieusement continua près de dix jours entiers. Dedans lequel temps estimans les ennemis la breche assez grande et raisonnable, ce qu'elle estoit à la verité, car elle avoit au moins soixante pas de longueur; estant la muraille, le rempart et toutes les defenses, tant du chasteau que de ceste grosse tour, brisées et fracassées, ne restant plus qu'une petite levée que noz gens avoient basty au dedans; et le parapect et haut du fossé qui estoit encore fort roide, et pour eux difficile à monter, nonobstant que, tant avec les quartiers et ruines de la muraille qu'avec fagots et clayes, ils eussent fait grand devoir d'emplir le fossé pour gravir plus facilement. Cela estant cogneu par les nostres, conclurent de les soustenir et vertueusement renverser, et peut-on croire qu'ils ne laisserent rien au logis qui ne fust rapporté en jeu. Après plusieurs volées d'artillerie, tant de la montagne qui donnoit droit au doz des François voulans defendre la breche, que de celle qui tiroit en front du costé de la riviere, avec grands bruits de tabourins et trompettes, avec divers criz à leur mode, furieusement, la teste baissée, vindre à l'assaut de toutes pars, portans eschelles et toutes sortes d'engins pour monter et forcer cette ville. Il faut estimer qu'il y fut fait un des merveilleux combats dont jamais fut memoire ; car si les ennemis estoient opiniastres et desireux d'y entrer, encore plus les François avoient grande ardeur et volonté de se defendre et les repoulser, causant une très-aspre meslée et sanglante bataille. On n'y voyoit que feux gregeois et inextinguibles : on n'y oyoit que froissement de harnois, chapliz de toutes especes d'armes, piteux cris des bruslez, fracassez et mourans; generalement toutes sortes d'exécutións de très-cruelle furie, laquelle dura plus de dix grosses heures, se rafraischissans les ennemis jusques à trois fois. Enfin la magnanimité et vertueuse constance des François prevalut et vainquit l'obstination des Imperiaux, les repoulsans avec une grande boucherie de leurs plus braves hommes, non aussi sans une grande perte et interest pour nous, y ayant laissé la vie le tresvaleureux chevalier, le seigneur d'Hessé, de la vertu duquel, aujourd'huy et à jamais, bruiront les mers de Ponent, estans les trophées et enseignes de ses chevaleureux actes eslevez et assez publiez és isles d'Angleterre et Escosse, comme aussi feirent les seigneurs de Piennes, de Beaudisné, de La Rocheposé, de Blandy, et le capitaine Ferrieres, tous vertueux hommes, et de louable estimation, et d'autres vaillans gentilshommes et soldats, aux ames desquels Dieu vueille avoir fait misericorde.

Le Roy, adverty du très-vertueux devoir des siens, se persuada que, selon ce victorieux commencement, la fin ensuyvroit plus heureuse, sans autrement ordonner de plus grand secours pour ceste petite ville, offensée et dessirée presque de toutes pars, sinon de faire partir de Hedin les capitaines Breul et Sainte Roman, avec environ trois cens hommes de pied, pour essayer à y entrer; ce qu'il parfeirent heureusement, non sans hazard de leurs personnes et soldats, ayans les ennemis de leurs tranchées et levées presque circuit environné toute la ville, estans leurs corps de guets assis dedans les fossez. Lesquels, pour ceste premiere bastonnade, n'estoient refroidiz et descouragez d'y retourner, pour par tous efforts tenter et se parforcer de l'emporter, combattans journellement main à main avec les François qui gardoient la breche; et non seulement donnerent feu à diverses mines qu'avoient creusé en plusieurs endroits (desquelles la pluspart se trouva fause et eventée), mais encore pratiquoient une ruze non trouvée de nostre temps (comme on peut veoir par Vegece, Vitruve, et d'autres anciens autheurs), qu'estoit de saper soubs le parapect et doz du fossé, difficile et fort malaisé pour monter à la breche, estant, comme j'ay dit, avec l'artillerie brisez et rompuz tous les flancs et defenses, ayans fait certains taudiz, qu'on a appellé manteletz, en façon de ponts, pour seulement se couvrir des coups de main et des pierres, tant que ils approcherent jusques au pied de la breche, soubs lesquels ils creusoient et trainoient leur sape. Dequoy estoient les François tant esmerveillez et esbahis, qu'ils ne sçavoient qu'en juger, encore moins du remede; les uns disans que c'estoient ponts qu'ils vouloient approcher et advancer sur la breche, et les autres qu'ils minoient et creusoient là dessoubs; mais non asseurément : car on n'eust jamais creu qu'ils eussent entrepris de creuser et saper jusques soubs les pieds de ceux qui estoient au dessus d'eux sur la brèche, mais plustost qu'ils tiroient soubs le chasteau ou soubs ceste grosse tour de Chapitre, ce qu'estoit bien au contraire; car ils sapoient soubs le parapect le long de mesme la breche, soubstenans le faiz avec appuis et pilotis : de la terre qu'ils en mettoient hors estoit rempli le fossé. Estant cest œuvre achevé, et y ayant donné feu, advint qu'une partie de ce parapect s'enleva hault, et se renversa en dedans le fossé; et le reste fondit en un morceau, engloutissant plusieurs soldats françois, rendant l'ouverture de la breche de beaucoup plus grande et tant facile, qu'un homme d'armes eust monté à cheval, armé de toutes pieces.

Considérant M. de Montmorency, et selon le conseil de tous les capitaines qui estoient restez là dedans avec luy, qu'il n'y avoit plus ordre de defendre la ville et faire quelque résistance, advisa au moins de sauver les personnes, et demanda capitulation ; laquelle luy fut en premier concedée ; mais ainsi qu'on estoit après pour en parlementer, les Allemans et Bourguignons entrerent dedans par divers lieux. Les vieilles enseignes espagnolles vindrent donner à la grande breche, crians : *Bonne guerre! bonne guerre!* et a esté dit qu'aucuns François en tirerent avec les picques, et leur tendoient les mains, pour s'exempter et garder d'estre tuez des Allemans. Ainsi ne fut autrement conclud de ceste composition, estant de ceste façon surprise ceste brave petite ville de Teroenne. Après, estoit chose estrangere et incredible à ouyr raconter les estranges vacarmes et cruautez qu'y perpetrerent [1] les Alle-

---

[1] *Qu'y perpetrerent :* qu'y commirent.

mans et Bourguignons, ne parlans que de couper
gorges ; tellement que bien heureux s'estimoient les
miserables François tomber prisonniers és mains de
plus gracieux seigneurs, de la fureur desquels, à toute
peine, se peut presque sauver M. de Montmorency, qui
seul estoit demeuré là dedans lieutenant du Roy, pour
lequel couvrir et defendre en sa presence fut outragé et
navré ce vaillant seigneur d'Ovarty, toutefois depuis
fut recogneu et amené prisonnier au seigneur de Binecourt, lieutenant de l'Empereur. Les autres plus apparents prisonniers, comme le vicomte de Martigues, le
seigneur de Dampierre, le seigneur de Losses, le seigneur de Beaudiment, de Baillet et Sainct-Romain,
les capitaines Grille, Le Breul et Saincte Roman se
rendirent à divers maistres, selon que la fortune leur
advenoit. Et fault entendre, pour autant que les simples soldats furent les premiers qui y entrerent, et
non les capitaines ne seigneurs d'authorité, les prisonniers qui pouvoient promptement recouvrer argent
en sortoient à bon marché, comme advint du vicomte
de Martigues, du seigneur de Dampierre, du seigneur
de Sainct-Romain et du capitaine Le Breul ; mais ceux
qui demeurerent tard furent recogneuz, et en grand
danger d'y tremper longuement : le surplus des soldats trouverent les Espagnols, à la mercy desquels
estoient la pluspart tombez, et receurent d'eux un
honneste traitement, prenant de ceux qui avoient
moyen raisonnable rançon ; et des pauvres, les ayans
desvalisez de leurs armeures et meilleures hardes, les
renvoyoient en sauveté, et bien souvent eux-mesmes
les conduisoient. Dedans ceste petite ville fut trouvé
grand nombre de bonne et grosse artillerie, mesme-

ment deux fort belles et longues coulevrines, l'une appelée *madame de Haire*, pource qu'elle portoit jusques dedans le marché et la grand'place de ceste petite ville, à deux lieuës de là; l'autre, dite *madame de Frelin*, qui n'estoit gueres moindre.

L'Empereur estant à Bruxelles, promptement fut adverty de la prise de Teroenne, en quoy il print aussi grand plaisir que si c'eust esté l'empire de Constantinople, et par tous les pays de Flandres, Artois et Henault, en celebrerent une joye grande, et allumerent feux de joye, qui depuis en ont eschauffé d'autres à leurs très-grands dommages, comme nous dirons cy-après. Puis il commanda qu'elle fust rasée et démolie jusques aux fondemens, afin qu'il n'en restast que la place, où on diroit que Teroenne auroit esté. Si envoya dès-lors le prince de Piedmont, son neveu, lieutenant-général en son armée, pour esteindre une sedition et envie que portoient les princes et grands seigneurs de ses pays et autres prochains de Sa Majesté au seigneur de Binecourt, se sentans peult-estre aussi grands et puissans que luy en biens, authorité et crédit, capables avec autant ou plus pour telles conduites entreprendre, combien que le seigneur de Binecourt a une fort bonne reputation de vaillant chevalier. Mais telle est la malice et envie des hommes : et ne fut onc, ne jamais sera, qu'il n'y ait envie entre pareils, encore que bien souvent elle soit dissimulée.

Le Roy eut les tristes nouvelles de ceste captivité aussi-tost que l'Empereur, ce qu'il trouva à l'instant autant estrange que chose dont on luy eust sceu faire rapport, veu que, peu auparavant, avoit receu ample contentement de ce triomphant assault que les François avoient soustenu victorieusement ; mais estant le certain averé, tristesse le saisit si aigrement que long-temps il demeura sans parler, et les regrets qu'il faisoit donnoient assez d'apparence du grand deuil qu'avoit Sa Majesté, non de sa perte, luy estant ravie sa ville et le pays à l'environ; mais des vertueux hommes qu'il estimoit en plus grand nombre estre morts là dedans qu'il ne fut trouvé en après ; dont, encore que la perte fust assez grande, il estimoit néantmoins les personnes, comme la raison luy commandoit, plus que les biens. De laquelle, au lieu que les ennemis s'esjouyssoient, par toute la France fut demené un triste deuil : les peres plaignoient leurs fils, les freres leurs freres, les parens leurs amis, les femmes leurs maris. Et n'estoit en tous lieux autre bruit que de la prise de Teroenne, advenue sur le commencement du mois de juillet en cest an 1553.

Mais combien qu'entre les François la plainte fust grande, et la perte beaucoup préjudiciable, si est ce que nécessité, laquelle est appellée inventeresse et maistresse de tous arts, aiguisant les esprits des hommes à esprouver choses estranges, excita et esleva l'esprit du Roy, et de ce dueil et regret l'esmeut, mettant elle mesme l'argument au milieu des bons jugemens du conseil, pour prévenir à plus grand danger éminent. Car, estant adverti que les ennemis peu de temps après ceste ruine dressoient leur chemin, et se preparoient d'en venir faire autant à Hedin, de son costé se parforça davantage à le fortifier d'hommes, et de toutes choses bastantes pour les arrester et empescher d'exécuter plus grande entreprise, jusques au temps qu'il projettoit son armée pouvoir estre preste et assemblée, à fin de les lever de ce siege et les repoulser en leurs confins. Ainsi M. le duc de Bouillon, mareschal de France, voulant de plus en plus persévérer au service du Roy, avoit long temps auparavant entrepris la tuition et defense de ce chasteau; à laquelle le voulurent accompagner ce gentil et de très-grande esperance le seigneur Horace Farneze, duc de Castres, et le comte de Villars, avec grand nombre d'autres seigneurs, gentilshommes et vaillans soldats; lesquels, pour donner preuve de leur vertu, volontairement et sans frayeur du precedent peril, se presentoient à ce service et devoir, encore que le Roy eust quelque doute et valeur de ce chasteau, et qu'il n'eust affection d'y exposer tels personnages de telle authorité; toutefois proposans vertu et honneur à pusillanimité, postposans la vie et tous biens mondains à une immortelle renommée, s'allerent enfermer là-dedans ce petit fort, non capable à la verité de contenir tels hommes, ne méritant que tant de gens de bien y laissassent la vie pour une vaine defense qui peu a apporté de proufit.

Par ce mesme moyen furent despeschez courriers et mandemens aux capitaines de la gendarmerie, de tenir prestes leurs compagnies, et, le plustost que leur seroit possible, les faire marcher et se rendre devers Amiens, où estoit M. le connestable, esperant d'y assembler le camp du Roy. Commissions furent distribuées aux capitaines de fanterie, de faire leurs levées le plus bref qu'ils pourroient, et à ceux des vieilles enseignes et compagnies entretenues, de les fournir complettes et armées, pour les conduire seurement et sans plaintes jusques en ce lieu. Furent aussi par tout le royaume criez les rierebans (1), selon leur devoir et ordonnance du Roy, pour quant et quant marcher, et se venir rendre audit lieu. Furent aussi advertis et priez messieurs les cantons des Suisses de la ligue françoise, d'envoyer secours et certain nombre de gens de pied de leur nation, les mieux armez et complets que leur seroit possible, selon la paction faite entre les roys de France et eux. Et, pour conclure en bref, le Roy feit de grands efforts, et commanda estre pourveu à toutes choses, pour mettre aux champs sa puissance, et faire belle son armée; dont les ennemis advertis, et estans bien asseurez que si le peu de temps qu'ils pouvoient avoir, dedans lequel l'armée du Roy pouvoit estre preste, ils n'employoient si à poinct qu'efforcer et gaigner Hedin, difficilement pourroient venir à chef de ceste besongne, et se retirer sans une bataille, ou une grande honte, à toute diligence se parforcerent de l'assieger et battre en bref, avec une tant grande poursuite et laborieuse industrie, qu'estant la ville vuide des habitans (lesquels estoient fuys et retirez en France, avec ce qu'avoient peu transporter de leurs biens), fut en bien peu de temps par eux prise, pour n'estre fort defendue des soldats; lesquels se retirerent tost dans le chasteau, pour la savoir non tenable. Alors ils y assiegerent d'un costé l'une de leurs bateries, l'autre devers le parc, et la plus grande de toutes à l'endroit de la tour Robin, où jà les François avoient fait la leur. Mais quelque resistance que les nostres leur eussent sceu faire, ne pouvoit estre assez puissante pour les en divertir, estant petit ce chasteau, qui en tout pou-

---

(1) *Les rierebans* : l'arrière-ban.

voit contenir deux mille hommes, encore fort à l'estroit, ayant esté autrefois basti par les ducs de Bourgongne pour le plaisir de la chasse seulement, et non pour forteresse. Ainsi ne perdoient une seule heure jour ne nuict de le battre le plus furieusement qu'à mémoire des vivans on ait entendu avoir esté place; et non seulement travailloient à le renverser avec ces artilleries et diaboliques machines, mais le minerent par dessoubs, si diversement et par tant d'endroits, qu'il est impossible qu'un terrier à connins et tessons (¹) eust plus de soubsterrains et cavins que y en avoit soubs les fondemens de ce chastelet; estans toutes les contremines et secrets au dedans cognuz, et pratiquez par plusieurs des ennemis, et ce lieu fort subject à ceste imperfection.

Et jà avoient les ennemis sapé et renversé la plus grande partie du parapect et rampart de la grande breche, où estoient demeurez grand nombre de vaillans hommes, et jà donné un faux assault, quand tous ces dangers furent remonstrez à M. le duc de Bouillon, et sur tous la perte irreparable des braves hommes qui estoient dedans cette mauvaise place, et non guères forte, servant de frais exemple la prise de Teroenne, sans comparaison plus forte que ce chasteau. Parquoy, de chacun costé furent proposez termes de composition; ce que mesmement le prince de Piedmont accorda trop volontiers, estant asseuré que les chefs qui defendoient et avoient ceste place en garde estoient hommes de valeur, et le reste des soldats dont elle estoit garnie si certains et fideles, qu'il les falloit premierement tous hacher en pieces les uns après les au-

---

(¹) *Connins et tessons*: lapins et blaireaux.

tres, avant que de cuider y mettre le pied par force, prévoyant que le temps luy estoit trop court pour temporiser longuement devant. Ainsi estoit content de l'avoir à bon marché, pour après disposer d'autre besongne. Mais ainsi que les gentilshommes et trompettes alloient d'une part à autre pour pacifier ceste composition, et estant venue jusques à si bon effect qu'il ne restoit plus qu'à départir les hostages de chacun costé, et à estre signée de la main du prince, advindrent deux malheurs : l'un, qu'un maudit prestre, non à son escient, comme on a sceu depuis, mais par inadvertence, ou ne sçay quelle malediction, meit le feu aux artifices et appareils qu'on avoit affuté à la breche pour soustenir l'assault; l'autre que les Bourguignons, de certaine malice, donnerent feu aux trainées des mines, craignans d'estre frustrez de ceste proye, estans allechez par le sac de Teroenne : tellement qu'estant une partie des soldats bruslez et consumez en ces feux, et une autre abysmée et perie en ce gouffre, le reste, qui estoit peu, estonnez comme si à l'heure fussent tombez des nues, sans oser faire resistence pour la defense qu'on leur avoit fait de ne bouger de leurs places et ne mouvoir les armes, attendant la signature et confirmation du prince, furent surpris, et se trouverent à la merci des ennemis plustost qu'ils ne les pensoient estre encore entrez. Le prince de Piedmont sçachant ceste adventure si heureusement escheuë pour luy, et mieux qu'il n'esperoit, ne voulut après signer ce qu'il avoit promis et accordé, oubliant tout le précedent, pour l'aise qu'il avoit de recouvrer la place et les prisonniers à si bonne issue; et dès l'heure à beau pied monta à mont la grande breche, et entra dedans le chasteau, pour aller trouver M. le duc de Bouillon. Si tost que M. le duc de Bouillon l'aperceut, meu de grande cholere, sans aucune crainte de mort, luy dit: « Comment, Monsieur! est-ce ainsi que vous tenez vostre promesse? voulez-vous pas m'envoyer les hostages selon que m'avez promis, et tenir ce qu'est accordé entre vous et moy? » Auquel le prince respondit avec un soubris qu'il avoit parlé trop tard, et qu'il n'estoit plus besoing de donner hostages quand tous ses gens estoient dedans. Après plusieurs propos, la resolution fut qu'ils demeureroient prisonniers, à sçavoir : M. de Bouillon, chef et lieutenant du Roy; le seigneur de Riou, gouverneur; le seigneur de La Lobe, enseigne de la compagnie de M. le duc de Bouillon; le comte de Villars, le seigneur de Prie, lieutenant de sa compagnie; le seigneur de Guenan, guidon, de Vanzé, mareschal des logis; le baron de Culan, le seigneur des Maretz, lieutenant de la compagnie de gens de pied du seigneur de Riou, avec plusieurs autres; ausquels il tint si grande rigueur, que depuis qu'ils avoient quelque apparence, en tira par escrit le nom et surnom, et les retint prisonniers.

Voilà comme est advenu de la surprise du chasteau de Hedin; selon qu'à la verité l'ay sceu comprendre, escheuë le dix-huictiesme de juillet, jour de Sainct Arnoult, estans morts dedans, entre autres hommes de réputation, ce gentil duc Horace, prince prouveu de grandes vertus, donnant esperance de future grandeur, d'un boulet d'artillerie duquel mesme, près de luy, fut abbattu mort un vaillant gentilhomme, nommé le seigneur de Magny : aussi y furent tuez ce brave et vaillant seigneur le vicomte de Martigues, qui, au partir de prison à la prise de Teroenne, s'estoit remis dedans ce chasteau, et qui s'estoit tousjours trouvé en beaucoup de bons affaires; le seigneur de Moninville, de la maison d'Amboise; le seigneur de Cizieux, commissaire ordinaire des guerres; le capitaine Lusignan, enseigne de la compagnie de gens de pied du seigneur de Riou; le seigneur de Dampierre, qui pareillement avoit esté prisonnier à Teroenne, et de rechef s'estoit renfermé là-dedans avec le seneschal de Castres et capitaine Vif-Argent, qui furent abysmez dedans les mines; le capitaine Malestroict, lieutenant du seigneur de Maugeron, le capitaine Merargue, capitaine d'une compagnie de gens de pied, et le capitaine Coq, enseigne de la compagnie de gens de pied du capitaine Cerf, y furent tuez des premiers dedans la basse ville. D'autres vaillans hommes y terminerent leurs vies, aux ames desquels Dieu veuille avoir fait misericorde et mercy.

Il fault croire que sans grand intervalle ces deux princes eurent nouvelles de cest eschet; l'un en fut très-joyeux et content, et manda qu'à toute diligence on feist raser ce chasteau; l'autre en r'engregea de beaucoup son precedent ennuy: mais le plus expedient remede fut, encore que auparavant par la France ne fust autre bruit que d'amasser gens de guerre, et que les chemins fussent couverts de soldats, de haster toutes compagnies, et le plus bref que seroit possible dresser son armée, pour les empescher de faire autre entreprise, estant seur advertissement qu'ils menassoient Dorlan (1), où jà estoit M. le vidame de Chartres, chasteau moins fort que Hedin, que le feu roy Fran-

(1) *Dorlan :* Dourlens.

çois avoit fait construire de terre, pour estre boulèvert et contrefort à Hedin, au temps qu'il estoit ennemy. Pour ce de tous costez alloient et trottoient postes (1), pour solliciter et haster cest appareil. Quant à la gendarmerie et cavalerie françoise, elle fut tantost preste et sur pied, tant pour estre partie ès garnisons, que pour la commodité et le loisir qu'on avoit donné aux gens d'armes de pourvoir quelque peu à leurs affaires domestiques ; la fanterie françoise fut semblablement aisée à estre mise ensemble, estans les vieilles enseignes complettes en leurs garnisons et lieux ordonnez, avec le bon ordre qu'avoient mis les nouveaux capitaines pour faire soudainement leurs levées, et par l'advertissement qu'avoient donné à leurs soldats de se tenir prêts quand seroient mandez. Quant aux Allemans et lansquenetz, ce que le Roy en avoit retenu pour son service, ayans tousjours esté entretenuz et soldoyez, estoit jà aux champs. Ainsi en peu de jours et sur le commencement du mois d'aoust se faisoit de plus en plus gros le camp du Roy à l'entour d'Amiens et Pequigny, et ne restoit que les Suisses et Grisons, lesquels, tant pour estre lointains qu'estans pesans et massifs, venoient à petites journées, principalement à fin qu'ils ne fussent harassez quand ils arriveroient au camp, et qu'ils se trouvassent fraiz et prompts à combattre soudainement si le besoing y advenoit : pourtant n'y arriverent que sur la fin de ce mois. Depuis la prise de Hedin, tout le temps que l'armée du Roy s'assembloit, les Imperiaux ne feirent autre chose que le demolir et raser, quelques volleries et bruslemens de villages selon (2) la riviere d'Authie ; encore

(1) *Postes* : courriers. — (2) *Selon* : près de.

qu'ils eussent sommé le chasteau de Dorlan et semé le bruit de le vouloir assieger, n'en feirent semblant, ne de vouloir attenter chose nouvelle jusques environ le treisiesme de ce mois : ayans eu advertissement que M. le connestable avoit fait passer quatre enseignes de fanterie françoise et deux compagnies de chevaux-legers oultre la riviere de Somme, délibererent avec quatre regimens de leur cavallerie les surprendre et desfaire si cautement, qu'ils auroient executé ce massacre avant que ce qui estoit devers Amiens en fust adverti. Advint, ne sçay par quelle bonne fortune, que M. le connestable ce mesme jour avoit dressé une autre partie pour les aller visiter de près jusques en leur camp, ayant le seigneur Paùle Baptiste la commission de passer la riviere avec cinquante chevaux pour attaquer l'escarmouche et les attirer au combat, demourant M. de Nemours en embuscade avec trois compagnies de chevaux-legers en un bois, sur le bord de ladite riviere de Authie; lequel se trouvant forcé se devoit venir rendre pour estre soustenu à M. de Sansac, qui estoit une lieue arriere avec cinq autres compagnies legeres : M. le prince de Condé estoit à un quart de lieuë à la main droite de luy avec trois compagnies legeres; aussi M. le mareschal de Sainct André, avec cinq cens hommes d'armes, à deux mille plus arriere, tirant devers nostre camp; M. le connestable estoit à my-chemin entre toutes ses compagnies et la rivière, accompagné de trois ou quatre mille chevaux, tant de gendarmerie que rierebans, et vingt enseignes de fanterie, moitié françoise et lansquenetz, et quatre pieces d'artillerie de campagne; mais au lieu de les aller semondre au long, releverent nos gens de ceste peine; car le premier advertissement qu'on sceut d'eux fut qu'ils estoient à un demy mille prochains de M. le mareschal de Sainct-André, ayans laissé derriere eux toute leur cavalerie legere, tellement que trois cens chevaux de leurs coureurs donnerent jusques à M. le connestable sans descouvrir aucunement noz embuscades. La cavallerie legere qu'avoit M. de Sansac attaqua l'escarmouche au plus près de l'embuscade de M. le mareschal, et furent par les ennemis nos gens soustenus et roidement repoulsez jusques sur les bras de ceux qui estoient plus arriere, où prindrent deux prisonniers qui leur dirent que M. le connestable n'estoit qu'à un quart de lieue loing avec toutes ses forces; ce que leur feit haster de faire une charge sur les compagnies de M. de Vandosme et du seigneur de Sansac. Au mesme instant ledit seigneur de Sansac fut couvert et chargé d'autres mille chevaux. Sur ceste meslée M. le mareschal commença à marcher au grand trot droit à eux, ce que les arresta sur cul : quant et quant descouvrirent M. le prince de Condé en bataille serrée, galopant pour les joindre, qui les meit en tel desarroy qu'estans rechargez seulement de cinquante sallades, se meirent à vau de route. Mondit sieur le prince n'oublia de son costé à les entamer et caresser si rudement, que luy et ses compagnies les menerent battans une grande lieue plus arriere, où furent tuez des leurs, par le commun rapport, de sept à huict cens hommes, entre lesquels, de gens de renom, on trouva le comte d'Espinoy et autres grands seigneurs des Païs-Bas; sept, tant enseignes que guidons, gaignez près de cinq cens prisonniers, du nombre desquels fut trouvé le duc d'Ascot. De la part des François, d'hommes de réputation, le fils de M. de Canaples, M. de La Roche Guyon et le guidon de M. de Sansac, y demeurerent prisonniers avec autres soldats; principalement de la cavallerie legere, non en grand nombre tuez et prins.

Geste rencontre, heureusement executée par les François, rabaissa dès ce temps si fort la hautaine presumption des Imperiaux, que depuis ne feirent chose d'importance, ains de plus en plus declinerent; car, incontinent après, partirent de ce lieu, où estoient campés à l'entour de Beauquesné, ayans razé la tour et le fort, vindrent à grandes journées jusques à Ancre et Miraumont, quatre lieues près de Péronne, terres françoises, esquelles ayans mis le feu, et logé dedans Bapaulme dix enseignes de leurs plus braves hommes, estimans que, selon le commun bruit, la premiere fureur françoise y seroit desgorgée, sans faire plus long sejour, le corps de leur armée se retira devers Arras, lequel adonc n'estoit fort gros et puissant; car beaucoup d'entre eux, mesmement des circonvoisins, d'Artois et Hennault, se retirerent en leurs maisons, pour amasser le meilleur de leurs biens, et l'enfermer dedans les villes fortes, ou cacher en lieux seurs et secrets, sçachans que l'armée du Roy estoit adonc toute complette, et devoit estre mise aux champs en bref. Quant à eux, selon leur commun dire, ils faisoient le bruit, et se vantoient que l'Empereur ne demandoit et ne cherchoit autre chose sur ses vieux jours (s'en promettant un trespas plus doux) que donner une autre bataille à un si grand roy. Pour laquelle raison, et soubs ceste esperance et attente qu'ainsi le feroit, avoit le Roy grande sollicitude à dresser son armée belle, forte et pourvûe de ce qui estoit nécessaire pour soustenir la bataille d'un bien grand et fort ennemy, où en personne se vouloit trouver pour luy faire entendre que ce n'estoit à un lieutenant qu'il avoit affaire, mais à un roy ne craignant tant les hazards de fortune comme aymant le bien public et defense de son peuple. Pourquoy n'y voulut non-seulement ses amis, richesses et avoirs, mais sa propre vie exposer, encore que la fortune par beaucoup de ses tours se fust declarée assez son ennemie, mesmement ayant receu nouvelles de la mort du roy d'Angleterre, son certain et naturel allié et amy, pour laquelle conceut en l'estotomach une tristesse plus aigre et violente que sa constance ne l'exprimoit, ce que nous passerons legerement pour prendre l'armée françoise.

Laquelle en ce temps, qui estoit sur la fin du mois d'aoust, se trouva toute assemblée près de Corbie, et le premier jour de septembre commencerent les enseignes de France à estre desployées par toutes les parts à l'entour de ceste petite ville, en si grand et admirable nombre d'hommes, que plus espessement l'on ne voit au renouveau les mousches à miel voler aux champs sur les fleurs espanies (1) pour en succer le miel. Ce que le Roy, estant en une cassine sur le chemin, voulut veoir, mesmement les Suisses dresser leurs bataillons en belle ordonnance (enquoy de tout temps ont emporté le loz), que luy aggréa fort, et print grand plaisir. Quant au nombre de ceste armée, si je le voulois particulierement et de mot à mot raconter, et reciter les princes et grands seigneurs, gentilshommes, capitaines, vaillans soldats, les compagnies et

(1) *Espanies* : épanouies.

enseignes, tant de cavallerie que fanterie qui estoient en ce camp, ce ne seroit jamais fait, et ne faudroit que ancre et papier pour en faire un livre entier ; mais j'espere à vous narrer choses plus aggréables.

De laquelle armée estoit general conducteur le très-vaillant et sage chevalier M. le connestable, et le premier chef en l'advant-garde, estans avec luy ces princes, ducs de Vendosme, de Nevers, d'Anguien, de Montpensier et l'Admiral, ayans chacun de ces princes un regiment de gendarmerie (qui est deux cens hommes d'armes) soubs eux, et ausquels commandoient. De gens de pied, y estoient quarante-neuf enseignes de fanterie françoise, faisans nombre de quinze à seize mille hommes, desquelles estoit general mondit seigneur l'Admiral. Le comte Reingrave, colonnel des lansquenets, avec Reifberg, avoient quatre régimens, qui sont vingt enseignes, faisans nombre de dix à douze mille hommes ; quatre enseignes escossoises et deux angloises, en estimation de douze à quinze cens hommes.

De la cavallerie legere estoit principal chef le seigneur de Sansac, nombrée à près de deux mille chevaux, y comprenant trois ou quatre cens Anglois, braves hommes et propres à ce mestier. Les nobles et rierebans estoient complets , comme on disoit peu après, de trois mille chevaux, desquels estoit général le seigneur de La Jaille.

De l'harquebuzerie à cheval n'estoient guères de compagnies particulieres, pource que, peu auparavant, le Roy avoit missus une ordonnance à chacun capitaine de cent hommes d'armes, de lever cinquante harquebuziers à cheval, armez de corselets, morions, brassats ou manches de maille, avec la scopette ou harquebuze propre à meche, ou à rouet, dedans le fourreau de cuir boully, montez sur bons courtaux, et à ceux de cinquante, vingt-cinq en ce mesme équipage, conduits par un homme d'armes, specialement des plus experimentez qui seroit esleu en leur compagnie. Tous lesquels faisoient bien le nombre de douze à quinze cens: chose bien inventée et par bon conseil, pour soustenir l'homme d'armes en lieu estroict et malaisé, et qui donnoit grande parade et grace à ceste armée, pour estre les premiers devant les compagnies avec la diversité de leurs accoustremens.

En la bataille estoit le Roy, près de luy le prince de Ferrare, le duc de Guise, le prince de la Roche Suryon et le mareschal de Sainct-André, ayant chacun de ces princes un regiment de gendarmerie, comme les susdits, le grand escuyer de Boysi, et le seigneur de Canaples avec leurs bandes de la maison royalle, avec les gardes, tant françoises, escossoises que de Suisses, et un nombre de grands seigneurs et gentilshommes suyvans ce grand Roy, tant pour fidelité que pour luy donner cognoissance de leurs vertus et bonne volonté.

De toute l'artillerie, qui n'estoit en grand nombre, environ cent pieces, grosses et menues, le seigneur d'Estrée estoit grand maistre et premier gouverneur, gentilhomme vigilant et de bon esprit.

Pour le jour que ceste puissante armée fut mise à la campagne, ne feit grande traitte, se campant ce soir à une lieue de Corbie, en deux petits villages selon un torrent et petit fleuve, en stance (1) fort commode, es-

En stance : En position.

tant le Roy logé en un chastelet sur un coustau qu'on disoit estre des terres du seigneur de Hely ; duquel lieu le lendemain partit, suyvant presque le trac et les brisées de l'armée impériale, pour aller loger à Miraumont. Advint qu'en chemin (ne sçay par quel advertissement) M. de Nevers se tira hors de l'armée avec son régiment, tirant à main gauche devers les bois et forests contre Arras, où furent descouvertes aucunes escoutes, qui tost nous ayans apperceuz, debusquerent et se sauverent de vistesse dedans le profond de ces bois et forests. Lesquelles furent après du long et du large descouvertes et visitées, où ne se trouva nombre d'ennemis faisant teste ; seulement quelque fort dedans un village, qui, peu après, fut forcé par noz harquebusiers, et trouvé moins prouveu qu'on n'en avoit opinion : pourquoy retournasmes à Miraumont pour prendre nostre quartier.

Le lendemain, qui estoit le deuxieme septembre, M. de Guise, avec deux régimens de gendarmerie, environ mille ou douze cens chevaux, tant de cavallerie legere que des nobles, et dix enseignes de fanterie françoise, partit de ce lieu, tirant la rotte (¹) de ces bois vers Arras, pour descouvrir et escumer les lieux suspects et dangereux, et dompter les forts et carrieres des volleurs et larrons ; mais ne trouva chose que ce soit de difficile résistance, s'estant descouvert jusques près des fauxbourgs de ceste bonne ville ; retournant, pour enseignes de ce voyage, fut mis le feu en tous les villages, cassines des environs, avec une désolation et lamentable pitié.

Or de ce lieu de Miraumont ne peult avoir que

(¹) *La rotte* : la route.

deux bonnes lieuës jusques à Bapaulme, lieu fort; plus pour l'assiette sterile que de naturel ne artifice, mais odieux et dommageable aux François circonvoisins; autant ou plus que Teroenne estoit à ses voisins les Bourguignons. Parquoy couroit un bruit par nostre camp (controuvé et issu, comme je pense, du commun populaire) qu'avant entreprendre autre chose on raseroit ce chasteau en vengeance des nostres. Tant y a (ou pour contenter ce desir du pays, ou pour tenter si ce fait seroit aisé et facile à estre en peu de temps parachevé) que le troisieme de ce mois, M. le connestable, avec la pluspart des princes, accompagné de près de cinq ou six mille chevaux, et autant de fanterie françoise, alla recognoistre ceste place, de laquelle est gouverneur le seigneur de Haulsimont, chevalier (bien estimé entre les Bourguignons) prouveu de dix ou douze enseignes de pied, et de trois ou quatre cens chevaux. Lequel, à l'arrivée de ceste belle compagnie, ne se monstra point chiche de pouldres et boulets, nous envoyans de telle marchandise plus qu'on n'en vouloit. Au surplus, ceux de dedans ne furent fort paresseux et retifs à sortir à l'escarmouche; mais, tant loing que les boulets de leur artillerie pouvoient donner, s'eslongnoient, et assez bravement faisoient leur devoir presque quatre bonnes heures que l'escarmouche dura. En ceste escarmouche furent blessez le capitaine Breul d'une harquebuzade en la cuisse. Aussi fut le jeune Molinont, fils de M. de Molinont, gouverneur de Sainct-Disier, et le seigneur de Nogent, lequel depuis mourut à Peronne : durant laquelle escarmouche, M. l'Admiral feit le tour et circuit, en petite compagnie, à l'entour de la ville et chasteau, et fut trouvé le tout prenable, estant le rempart de mauvais conroy, et la terre dont il est fait estre sable mouvant et delié, qui n'est de bonne tenue; faisans de ce apparence un quartier de muraille qui estoit tombé, et autres du rempart qu'on pouvoit facilement cognoistre couler et decheoir ordinairement dessus; mais la plus grande difficulté qu'on y trouva estoit la nécessité irrémediable d'eau. Encore que M. le connestable y eust fait aller grand nombre de vastadours, pour chercher des sources et fonteniz, toutefois ne peurent trouver veines de durée. Pourquoy, à mon advis fut rompue la délibération de ce siége, et remise à une autre fois.

En ce sejour de Miraumont, plusieurs certiffioient que le cardinal de Sainct-George, legat du Pape, estoit là arrivé pour traitter paix ou treves entre ces deux princes. Quant à moy, n'en ayant rien sceu à la verité, ne le veux et ne puis asseurer pour les merveilleux orages et feux que faisoient les François sur les terres de l'Empereur, qui me contraint dire avec pitié que le Pape devroit avoir un grand regret en sa vie, ayant esté l'occasion d'une si sanglante et très-cruelle guerre.

Au departy de ce lieu, estans tous les villages, abbayes et tous domiciles des ennemis, voire jusques aux moulins à vents, auprès des portes de Bapaulme, partie consommez, et le reste encore en flammes et fumée, le terroir et chemins devindrent tant fangeux et pesans, pour les pluyes tombées par un jour et une nuict, que les soldats et gens de pied, à grand travail, peurent attaindre l'autre logis, nommé Morlencourt, à deux petites lieuës près de Peronne; à cause de laquelle difficulté en endurerent les charrois et bagages, sur lesquels, tant la garnison de Bapaulme que les paysans, feirent de bons butins; et destrousserent les plus esgarez et mal conduits. Et faut entendre que l'armée imperiale nous costoyoit à cinq et six lieuës près, estant la riviere comme une barre et séparation entre eux et nous, faisans tousjours autant de chemin que nous, se logeans en lieux forts, marescageux, ou environnez de bois et rivieres, pour n'estre pareille, ains de beaucoup moindre que la nostre, que deux raisons faisoient assez cognoistre. Premierement, qu'au plus près de leur camp nos soldats alloient brusler et mettre le feu ès villages, et le peu d'alarmes qu'ils donnoient aux nostres, sinon quelquefois sur les vallets et fourrageurs : ce que nous estimions plustost advenir par les villains et paysans, destruits et desesperez que d'eux. Et moins encore d'empeschemens estoient donnez à noz vivandiers et aux provisions amenées en nostre camp; estans tous vivres à marché competant, au milieu d'un pays ennemy, auquel on ne trouvoit que les granges pleines de bleds et fourrages; tout le bestail et autres vivres jà transportez et retirez dans les places fortes. Ce qu'estant venu à la cognoissance du Roy, et prévoyant assez que son ennemy n'espéroit et n'attendoit autre chose, sinon que le faire temporiser devant une ville, ou ès autres entreprises de petite valeur, pour le tirer jusques à la saison de pluyes, lesquelles commencent tost sur ces pays froids et occidentaux; cause de le ruiner et affoiblir, tant pour luy trancher tous vivres, que par maladies et froidures, à fin de le précipiter en un abysme de malheurs, pour après luy donner ceste bataille que nous avoit promis; conclud avec le conseil d'y remedier. Le conseil du Roy estoit (s'il m'est permis d'en dire un mot, selon que j'ay peu cognoistre, et s'est veu par effect) de reduire son ennemy en deux extremitez grandes : l'une desquelles luy estoit impossible d'éviter, à sçavoir que, s'il vouloit tenir son armée forte et unie, sans la départir pour en fournir beaucoup de villes grosses sur ces pays, non fortes ne fortifiées, que des hommes dont elles seroient pourvues et garnies le plus soudainement que seroit possible, en saisiroit la premiere qu'on pourroit surprendre par force, par ruse et par toutes autres voyes, pour, après l'avoir saccagée, et le plus qu'on pourroit ruinée avec tout le plat pays, promptement nous retirer. Et s'il la départoit, tant par ses villes qu'ès forteresses, comme il fit, estimant, selon le commun bruit que nous mesmes faisions, qu'en yrions assaillir quelqu'une, sans savoir laquelle, pour ce que bien peu de personnes le sçavoient, voyant nostre armée tournoyer, ne pouvant autrement comprendre nostre déliberation, sans temporiser, et cependant que elle seroit tousjours en sa premiere force, on yroit luy présenter la bataille; laquelle, pour son honneur, ne pourroit refuser, puisqu'il en estoit le premier demandeur, et qu'on l'yroit chercher dans ses terres; que s'il la recevoit, nous en pourrions avoir si bon marché (estans de beaucoup en plus petit nombre que nous), que les autres et ceux qui resteroient après, auroient plus d'occasion de fuir et se retirer, que se remettre ensemble pour attendre nostre venue.

Et pource que l'Empereur se doutoit tousjours de ceste ville de Cambray, pour plusieurs raisons, entre autres, que se disant ceste ville neutre, ne luy estoit loisible d'y avoir là-dedans plus d'authorité que le Roy, et se doutant que les magistrats ou le populaire, se sentans grevez et oultragez par l'usurpation qu'avoit fait sur eux, s'estant advantagé jusques à là, que de bastir une citadelle pour les tenir en subjection et le pied sur la gorge, ne feissent pleine ouverture au Roy, comme estant adonc le plus fort : parquoy en seroit frustré et debouté, et sa citadelle enforcée et renversée ; si-tost qu'il sentit nostre armée esbranlée, en feit approcher la sienne. Le Roy, par la prudence duquel, et de son conseil, toutes ces choses estoient preveuës, ne demandoit autre occasion que luy-mesme luy presentoit, à sçavoir, estant là près en une si belle et espacieuse plaine, luy presenter la bataille ou de sommer ceste ville, selon l'accord de neutralité, de luy faire ouverture, et luy donner vivres comme à son ennemy. Pourtant, d'une traite, de ce lieu près de Péronne, allasmes camper en un village, à deux lieuës près de Cambray. Le lendemain, dès la poincte du jour, le Roy feit mettre toute son armée en bataille et ordonnance, preste à combattre. Ainsi se vient presenter devant ceste ville. Quant et quant envoya son herauld d'armes pour la sommer et admonester de son devoir, leur faisant entendre que, non pour les fouler et oultrager estoit là venu, mais plustost pour les remettre et confermer en leur premiere liberté ; laquelle il sçavoit bien avoir esté desjà corrompue par l'Empereur, dont, s'ils vouloient se venger et mettre hors de ceste servitude, ne pourroient demander meilleur moyen que sa venue. Que, si l'Empereur y vouloit quereller autres advantages ne droicts, estoit là en personne pour luy monstrer et le combattre avec ses forces sur le contraire. Si autrement le faisoient, ils seroient cause de beaucoup de mal pour eux : premierement, de perdre ce tiltre et privilege d'estre dits neutres, qui est de n'estre affectionnez à la querelle de l'un ne de l'autre ; pourquoy avoient liberté de trafiquer ès pays de chacun d'eux. Davantage exempteroient leur plat pays d'estre bruslé et fouldroyé (comme a esté depuis), sans ce qu'ils demeureroient à perpétuité subjects à tailles, emprunts, subsides, et toutes exactions, et plus au danger d'estre coustumierement comprins à divers travaux, ausquels un pays particulier est abandonné de souffrir pour son prince. Telles et plus grandes remonstrances encore furent faites à messieurs de Cambray, non pour leur demander de l'argent (comme par une vulgaire et incertaine voix estoit publié), n'estant vray semblable qu'un si grand roy se soit abbaissé jusques là. Parquoy, à bonne cause, estoient suspens et douteux de ce qu'estoit le meilleur à eslire pour eux, et demanderent au Roy vingt-quatre heures deux fois pour y adviser et lui en rendre response. Ainsi le Roy feit reculler son camp une grande lieuë plus arriere, estant logé à Crevecueur, terres des appartenances de la royne de France à présent regnante. Et fut crié par toute l'armée que personne n'eust à prendre chose quelconque au territoire de Cambray sans payer, à peine de punition corporelle. Constant lequel temps (1), messieurs de Cambray feirent sçavoir à l'Empereur ceste semonce, qui estoit adonc à Bruxelles, comme chacun disoit ; lequel, pour les consoler, leur manda des plus belles raisons du

---

(1) *Constant lequel temps :* pendant lequel temps.

monde, entre autres qu'ils reprenoient (¹) de la
chambre d'Empire, et qu'il estoit empereur pour
les garder et defendre, non un roy de France, qui
ne cherchoit que leur ruine, leur remettant devant
les yeux l'exemple de Metz; leur promettant là où ils
seroient assiégez, et que les François se parforceroient
de les grever, les secoureroit en tout et partout. Et
deslors manda au prince de Piedmont, qui s'estoit
reculé avec son armée devers Valenciennes, de leur
donner tout le secours qu'ils demanderoient et leur
seroit de besoing; y estant ordonnez pour chefs et
principaux gouverneurs, les seigneurs de Bossu et de
Brabanson. Le temps expiré et passé, encore que le
Roy sceust toutes ces belles besongnes, les envoya de
rechef sommer pour luy en rendre resolution. Ils manderent, quant à eux, s'il plaisoit à Sa Majesté, qu'ils
estoient tous contens de demeurer ses humbles voisins
et amis, ne refusans de luy donner vivres, mais qu'ils
n'estoient adonc les maistres de leurs biens propres;
que l'Empereur, malgré eux, avoit envoyé gens dans
leur ville, et grosses garnisons, parquoy estoient hors de
leur liberté et puissance de plus en pouvoir disposer.
Sur ceste responce et frivole excuse, fut jugée ceste
ville ennemie. Et ce jour mesme, qui estoit le hui-
tiesme de septembre, M. le connestable, avec deux
regimens de gendarmerie et trois ou quatre cens chevaux legers et de rierebans, M. l'Admiral avec dix enseignes de fanterie françoise, l'allerent recognoistre
et visiter à l'entour; et, au lieu qu'auparavant nous
eussions bien ouy chanter un poulet là dedans, pour
le silence qui y estoit, on n'entendoit que canonnades,

(¹) *Qu'ils reprenoient* : qu'ils relevoient.

harquebuzades et bruit de toutes pars; mesmement de la citadelle, qui faisoit trembler la terre des coups d'artillerie qu'elle tiroit sur les François, sortans de là dedans soldats autant espessement que les frelons de quelque trou de arbre après un viateur qui les auroit irritez. Les nostres y couroient de tous costez, et n'y avoit jusques aux vivandiers et charcutiers qui ne voulussent avoir le passetemps des braves escarmouches d'eux et de nous. Lesquelles, de plus en plus fortes, continuerent six jours entiers, en l'une desquelles fut tué le seigneur de Breze, capitaine des gardes françoises; et, devant la citadelle, fut tué aussi le capitaine Cornet, capitaine d'une compagnie de gens de pied françoise; et, des Bourguignons, y furent pris et amenez prisonniers, d'hommes de reputation, le comte de Pondevaux, de la Franche-Comté, et le seigneur de Trelon, de la duché de Luxembourg.

Apostrophe à M. de Bordillon.

Et vous, monsieur, de vostre costé de Champagne n'estiez adonc en repos, ainsi que tesmoignerent les deux enseignes de gens de pied, et les deux cornettes de cavallerie des Bourguignons qu'envoyastes au Roy en ce lieu par le seigneur de Neufvy, enseigne de vostre compagnie; lesquels aviez rompuz et desfait à la Haiette, près de Maubert-Fontaine, y estant demeuré prisonnier le gouverneur de Cimets, l'un de leurs chefs, s'estant de vitesse, et à bien fuir, sauvé le bastard d'Avannes; l'autre de leurs conducteurs. Parquoy non-seulement avez augmenté la bonne grace et faveur de ce grand Roy envers vous, avec une louange et immortelle estimation de tout le monde; mais avez obligé le pauvre peuple de ces frontieres à prier Dieu à jamais pour vostre prosperité et santé.

Or, pour retourner à ce qui estoit fait devant Cambray, ceste cité fut parfaitement recogneuë, et fut trouvé, selon l'advis de ceux qui la visiterent par dehors d'un bout à autre, selon aussi le rapport des espions et de ceux qui l'avoient veuë par dedans avant (1) subjecte à estre canonnée et minée que ville pourroit estre. Et, pour en dire mon opinion et ce qu'en ai peu cognoistre, c'est une grande ville, située, demie en un fond, et demie en pendant, où il n'y a apparence de boulevers, rempars ou fortifications selon la nouvelle façon. Du costé de France et du soleil levant, est une campagne et païs de labourage, descouverte, de bien huict cens ou mille pas d'estendue, non encore tant plein que ne aille tousjours en descendant quelque peu jusques à la ville, ayant aucun petit fond entre deux; mais je l'appelle plaine pour ce qu'elle n'est umbragée d'arbres ne buissons, ou autres lieux empeschans la descouverte. Du costé de ponent, où elle est la plus basse, où est aussi le fauxbourg, sont jardinages et saulsayes sur la riviere, et quelques prairies et marets. Devers midy, est une petite plaine pendant devers la ville, et, un peu par de là, sont collines et vallées. A costé de septentrion est une petite montagne sur un des coings de la citadelle, laquelle est de ce costé là construite sur le plus haut de toute la ville, où souloit estre, ce dit-on, une abbaye ou eglise cathédrale : elle a aucunement la forme de quadrature; toutefois l'un des coings est alongé plus devers cette petite montagne

(1) *Avant* : autant.

qu'ès autres lieux, estant un coullon en façon d'esperon, servant de défense aux deux flancs, avec une plate forme. Quant à la situation et fondement de ceste citadelle, on la jugeroit extérieurement estre subjecte à la mine et sape, estant terre blanche comme la marne. Si le dedans estoit perriere (1), je la dirois tendre et fort aisée à estre taillée, ainsi qu'on peult cognoistre de la pierre de taille dont sont faits les édifices, qui est plustost craie que pierre. J'estimerois cette citadelle avoir esté édifiée plustost pour tenir cette ville neutre en subjection, que pour en faire une forteresse imprenable ; car, estant conjointe à la ville comme elle est, seroit besoing de la fortifier pour se secourir l'un l'autre, à raison, qu'estant occupée la ville, pourroit grandement la citadelle estre interessée ; laquelle aussi, estant forcée, seroit cause de faire perdre la ville ; mais l'Empereur, tant pour considerer ceste grande ville fort difficile à estre fortifiée, pour le moins qu'avec grands fraiz et un long temps, que pour n'agraver les habitans soudainement de surcharges, bastit en premier ceste petite citadelle là dessus, pour avoir un pied là dedans, et obvier aux mutinements et rebellions, à fin que, peu à peu, s'y feist maistre du tout. Et croy fermement, si on les eust assiegez, qu'ils n'avoient esperance qu'en l'un de ces poincts, à sçavoir : au grand nombre d'hommes qui estoient logez là dedans, estant ceste ville abondamment munie de vivres et toutes choses au surplus de l'armée impériale, qui se fortifioit près d'eux pour nous coupper les vivres, et donner tous empeschemens ; finablement, aux pluyes qui commencent communement en ceste saison en ce Pays-Bas.

---

(1) *Perriere* : banc de pierre.

Tant y a, qu'on leur donna diverses presomptions d'avoir le siege; car, avec ce qu'on leur donnoit diverses allarmes, et estoient dressées escarmouches journellement devant, on feit partir de nostre camp une partie de l'artillerie de campagne, et faisoit-on courir le bruit qu'on en amenoit de plus grosse d'Amiens, Corbie, Sainct Quentin et Catelet, esant dressé desja un nombre de gabions, et les traineaux faits pour les porter jusques aux lieux où les approches seroient faites, et les mareschaux de camp allerent, remarquer et compartir l'assiette. Toutefois je doute que n'estoit l'intention de nostre conseil, comme on a depuis veu; mais estoient faites toutes ces ruses afin de les tenir en ceste verdeur et opinion que nous romproient et consumeroient lentement, dont s'estoient eslargis les Imperiaux, et separez. Nous au contraire, sans nous separer, n'affoiblir, les voulions chercher et combattre. Parquoy, sans davantage y temporiser, estans tous les forts des environs rompuz et ruinez, jusques aux eglises, tours et clochers sapez et abbatus, et le feu mis par tous les villages, granges et cassines, voire jusques aux faulxbourgs et près des portes de la ville, en deslogeasmes tenans le chemin droict au Chasteau Cambresis. En chemin furent forcez deux forts opiniastres à petite occasion, dont ils resentirent aigre punition. Le premier endura trente-six coups de canon, et ouverture y estre faite grande et large sans se vouloir rendre; devant lequel fut tué le capitaine Pierre Longue et douze ou quinze soldats françois, que tuez que blessez. Toutefois que dedans ne fut trouvé homme que ce fust, s'estans retirez et sauvez par dessoubs terre, ou cachez dans quelques cavins et minieres. Pourquoy furent estoupez et bouchez tous les conduits qu'on y peut trouver. L'autre estoit moins fort que le premier, pource que c'estoit un meschant poulier de terre, en appentiz contre la moitié d'une vieille tour ruinée, où y avoit quelque fossé à l'entour à sec. Pourtant avoient moindres raisons, ou apparence de refuser dès la premiere fois à se rendre, et faire response à la premiere et seconde semonce qu'ils ne se rendroient jamais sans canon. Encore l'avoient-ils veu bracqué, et desjà y avoient esté tirez deux coups de moyennes, quand ils feirent signal de se rendre ; mais c'estoit trop tard, car les soldats françois, non encore refroidiz de leur premiere fureur, n'attendirent que le canon eust dechargé une seule fois, qu'ils se jetterent là dedans comme enragez, et enfoncerent la porte. Après, la pitié fut grande de veoir le carnage qui y fut fait, et n'en fut un seul pris à mercy.

Tout à l'entour de ceste petite ville du Chasteau Cambresis estoit campée la bataille, sans que personne entrast dedans qu'une enseigne : laquelle y fut logée pour en repoulser les nostres mesmes, s'ils y eussent voulu faire aucun effort. Et peult-on aisément penser que les habitans estoient en grand doute de ce que leur estoit à advenir. Toutefois à la fin trouverent l'humanité de ce grand roy estre tant débonnaire, qu'aux humbles et debiles est propice et misericordieux, aux rebelles et presomptueux est austere et plein de toute rigueur. Sa Majesté estoit logée, et la plus part des princes et grands seigneurs, en une magnifique et triomphante maison de plaisance près de là, qui estoit à l'evesque de Cambray ; où davantage fut cognue sa grande benignité, pource qu'au lieu de se venger du bruslement de son chasteau de Foulembray, fait à la poursuitte du seigneur du Raux, parent d'iceluy evesque, non-seulement defendit estroitement n'y estre mis le feu, mais, bien davantage, de n'en estre aucune chose transportée ne ravie. Un peu au dessus, le long de la riviere, estoit M. le connestable avec l'avantgarde.

Or tous ces tours et menées que nous faisions, n'estoient que pour considerer la contenance des ennemis; car, estans advertis qu'ils ne s'esmouvoient en sorte que ce fust pour nous suyvre sans alarmes, ne faire semblant de donner sur nostre queuë, se doutans peult estre de quelque entreprise, ayans un seul jour sejourné en ce lieu, devallasmes au dessoubs du Quesnoy, approchans à deux lieuës près de Valenciennes, où l'armée imperiale estoit parquée en un fort. Le lendemain, qui estoit le dixseptieme de septembre, estans demeurez tous les bagages en ce lieu, et deux cens hommes d'armes, avec environ deux mille hommes de pied pour la garde et defense, allasmes les chercher pour leur presenter la bataille. Leur fort estoit à la portée d'une coulevrine près de cette grande et riche ville, sur cette mesme riviere de Lescau qui passe à Cambray, estant compassé en forme quarrée, circuy de tranchées et levées de la haulteur près d'une picque, et creusées près de dix à douze pieds, estant assis moitié en pendant du costé de Valenciennes, et moitié en fond, le long de la riviere; estant aussi de nostre costé une petite colline qui alloit en avallant jusques à ce fort; sur laquelle pouvoit estre colloquée nostre artillerie qui pouvoit tirer en plomb là-dedans, et leur faire beaucoup de mal. Dont ainsi que toute l'armée marchoit en bataille son pas ordinaire, les avant-coureurs et chevaux legers, qui estoient devant pour attaquer l'escarmouche, trouverent un grand nombre de leur cavallerie desjà en bataille sur ceste petite colline, en estat de combattre, et près de là prindrent un contadin en habit de marchand, à cheval (que j'eusse plustost jugé espion qu'autrement); lequel leur certifia que l'avantgarde des ennemis passoit la riviere pour nous venir combattre. Parquoy fut mené à M. le connestable, et de luy renvoyé au Roy, et à tous deux en dit et asseura autant; qui fut cause d'avancer l'armée, et au plustost ordonner les bataillons en leurs lieux. Cependant l'escarmouche s'aigrissoit continuellement, estant sorti du fort certain nombre de gens de pied, braves hommes, qui faisoient grand devoir de soustenir nos avant-coureurs et enfans perduz, sans ce que leur gendarmerie, laquelle se tenoit un peu au dessus d'eux, se bougeast, que quelques uns qui se debandoient de leurs rancz pour venir donner le coup de lance où ils voyoient leur portée. Autant en faisoient noz chevaux legers, qui estoient front à front durant ces escarmouches. Leur armée se meit une partie en un seul bataillon quarré dedans ce fort, et le reste furent partis par les flancs, principalement leur harquebuserie, à la mesme façon qu'est disposée à un assault de ville. Leur artillerie estoit mise une partie sur cavaliers de terre, qui tiroit par dessus ceste colline que j'ay dit estre de nostre costé, et le reste aux defenses, et pour tirer le long des tranchées.

Nostre armée estoit ainsi ordonnée, si bien m'en souvient : à l'avantgarde estoient deux bataillons quarrez; en la main droite estoient vingtquatre enseignes françoises, estant sur ceste aisle M. le connestable, le duc de Montpensier, M. l'Admiral, avec leurs régimens de gendarmerie, qui estoient six cens hommes d'armes; et un peu au dessus, une partie des nobles; et encore un peu plus hault tous leurs harquebusiers à cheval. Celuy de la main gauche estoit de dix-neuf enseignes de lansquenets ; estans en ceste aisle messeigneurs les princes et ducs de Vandosme, de Nevers et d'Anguian, avec pareil nombre de gendarmerie que le susdit, et une partie des nobles, lesquels estoient un peu plus reculez de nous que les autres, pour couvrir une petite montagne qui nous estoit au costé gauche, et nos harquebusiers plus avant, près d'un petit village qui brusloit, pour empescher que les ennemis ne coulassent à couvert par cest endroit jusques sur noz bras. A la bataille estoient deux autres bataillons quarrez : celuy du costé droit estoit des vieilles enseignes, en nombre de vingt-cinq, si bien m'en souvient, et en ceste aisle estoit le Roy avec toute sa maison et ses gardes, M. le mareschal Sainct-André avec son régiment de gendarmerie ; à la main senestre estoit celuy des Suisses et Grisons de trente enseignes, faisant belle et furieuse monstre, estans la plus part armez de corselets, brassals, cabassets ou secrettes, et, à bref dire, les mieux en equippage qui vindrent long temps y a en France. En ceste aisle estoient messeigneurs le prince de Ferrare, le duc de Guise, le prince de La Roche Suryon, avec leurs regimens de gendarmerie, qui estoient six cens hommes d'armes. Les capitaines Momas et Enard, deux des plus vieux experimentez, conduisoient les enfans perdus. Et fault entendre qu'ayant le pays fort à propos vuide et descouvert de près d'une grande lieuë, le tout estoit si esgallement comparti, qu'il bransloit d'un mesme pas et mesure, et estoient les limites et espaces, qui devoient demeurer entre les bataillons de gens de pied et les rancz de gendarmerie, avec tant parfaite industrie compartis, qu'estoit impossible, sinon avec un malheureux désastre, d'y advenir desordre; car, pour commencer aux bataillons de gens de pied, c'estoit une ordonnance tant bien dressée, qu'estans les premiers rancz repoulsez, se devoient retirer dedans les seconds, et les premiers et seconds dans les troisiemes; ainsi se pouvoient par trois fois r'assembler et combattre jusques aux derniers, à la mesme façon que j'ay quelque fois leu que les legions latines anciennement estoient ordonnées, ayant chacun bataillon ses flancz de long bois et harquebuserie, qui pouvoient faire teste à tous endroits, et secourir tant la gendarmerie que les corps de leurs bataillons, le tout tant bien armé et couvert, qu'ainsi les veoir, et la lueur du soleil reverberante dessus, on eust dit toute ceste contrée estre d'argent. Quant à la gendarmerie, chacun regiment estoit estendu d'un long, tellement qu'il y avoit tousjours deux cens hommes d'armes d'un front, et leur suitte d'archers au doz d'un mesme long. En sorte que si l'homme d'armes eust esté renversé, le second se remettoit en sa place; ainsi pouvoient tous combattre jnsques aux derniers. Les enseignes des hommes d'armes estoient au milieu, et les guidons au milieu du rang des archers. Quant à la cavallerie légère, elle estoit en quatre squadrons: celuy des avantcoureurs, qui estoit à l'escarmouche, estoit conduit par le seigneur Paule Baptiste; l'autre, M. de Sansac le tenoit embusqué dedans un petit cavin, au pendant d'une petite montaigne, à main gauche; M. de Nemours en avoit un autre derriere une cassine entre nostre armée et leur fort; M. le prince de Condé en avoit un embusqué en un petit fond, sur le chemin de la ville, pour empescher l'advenue de cette part. Quant à nostre artillerie, une partie, sçavoir celle de l'avantgarde, estoit sur le front de l'aisle droite, et celle de la bataille estoit sur le pendant d'une petite colline, à main gauche des Suisses et Grisons. Telle estoit la belle ordonnance de nos batailles. Mais pource que c'est petite force que toute ceste monstre d'hommes sans la vertu et asseurance, j'en diray ce que j'en sçay, qui est selon l'apparence et demonstration exterieure. Je proteste sur la foy chrestienne, en laquelle je veux vivre et mourir, appellant tous ceux qui y estoient à tesmoings, qu'il n'est possible de veoir hommes en meilleure volonté et ardeur de bien faire leur devoir qu'ils estoient, tant les François que les estrangers, mesmement les Suisses, lesquels avoient jà fait leurs céremonies en intention de combattre et mourir jusques à un seul, avant que d'y faire une faulse poincte; et quant à moy, encore que je fusse l'un des moindres soldats de toute l'armée, je n'euz en ma vie plus grand desir que de veoir donner ceste bataille; ayant ceste ferme opinion que, si les Imperiaux n'eussent voulu chercher ces excuses et raisons pour se dire en plus petit nombre que nous, sçachant bien et les estimant hommes vaillans et vertueux, au moins nous nous fussions bien frottez et battuz, à qui demeureroit la place et le camp. Lors de plus en plus nous enfloit le cueur nostre magnanime Roy; lequel, accompagné de grands princes, nous venoit visiter et enhorter, tant de sa presence qu'avec son affable langage, avec telle véhemence et affection, que chacun prenoit la mort aggréable pour son service.

Or estant ainsi toute nostre armée en bataille, et s'aigrissant de plus en plus l'escarmouche d'une part et d'autre, ceste cavallerie des ennemis se tenoit et monstroit tousjours en bataille sur ceste petite colline, et fusmes ainsi attendans leur venue plus de trois grosses heures entières, volletant parmy nous ce bruit : « Ils viennent! ils viennent! » et tant longuement que la nuict approchoit, et chacun s'ennuyoit de tant attendre. Enfin M. le connestable, prévoyant qu'ils temporisoient sciemment jusques à l'obscurité de la nuict, pour nous mettre ou surprendre en desordre, feit advertir nostre cavallerie legere de se joindre pour charger ce hot (1) de cavallerie imperiale; ce que fut fait promptement, mais avec une tant grande allegresse et dexterité, qu'ils les repoulserent et rembarrerent vivement, en moins de rien, jusques sur le bord de leurs tranchées, les faisant culbuter pesle mesle là-dedans, où furent tuez, d'hommes de reputation des François, le seigneur de Genliz, de la duché de Bourgongne, gentilhomme qui avoit esté nourri page en la maison du Roy. A ceste heure là leur artillerie, tant celle des flancs que celle qui estoit sur les levées de terre, commença à faire son office, laquelle en tua et blessa plus des nostres qu'il ne s'en trouva attaints de coups de main; dont y furent tuez, entre autres hommes d'estimation, le capitaine Steph, gentilhomme italien, lieutenant de la compagnie de chevaux legers du capitaine Sennetaire,

---

(1) *Ce hot* : ce corps.

et le seigneur de Ferrieres, lieutenant de la compagnie de chevaux legers du seigneur de Givry, de la maison d'Estauges. Ceste meslée dura plus d'une grosse heure, y estant morts des François, tant de cheval que de pied, environ cent hommes, quand la retraite fut sonnée, que le soleil estoit jà couché et la nuict close. Longuement avoit esté debattu si on les devoit aller assaillir jusques dans leur fort; toutefois la meilleure part du conseil fut d'advis qu'on se devoit contenter de leur avoir fait ceste honte en leur pays propre, non seulement d'avoir executé une partie de nostre volonté, mais bien, nous estans offert en leur presentant ceste bataille dont ils nous menaçoient dès le commencement, assez froidement et à petite excuse l'auroient refusée. On consideroit beaucoup de dangers : premierement que noz soldats estoient lassez et ennuyez, tant du chemin que de l'attente, estans chargez d'armes, et les ennemis fraiz et reposez ; que le pays estoit pour eux, et leur propre heritage, pourquoy combattoient plus courageusement, et comme gens desesperez, et ne les pourroit on assaillir qu'à leur grand advantage, estant pour exemple les batailles de Poictiers et de la Bicocque : aussi que n'avions seulement à combattre à ce premier fort, lequel encore que nous eussions forcé, se pouvoient les ennemis retirer facilement dans la ville; parquoy n'eussions rien fait, et eust esté à recommencer. Et prenons le cas que nous eussions peu parachever l'un et l'autre, on peult aisément penser que les François eussent les premiers porté la paste au four, et y en fust beaucoup demeuré, peult estre tous, tant à raison que ce n'est le propre ne le naturel du Suisse, ne du lansquenet, d'assaillir villes ne forteresses, que ne sont aussi tant affectionnez ny enclins comme les subjects sont à leurs princes. Dont s'il fust advenu que le Roy se fust trouvé dans un pays ennemy, destitué de la meilleure part de ses forces, estoit à douter grandement divers malheurs luy advenir. Et pourtant fut arresté et resolu qu'il valloit mieux se retirer avec honneur qu'avec perte et mocquerie. Ainsi se remeirent les bataillons de fanterie en simple ordonnance, reprenant le chemin où estoient demeurez les bagages; et M. le connestable, avec toute la gendarmerie et cavalerie de l'avantgarde, demeura le dernier à partir, en attendant et pour veoir s'ils voudroient faire les mauvais sur la fin, et donner sur nostre queuë; ce qu'ils n'oserent toutefois entreprendre : et, à la clarté et lumieres des feux des villages qui brusloient à trois lieuës à l'entour, retrouvasmes nostre logis precedent.

Derechef, ce soir mesme, par aucuns grands seigneurs fut proposé au conseil y avoir moyen et cause de retourner une autre fois rechercher les ennemis, pour les assaillir et combattre jusques dans leur parc, selon le rapport d'aucuns prisonniers qui en estoient venuz freschement, disans n'estre en telle defense comme on le cuidoit; asseurant que, du costé du midy, par le bas de la riviere, estoit foible, et que là leur tranchée n'estoit parfaite n'enlevée (1) de cinq pieds de hault; parquoy on pourroit, en cest endroit, dresser et ordonner noz batailles, et le faire assaillir par les enfans perduz, cependant que nostre artillerie seroit assise sur les collines que nous aurions aux flancz, qui tiroit à plomb dedans eux, estant cause ou qu'ils

---

(1) *N'enlevée* : ni exhaussée.

sortiroient en campagne pour combattre, ou quitteroient le jeu. Et fut cest advis promptement, et selon le premier mouvement, trouvé bon ; mais, après que les bien vieux et experimentez en eurent dit leur mot, et ce que bon leur en sembloit, on trouva que la derniere opinion estoit encores la plus seure : suyvant laquelle, ayans un jour sejourné en ce lieu pour nous rafraischir, nous retirasmes devers Chasteau Cambresis, où semblablement sejournasmes un jour, sans mettre le feu, ne en ceste belle maison, ne en la ville ; seulement en furent mis hors tous les vivres qui estoient dedans, à fin que les ennemis ne s'en aydassent. Puis recullasmes jusques à Fonsomme, à deux petites lieuës près de Sainct Quentin. Et là fut departie nostre armée, environ le dixneufiesme et vingtieme de septembre. Car estans les Suisses bien payez et contentez, leur fut donné congé pour se retirer en leurs pays, et partie de la gendarmerie logée ès garnisons le long des frontieres, ou renvoyée ès gouvernemens de leurs capitaines. Autant en fut fait de tous les nobles et rierebans.

L'autre partie de la gendarmerie et cavallerie legere avec les vieilles enseignes, et les Allemans, fut retirée et assemblée à Auchy le Chasteau, au dessoubs de Hedin, et, peu de temps aprés, conduite par M. le mareschal de Sainct-André devers la comté de Sainct-Paul, pour la destruire de fond en racine, et parachever le degast et totale ruine, tant du baillage de Hedin que de la comté de Ponthieu, et du reste du pays d'Artois. Ce que fut par luy executé à la veüe des ennemis, sans trouver resistance, où il ne demeurast tousjours supérieur, avec une tant admirable furie et desolation, qu'il ne fut pardonné seulement aux taicts et loges des bergers, que tout ce plat pays ne fust mis en feux et cendres à l'entour d'Aire, Sainct-Omer, Lislars et Perne, de laquelle le chasteau fut prins par force, et environ cinquante soldats espagnols tuez et mis en pieces là-dedans. En ce voyage ne fut fait autre chose de grand effect, mais plustost mouvante à pitié que méritant d'estre mise par escrit, si-non une brave escarmouche que le vidame de Chartres (duquel la vertu est assez publiée par tout le monde) dressa devant Lislars avec quinze enseignes de fanterie françoise, et presque deux mille chevaux, sur dix-neuf enseignes de fanterie espagnolle; lesquelles estoient demeurées campées à l'entour de ceste petite ville, pource que les habitans leur avoient fermé les portes, craignans d'estre saccagez par eux, comme en estoit advenu à leurs voisins. Cette escarmouche dura presque un jour entier, estant chacune partie obstinée à obtenir et gaigner la victoire ; laquelle (après avoir longuement bien combattu, et en doute) advint aux François, y estans morts et blessez peu d'entre eux, et des Espagnolz d'avantage, desquels pareillement en fut beaucoup amené de prisonniers. Après ces orages les François retournerent à Auchy, où les Allemans, et à l'entour de Hedin, demeurerent en garnison: duquel le baillage avoit esté donné par le Roy au comte Reingrave. Et sur la fin du mois de octobre, estans cassées aucunes compagnies, tant de fanterie françoise que de la cavallerie legere, les autres furent départies et mises aux garnisons, pour passer l'hyver qui estoit prochain.

SIXIESME LIVRE.

De ce qui s'est fait ès Ardennes, Lieges, Hennault, Braban et Artois, tant par l'armée du Roy que celle de l'Empereur, en l'an 1554.

[1554] Peu de temps après, sur la fin du mois d'octobre, que l'armée du Roy fut retirée du pays d'Artois pour estre departie ès garnisons des frontieres du pays de Picardie, l'hyver commença, qui, pour les grandes et longues pluyes, avec sur la fin autant aspres gelées qu'il est memoire de nostre temps avoir esté, osta tout moyen à l'ennemy de se revancher, et attendre chose nouvelle contre nous. Et nonobstant que les armes fussent retirées de la campagne, ne desistoit couvertement de preparer la guerre contre nous à l'esté prochain. Cependant l'Empereur se meit à poursuivre le mariage du roy d'Espagne son fils avec l'infante Marie, nouvelle royne d'Angleterre, avec telle solicitude, qu'il n'oublioit chose aucune qui peust servir à la consommation d'iceluy, se voyant presque hors de toute esperance d'avoir secours d'ailleurs et recouvrer argent; ce que plusieurs grands et notables seigneurs du royaume s'efforcerent d'empescher, prevoyant l'immortelle guerre qui par les François leur estoit et à toute leur posterité preparée, ayant aussi auparavant experimenté quelle perte et dommage leur avoit esté d'avoir si longuement soustenu la guerre contre une nation tant belliqueuse, et de laquelle le pays d'Angleterre tiroit innumerables commoditez de vivres et toutes marchandises : toutesfois, tant peurent les persuasions de l'Empereur, avec l'instigation des roynes Marie et Eleonore (1), et autres grands seigneurs ses confederez, que la jeune royne, oubliant la misere et calamité de son pays, vaincue de nouvel amour et d'une ambition pour se veoir femme d'un fils d'Empereur, contre les advis et volonté des plus grands de son royaume, qui plus fidelement la conseilloient, après les avoir fait decapiter (2) et mourir ignominieusement, detenant aussi prisonniere sa sœur et fille de son pere, consentit à ce mariage; puis, le plus tost que le moyen se presenta, fiança par procureur, qui estoit le comte d'Aiguemont, Philippes, roy d'Espagne, esperant peu après parfaire et consommer le surplus. Le Roy, cognoissant toutes ces choses ne tendre seulement qu'à luy nuire et l'endommager, feit grands amas de deniers, appellant à son aide et secours ceux qu'il cognoissoit luy estre plus obeissans et fideles, et qu'il pensoit avoir le moyen de plus luy préjudicier ou faire service; dont le pape Jules, voyant non seulement l'Europe, mais universellement tout le monde griefvement esmeu et troublé, le peuple chrestien miserablement foulé et oppressé (non, comme je croy, sans grand remors et synderese

(1) *Des roynes Marie et Eleonore.* Elles étoient sœurs de Charles-Quint. La première étoit gouvernante des Pays-Bas; la seconde, veuve de François I, s'étoit retirée à Bruxelles.

(2) *Après les avoir fait decapiter.* Marie, devenue reine d'Angleterre, fit périr Jeanne Gray qui avoit voulu lui disputer le trône, et relégua dans un château la princesse Elisabeth, fille de Henri VIII et d'Anne de Boulen.

de sa conscience d'en avoir esté le premier autheur), envoya le cardinal d'Angleterre (1), son legat, devers le Roy et l'Empereur, pour adviser par tous moyens à une bonne paix et union entre ces deux princes. En quoy ce bon et vertueux personnage, avec grande integrité et zele de la tranquilité publique, s'employa si vertueusement, que, mettant arriere toute ambition et crainte de haine ou captivité, ne cessa de leur remonstrer les infinies miseres desquelles le pauvre peuple chrestien est affligé, l'incertitude et miserable estat auquel l'Eglise catholique, par leurs dissentions, est maintenant reduite. Et n'estoit vray semblable, quoy qu'aucuns ayent voulu dire que ce fust une sainte dissimulation, que ce bon cardinal favorisast plus à l'Empereur qu'au Roy. Quant à moy, je n'en veux croire que la commune et generalle opinion, qui lors estoit d'une asseurance de paix si grande, que les pauvres gens des frontieres, de l'un et l'autre party, se l'estoyent ainsi persuadé, et s'en asseuroient tellement, qu'ils rebatissoient et commençoient à rehabiter en leurs cazettes et petites maisons, fumantes encore du feu dont elles avoient esté ruinées : tant que chacun se promettoit un bienheureux repos, s'il eust pleu à Dieu amollir les cueurs de ces deux grands princes. Mais, tout ainsi que tous les signes de Moyse et Aaron endurcissoient plus fort l'obstiné courage de Pharaon, afin d'après faire apparoistre les grandes merveilles du Seigneur, aussi croy-je que, non encore satisfait et content de si petite punition de noz enormes pechez, n'a permis qu'on ayt voulu entendre à recevoir une

---

(1) *Le cardinal d'Angleterre.* On l'appeloit le cardinal Pool. Il étoit proche parent de la reine d'Angleterre.

bonne et asseurée paix. Parquoy ce legat, après maintes allées et venües de chacun costé, s'en retourna fort triste devers le Pape, laissant ès cueurs des deux princes ceste tant inveterée inimitié que les clameurs du peuple misérable, le travail de la noblesse, ne les troubles de toute l'Eglise chrestienne, n'ont oncques aucunement peu divertir ; combien que je puis dire, après l'avoir ouy affermer à plusieurs grands personnages, que le Roy se soubmit aux plus raisonnables conditions qu'il estoit possible de demander, non de peur ou aucune crainte de son ennemy, ains de pitié et commisération du pauvre peuple, et desir qu'il avoit du repos et tranquillité de l'Eglise.

Cependant, dès le commencement du printemps, la rumeur de la prochaine guerre s'esleva, et furent despendues les armes pour commencer à les fourbir et aprester, afin de se mettre tantost à la campagne, estant par toute la France publié le bruit que l'Empereur dressoit grands amas de soldats, et toutes provisions, devers les contrées de Lieges et ès Ardennes, pour descendre du costé de Champagne, et proposoit assieger la ville de Mesieres, ayant estably celles de Mariambourg et Avanes pour magazins et estappes. Parquoy le seigneur de Bordillon, qui lors estoit à la Court, fut là soudainement renvoyé afin de donner ordre à munir et renforcer ceste petite ville de tout ce que seroit de besoing pour attendre leur venue. D'autre costé le Roy, prévoyant sagement, et sans qu'il en fust fait autre bruit, au dessein et deliberation de l'Empereur, feit tout devoir d'amasser grandes forces pour luy aller au devant et le lever (1) de ceste entreprise.

(1) *Le lever* : le détourner.

Ayant envoyé en Piedmont et devers l'Italie assez grand secours, afin de poursuivre et continuer le bon commencement que fortune lui presentoit cette part; ayant aussi despesché capitaines et commissaires pour luy amener gens de guerre, tant des Allemagnes que des cantons et villes des Suisses ses confederez, qui fut sur la fin et issuë du printemps, quand le soleil, s'eslevant en grandes chaleurs au commencement du mois de juin avec une secheresse estrange, brusloit et consommoit les fruits de la terre : de sorte qu'avec le long travail de la guerre le pauvre peuple, pour rengregement de ses miseres, n'attendoit qu'une très-grande famine, qui, toutefois par la grace du Seigneur, ne luy advint. Et ainsi passerent quelques jours, que le Roy, voyant toutes ses forces prestes à estre mises en besongne, jaçoit que son ennemy ne montrast aucun semblant de vouloir faire autre chose, estant, comme je pense, occupé à la consommation du mariage de son fils, délibera le devancer, et, par le mesme endroit que le menassoit, de le venir assaillir, l'entamer et entrer dedans ses pays.

Pourtant feit assembler toute son armée en trois divers quartiers, à sçavoir : en Picardie à l'entour de Sainct-Quentin, où estoit chef le prince de La Roche-sur-Yon; en la vallée de Laon vers Crecy, où estoit chef M. le connestable; à l'entour de Mesieres, où estoit chef le duc de Nivernois. En ceste petite armée, où estoit lieutenant de roy le prince de La Roche-sur-Yon, pouvoient estre environ neuf ou dix mille hommes de pied, la pluspart picards, et le reste des vieilles enseignes, trois cens hommes d'armes et cinq ou six cens chevaux legers, ou harquebusiers à cheval. En celle de M. le connestable estoient vingt-cinq enseignes de fanterie françoise, vieilles et nouvelles, deux regimens d'Allemans du comte Reingrave et Reifberg, et vingt-cinq enseignes de Suisses, quatorze cens hommes d'armes, près de dix-huict cens ou deux mille, que chevaux legers, que harquebusiers à cheval, desquels estoit general M. d'Aumalle (qui peu auparavant estoit venu de prison), et bien près d'autant de nobles et rierebans, estant toujours le seigneur de La Jaille leur general. Il y avoit aussi quelques compagnies de cavallerie angloise et escossoise. En celle du duc de Nivernois, estoient vingt vieilles enseignes de fanterie françoise tirées des garnisons de Metz, Verdun, Thoul, Danvillé, Yvoy et Montmedy, y comprenant quatre enseignes d'Anglois et Escossois, et, au lieu de ces vieilles compagnies, on y en mit d'autres nouvelles. Plus y avoit deux regimens d'Allemans du comte Rochedolphe (1), et du baron de Fontenay trois cens hommes d'armes ; oultre cela, près de huict cens que chevaux legers que harquebusiers à cheval, desquels estoit general M. le prince de Condé, et deux cens pistolliers allemans. J'escrirois plus par le menu l'equippage et ordre de ces trois armées; mais ne seroit que reditte, car, par ce qu'en diray cy-après, on le cognoistra plus facilement.

Estant donc l'armée ainsi divisée en trois divers lieux, afin de tenir l'ennemy en doute de ce qu'on avoit délibéré exécuter, et de quel costé on le voudroit surprendre, par trois divers endroits entrerent dedans ses pays. Celle du prince de La Roche-sur-Yon, ayant passé la riviere de Somme, donna dedans l'Artois avec un

---

(1) *Rochedolphe* : Christophe, comte de Rockendorff.

commencement fort cruel et furieux, bruslant et ruinant toute la contrée où il passoit. Celle de M. le connestable, la plus grosse des trois, ayant pris le chemin devers Maubert Fontaine le vingt-troisiesme de juin, faingnoit s'addresser devers Avanes, estant le commun bruit qu'on l'alloit assieger. Et sitost que les enseignes de France furent recognues par ceux du plat pays, abandonnerent villettes, bourgs, chasteaux, forts, et furent contraincts pour leur seureté se retirer dedans les Ardennes, avec la meilleure part de leurs meubles et bestail, estimant, par ce que les lieux estoient inaccessibles pour la difficulté d'y pouvoir mener et conduire armée et artillerie, estre exempts et hors de tout peril. Dont plus facilement on peut ruiner de rechef la villette et chasteau de Cimets, les chasteaux de Trelon, Glaïon, Couvins et autres petits forts de l'environ, nohobstant que peu leur servit leur retraitte; car le duc de Nevers, prince très-magnanime, s'estant déliberé dompter et reduire à son obeïssance ceste gent, presque barbare, pour estre peu conversée et fréquentée, les contraignit de desplacer et s'enfuir, abandonnans ces forts lieux, comme peu après sera au long déclaré.

Pour ce au desloger de Mesieres feit camper son armée à l'entrée des Ardennes, en une vallée assez scabreuse et mal-plaisante, au bout de laquelle il y a un petit village appellé Vielmesnil; qui luy est nom bien convenable à raison que c'estoient plustost vieilles ruines de manoirs que maisons habitées. Et dès ce soir despescha avec son trompette le seigneur des Marets, gentilhomme de son pays de Nivernois, des plus vieux et experimentez hommes d'armes de sa compagnie, pour aller sommer le chasteau d'Orcimont à six grandes lieuës de là. A qui fut faitte response par celuy qui estoit demeuré là dedans chef, nommé Colas Loys, lieutenant du sieur Barson, gentilhomme du pays de Lieges, principal capitaine dudit lieu, qui, peu auparavant, ne se doutant de ceste venuë, en estoit sorty, qu'il ne se rendroit jamais s'il ne voyoit le canon : non pour sentir ce chasteau tenable, sinon pour la hauteur du rocher où il est situé, qui est presque inaccessible par deux costez; mais en une petite plaine qui est devers les bois, on assiegea l'artillerie pour le battre ; ce que ceux de là dedans n'eussent jamais pensé. Ce chasteau est au sieur de Barlemont, general des finances de l'Empereur.

Ceste response ouye, ce prince delibera de les aller veoir de plus près, et de loger son armée ce jour à une lieuë de ce chasteau, si la difficulté des lieux ne l'eust retardé et arresté à moitié du chemin, pour estre en aucuns endroits tant difficile et pierreux, qu'il estoit impossible que les hommes ne les chevaux s'y peussent tenir fermes ; en autres tant estroits, qu'estions contraincts d'y passer à la file, un après l'autre ; en aucuns tant droits et difficiles, que, pour y monter, l'haleine nous y failloit; et en d'autres estoient les descentes si droittes, qu'il y falloit devaller pas à pas, et encore se tenir et asseurer bien fort, si on ne vouloit culbuter la teste la premiere. Tellement que là peu servoient les chevaux à charrier l'artillerie, y estant beaucoup plus nécessaire la force des bras pour la manier et conduire plus seurement. Vray est que par tout estoit mis tant bon ordre, qu'il estoit malaisé que les ennemis y eussent sceu donner grand destourbier n'y empeschement, pour estre tous les chemins garnis de harquebusiers, de dix à dix pas, à l'escorte de toute la suitte. Ce soir, vingt-neufiesme de ce mois, ce prince avec toute son armée campa en une autre vallée encore plus estrange que la premiere, appellée le val de Suranda, auprès le rocher où souloit estre le fort de Linchant, maintenant la pluspart ruiné; au dessoubs duquel, et le long de ceste vallée, decourt une riviere ou plustot torrent, appellé Semoys, qui vient devers Bouillon, et se va rendre dedans la Meuse au dessus de Chasteau Regnauld. De ce lieu, sur le vespre, envoya le sieur de Jamets avec un régiment de fanterie françoise, et artillerie pour battre le chasteau d'Orcimont : lequel, sitost qu'il fut salué de deux coups de canon, ceux de dedans, comme bien esbahis, sans conclure autrement de se vouloir rendre, ne se meirent en defense; mais le chef secrettement serra toutes les clefs et par une secrette poterne qui sortoit dedans ceste vallée, entre ces rochers, se sauva avec douze ou quinze de ses plus favoriz soldats, délaissant les autres pauvrets bien estonnez et douteux de ce qu'avoient à faire, qui toutefois peu après se rendirent à la mercy du prince, et furent amenez prisonniers.

Quand les capitaines des autres forts, le long de nos brisées, eurent advertissement que pour certain ce prince amenoit avec luy artillerie, ce qu'auparavant n'avoient jamais voulu croire; sans se mettre en devoir ne de luy empescher le pas, ne de luy coupper et rompre les chemins, comme ils ont de coustume, avec gros arbre abatuz, abandonnans leurs forts, munitions et lieux où se souloient retirer, s'enfuyrent de toutes parts. Et, estans arrivez à Louette la grande, où estions venuz loger au partir du val de Suranda, trouvasmes un petit fort, appellé Villarzy, construit de terre et de bois, vuide, lequel vingt-cinq ou trente volleurs qui estoient dedans avoient quitté, desquels estoit capitaine un nommé La Losse, natif de Mezieres, qui, dès son jeune aage, avoit esté nourry au service du seigneur de Lumes, et, après sa mort, tousjours avoit suivy le party de son maistre, qui, abandonnant ainsi ce fort de certaine délibération, meit le feu par toutes ses maisons, et tout le surplus du village, dont furent delivrez de peine noz vastadours, qui, pour ce faire, estoient ordonnez. Une eglise aussi que ces Ardennois avoient fortifiée, appellée le fort de Jadines, fut trouvée ouverte et abandonnée, qui fut de mesme sappée et abbatuë, fors une grosse tour quarrée, de laquelle les quarres et liaisons furent rompues au picq, et escartelées à coups de canon, que le prince en passant par devant y feit tirer. Les villages d'alentour, assez beaux veu la sterilité du pays, furent bruslez et destruicts. Et pource que le fort de Jadines estoit le plus dommageable de tous les autres aux François leurs voisins, les gouverneurs de Mesieres souvent s'estoient mis à l'essay de le prendre et forcer, et peu y avoient fait, et n'avoit on eu jamais si grand moyen de l'exterminer du tout comme à ceste dernière fois. On peut aisément croire que le commun populaire ne devoit estre asseuré, voyant mesmement les soldats et ceux qui estoient dedans les forts, les délaisser avant estre assiegez et battus. A ceste cause, tout le remede qu'ils pouvoient choisir, estoit de se retirer et cacher, avec le peu de meubles et bestail que ils pouvoient emmener, au plus profond des bois et forêts, et dedans les creux des montagnes et rochers, nonobstant que peu se sauvassent, parce que noz soldats, poursuivans la proye et butin, se mettoient à suyvre leurs trasses à cachettes, et souvent prenoient quelques-uns de ceux mesmes du pays, qui, pour s'exempter de mort, leur servoient de guide. Ainsi estoit rempli nostre camp d'un merveilleux nombre de misérables captifs, hommes, femmes et petits enfans, esmouvans un chacun à grande pitié et commisération, et puis asseurer y avoir veu donner le taurillon pour vingt sols, la vache pour dix, et la beste à laine d'un an à deux pour cinq et six.

Le penultieme jour de juin, ce prince campa en un assez beau village, appellé Valsimont, au fond d'une vallée où decourt une riviere ou torrent, nommé Vouye, qui sort des montagnes, et se va rendre dedans la Meuse près de là ; où sitost qu'il fut arrivé, envoya le herauld Angoulesme avec son trompette, pour sommer ce chasteau de Beaurin, ès confins des Ardennes, et sur les limites du pays de Lieges, qui est aussi au sieur de Barlemont, bien aymé et chery de l'Empereur. En ce lieu de Valsimont, à l'endroit des ennemis usa d'une autant grande humanité qu'on pourroit dire d'un prince chrestien ; car, suivant ce que j'ay dit, luy estant fait rapport comme noz soldats avoient amené des bois grands butins avec grand nombre de femmes et jeunes filles, sçachant qu'en ceste fureur de la guerre difficilement se pourroient-elles sauver et garentir de forces et ravissemens, les feit toutes ramasser et reserrer, avec commandement, à peine de la vie, de ne leur faire aucune force ne violence, ains de les ramener toutes en un certain logis, où ayant d'une liberalité grande et digne d'un si vertueux et magnanime prince usé envers les soldats, les feit seurement garder jusques au lendemain, que tout le camp fut party de là.

Estant de retour, le herauld Angoulesme rapporta que ceux de Beaurin n'avoient point envie de se rendre, au moins s'ils ne voyoient le canon; parquoy, au partir de Valsimont, fut pris le chemin tirant droit ceste part, et, en approchant, ceux qui allerent au devant pour le recognoistre furent receuz avec force harquebusades à croc, et coups de mousquets, monstrans par cela se sentir mieux muniz que depuis ne furent trouvez, et attendirent que quatre canons d'abordée leur fussent presentez, prests à y donner le feu. Depuis, recognoissans le danger auquel estoient, et advertis que s'ils ne se rendoient passeroient au fil de l'espée, et ceux qui en eschapperoient, par la main du bourreau, après avoir quelque peu parlementé et demandé à sortir bagues sauves, finablement furent reduits à ceste extremité de se rendre au bon plaisir et misericorde du prince; lequel feit retenir les principaux d'eux prisonniers, et renvoya les autres petits compagnons un baston blanc au poing. Le capitaine de ce chasteau, Jean Colichart, natif de Bains en Hennault, fut amené prisonnier avec quarante de ses plus apparents soldats, entre lesquels estoient le capitaine du fort de Jadines, nommé le grand Gerard, et La Losse, dont j'ay parlé cy-devant, capitaine de Villarzy, qui ne fut point mis à rançon ainsi que ses compagnons, ains renvoyé peu après à Mezieres, pour, comme je croy, estre puny comme traistre. M. de Nevers logea dedans ce chasteau une compagnie de gens de pied des vieilles enseignes, et cinquante harquebusiers à cheval. Au partir de ce siege, qui peu dura, chacun commença à se resjouir de sortir de ce triste et fascheux desert, pour entrer au pays de Lieges plaisant et delectable, prenans la descente aux ports de Givets, des plus beaux qui soyent sur toute la riviere de Meuse, et, selon mon advis, des plus renommez. Mais, avant que passer oultre, je ne veux oublier comme, tant pour nous rendre facile et ouvert le navigage de ceste riviere, qui descend le long de ce pays de Lieges et Braban, que pour forcer aucuns petits chasteaux et forts assis le long du rivage de ce fleuve, on avoit laissé le capitaine Salsede, commissaire general de tous les vivres et munitions, avec six compagnies de fanterie françoise et deux canons ; auquel, après avoir pris par force le chasteau de Fument appartenant au duc d'Ascot, celuy de Hierge, qui est au sieur de Barlemont, fut quitté et abandonné.

Et pource que, pour ne rendre aucunement confuse mon histoire, ne pouvant entremesler toutes choses les unes avec les autres, j'ay laissé cy dessus à dire ce que les deux armées du prince de La Roche-Suryon et de M. le connestable pour lors faisoient és parties de Picardie et devers Mariembourg. Après avoir au long narré les memorables et victorieux faits du duc de Nevers, je reprendray le discours et hautes entreprises de ces deux armées, soubs lesquelles tous les païs de l'ennemy se plioient; car le prince de La Roche-Suryon, avec sa petite armée bien fournie de vaillans soldats, faisoit trembler non seulement les plus fortes villes, ains toute la Flandre, sans qu'elle osast dresser amas et mettre sus gens de guerre pour empescher qu'il ne bruslast et ruinast la plus grande partie de l'Artois et lieux circonvoisins.

M. le connestable, ainsi que j'ay desjà dit, selon le commun bruit (bien toutefois qu'autre fust sa déliberation), estoit sur le chemin d'aller assieger Avanes, quand la cavallerie legere avoit jà plus d'une fois escarmouché au devant, comme si on l'eust voulu recognoistre, qui l'asseuroit tellement devoir estre assiegée, qu'elle s'estoit renforcée de garnison et de toutes munitions, demeurant Mariembourg avec sa seulle garnison ordinaire, encore bien petite. Or estoient les choses conduites tant secrettement et de si longue main, qu'estant mondit sieur le connestable adverty du petit nombre de soldats qui estoit dedans ceste ville plus forte que l'autre, et de plus grande importance, sans faire bruit, et le plus couvertement que fut possible, feit partir M. le mareschal de Sainct-André avec les Suisses et quelques compagnies de gens de pied françoises, environ deux ou trois mille chevaux et la pluspart de l'artillerie ; lequel feit si bonne diligence, ayant toute la nuict fait esplaner et delivrer (1) les chemins et traverses des bois que les ennemis avoient haié (2) et empesché, que le matin, vingt-troisiesme de juin, environ les dix heures, se trouva avec toutes ses troupes devant Mariembourg ; dont furent ceux de là-dedans soudainement fort estonnez, et plus encore la nuict d'après, ayant esté advertis comme le secours qu'ils attendoient avoit esté repoulsé, et n'y avoit ordre ne moyen que plus y peust entrer. Neantmoins, pour se desmonstrer plus asseurez qu'ils n'estoient, tiroient infinité de canonnades sur noz gens;

---

(1) *Delivrer* : ouvrir. — (2) *Haié* : fermé.

lesquelles toutefois ne les peurent retarder de commencer avec promptitude les approches et tranchées. Le lendemain, estant M. le connestable arrivé avec le reste de l'armée, voyant le bon commencement de ce siege, pour l'acheminer à meilleure fin feit tousjours et avec telle diligence continuer les approches, que le troisiesme jour de ce siege, ayant fait tirer cinq ou six vollées d'artillerie pour rompre seulement les defenses; fut requis à parlementer par les assiegez; et, après plusieurs de leurs articles refusez, enfin condescendirent à rendre la place au Roy, vies et bagues sauves, fors les armes, munitions et artillerie; et demeureroit le sieur de Rinsard, gouverneur de laditte ville, prisonnier avec les capitaines et principaux d'icelle; laquelle, remplie de toutes munitions de prix inestimable, fut ainsi rendue le vingt-huitiesme de juin mil cinq cens cinquante-quatre.

Dont le Roy très-aise, peu après partit d'auprès de Laon, et en ce lieu vint retrouver son armée le dernier jour de ce mois, laquelle, en signe de resjouyssance, à son arrivée fut mise en ordonnance de bataille, et toute l'artillerie deschargée, rendant un merveilleux bruit et retentissement dedans les bois et rochers des Ardennes, et donnoit advertissement aux autres villes imperiales de la reddition de ceste ville; qui, pour estre le fort rempart de tout ce païs, avoit esté pour les François merveilleusement fortifiée. Autrefois, où elle est maintenant construite, estoit un petit village (selon qu'aucuns prisonniers me l'ont raconté) où estoient adressées les assemblées de la grosse chasse, en quoy la royne Marie prenoit singulier plaisir; mais, pource qu'elle trouva l'assiette de ce lieu fort delectable et accommodée, print affection d'y édifier ceste nouvelle ville, et n'espargna chose aucune pour la beauté et fortification d'icelle; ce qu'eust fait davantage, si le Roy ne l'eust prise et soubmise à son obeissance; lequel a proposé non seulement parachever ce qui n'est encore parfait, ains de la mieux munir et remparer és lieux et endroits où la Royne n'avoit eu le temps de le pouvoir faire, estant ja changé le nom de Mariembourg en Henriembourg [1]. Or, pour rendre le chemin de là plus facile et descouvert jusques à la petite ville de Maubert Fontaine, qui en est la plus prochaine, on feit fortifier un petit village appellé Rocroy, dedans lequel on logea le capitaine La Lande avec son enseigne de trois cens hommes de pied, demeurant dans Mariembourg le capitaine Breul, de Bretagne avec trois compagnies françoises. Peu de temps après y fut renvoyé de Disnan le seigneur de Gonnor, auparavant gouverneur de Metz, qui receut l'ordre du Roy pour resider lieutenant general dedans ladite ville de Mariembourg.

Puisque j'ay descrit à la vérité les choses comme elles se sont passées entre ces deux armées, je retourneray à celle du duc de Nevers; lequel au sortir des Ardennes, peu après la prise du chasteau de Beaurin, avoit envoyé le herauld Angoulesme avec son trompette, pour sommer le chasteau et ville de Disnan, et sçavoir de ceux qui estoient dedans s'ils déliberoient de continuer en leur neutralité accordée au pays de Lieges, ou s'ils vouloient tenir fort, pour et au nom de qui, ou de l'Empereur ou de leur evesque, ausquels, au lieu

---

[1] *En Henriembourg.* Ce nom ne demeura point, parce que la ville cessa bientôt d'être au pouvoir des Français.

de rendre quelque honneste response, s'oublians, feirent une injure que, pour l'indignité d'icelle, je ne veux passer soubs silence. C'est qu'ils leur dirent que s'ils tenoient les cueurs et foyes du Roy et de M. de Nevers, ils en feroient une fricassée pour en manger à leur desjeuner; et, non contens encore d'avoir esté si fols et si temeraires, lascherent sur eux plusieurs coups d'harquebuses, crians après, et les appellans traistres, estimans par tels fols propos s'estre bien vengez : ce qu'à bon droit leur tourna à grand opprobre et confusion, nonobstant qu'estant reduits à la puissance du Roy (tant fut grande son humanité) ne receurent le chastiment et punition qu'ils avoient mérité.

Le duc de Nevers estant le dimanche, premier jour de juillet, avec son armée, descendu aux ports de Givetz, trouva que le chasteau d'Agimont, qui est deçà Meuse, à un quart de lieuë de l'autre Givetz, n'estoit encore rendu, bien qu'il eust esté sommé; et pource qu'il avoit si sagement et avec si bonne police advisé à noz vivres, qu'ils ne nous estoient faillis ès plus grands et aspres deserts de toutes les Ardennes, et que lors se trouva sans nul rafraischissement desdits vivres pour ses soldats, n'estant encore nouvelle du capitaine Salsede, commença grandement à se fascher, de peur que par ce default les ennemis se peussent tant plustost renforcer devant nous, et interrompre nostre entreprise. Neantmoins ce jour mesme feit passer l'eauë à un nombre de cavallerie legere avec certaines compagnies de gens de pied, pour envelopper et enclorre ce chasteau, attendant l'armée du Roy qui marchoit de Mariembourg pour se venir joindre là.

Le lundy ensuyvant, ainsi que l'avant-garde de l'armée du Roy arriva près de ce chasteau, les gens de pied feirent semblant de se mettre en devoir de le vouloir escheller et donner assault, qui toutesfois tourna à bon escient ; car noz soldats entrerent en jeu si avant et furieusement, que ceux de là-dedans ne peurent longuement soustenir leur effort, de sorte qu'ils furent contraints quitter et abandonner les défenses et leur donner ouverture ; dont estans entrez de chaude cole, feirent passer au tranchant de leurs espées tous ceux qui voulurent faire resistance, qui n'estoient en grand nombre, ne gens d'authorité, et furent faits pris onniers le capitaine du chasteau, Evrard de La Marche, fils naturel du comte de Rochefort, pere de celuy qui vit à présent, seigneur de ceste place, et la pluspart des autres pauvres soldats renvoyez. Ainsi fut surpris et forcé ce chasteau, sans avoir ouy le canon, et tout le butin pillé et saccagé.

Le mardy, lendemain de la prise de ce chasteau, toute l'armée du Roy se trouva assemblée à Givetz deçà, et campa la pluspart entre le bourg et le chasteau, en une longue et spatieuse plaine. Et nonobstant que ceste grosse riviere feist une separation entre noz deux armées, si est-ce que continuellement les parents, amis, voisins et compagnons la traversoient tous les jours pour s'entrevoir et festoyer les uns les autres. Le Roy mesme, meu du bon rapport que l'on luy avoit fait de nostre armée, la passa, pour la veoir en bataille, le mercredy sixieme de ce mois, et la trouva en fort bon ordre et equippage, dont se contenta merveilleusement.

Or ne restoit plus qu'un petit fort, appellé le chasteau Thierry (qui est au baillif de Namur), que tout ce qui estoit à l'entour de nous ne fust soubmis à l'obéissance du Roy : pourtant ce mesme jour y fut envoyé un regiment de gens de pied françois, avec artillerie et quelques compagnies de gens à cheval. Mais ceux qui le gardoient, ayant sceu le traittement qu'on avoit fait à ceux d'Agimont, sans attendre leur venue, quitterent la place de bonne heure. Ainsi fut trouvé ce chasteau ouvert et abandonné, au demeurant remply des plus beaux meubles qu'est possible, et grande quantité de tous grains, et croy que tout cela n'y demeura pas.

Les deux armées sejournerent aux deux Givetz six jours entiers, et le septiesme en deslogerent. Celle du Roy suyvit le chemin deçà Meuse, et celle de M. de Nevers, pour la difficulté des chemins, ce soir campa en une vallée à deux lieuës près de Disnan, au dessus de laquelle estoit un petit chasteau appellé Valvin, qui fut trouvé ouvert, où ce soir il coucha en la basse court. Le lendemain, jour de dimanche, toutes les deux armées arriverent à l'entour des villes et chasteau de Disnan et Bovines. Soudain que celle du Roy fut près de Bovines, fut assise et afutée l'artillerie au plus haut d'un cavin, dedans lequel passe le grand chemin qui monte en la plaine au dessus, et ladite ville furieusement canonnée jusques à trois heures après midy, qu'estant la bresche faite à un portail et dedans une tour, fut donné quant et quant l'assault, et emportée avec petite resistance, estant seulement defendue par ceux de la ville mesme, ausquels en print mal, et en fut fait d'une premiere furie grand carnage. Aucuns d'iceux, se pensans sauver, se jetterent à la mercy de l'eau, toutefois pour cela ne se peurent exempter de mort, estant tuez la plus grande part, à coups d'harquebuses, en se plongeans dans le profond de l'eauë; les autres, encore que ils eussent traversé ceste riviere, et prins prisonniers par les François, furent depuis penduz et estranglez pour avoir temerairement resisté et tenu fort contre la puissance du Roy. Vray est qu'en recognoissance de la bonne guerre que les Espagnols avoient faite aux François à la prinse de Therouenne, le Roy pardonna et sauva la vie à certain nombre d'eux qui s'estoient retirez dans la grosse tour qui est au dessus de ladite ville ; et, usant de son humanité accoustumée, feit sauver les filles et petits enfans, et leur donna pour les conduire un herauld d'armes et un trompette.

Ce matin que M. de Nevers arriva auprès du chasteau de Disnan, voulant luy-mesme, avec le sieur de Jametz, de plus près l'aller recognoistre, fut occis d'une harquebusade à croc, tout joignant de sa personne, le cheval dudit sieur de Jametz ; luy estant par cela donné advertissement que tels grands princes et chefs d'armées ne se doivent si hazardeusement exposer à tels perils. Pour ce jour toutefois ne fut commencé la batterie, à cause qu'on n'avoit amené l'artillerie assez à temps, et seulement tout le reste du jour furent tirez plusieurs coups de canon pour commencer à rompre les defenses et aucuns gabions qui estoient sur le portail, et à une petite tour ronde assise au dessus de la ville, qui nous endommageoit fort en nostre quartier. Et toute ceste nuict fut mise extreme diligence à faire les approches et tranchées, non sans grand danger, pour les innumerables coups d'artillerie et harquebusades à croc qui furent tirées du chasteau, sans meurtre et perte d'autres personnes que des miserables vastadours.

Le lendemain au poinct du jour, ce chasteau fut salué de trente grosses pieces d'artillerie, quinze de nostre costé et autant de celuy du Roy, de l'autre part de la riviere, qui donnoient le long du creux et dedans le chasteau, dont fut percée à jour la muraille de bricque la plus haulte. On battoit aussi en flanc une grosse tour ronde au coing d'un corps de logis qui regardoit devers septentrion. Du costé de M. de Nevers, on battoit une autre grosse tour ronde assise au bout de ce mesme logis, tenant au boulevert du portail; et continua sans cesse, le jour et la nuict, ce merveilleux tonnere, jusques au mardy environ les trois heures après midy, que furent fracassées et démolies ces deux tours, et bresche faite au bout du dessus de ce logis, longue environ dix pas, toutefois encore malaisée à y monter pource que le canon ne pouvoit prendre au pied de la muraille, estant roche vive; aussi il y falloit gravir le hault d'une picque, et estoit la montée encore glissante et peu ferme soubz les pieds, à raison de la terre et du ciment qui découloit continuellement dessus. Ce nonobstant, dès l'heure mesme, fut resolu de donner l'assault, et amena M. l'Admiral les compagnies françoises ordonnées pour ce faire, jusques au pied de la bresche; les priant et admonestant, avec honnestes et gracieuses remonstrances, de se souvenir de la grandeur de la nation françoise, et du devoir auquel estoient obligez pour la foy et asseurance que le Roy avoit en eux. Ces propos finis, quelques capitaines, suyvis de leurs plus vaillans soldats, s'acheminerent et advancerent pour y monter, et fut le capitaine Maugeron des premiers : parquoy les ennemis, le pensans suivy de près, et que les François, la teste baissée, s'yroient eux-mesmes enfourner là dedans, donnerent feu à une trainée qu'ils avoient appareillé d'entrée; laquelle estainte, si noz soldats, poursuyvans leur entreprise, ainsi que ceux qui estoient dedans, ont depuis confessé, eussent fait effort d'y entrer, les ennemis ne pouvoient plus tenir qu'ils ne les eussent emportez, estant desjà tant rompuz et endommagez des abatis et froissemens de la muraille que faisoit l'artillerie tomber sur eux, qu'ils ne pouvoient plus durer. Mais si aucuns feirent bien leur devoir, il y en eut d'autres qui s'y porterent froidement, qui ont laissé une fort mauvaise opinion d'eux. Le capitaine Sarragosse, porteur d'enseigne coronelle, y alla fort bravement, et fut blessé : aussi feirent les capitaines Gourdes, La Molle et Le Fort, duquel le portenseigne, nommé Le Basque, y fut tué et renversé du hault en bas, et son enseigne relevée par trois fois, estans tousjours abbatuz ceux qui la relevoient, tant qu'elle demeura au poing d'un soldat gascon appellé Fougasset.

M. l'Admiral, general de toute la fanterie françoise, voyant ses soldats ainsi refroidiz, pour leur donner cueur, commença un peu plus severement à les exhorter, leur monstrant qu'en la présence du Roy, s'ils ne faisoient preuve de leur magnanimité et hardiesse, la bonne réputation qu'ils avoient par c'y devant acquise, leur tourneroit à un très-grand reproche et infamie perpetuelle. Ce disant, luy mesme, le premier, commença de monter encore pour plus les encourager; un grand seigneur, nommé le sieur de Montpesat (bien qu'il n'eust aucune charge en leurs bandes), empoigna une de leurs enseignes, et bravement devant tous eux la porta jusques tout au dessus, où se meit à couvert derriere aucuns quartiers et ruines de la muraille tombée, les appellant, et leur faisant signal avec l'enseigne de le vouloir suyvre, et aller après luy. Ce neantmoins ne fut onc possible qu'ils reprinssent courage; dont aucuns capitaines auparavant bien estimez tomberent en fort mauvaise estimation. Et pource que la nuict s'approchoit, fut sonnée la retraite.

Ce jour, ceux de la ville de Disnan, qui est au dessoubs du chasteau sur la riviere, se vindrent rendre, à la mercy et misericorde du Roy, entre les mains de M. de Nevers, qui, oubliant leurs folles et téméraires paroles, humainement les receut, et asseura d'avoir la la vie sauve, et que leur ville ne seroit point bruslée. Pour ce y furent envoyez les capitaines Duras et Boisse, avec leurs compagnies de fanterie françoise. Mais Dieu, ne voulant qu'aucun peché demeure impuny, bien qu'aucunefois la punition soit differée, encore que ces compagnies y fussent logées pour leur asseurance et sauveté, ne les peurent garantir et exempter qu'ils ne fussent saccagez. Car les Allemans nouveaux de nostre camp, cuidans que ces compagnies y fussent entrées pour seules en avoir le sac, y devallerent à la foulle; et, après avoir enfoncé les portes avec haches, coignées et grosses solives, les uns y entrerent par ceste ouverture; les autres, qui n'eurent patience d'attendre, grimperent et eschellerent les murailles, se lanceans dedans par divers endroits, où ils feirent un merveilleux mesnage ; et, non encore contens, ayans esté advertis que dedans la grande église on avoit fait retirer toutes les femmes, filles et jeunes enfans, avec aucuns citoyens, à tourbes s'amasserent là devant, et, après avoir, par grande violence, abbatu les portes et entrées de ce temple (quelque resistance que feissent aucuns François qui estoient là dedans), ravirent et entrainerent maints hommes, femmes, filles et jeunes enfans; et fut, pour cette cause, suscitée une cruelle meslée d'eux et des François qui les en vouloient dejetter, qui dura toute la nuict et jusques au lendemain matin, que le Roy y envoya expréssement pour appaiser ce mutinement. Et depuis, par toute son armée feit crier, à peine de la vie, que chacun eust à rendre toutes les femmes de Disnan, comme de plusieurs fut fait, lesquelles feit nourrir, jusques à son partement de là, de ses munitions, jaçoit que nos soldats en eussent grande necessité.

Après que les François furent retirez de l'assaut, notre artillerie recommença à battre ce chasteau, et continua la batterie toute la nuict, cependant qu'on cherchoit autre moyen de l'avoir, et faisoit on, ainsi qu'on m'a dit, saper le pied de la muraille à l'endroit de la breche, pour la rendre tant plus facile et aisée à monter : toutefois le jour treizieme de juillet, environ les sept heures du matin, ceux de dedans s'offrirent à parlementer, et, estans receuz à cela, sortirent premierement le seigneur de Floyon, gouverneur de ce chasteau, et un capitaine d'Allemans nommé Hamol, qui furent conduits à la tante de M. de Nevers, auquel ayant proposé leurs articles, et leur estant resolument refusé d'emmener armes, artillerie et enseignes, accorda qu'ils sortiroient avec l'espée, la dague, et quelques autres menues bagues. Depuis, le seigneur Julian, capitaine des Espagnols, qui pour garder l'authorité, de laquelle ceste nation se prefere à toutes les autres au faict des armes, requeroit avec grandes remonstrances que luy et ses gens en sortissent avec les armes, ce que toutefois M. le connestable ne luy voulut onc accorder, neantmoins qu'en sa charge il s'oublia grandement; car cependant que plusieurs princes et grands seigneurs s'arraisonnoient sur ce faict et mettoient en divers autres propos, on envoya secrettement les seigneurs de Bourdillon et de Rabaudanges, pour sçavoir et conclure avec les Espagnols s'ils en vouloient sortir à la condition des autres; à quoy ils consentirent très-volontiers, ne demandans qu'estre mis en liberté : par quoy, estant apportée à M. le connestable leur capitulation signée et accordée, fut monstrée au seigneur Julian, qui, à la façon espagnolle, faisant grandes exclamations, disoit, comme l'un des premiers et principaux de tous, n'y point consentir ne l'approuver, et requeroit avec grande importunité qu'il fust remené audit chasteau; lequel il vouloit garder avec ses seules compagnies espagnolles, ce que de grace luy fut ottroyé, avec protestation que s'il estoit pris de force, n'esperast moins que d'estre pendu le premier à la porte; dont fut tout à loisir moderée sa cholere, ayant occasion de penser plustost au danger auquel estoit qu'à se renfermer avec ses soldats, qui ne demandoient que sortir de ce lieu, ainsi que feirent les uns après les autres, le Roy tousjours present, qui en avoit grande commisération, estans la pluspart tant deffaits et extenuez, qu'ils sembloient corps desenterrez, ou images de morts. Neantmoins qu'avec eux emporterent ce loz, d'estre autant vaillans hommes qu'on en eust sceu eslire; desquels le nombre je ne le puis asseurer ; vray est que, lorsqu'ils sortirent, faisoient monstre d'environ huict cens hommes de toute sorte, et eux-mesmes ont confessé qu'uns et autres en estoient morts là dedans, environ huict-vingts ou deux cens. La compagnie de M. de Tavannes fut ordonnée pour les conduire en seureté sur le chemin de Namur, et fut ce capitaine Julian retenu prisonnier, non-seulement pour la response qu'il avoit faite, mais pour autre plus grande occasion.

Ce chasteau est nombré pour estre entre les plus fortes et belles maisons de l'evesché de Lieges, que Evrard, evesque de la maison de La Marche, oncle du sieur de Jametz, à present vivant, redifia sur les anciennes ruines, plus excellent et fort que n'avoit onc esté ensemble plusieurs autres, comme Hue, Franchemont, Stoquehan, Bouillon et Florangés. Il est situé sur un gros rocher, qui peult avoir de tour et circonference environ quatre cens pas, sortant de la coste d'une montaigne de longue estendue, sur la riviere de Meuse, en forme d'ovalle ou barlongue, inaccessible par deux endroits, du costé de la ville et de la riviere, fort malaisé aussi du costé où fut faite la breche. Sur les deux fronts sont deux bouleverts en demy cercles, ou, comme on dit à present, en fers de cheval : l'un regarde et defend toute la plaine de ceste montagne, servant de plate forme ; l'autre, dessus la ville et la riviere, est presque semblable, sinon qu'il n'est du tout si hault, et le dessus est fait de bricque, sans estre en rien remparé. Dedans ce chasteau est une court quarrée d'environ quarante pas de diametre et d'estendue, environnée de trois grands corps de maisons de belle structure et fabrique, soustenuz par le bas de grosses colonnes, la pluspart doriques, d'une pierre fort dure, ressemblante le marbre noir, madrée de taches blanches et grises; de laquelle aussi tous les fondemens sont faits, et le dessus de bricque. Au dessoubs est environné de belles et spacieuses galeries et promenoirs; dessus y a plusieurs grandes salles propres et merveilleusement bien accommodées de chambres et d'une triomphante chapelle, qui prend la clarté devers la ville. Au dehors vers septentrion, tenoient ces deux tours rondes, qui furent à coups d'artillerie démolies et ruinées jusques aux fondemens, et au bas y avoit une courtine ou faulse braye, flanquée de torrions, qui fut presque toute sapée et abbatue. A la racine de ce gros rocher, le long de la riviere, est la ville bien bastie et ornée d'edifices, d'assiete propre pour y amener toute sorte de marchandises, mesmement cuivre, airain, et toute fonte de rosette. De l'autre part de la riviere, l'espace, d'environ deux cens pas, est la ville de Bovines, qui n'est de beaucoup moindre que Disnan, de la comté de Namur, et se trouve qu'anciennement ces deux villes se faisoient la guerre guerroyable; celle de Disnan tenant le party de La Marche, qui estoit pour France, et celle de Bovines celuy de Bourgongne.

Je ne me puis tenir de dire et plaindre le tort que ceste ville de Disnan, neutre avec tout le pays de Lieges, s'est fait delaissant sa neutralité pour, à l'appetit et instigation de leur evesque, oncle de l'Empereur, s'assujettir à un particulier, qui, ainsi qu'on dit, par violence et par tyrannie, a usurpé l'evesché de Lieges à l'abbé de Beaulieu, auquel son oncle susdit l'avoit resigné. Et peult-on veoir combien grande fut l'humanité et douceur du Roy, qui ne voulut qu'on destruisist et bruslast la ville de Disnan comme Bovines, eu esgard à la subjection en laquelle le chasteau de la ville mesme la tenoit, qui encore luy commandoit, dont au plus beau et fort endroit fut par sa faulte sapé et abbatu, pour à jamais estre exemple que les terres neutres, specialement de l'Eglise, ne doivent estre partiales, et adhérer plus à l'un qu'à l'autre.

Cependant que ces deux armées estoient arrestées à l'entour de Bovines et Disnan, celle du prince de La Roche-sur-Yon, faisant merveilleusement au pays d'Artois, fut par quelques jours cavallée (1) par un nombre de Flamens qui la costoyoient et suivoient pour tousjours interrompre son dessein. De quoy ce prince adverty, et des brisées qu'ils tenoient entre Arras et Bapaume, leur dressa une partie si à poinct, que, les ayant enveloppez sur le chemin, les chargea de telle sorte qu'il y en demeura plus de deux cens des leurs; et furent amenez prisonniers de leurs principaux chefs, le seigneur de Fama, gouverneur de la citadelle de Cambray, et son lieutenant, et un grand seigneur de la chambre de l'Empereur, nommé le seigneur de Varluset, capitaine de chevaux legers. Et dit-on que, sans un bon cheval sur lequel estoit monté le sieur de Haulsimont, gouverneur de Bapaulme, il estoit en danger d'y demeurer avec eux, et leur tenir compagnie. Deux cornettes de leur cavalerie y furent desfaittes et prises : lesquelles mondit seigneur envoya au Roy en ce lieu, pour plus l'asseurer de l'avantage qu'il avoit eu sur les ennemis.

(1) *Cavallée* : harcelée.

Le quinzieme de ce mois de juillet, plusieurs marchans françois, qui avoient, par la riviere, amené vivres en nostre camp, après les avoir venduz, remontans à Mesieres avec leurs bateaux chargez de butins et d'aucuns soldats et capitaines Sarragosse, Gourdes et la Molle, blessez ès assaults desdites villes, furent rencontrez par les Bourguignons assez près des ports de Givets; et, les ayans contraints de venir à bord, partie tuerent et partie emmenerent prisonniers, entre lesquels estoient ces trois capitaines, ausquels feirent bonne guerre et gracieux traittement, et les renvoyerent sur leur foy. Au partir de là, advertiz qu'à Givets estoient quelques compagnies de noz Anglois et Escossois, à l'improuveu les allerent surprendre et contraignirent se retirer en une maison assez tenable, dont emmenerent quatre-vingt et six de leurs chevaux.

L'Empereur, qui estoit à Bruxelles, assez près de nous, adverty de toutes ces choses, et que le commun bruit de nostre camp estoit au partir de Disnan d'aller assieger Namur, feit premier loger dedans la ville tant de soldats qu'il veit y estre de besoing, la sçachant autrement peu fortifiée d'autres fortifications artificielles, et qu'à telles grandes villes, comme il faut grand nombre d'hommes pour les assaillir, aussi y est requise une grande et soigneuse diligence pour leur défense. Voyant aussi toutes les communes du plat païs esmeuës et esperduës, de sorte que tout estoit abandonné, envoya d'autre part le duc de Savoye, son nepveu et lieutenant general, avec tant de soldats qu'il peust recouvrer, pour promptement se parquer à costé de ceste ville, en un lieu appellé Givelou, entre les deux rivieres de Meuse et Sambre, et feit serrer et amasser son armée en extrême diligence, ayant mandé soldats luy estre amenez de tous endroits de ses païs. Sitost que ce prince se fut fortifié en ce lieu, il escarta sa cavallerie sur le chemin, d'où pensoit que vivres nous pouvoient venir, tant pour nous affoiblir et donner occasion de nous retirer, que pour prendre langue et savoir nostre déliberation; faisant semer un bruit qui nous estoit rapporté par noz espions et prisonniers, que si nous adventurions de poulser plus oultre, ou de passer la riviere de Sambre pour entrer dedans le païs de Hennault, sans faillir l'aurions en teste, deliberé de nous donner bataille : mais, ainsi que depuis a esté veu, le Roy n'estoit point entré si avant dedans les terres de son ennemy, pour s'en retourner sans passer plus oultre; et, laissant le chemin de Namur, conclud de passer la riviere de Sambre et de brusler et destruire le païs de Hennault, où desiroit grandement trouver son ennemy, et veoir si, en luy defendant le passage de la riviere, le combattroit, comme de long-temps l'avoit menassé. Donc estans de retour ceux qui estoient allez recognoistre les lieux et chemin que l'armée devoit suivre; après avoir renvoyé le sieur de Bordillon avec sa compagnie pour retourner devers Mesieres faire retirer aucuns Bourguignons qui brusloient quelques villages là autour, le Roy leva son armée de ce lieu le lundy, seizieme de juillet, pour continuer sa susdite déliberation. Sçachant toutefois la difficulté de pouvoir recouvrer vivres, et que les ennemis mesmes les avoient retirez dedans les villes fortes, et rompu et ruiné tous les fours et moulins, advisa d'advertir toutes les compagnies faire provision de tant de vivres que leur seroit possible; et en feit-on tant qu'on peust charger les chariots de munitions : estant demeuré M. de Nevers sur le bord de Meuse, tant pour faire distribuer le surplus des munitions, que pour attendre la démolition du chasteau de Disnan, et de tous les autres petits forts de l'environ; d'où partit le mercredy dix-huictieme dudit mois, et alla retrouver le Roy en un village appellé Storne, auquel y avoit une assez belle maison d'un gentilhomme, qui y fut par nostre cavallerie legere surpris, voulant disner. Le lendemain, au desloger, le feu y fut mis, et par tous les villages circonvoisins; et devions ce jour trouver le duc de Savoye sur la rive de Sambre, qu'on disoit avoir deliberé nous empescher de passer ceste riviere : et jà estoient les capitaines et soldats advertiz de ce qu'ils devoient faire, se préparant un chacun d'employer toute sa force à se faire chemin, nous estant osté tout espoir et moyen de fuir, pour estre enclos entre deux rivieres. Donc toute l'armée marcha en bataille droit à ceste riviere ; et noz coureurs ayans donné jusques sur le bord, ne trouverent un seul homme qui leur feist resistance, et passerent librement oultre; que toute la cavallerie legere peu après suyvit, puis la fanterie et gendarmerie, sans perte d'un vallet, si ce ne fut par autre accident : et sceusmes nous depuis que les ennemis se contenoient lors bien serrez dedans leur fort, et au lieu de nous venir chercher s'y estoient en diligence renfermez et fortifiez avec grandes tranchées. Toutefois ce soir furent descouvertes aucunes troupes de leur cavallerie, qui tost se remeirent dedans les bois, ayans aperceu certaines compagnies des nostres qui les vouloient accoster. Ainsi demeura abusé le pauvre populaire de l'autre part de la riviere de Sambre, se confiant que leur armée ne nous permettroit la traverser sans estre combattuz : et fut une grande partie surpris dans les maisons, avec gros nombre de bestail et divers meubles, non sans grande pitié, estant tout ce plat pays mis en feu et proye, mesmement une petite ville appellée Forces, au comte d'Assebaiz. Ce soir nous campasmes au-deçà de ceste riviere, en un tailliz, où estoit l'armée bien serrée et unie; car n'estions lors qu'à une lieuë et demie de noz ennemis.

Le lendemain, vingtieme de ce mois, l'armée françoise commença faire son entrée dedans le pays de Hennault, si furieusement, qu'estant ruinée et mise à perdition toute la contrée, brusloit et destruisoit tous les bourgs, chasteaux et villages, et sans qu'il y en eust un seul qui osast faire resistance, fuyant tout le populaire la rencontre de ceste horrible furie, qui fut continuée jusques au vespre, que nous campasmes en un village appellé Jumets; auquel y avoit deux chasteaux, et fut dit dedans l'un avoir longuement sejourné un capitaine de l'Empereur, lequel s'y estoit logé avec quelque cavallerie pour rompre noz vivres; mais, avoir sceu nostre venuë, à bonne heure en estoit deslogé. Ces chasteaux furent ès plus forts endroits demoliz et ruinez.

En ce lieu le Roy feit un acte d'un vertueux et très-chrestien prince; car, luy estant rapporté par le guidon de la compagnie de M. de Nevers qu'une pauvre femme, son hotesse, avoit accouché d'un beau fils, luy-mesme voulut estre le parrain, et le porter sur les fons de baptesme, le nommant de son nom HENRY, et fut baptisé par M. le reverendissime cardinal de Lorraine.

Je ne puis asseurer du present que Sa Majesté luy feit, seulement je sçay et vey qu'à la porte du logis fut escrit que c'estoit la maison où le Roy avoit chrestienné l'enfant, à ce qu'elle ne fust destruite et ruinée. Ceste nuict, le comte Rocdolphe avec ses pistolliers, son regiment d'Allemans, la compagnie de M. le duc de Bouillon, et deux moyennes pieces d'artillerie de campagne, entreprit d'aller surprendre la petite ville de Nivelle, première ville de Braban : toutefois, la trouvant mieux munie de gens de guerre que ne pensoit, retourna sans faire autre chose que brusler les faulxbourgs et villages de l'environ, dont amena un grand butin.

Au desloger de ce lieu, continuasmes le chemin droit à Bains, l'une des principalles villes de Henault, laissant tousjours après nous, pour noz brisées, feux, flammes, fumées et toute calamité; lesquelles suyvoit le duc de Savoye avec l'armée imperiale de logis en logis, dressant sur nostre queuë toutes les alarmes qu'il pouvoit pour nous ennuyer et affoiblir; estant, comme je croy, luy-mesme assez ennuyé d'ouyr et veoir les plaintes de ce miserable populaire ainsi destruit et ruiné, auquel ne pouvoit donner autre consolation, sinon de leur dire que nous fuions devant luy, et qu'il nous suyvoit pour les venger; mais ce mesme jour nous feismes apertement cognoistre le contraire; car ce soir toute nostre armée alla camper à l'entour de Bains, et là furent allumez des feux encore plus grands que les premiers, pour y estre enflammez et embrasez des plus beaux chasteaux et maisons des gentilhommes qu'on pourroit bástir n'edifier. Entre autres fut mis le feu en la magnifique maison de Marimont (1), construitte curieusement pour le singulier plaisir et delectation de la reyne Marie, appropriée de tant de singularitez qu'il est possible de penser. Un autre excellent chasteau, appellé Trageny, fut bruslé, et la pluspart ruiné, où furent trouvez divers meubles et riches accoustremens, tant d'hommes que femmes. Ainsi fut fait de plusieurs autres, lesquels nommer ne seroit que remplissage de papier, et ennuy à ceux qui le liroient; et n'en puis escrire qu'avec grand regret et compassion, voyant ainsi ruer jus et exterminer tant de beaux edifices.

Le jour ensuyvant, vingt-deuxieme de juillet, feste de saincte Magdaleine, la ville de Bains, après avoir esté sommée, et ne s'estans voulu rendre, commença d'estre canonnée fort furieusement, et d'autre sorte que lors que le sieur d'Allegre y perdit la vie; laquelle, après avoir enduré cinq ou six vollées de canon, se rendit à la mercy et misericorde du Roy, qui, toutefois, commanda la destruire et brusler, se resentant encore de son chasteau de Foulembray et villes de Picardie, que la reyne Marie avoit fait auparavant mettre à feu et ruine

---

(1) *En la magnifique maison de Marimont.* Fénélon, dans sa relation de la campagne de 1554, donne une description de cette habitation. « Ce lieu, dit-il, est près de Bains, ville du domaine de cette dame, dans lequel elle avoit fait bastir un autre logis fort somptueux pour sa principale demeure, duquel tous les estages estoient d'une très-belle grandeur, proportionnée aux règles et mesures de l'architecture, ce qui le faisoit représenter fort magnifique, outre l'enrichissement de tant de marbre et porphyre qu'elle y avoit fait employer, et muni de la charpenterie et menuiserie proprement marquetée; beaucoup de médailles antiques, tableaux et autres singularités assemblés des divers pays; n'y ayant en tout le logis peintures, vitres, ferrures, pavé, ni autres ouvrages qui ne monstrassent sortir de très-doctes mains d'artisans. »

pendant qu'il estoit en Allemagne. Autant en feit on de un très-beau et magnifique chasteau qu'elle y avoit fait nouvellement eslever, remply et aorné de toutes choses exquises, comme de plusieurs variétez de marbres, tableaux, peinctures plates et eslevées, statues, colones de toutes sortes, desquelles toutefois fut fait en peu de heures grand degast et destruction ; et le sieur de Blosse, qui en estoit gouverneur, fut amené prisonnier avec des plus apparens qui furent trouvez là-dedans et en la ville : usant le Roy de son accoustumée doulceur envers les femmes, jeunes filles et petits enfans, qu'il feit conduire et mettre en sauveté par un herauld et un trompette. Puis, ce matin mesme, fut envoyé le sieur de Giry, lieutenant de la compagnie de M. de Nevers, avec quatre autres compagnies de gendarmerie, pour tenir escorte à ceux qui meirent le feu par tout le chasteau du Reux, que le feu seigneur avoit fait rebastir et mieux maçonner que n'estoit quand la premiere fois fut bruslé, estant voulté depuis le bas jusques en haut : neantmoins qu'il fut beaucoup endommagé du feu qu'on y mit, et à tous les edifices circonvoisins ; et furent ces choses parachevées en si peu de temps, que le jour mesme nostre armée passa une lieuë plus avant, et campa ce soir en un village appelé Bains-soubs-Bains, où y avoit un grand nombre de pauvres captifs et prisonniers, tant de ceux qui y furent trouvez, que d'autres que les soldats amenerent des autres lieux ; desquels les despouilles furent après vendues à vil et petit prix, pour avoir et acheter vivres qui estoient fort chers : qui fut cause de diligenter nostre armée pour la mettre hors de ce pays.

Le lendemain, au partir de là, continuasmes tousjours le gast de pis en pis, tenans le chemin devers une petite ville, maintenant appellée Bavets (1) fort antique, edifiée premierement des Troyens, qui passerent delà la forest de Mormault, la nommans du nom de leur prince Bavo, ores peu habitée, à laquelle, pour davantage la ruiner, fut mis le feu en divers endroits. L'armée imperiale nous suyvoit adonc de fort près, s'estant renforcée tant du secours des Allemans que le duc de Brunsvic avoit amenés avec deux mille reistres, qu'on appelle en françois pistolliers, que pour y estre retirées toutes les garnisons que l'Empereur avoit departy ès villes que nous laissions derrière nous. Parquoy estoit bien necessaire que nostre armée tint un grand ordre et marchast en telle ordonnance, qu'elle fust tousjours preste pour combattre de lieu en autre, pour la doute qu'on avoit que l'ennemy vigilant, subtil et courageux où il sentiroit advantage pour nous assaillir, ne laisseroit eschapper l'occasion. A quoy advisant sagement M. le connestable, pour soustenir les charges et entreprises que les ennemis eussent peu dresser sur nostre queuë, demeuroit ordinairement avec l'avant-garde, et deslogeoit tousjours le dernier. Ce soir nous campasmes entre ceste petite ville de Bavets et le Quesnoy, en un village appellé le Villey, où ne fusmes si tost descenduz des chevaux, que nous fallut remonter, encore que fussions grandement tourmentez de vents et grande abondance de pluyes, nous estans de tous costez données alarmes : dequoy ne se faut esmerveiller, veu que lors estions au milieu de cinq ou six villes

---

(1) *Bavets* : Bavay. Il n'est pas besoin d'observer que l'origine que lui donne l'auteur est fabuleuse.

des ennemis, grandes et fortes, et pleines de gens de guerre, savoir : Mons en Henaut, Avanes, Landrecy, Le Quesnoy, Valenciennes et Cambray, et l'armée impériale qui nous tallonnoit, et eust assailly, comme par un desespoir, ne fust la bonne et vigilante conduitte de noz chefs et gouverneurs, s'estans desjà les ennemis adventurez jusques à vouloir en plein jour forcer nostre guet, ayans surpris une des sentinelles de la compagnie de M. de Tavanes. Toutefois n'oserent enfoncer plus avant, et furent, deslors que les apperceusmes, rembarrez accortement jusques dedans Le Quesnoy, où ce soir mesme nostre cavallerie legere escarmoucha longuement de grande hardiesse et dexterité, qui fut cause de les faire contenir et nous donner quelque peu de repos le surplus de ceste nuict. Nous campasmes le lendemain deçà Le Quesnoy, en un fort beau et gros village appellé Souleine, et, au partir de là, y mismes le feu, comme aussi par toute ceste contrée. Entre autres y fut bruslé et destruit le beau bourg et chasteau de Goumigny.

Le lendemain vingt-quatriesme de ce mois, les ennemis, comme desesperez pour nous veoir à leur presence destruire et fouldroyer leur pays, sans doute de leur suyte ne crainte d'estre affamez, proposerent nous appareiller une charge à la faveur du temps pluvieux et couvert de brouillarts, cognoissans aussi qu'avions à passer deux assez fascheux ruisseaux, qui s'estoient ceste nuict enflez, où esperoient nous retarder et mettre en tel desordre, qu'ils auroient bon marché de nous. Ainsi toutes les compagnies et garnisons de leurs grosses villes, qu'avions laissé derriere nous, reunies ensemble, feirent partir en deux troupes environ quatre mille chevaux de leur cavallerie la plus dispose que peurent choisir, et embusquerent partie dedans quelques bois sur le chemin, partie dedans certains villages prochains, selon la commodité qu'ils avoient pour le soustenement des uns et des autres, demeurant le duc de Savoye plus en arriere avec quatre ou cinq mille autres chevaux et quelque nombre de gens de pied, et avoit laissé à la campagne près de quatre ou cinq cens coureurs pour attirer noz chevaux legers, par lesquels ayans esté premierement descouverts, par M. d'Aumale en fut donné advis à M. le mareschal de Saint-André, qui estoit demeuré sur la queue avec deux regimens de gendarmerie, pour sçavoir s'il seroit bon de les charger; lequel luy renvoya qu'il n'estoit de ceste opinion, se doutant de plus grande suitte. Parquoy furent envoyez les sieurs Paule Baptiste et le capitaine Lancque pour les recognoistre de plus près, qui feirent rapport, chacun de son costé, avoir descouvert deux autres troupes, chacune de deux mille chevaux; lesquels peu après que le temps se fut mieux esclarcy, d'eux-mesmes se descouvrirent pleinement et de si près, qu'ils attaquerent l'escarmouche avec nostre cavallerie legere assez près de nostre camp, sans toutefois oser aborder à bon escient les autres rangs de nostre cavallerie, ne de la gendarmerie, qui leur feirent assez longuement teste, et à leur veuë se retirerent et passerent ce dernier ruisseau, dont s'en retournerent les ennemis, sans reporter l'honneur d'avoir eu aucun advantage sur nous. Le régiment de M. de Nevers adonc avoit esté envoyé d'autre costé où furent desfaits quelques-uns de leurs coureurs qui emmenoient grand nombre de bagages, lesquels furent en partie recouverts. Nous campasmes ce soir en un village qui, l'année precedente, avoit esté bruslé, appellé Vielly, le pire logis que nous ayons fait tout le long du voyage, s'estant la pluye renforcée, qui dura toute ceste nuict, et nous contraignit de laisser et abandonner par les chemins, chariots, chevaux et tous autres bagages.

Ce jour mesme, un trompette que M. de Nevers avoit envoyé au camp de l'Empereur pour sçavoir nouvelles d'un homme d'armes de sa compagnie, nommé le seigneur de Chellé, en retourna presque tout nud, et devallisé par aucuns soldats ennemis, temeraires et peu experimentez au fait de la guerre. Mais à l'instant fut renvoyé en ce mesme estat, avec un trompette de Bourgongne, qui avoit charge du Roy de dire au duc de Savoye, lieutenant-general de l'Empereur, que si doresnavant vouloit user d'une telle façon, et que toutes les libertez de la guerre fussent abolies, il feroit le semblable aux siens. Ce qu'entendu par ce genereux prince, en fut grandement fasché, et soudain feit diligemment chercher par tout son camp ceux qui avoient commis un si lasche et poltron acte, pour en faire punition exemplaire, et apres avoir recouvert les hardes et cheval de ce trompette, et l'avoir recompensé des autres choses qui luy avoient esté ostées, le feit seurement reconduire par le sien. Ce soir aussi s'esleva un grand murmure, qu'un trompette bourguignon, venant chercher de leurs prisonniers en nostre camp, avoit dit à M. le connestable qu'au leur on tenoit asseuré que nous fuyons devant eux, et se vantoit leur general que, si le voulions attendre vingt-quatre heures seulement, qu'il nous donneroit la bataille. Auquel fut faite response qu'ils n'avoient cause d'estre si presumptueux, et d'usurper si legerement telle gloire, leur ayant esté presentée assez de fois l'occasion de combattre s'ils en eussent eu envie; nonobstant que, si leur prince en avoit si grand desir, demandant si peu de temps, il l'asseuroit de la part du Roy qu'on l'attendroit vingt-quatre heures entieres, et non plus longuement, pource que nostre armée estoit jà fort harassée, et avoit faute de vivres, ou s'il vouloit le venir trouver près de Cambray, qu'il s'asseurast qu'on luy attendroit huict jours entiers où ne luy seroit refusée la bataille.

Et pensois-je qu'on doutast que telle fust la délibération de l'ennemy pour le sejour que nous feismes en ce mesme lieu tout le lendemain, nonobstant la necessité qu'avions de vivres; aussi qu'on alla visiter et recognoistre les lieux les plus commodes pour y loger les bataillons avec toute la gendarmerie; mais nous cogneusmes puis après que les Imperiaux n'estoient en telle volonté qu'ils nous faisoient menasser, s'estans retirez en leur premier logis près de Bavets. Et nous, au partir de là, vinsmes d'une traitte jusques à Crevecueur près de Cambray, où les ennemis avoient déliberé de fortifier et remparer le chasteau, et commencé desja à faire quelques tranchées et conduits pour esgouster l'eau afin d'y asseoir les fondemens, que ce jour mesme, le vingt-sixieme de juillet, noz vastadours commencerent à demollir, et fut renouvellée la premiere playe des miserables Cambresiens, qui avoient desja reddressé et rebasty aucunes petites logettes pour se mettre seulement à couvert, estimans que de long temps ne leur adviendroit une si grande ruine et infortune, et avoient resemé selon leur petite puissance une partie de leurs champs, pour avoir dequoy se nourrir et alimenter, et éviter la famine; et ne croy que les plus riches et opulents (bien qu'ils se fussent avec leurs meilleurs meubles retirez dedans les villes fortes) ayent esté exempts de toutes ces pertes et adversitez; car, quand le subject est pauvre et affligé, le seigneur n'ameliore ny enrichist en rien. Or cependant qu'en ce plat pays on faisoit le degast des bleds jà meurs et prests à estre moissonnez, journellement estoient faites plusieurs braves sorties et escarmouches de ceux de Cambray et des nostres, faisant la citadelle troubler et obscurcir l'air des coups de canon qu'elle tiroit sur les François, sans toutefois faire meurtre de personne de renom, et se faisoient tant seulement pour, par tous moyens à eux possibles, empescher de consommer et mettre à perdition leurs fruicts et vivres. Nonobstant, le plus souvent estoient repoulsez et rembarrez jusques dedans les portes de leur ville; et continuerent ces entremeslées l'espace de huict jours que nous y demeurasmes campez.

L'armée imperiale, au lieu de nous aborder et combattre, s'estoit lors parquée et fortifiée en un lieu appellé Arcon, entre Cambray, Le Quesnoy et Valenciennes, sur la petite riviere du Moutet, qui vient devers Chasteau-Cambresis, et s'assemble plus bas à celle de Lescau; et faisoit tous les jours maintes courses pour empescher les chemins et coupper noz vivres. A quoy advisant, M. le prince de La Roche-Suryon se vint en ce lieu avec son armée joindre à la nostre, amenant grand secours de soldats et grande quantité de vivres, desquels avions aussi grande necessité.

Le dix-neufiesme de juillet, en une spacieuse campagne, entre Crevecueur et Cambray, fut faite la monstre generalle de toute la gendarmerie et cavallerie françoise, et la voulut le Roy adviser assez longtemps, recevant un incredible plaisir et contentement pour se veoir suivy et defendu par une si grande et courageuse noblesse, soubs laquelle sembloit que toute la terre tremblast et s'humiliast; et croy que ceux de Cambray estoient en doute de veoir toute ceste campagne couverte d'une si grande et furieuse armée, et pensoient, ainsi que nous a esté rapporté, que nous deslogions et estions là attendans que nos gens de pied et cariages eussent gagné advantage et passé la riviere, car, estans aucunes compagnies de nostre cavallerie legere à la garde et descouverte, renvoyerent faire rapport qu'ils avoient descouvert près de quatre à cinq mille chevaux, et grand nombre de gens de pied, et leur sembloit que tout le camp de l'Empereur marchoit, tenant le chemin pour venir devers Cambray. Dont aussi tost que fusmes au logis, et eusmes posé les armes, de main en main on nous advertit de nous tenir prests, et mettre en devoir de recevoir la bataille, qui ce jour asseurément nous seroit donnée. Et estoit tout le conseil d'opinion que les devions plustost combattre à la campaigne, que leur permettre et donner loisir de se venir fortifier si près de nous, avec l'ayde et secours de ceste grosse ville, et qu'autant de mal nous en pourroit advenir comme aux Protestans de toute la Germanie devant Inghlistat (1). Pourtant M. d'Aumalle soudain remonta à cheval avec la cavallerie legere à ce qu'il s'asseurast mieux

---

(1) *Inghlistat*: Ingolstadt.

de la verité, et trouva que l'armée imperiale s'estoit remuée en délibération de venir camper auprès de Cambray, mais que l'Empereur, ayant sceu que ne bougions de là, craignant d'estre mis en contrainte de combattre à son grand desavantage, se logea en un autre lieu, prochain du premier, appellé La Neuville, qu'il feit soudainement renforcer de tranchées du costé qu'il n'estoit flanqué de la riviere. Ceste nuict, par diverses fois, furent envoyées quelques compagnies de cavallerie legere, et celle de gendarmes de M. l'Admiral, pour les tenir dedans leur fort en continuelles allarmes jusques au poinct du jour du lendemain, que M. le connestable, avec la pluspart de la gendarmerie de l'advantgarde, et deux régimens de fanterie françoise, alla de près recognoistre et veoir s'il y auroit moyen de les forcer dedans leur fort, ou de les attirer et donner occasion de sortir; mais il trouva cela fort difficile pour estre ce lieu de deux costez encloz de la riviere, et aux autres bien fortifié et relevé de tranchées. Vray est qu'en s'en retournant s'apperceut de quelques vieilles tours, où aucuns des ennemis s'estoient logez deçà leur camp, tant pour faire guet que pour endommager nos fourrageurs; dont fut arresté ce jour mesme d'y mener le canon et les battre, et, par ce moyen, inciter l'Empereur de sortir pour les garder et defendre; et depuis fut rapporté qu'ils les avoient quittées, et s'estoient retirez dedans leur fort. Dont ce fut la troisieme fois que nous pensions en ce voyage avoir la bataille; et croy que, si l'Empereur eust été en aussi grande volonté de la recevoir que le Roy estoit de la luy donner, nous ne fussions passez plus oultre: Toutefois, pour luy presenter toutes les occasions desquelles se pouvoit adviser, aussi qu'on doutoit la descente des Anglois au pays de Boulonnois, estant ja parfait le mariage du roy d'Espagne et de leur royne, le Roy deliberera faire acheminer son armée cette part, ou, selon que la commodité se presenteroit, assiegeroit une des places de son ennemy, à ce que, s'il se mettoit en campagne, et faisoit effort pour la vouloir secourir, l'Empereur fust contraint de le combattre.

Ayans donc sejourné quelques jours à Crevecueur, près de Cambray, le deuxieme d'aoust en partismes, et, ce jour mesme, vinsmes camper à Ondrecourt près Le Castelet; de quoy l'Empereur adverty, leva aussi son armée de La Neuville, et prenant le chemin vers Arras, s'alla parquer en un lieu appellé Marteau; puis, le jour ensuyvant, allasmes à Mornencourt, à deux lieuës près de Peronne, et le lendemain passasmes devant Bapaulme, où fusmes saluez d'infinis coups de canon : toutefois nostre armée n'y séjourna longuement, pour l'incommodité que nous avions d'y pouvoir recouvrer eauë, et escarmoucherent seulement noz chevaux legers quelque temps devant cette place, pendant que toute l'armée devalloit pour camper ce soir le long de ceste petite riviere, au dessoubs de Miraumont, d'où partismes le lendemain, tenans le chemin à main droite, le long de la lisiere de la comté d'Artois, où peusmes veoir à l'œil le merveilleux degast que l'armée du prince de La Roche-sur-Yon y avoit fait, plusieurs beaux chasteaux et villages encore fumans, les bledz et fruicts de la terre abandonnez et mis à perdition; qui sont les miseres et calamitez que les guerres et dissensions entre les grands princes apportent au pauvre peuple. Ce soir, cinquieme d'aoust, campasmes à Paz en Artois, où quelque cavallerie de la garnison d'Arras, suyvant le pays couvert, et les bois qui sont entre deux, entreprint de voller quelques butins sur nostre queuë; laquelle, rencontrée par nostre cavalerie angloise et escossoise, fut desfaite, et la pluspart de leurs soldats mis à pied, et autres amenez prisonniers, dont fut recompensée la perte de Givetz. Le degast fut poursuivy et continué jusques auprès de l'abbaye de Cercamp, où commence la comté de Sainct Paul. Là sejournasmes deux jours pour beaucoup de raisons, principalement pource qu'on avoit deliberé et resolu d'assieger le chasteau de Ranty. M. de Vandosme partit de ce lieu avec gendarmerie, cavallerie et bon nombre de gens de pied, avec quelque artillerie, pour aller devant le sommer, aussi pour sçavoir s'il y auroit gens dedans celuy de Foquemberge, qu'il déliberoit forcer avec tous les autres petits forts de l'environ, pour cause aussi de faire amener plus grand nombre d'artillerie, estant la nostre partie esventée et demontée, et beaucoup de pouldres et munitions consumées devant les villes et chasteaux qu'on avoit prins.

Le huictieme d'aoust, au départir de Fervan, près ceste abbaye de Cercamp, traversasmes toute la comté de Sainct Paul, laissans Dorlan et Hedin à main gauche, et Teroenne à la droite; et, le jour ensuyvant, vinsmes camper à Fruges, où, dès ce soir, fut de rechef sommé le chasteau de Ranty, et response faite par le chef qui estoit leans qu'il ne le rendroit jamais, s'asseurant du secours qu'en bref l'Empereur luy ameneroit. Lequel estant asseuré de la venue du Roy en ce lieu, et du vouloir qu'il avoit de luy donner un merveilleux assault, tant pource que ce fort est grandement prejudiciable au comté de Boulonnois, que pour essayer s'il se hazarderoit de le combattre et chasser hors de son pays, estoit parti d'Arras, où avoit fait la reveuë et monstre de toutes ses forces, avec lesquelles s'estoit approché de nous jusques à Teroenne le vendredy au soir. Mais le Roy, cognoissant sa délibération estre d'aller occuper l'autre costé de la riviere, lieu fort, à raison de la longueur et largeur des bois qui s'estendent bien avant dedans ces pays, desquels luy pourroit venir tout secours, tant de vivres, soldats, que toutes autres munitions, et que, s'estant là fortifié à nostre presence, pourroit ordinairement secourir et renforcer ce chasteau de gens et de vivres, et de tous costez coupper et empescher les nostres, advisa, pour le plus seur, que M. le connestable avec l'avantgarde passeroit cette part, et se fortifieroit de tranchées, afin d'obvier et prévenir à toutes surprises, et pour coupper le chemin au secours qui pourroit estre envoyé pour se jetter là-dedans; et furent faits ponts de batteaux sur ce petit ruisseau, à ce que plus facilement les deux camps se peussent secourir l'un l'autre, et estoit toute la cavallerie legere campée à Foquemberge; dont estoit tellement ce chasteau enveloppé, qu'un seul homme n'y eust sceu entrer sans estre descouvert. Ce neantmoins, pour mieux acertener l'Empereur de ce siege, on feit affuter sur le hault de la montagne, du costé de Montereul, quatre coulevrines pour commencer à battre les défenses, pendant qu'on faisoit avancer la grosse artillerie prinse et amenée des villes de dessus la riviere de Somme, qu'on amena un peu tard, et l'eusmes nous seulement le samedy au soir, auquel à toute diligence et solicitude furent faites les approches pour la mettre le lendemain en batterie, non sans y estre tirées infinies harquebusades, dont y fut blessé le capitaine Vauguedemars, l'un des plus anciens et experimentez capitaines des vieilles enseignes.

Il est vraysemblable que l'Empereur lors estoit en grand doute et pensement, pour se veoir hors de tout moyen et espoir de pouvoir faire entrer un seul homme dedans ce chasteau, aussi qu'il cognoissoit avoir affaire à un roy très-puissant et magnanime, qui n'avoit entrepris telle besongne sans estre certain et bien asseuré de ses forces; mais à la fin le regret et honte qu'il avoit de laisser ainsi destruire et ruiner son païs, et devant ses yeux prendre et forcer ceste place, se meslerent tellement ensemble, que, se faisant ennemy de sa peur, resolut tenter fortune, et faire tous ses efforts, quoy qu'il en peust advenir, pour la secourir et garder. Pourtant ce jour mesme vint camper une lieuë près de nous, neantmoins que pour cela nostre artillerie ne cessa de battre ce chasteau furieusement par deux endroits, sçavoir : celuy de M. le connestable, et celuy du Roy, jusques sur le bord du fossé, qui battoit un boulevert à main gauche, et une tour ronde dedans le donjon à la droite : on tiroit aussi du hault de la montagne, un peu au dessoubs du camp des Suisses, avec quatre coulevrines, pour rompre les défenses; et ne fault douter que ce chasteau ne fust en peu de temps autant impetueusement battu et canonné que fut jamais place; qui molestoit et animoit tellement l'Empereur, qu'il délibéra, pour nous lever de là, s'approcher encore plus près, et se vint loger sur le hault en la plaine d'une montagne, entre un petit village appellé Marque, et celuy de Foquemberge, où y avoit un grand vallon, large d'environ cent cinquante pas, et pour le moins creux d'autant, qui faisoit separation des deux armées, et la vallée d'un autre costé, où decourt le ruisseau qui fait un maretz, et abreuve l'environ de ce chasteau à main droite, et un bois à la gauche, entre eux et nous, au dessus de Foquemberge, appellé (comme on m'a dit) le bois Guillaume, que l'Empereur délibéroit occuper pour puis nous empecher de donner l'assaut à ce chasteau, et nous contraindre à coups de canon, qu'il feroit tirer dans nostre camp, de desloger et abandonner la place.

M. de Guise, qui commandoit en la battaille, avoit toute cette nuict veillé, comme aussi avoient fait le prince de Ferrare, le duc de Nevers, l'Admiral et le mareschal de Sainct-André; et s'asseurant que les ennemis ne faudroient de venir recognoistre ce bois pour s'y loger, y avoit mis environ trois cens harquebusiers qu'il avoit embusquez dedans aucuns petits cavins, et quelques corselets qui estoient à plain descouverts, afin que les ennemis, s'adressans premierement à eux, se trouvassent enfermez et mieux à propos pour estre battuz et tirez de noz harquebusiers, comme il advint; car, peu après, approchant le poinct du jour, eut advertissement des sentinelles qu'ils avoient entendu grand bruit, et avoient descouvert quelques meches d'harquebusiers; que luy-mesme, ayant puis après entendu et apperceu, admonesta les nostres qu'ils ne se descouvrissent pour cela, jusques à ce qu'ils verroient leur portée bien asseurée, et sur cela se retira au corps de guet, qui estoit plus reculé en la plaine devers nostre camp. Dont tousjours s'acheminans les ennemis, et, avec criz, tirans de loing harquebusades, entrerent dedans ce bois, qu'ils suyvoient, selon le rapport que leurs descouvreurs leur faisoient, tant avant, qu'ils furent enserrez dedans nostre ambusquade, que n'avoient encore descouvert : parquoy soudain noz harquebusiers tous d'un coup deschargerent sur eux, qui les estonna fort; et se trouvans plusieurs blessez, commencerent à fuyr et tourner le doz; et bien leur advint que le jour n'estoit encore guères apparent et que le temps estoit couvert. Cependant on ne laissoit longuement refroidir l'artillerie, et fut dés le commencement du jour continuée la batterie beaucoup plus furieusement qu'auparavant; de sorte qu'en peu d'heures la bresche s'apprestoit de chacun endroit presque raisonnable à donner l'assault. Dequoy l'Empereur adverty fut tellement fasché et despité, que ce jour mesme, treizieme d'aoust, environ midy, feit descharger une vollée d'artillerie pour advertir ceux de dedans d'avoir courage, et de son secours ; puis ayant résolument arresté de nous donner la bataille, contre l'advis, toutefois, et opinion de plusieurs princes et principaux de son conseil, prépara deslors et feit mettre tout son camp en ordonnance, deliberé premierement de gaigner ce bois, et par toute sorte et moyen en chasser et mettre hors les François. Dont ayant choisi de toutes ces compagnies de gens de pied environ trois ou quatre mille harquebusiers des plus experimentez et mieux asseurez, quelques corselets et picquiers pour les soustenir, et environ deux mille chevaux, et trois ou quatre pieces de campagne, portées sur quatre rouës, qu'on pouvoit promptement tourner à toute main, et depuis ont esté appellez pistollets de l'Empereur, feit marcher droit dans le bois la cavallerie legeré soubs la conduite du duc de Savoye, et les harquebusiers soubs celle de dom Ferrand de Gonsagues. Le long du coustau, près ce bois, en descendant sur Foquemberge, marchoit un bataillon d'Allemans conduit par le comte Jehan de Nanssau et le mareschal de Cleves, au flanc duquel suyvoit un hot de reistres d'environ dix-huict cens ou deux mille chevaux à la conduite du comte Vulfenfourt (1), qui avoit (comme m'ont dit quelques prisonniers) promis à l'Empereur de passer ce jour sur le ventre de toute la gendarmerie du Roy; et pour mieux ce faire et nous intimider, s'estoient tous faits noirs comme beaux diables, et estoient suyviz d'assez près d'un nombre de cavallerie legere d'environ mille ou douze cens chevaux, avec autres quatre pieces de campagne. Les harquebusiers donc, ainsi entrez en ce bois, rencontrerent en teste les nostres trois cens, aussi fraiz et en autant bonne volonté de les recharger, qu'ils avoient fait à la premiere fois, dont se dressa une furieuse escarmouche. Et bien que les ennemis y arrivassent en trop plus grand nombre, ce neantmoins les nostres se porterent tant valeureusement, qu'ils les arresterent un long temps sur cul, dont y demeura beaucoup, de chacun costé, de morts, blessez et prisonniers. Entre autres des nostres y furent prisonniers le capitaine Fort et son lieutenant appellé Courcelles. Sur ce, M. de Guyse, prince d'incredible valeur, qui avoit, dès le commencement, entrepris la defense de ce bois, et qui estoit present à toutes ces factions, ayant consideré tout le dessein des

(1) *Vulfenfourt* : Volrad de Schwatzemberg.

ennemis, en donna advis au Roy, et que, selon leur contenance et la fureur avec laquelle ils venoient au combat, luy sembloit que ce jour ne passeroit sans bataille.

Le Roy lors estoit en la plaine deçà le bois, qui pouvoit estre d'estendue environ cinq cens pas, et de largeur de deux cens, où feit mettre en ordonnance les bataillons de ses gens de pied, pour les situer en lieu commode et aisé à combattre avec la gendarmerie, à cause que ce lieu estoit assez mal propre pour les deux ensemble, selon qu'il avoit, avec M. le connestable et plusieurs princes et capitaines, le jour precedent, d'un bout à autre visité et recogneu. Toutefois, pour monstrer visage et faire teste à l'ennemy, on y logea l'un et l'autre le plus commodément que fut possible : dequoy ne puis asseurément parler, pource que le prince nous avoit menez des premiers à la charge, dont n'eus le moyen de le pouvoir adviser : vray est qu'après j'ay entendu de quelques capitaines que le premier bataillon de gens de pied estoit de François, le second d'Allemans, et le troisiesme de Suisses, qui se suyvoient l'un l'autre, avec les regimens de gendarmerie ordonnez pour leur flanc de la main droite. Et pource qu'à la senestre y avoit une combe ou vallée, qui depuis le quartier des Suisses devers Foquemberge, que devers le bois, s'eslargissant faisoit un coustau assez facile, tant pour y loger gens de pied que de cheval, en l'estendue de ceste plaine on avoit assis la pluspart des autres regimens de gendarmerie pour l'autre flanc ; et tout au devant, tirant vers Foquemberge, estoit M. d'Aumalle avec toute la cavallerie legere et quelques harquebusiers à pied, pour combattre sans qu'ils tinssent ordre, afin de donner advertissement si les ennemis descendoient par ceste advenue. Et cependant M. de Guyse ne pouvant avoir promptement response du Roy, pour attirer les ennemis, et les amener en lieu plus à nostre advantage, ne voulant aussi perdre ces braves et vaillans soldats, et qui avoient desjà fait tant d'armes, et si bien leur devoir, les faisoit retirer de lieu en autre, par les traverses de ce bois, les soustenant tousjours avec quelques compagnies de cavallerie ; qui augmenta tellement le courage aux ennemis, que, s'asseurans de la victoire, feirent diligenter et marcher leurs bataillons d'Allemans, qui les flanquoient tousjours du costé droit, selon que leurs harquebusiers s'avantageoient sur les François. Et lors mesme dom Ferrand manda à l'Empereur qu'il feist haster le reste de son armée, car l'avant-garde des François estoit jà fort esbranlée et mise en desarroy. Dont incontinent suivit l'armée imperiale, et passa ce vallon au dessus et à l'un des coings de ce bois, où luy-mesme se trouva, ainsi qu'on sceut puis après.

Et lors M. de Guyse eut response du Roy que, si l'occasion se présentoit de recevoir la bataille, ne la refusast point, et que de son costé il estoit en aussi grand vouloir de combattre que le plus vaillant de toute son armée. Parquoy mondit sieur de Guyse se vint rendre où estoit son regiment de gendarmerie le premier de tous, en ceste plaine devers Foquemberge, où commença, avec une grande douceur et un visage riant et asseuré, à remonstrer aux gentilshommes de sa compagnie que le jour estoit venu auquel fortune leur presentoit, en faisant service à leur prince, et augmentant leur honneur et estimation, de se faire à jamais redouter et craindre de toutes les autres nations du monde, et que le Roy s'en asseuroit tellement, qu'il vouloit honorer ceste glorieuse victoire de sa presence; laquelle les enflammoit et animoit de telle sorte, qu'ayans invoqué le nom de Dieu, et recommandé entre ses mains leurs ames, chacun s'appresta à bien et fidellement vouloir faire son devoir, estimans que mourir pour leur prince et la republicque, de beaucoup seroit plus honorable que la vie. Cependant M. le connestable passa la riviere devers nous avec un régiment de gens de pied du capitaine Glanay; lequel feit quelque peu changer le premier ordre, et retira devers Ranty le bataillon des Suisses, qui, selon leur ancienne coustume, envoyerent demander au Roy gendarmerie pour les soustenir : ausquels le Roy mesme feit response que c'estoit luy qui en ce jour vouloit vivre et mourir avec eux, et qu'il s'asseuroit tant de leur prouesse et bonne volonté, qu'il deliberoit ne les point abandonner, lesquels estimoit comme ses parrins et fideles amis de luy et de son royaume; dont furent tellement eschauffez leurs cueurs, qu'ils n'avoient autre intention que de virilement combattre pour son service. Dequoy le Roy se contenta grandement, et depuis a donné ordre de chevallerie au sieur de Mandosse, leur general, et aux capitaines Theodoric Inderhalden, colonel des cantons, et Petroman Cleri, colonel des villes, et au sieur d'Anois, qui depuis a esté pour Sa Majesté ambassadeur devers les Grisons.

Les ennemis lors s'estoient tellement avancez sur noz gens, qu'ils les avoient reculez et mis hors de ce bois, tant que leurs harquebusiers commençoient à sortir au front de nostre premier bataillon des François prests à se joindre et aborder, et tiroient dedans eux avec un merveilleux bruit le long de ce coustau. Leur bataillon avec leurs pistolliers et cavallerie s'estoit approché à cent pas de la nostre, et ne restoit plus qu'à chocquer et donner dedans, quand M. de Guyse donna signe à M. de Nemours pour, avec son regiment de cavallerie legere, charger sur l'un des coings de ces pistolliers, et sur l'autre feit aller le guidon de sa compagnie, et celuy de M. de Tavannes, pour donner en flanc; dont commença un rude et furieux combat, et furent à la fin les nostres rudement repoulsez, le jeune baron de Curton tué, le seigneur de Randan fort blessé, et son lieutenant, nommé le seigneur d'Amanzay, qui depuis en est mort, son porte-cornette, nommé le sieur d'Avence, fort blessé, et son cheval tué soubs luy, le sieur de Forges, guidon de la compagnie de M. de Tavannes, tué, le vicomte d'Auchy, guidon de celle de M. de Guyse, fort blessé, et d'autres vaillans hommes de toutes ces compagnies, comme le fils du sieur de Piedpape, le sieur de Joui; le jeune Bourdilly, le jeune Branches, et plusieurs autres : ce que donna cueur aux ennemis de mieux esperer que jamais; mais M. de Guyse et le sieur de Tavannes ayans reunies et ramassées leurs troupes, ausquelles se vint joindre M. d'Aumalle avec toute la cavallerie legere, commencerent tous d'un front à si furieusement les charger, qu'ils ouvrirent et enfoncerent les pistolliers, tant qu'eux-mesmes rompirent après le bataillon de leurs Allemans; et M. de Nevers, qui avoit son regiment estendu le long du coustau devers Ranty, passa entre le bataillon de noz Allemans et celuy des François, et en foule donna dedans toute l'harquebuserie espagnolle, qui estoit, avec quelque cavallerie, sortie hors du bois, de telle impetuosité, que tous furent renversez et mis à vau de route, et en tel désordre, qu'ils tournerent le doz pour fuyr et se jetter dans le bois, où furent prinses et levées (1) dix-sept enseignes de gens de pied, cinq cornettes de cavallerie, et quatre pieces d'artillerie de campagne, qu'on trouva abandonnées le long de ce coustau. Lors M. l'Admiral, qui s'estoit mis à pied le premier devant le bataillon des François, feit sortir des rancz certain nombre de soldats, pour tousjours poursuyvre la victoire; lesquels entrans dedans ce bois, du commencement feirent un grand meurtre et occision des ennemis, les passans tous par le trenchant de leurs espées, et ayans là trouvé les pistolets de l'Empereur, les amenerent au Roy. Les compagnies de gendarmerie poursuyvoient la victoire le long de ce coustau et la lisiere du bois, mesmement la cavallerie legere et la compagnie de M. de Tavannes, qui devallerent jusques au fond de ce vallon, où aussi fut desfait un grand nombre de ceux qui descendirent de ce bois pensans gaigner leur camp. Les autres compagnies s'arresterent sur le hault de ce vallon, sur lesquelles commença incontinent à tirer l'artillerie de l'Empereur, qui estoit demeurée sur l'autre bord, de son costé, pour donner quelque peu de faveur à la retraite de ses gens; mais peu après la nostre fut amenée au coing du bois, qui soudain la feit reculer et oster d'où elle estoit, et retirer plus arriere les bataillons de gens de pied, qui s'estoient jà realliez sur ce haut en la plaine, attendans ce qui adviendroit du surplus. Et faisoit l'Empereur en extresme diligence lever tranchées et

(1) *Levées* : enlevées.

fortifier son camp, se doutant que le poursuyvrions davantage, comme je croy qu'eussions fait si la nuict n'eust esté si prochaine, aussi qu'on ne vouloit par trop tenter nostre fortune, ayans occasion de nous contenter de la bonne et honnorable issue de ceste bataille, en laquelle la gendarmerie et cavallerie de France augmenta tellement son loz et estimation, que les ennemis mesmes, qui par elle confessoient avoir esté rompuz et desfaits, la louent comme la plus escorte et courageuse qu'il seroit possible de penser. Les compagnies de gendarmerie des ducs de Guyse, de Nevers et de Bouillon, et du sieur de Tavannes, furent les premieres qui combattirent, dont le Roy se contenta de telle sorte, qu'il feit, ce jour mesme, chevaliers les capitaines et membres d'icelles, entre autres le sieur de Tavannes, lequel honnora grandement, et luy donna l'ordre que il portoit à son col; et envers les autres usa d'une grande liberalité, principalement envers ceux qui luy presenterent les enseignes, cornettes, ou artillerie qu'on avoit prise ou trouvé abandonnée.

Après la bataille finie, noz capitaines feirent reveues de leurs bandes, pour sçavoir ceux qui avoient esté tuez ou blessez, et fut trouvé des nostres estre morts environ deux cens ou douze vingts, et de ceux de l'Empereur, ainsi que depuis nous ont dit aucuns prisonniers, environ dix-huit cens ou deux mille. Et fut la meslée des François au commencement si furieuse, que, sans respect d'aucunes personnes, et s'amuser aux prisonniers, tous ceux qui se presenterent au-devant furent taillez en pieces; dont le duc de Savoye et dom Ferrand, pour se sauver, abandonnans leurs chevaux, se jetterent hastivement dedans le fort du bois, où se tindrent si longuement cachés, qu'on fut longtemps sans sçavoir nouvelles de dom Ferrand, tant qu'on le pensoit mort ou prisonnier; et fut ramené prisonnier un colonel d'Allemans, que un de noz harquebusiers trouva dedans ce bois fort blessé, qui, recogneu par le baron de Fontenay, mourut peu de jours après entre ses mains. Un autre capitaine espagnol, nommé le seigneur de Castres, qui se disoit avoir esté page de M. l'Admiral, qu'on avoit abandonné pour mort, fut aussi ramené par un de noz harquebusiers, auquel on feit si bon traitement, qu'à peu de jours ses playes estans en bonne disposition, à bien petite rançon le renvoyasmes et feismes reconduire jusques dedans le chasteau de Ranty. Aussi fut fait prisonnier un gentilhomme de grande vertu et sçavoir, de la chambre de l'Empereur, nommé le sieur de Silly, qui depuis s'employa à moyenner une paix ou treves entre ces deux princes, ce que toutefois ne luy fut possible de faire.

Après que le Roy avec la bataille se fût retiré en son premier logis, M. le connestable campa ce soir dedans ce bois avec toute l'avant-garde au mesme lieu où le Seigneur nous avoit donné la victoire, avec peu de repos, pource que toute la nuict noz ennemis se tindrent en bataille, et estoient les deux armées en doute l'une de l'autre; car nous pensions que l'Empereur, autant courageux et magnanime qu'oncques Cesar fut, n'endureroit telle honte sans s'efforcer et mettre en devoir d'avoir sa revanche; mais luy, se voyant affoibly et tant defavorisé de fortune, cognoissant la puissance du Roy, craignoit que ne retournissions sur eux pour du tout les desfaire et accabler; et pour ce, en extresme diligence faisoit rehausser et renfermer son camp de grandes tranchées, qu'on apperceut le matin estre fort avancées. Ce neantmoins, ce jour le Roy, afin de parachever la partie, envoya M. le connestable pour recognoistre s'il y auroit accès et moyen de les aller chercher jusques dans leur fort; qui luy donna advis de ne le pouvoir faire sans danger d'y perdre un grand nombre de vaillans hommes; parquoy se passa ce jour paisiblement de chacun costé, continuant toutefois tousjours la batterie devant ce chasteau jusques au soir, que l'Empereur feit descharger toute son artillerie, en signe d'allegresse et resjouissance des bonnes nouvelles qu'il avoit receu de la desfaite du seigneur Pierre Strossy (1), et grand nombre des nostres au pays d'Italie.

Le mercredy ensuyvant, quinziesme de aoust, tant pource que nous ne pouvions plus recouvrer vivres pour les chevaux, que pour changer d'air, qui desjà estoit infecté et corrompu de la puanteur des hommes et chevaux morts, dont s'engendre communément la peste et autres maladies contagieuses, aussi que le Roy ne vouloit perdre devant si petite place, et de nulle valleur, tant de braves hommes qui le suyvoient, desquels se veult ayder et servir en meilleur affaire, fut arresté et conclud par le conseil que devions decamper et desloger de là. Dequoy toutefois le Roy voulut premierement advertir l'Empereur, et luy manda que

(1) *De la desfaite du seigneur Pierre Strossi.* Strozzi commandoit une armée française dans les environs de Sienne. Il fut défait près de Mariano par le marquis de Marignan, général de l'Empereur. Blaise de Montluc recueillit les débris de l'armée, et se jeta dans Sienne, où il se défendit avec opiniâtreté.

ce n'estoit pour doute de luy, et que s'il le vouloit asseurer de le venir trouver, l'attendroit quatre heures entieres sur le chemin, comme il feit ; car, après avoir fait partir tous les bagages et chariots, toute nostre armée demeura plus de trois heures en bataille au mesme lieu où le lundy auparavant nous avions combattu. Et puisque personne ne se presentoit, et que les ennemis se estoient reserrez en leur camp, après avoir à leur veue mis le feu ès villages à l'entour, commençasmes au petit pas à nous retirer, tournans visage par deux fois devers eux pour veoir s'ils nous suyvroient, et ainsi assez tard arrivasmes à Montcauré, une lieue près de Montereul, où fusmes de séjour cinq jours entiers pour tousjours sentir et cognoistre les entreprises de l'Empereur; ausquelles, estans encore noz forces assemblées, plus aisément pouvions obvier et aller au-devant, s'il se mettoit sur les champs; mais estant sceu que son armée n'estoit encore sortie de son premier logis des plaines de Marque, pendant le temps qu'on réparoit les ruines du chasteau de Ranty, le Roy proposa aussi donner quelque peu de repos et rafreschissement à la sienne, nonobstant qu'avant les cinq jours entiers, la faute de fourrages et le mauvais air de la marine nous contraignerent de desloger et approcher plus près de Montereul, où sejournasmes cinq autres jours entiers, estant le Roy logé en la Chartrouse, et le camp estendu le long de ceste petite riviere de Canché. Là nos compagnies angloises et escossoises receurent une mauvaise attainte pour s'estre escartées et logées deux lieues plus avant que l'avant-garde, en un village appelé Marenlo, où les ennemis en estans advertiz, guidez par un paillard du village mesme, les vindrent surprendre environ la minuict, et meirent le feu en leurs logis, où furent bruslez quelques-uns, et de leurs valets et chevaux les aucuns tuez ou emmenez prisonniers.

Et s'estant l'Empereur retiré à Sainct-Omer, sans qu'il eust moyen de pouvoir entreprendre chose de grande importance et dommageable contre nous, aussi que l'hyver et mauvais temps arrivoit, le Roy partit de là avec M. de Guise et quelques gentilshommes de sa maison, et s'en vint à Compiegne après avoir fait bien munir et renforcer les garnisons des villes d'Ardres et de Boulongne, pour faire teste et tenir fort contre l'ennemy, s'il les vouloit assieger; et demeura chef du surplus de l'armée M. le connestable, tant pour la contenir unie, que pour mieux et promptement prouvoir à ce que délibéreroit l'Empereur, qui a de coustume, sur la fin et issue de la guerre, user de quelque ruse et cautelle. Parquoy journellement nous faisions courses et charges sur son camp, tant pour en sçavoir et cognoistre quelque chose, que pour tenir escorte à noz fourrageurs, qui estoient contraincts de aller fort loing pour recouvrer vivres et fourrages pour noz chevaux. Lesquels n'ayans plus dequoy pouvoir nourrir, force nous fut de rechef desloger et passer la riviere de l'autre part où estoit nostre armée logée et campée ès villages de Brumeu, Espineu et Beaurin, et le long du rivage de ladite riviere. Nous séjournasmes là quelques jours, pour la doute que nous avions si l'Empereur romproit son camp, parce qu'aucuns soldats des siens qui avoient esté pris, nous certifioient qu'il assiegeroit Montereul, et les autres Ardres ou Dorlan. Toutefois depuis fusmes advertiz que ses soldats le laissoient et se départoient à la file par faute de vivres, et qu'ils estoient mal payez. Dont M. le connestable, pour ne consommer aussi davantage le reste des vivres de ceste frontiere, qui estoient desjà fort diminuez et rencheriz, renvoya les rierebans en leurs maisons, et donna congé aux Suissés, bien contentez et satisfaits de leur solde. Et peu de jours après, avec M. le mareschal de Sainct-André, vint retrouver le Roy, estant la conduite du reste de nostre armée remise à M. le duc de Vandosme : qui fut cause que l'Empereur, qui tousjours avoit delayé et dissimulé sa deliberation, voyant nos forces diminuées, rappella quant et quant quelques compagnies qu'il avoit auparavant fait partir de son camp pour sortir en campagne et tirer vers Hedin. Ce que prévoyant mondit seigneur de Vandosme, et qu'il se vouldroit venger en bruslant nostre plat pays, comme nous avions fait le sien, feit desloger son camp pour tousjours le costoyer, et tenir en crainte de n'oser départir et escarter son armée ; et ayant passé la riviere d'Authie, ce soir campa à Dampierre jusques au lendemain environ midy, qu'il fut adverty que la plus grand'part de l'armée et cavallerie imperiale estoit descendue à Auchy-le-Chasteau, qui est au comte d'Aiguemont, et y avoit mis le feu et desfait et rompu quelques compagnies de nostre cavallerie legere, que mondit seigneur, se doutant de leur venue, et pour les empescher de passer la riviere en cest endroit, y avoit envoyées. Dont soudain leva son camp de Dampierre, et cuidant, selon le chemin que l'ennemy prenoit, qu'il viendroit assieger Abbeville ou Dorlan, s'approcha plus près de ces deux places, qu'il remunit et renforça de tout ce qui estoit nécessaire. Puis le lendemain, premier jour de septembre, passa la riviere de Somme, et asseit et logea son camp à Pontdormy, lieu fort commode pour couvrir et garder toute cette contrée et le passage de la riviere.

Ce jour mesme les ennemis commencerent à faire degast et brusler le plat pays que nous avions abandonné, qui n'estoit d'estendue de plus de deux ou trois lieues, et vindrent camper à Sainct-Requier, à deux petites lieues de nous, d'où ne pensions qu'ils deslogeassent sans nous presenter la bataille et faire quelques courses et bravades. Parquoy le lendemain de grand matin M. de Vendosme feit partir la cavallerie legere, avec trois cens hommes d'armes pour les soustenir, soubs la conduite de M. d'Anguian, qui s'approcha de leur camp le plus qu'il fut possible, et les garda de s'escarter pour brusler et destruire les villages, les tenans tellement en crainte et subjection, qu'ils marchoient tousjours à troupes et fort uniz et serrez; et sur le soir destrousserent à leur queue quelques chariots chargez de leurs vivres, qui n'estoient que pommes, bierres, bouillons et fort mauvais pain : qui nous feit penser qu'en si grand default et necessité de vivres ne se tiendroient longuement campez. Toutefois après ils devallerent le long de la riviere d'Authie, et meirent le feu par tous les chasteaux et villages du long du chemin, comme à Dampierre, Dourrie, Machy, Machié, Maintenay et plusieurs autres. Dont soudain mondit seigneur de Vandosme feit partir six vingts hommes d'armes, tant de sa compagnie que celle de M. de Sainct-André, avec neuf enseignes de gens de pied, pour se loger dans la ville de

Montereul, que les ennemis, ainsi qu'aucuns de leurs soldats prisonniers disoient, vouloient assieger. Dequoy advertiz, changeans de propos, retournerent passer la riviere d'Authie, et descendirent en un marets au-dessoubs de Hedin, entre icelle et un autre qui vient de la comté de Sainct-Pol, où, en un lieu appelé Mesnil, propre à estre fortifié pour la garde et asseurance du bailliage de Hedin et comté de Sainct-Pol, le douziesme de septembre commencerent à dresser et bastir un fort, ayans, pour plustost le mettre en defense, levé des pays des environs grand nombre de pionniers et manœuvres, en quoy ne pouvoient estre empeschez; car outre ce qu'ils estoient les plus forts, nostre armée estoit fort diminuée et amoindrissoit tous les jours, tant à cause des maladies qui survenoient à noz soldats, que des compagnies que nous avions envoyées aux villes qu'ils nous menassoient de vouloir assieger. Puis M. de Vandosme, cognoissant ses soldats fort ennuyez du long travail de ce voyage, pour les rafreschir et soulager, rompit son camp et envoya quelques compagnies de gendarmerie des plus travaillées, hyverner à leurs anciennes garnisons, et la cavallerie legere departit és lieux plus prochains des ennemis, pour ayder et faire faveur aux pauvres gens à labourer et semer leurs champs. Les compagnies de gens de pied françoises, angloises et escossoises furent logées és villes et bourgs le long de la lisiere et riviere de Somme; les Allemans du comte Reingrave et baron de Fontenay, à Sainct-Esprit de Reux, et celles du comte Rocdolphe et Reifberg, prindrent le chemin de Piedmont et d'Italie.

SEPTIESME LIVRE.

De la continuelle diligence des ennemis à la fortification du Mesnil, surnommé Nouveau Hedin, avec quelques entreprises du duc de Savoye et l'armée imperiale sur la riviere de Somme; ensemble d'autres faits d'armes exploittez en Picardie et Champagne. — Des propositions et esperance de la paix, à la solicitation de la royne Marie et cardinal Pol d'Angleterre, et des Anglois. — Et ce que, depuis la separation de l'assemblée sans aucun effect, a esté executé à guerre ouverte, tant en Picardie que Champagne, en l'an 1555.

[1555] L'on a peu voir sur la fin de mes premiers et derniers livres (1) comme, après la bataille de Ranty, estant l'armée françoise fort harassée et travaillée et demembrée de la meilleure part de ses forces, apres avoir quelques jours temporisé et campé en divers lieux, finalement fut reduitte et amenée à loger ès marets de Pontdormy, lieu mal sain de soy-mesme, mesmement sur la fin de l'automne, estant occasion de multiplier les maladies, et très-grande diminution de nostreditte armée. Ce que venu à la cognoissance des ennemis, continuerent de besongner au fort du Mesnil, avec telle diligence, que y faisant travailler incessamment, non seulement les pionniers et manœuvres qu'avoient

---

(1) *Sur la fin de mes premiers et derniers livres.* Rabutin n'a parlé de la position de l'armée française, après la bataille de Renty, qu'à la fin du livre VI.

levé et amené de leurs contrées et lieux circonvoisins, mais aussi chacun soldat y portant la hotte, dans deux mois ou dix sepmaines fut eslevé fort haut, et mis en defense, ayant suivy le mesme desseing et trace que nous avions projecté pour y en construire un pareil. Et à ce faire beaucoup leur servirent, et s'ayderent fort des ruines des chasteaux des environs, qu'avoient commencé à abbattre et destruire, et de celles de Hedin, qu'ils paracheverent de demolir. Cependant le duc de Savoye avec la cavallerie et le surplus de l'armée imperiale, qu'il avoit tousjours retenu unie pour favoriser cest œuvre, faisoit serrer et amasser vivres et munitions, pour à l'instant mettre là-dedans, prevoyant bien que malaisément en pourroient recouvrer ceux qui y demeureroient après qu'ils se seroient separez, tant à cause que tout le pays circonvoisin estoit fort desnué et destruit par nous et eux (mesmement le Roy, craignant qu'ils assiegeassent Dourlan, avoit peu de jours auparavant fait brusler les villages plus prochains), aussi que toutes les garnisons de dessus la riviere de Somme leur donneroient tous les empeschemens que leur seroit possible. A ceste cause, avant que l'hyver fust du tout venu, le vouloit fournir de tout ce que pouvoit penser y estre necessaire. Si est-ce qu'adonc la saison estoit fort avancée et proche des grandes froidures, car nous estions jà au commencement du mois de novembre; qui fut occasion que ce prince, ayant fait tout ce qu'il avoit peu pour mettre ce fort en bonne disposition, ne voulant départir sans tenter quelque plus importante entreprise, délibéra, environ la Saint Martin, dix ou unzieme de ce mois, surprendre Saint-Esprit de Rue, que, d'autre costé, nous faisions fortifier pour estre contrefort à cestuy-cy. Toutefois ne peut-il conduire son fait tant secrettement, que M. de Vendosme (maintenant roy de Navarre) n'en fust adverty; lequel y envoya en diligence toute la nuict le regiment d'Allemans du comte Reingrave, ensemble quelques autres compagnies de gens de pied françoises. Et, d'autre part, M. de Nemours ne cessa, avec sa cavallerie legere, les tenir en continuelles alarmes jusques dans leur camp, qui les meit en doute que les nostres fussent en plus gros nombre qu'ils n'estoient; tellement que, ce jour mesme qu'ils essayerent d'executer leur déliberation, les ayant rencontrez sur le chemin, après avoir rompu lances, donné coups d'espées dans leur cavallerie, au front de leur avantgarde, malgré eux et à leur nez se retira jusques auprès la Justice d'Abbeville, leur faisant par fois teste. Auquel lieu estant ses soldats estendus et rangez en bataille, les attendit assez long-temps, et leur monstra visage d'asseurance, sans que les ennemis osassent les enfoncer. Qui fut (selon l'opinion de beaucoup de bons capitaines) l'une des belles retraites, pour une poignée d'hommes, que l'on ayt veu il y a long-temps; en laquelle le capitaine Pelou, avec sa compagnie, augmenta fort sa réputation; tant y a que l'entreprise du duc de Savoye demeura sans nul effect. Ce neantmoins, voulant remedier et parer ceste faute, estant resolu ne se retirer sans nous avoir fait sentir quelque bravade, reprint le chemin le long de la riviere de Somme, bruslant et degastant ce qui estoit encore resté entier ou à demy consommé; puis devalla sur Pecquigny, où, une autre fois, M. de Nevers, prince courageux et hardy, luy appareilla une cargue sur la queuë de son camp, mais tant hardie et furieuse, que, ayant remis et repoulsé certaines compagnies de la cavallerie legere de son arrieregarde, contraignit toute l'armée tourner visage. Enfin estant suyvi, et ayant la foule de toute ceste cavallerie sur les bras, fut contrainct, et fit encore si bien, que luy et ses gens se retirerent jusques sur la chaussée et pontleviz dudit Pecquigny; et là, combattant pesle mesle et en foule, attendit si longuement, qu'un certain nombre d'harquebusiers, qu'on avoit choisy pour le soustenir à sa retraite, y peut arriver commodément, où toutefois il faillit d'estre pris. Au partir de là, le duc de Savoye avec l'armée imperiale alla passer et camper devant Amiens, où estoit jà M. de Vendosme, et le lendemain prit sa descente devers Corbie, jusques à un lieu appellé le Bac-Adoux, où il se meit en effort de vouloir gueïer et traverser ceste riviere de Somme, pour venir brusler ce qu'il pourroit du plat pays de deçà. Et de ce M. de Vendosme adverty, l'avoit tousjours suivy et costoyé avec telle promptitude, qu'aussi tost que luy se trouva au mesme lieu où il aovit deliberé de passer, en bonne volonté de le combattre sur le bord, s'il se fust essayé de prendre rive; ce qu'il ne feit, ains s'en retourna comme il estoit venu, sans rien exploiter à son advantage, et non sans depuis luy-mesme s'estre esmerveillé, et avoir hautement loué la soigneuse diligence de M. de Vendosme.

Or, si du costé de Picardie les François et Imperiaux faisoient tout devoir de couvrir et fortifier leur frontiere, l'on peult croire que du costé de Champaigne n'en estoit moins fait; car M. de Bordillon, qui de Disnan y avoit esté renvoyé pour aller au devant de quelques garnisons et gens du pays, qui s'estoient ramassez et mis aux champs, et qui jà commençoient à fourrager et brusler devers Mesieres, si-tost y estre arrivé, non-seulement les fit, au bruit de sa venuë, retirer, et d'eux mesmes rompre, mais, ayant forcé le chasteau de Fument, qu'ils avoient repris et en la meilleure part ruiné, avec d'autres petits forts d'alentour où ils se retiroient, les tint deslors tellement soubs bride et en crainte, que facilement et seurement on peust besogner au parachevement de la fortification de Mariembourg, du fort de Rocroy et du chasteau de Maubert-Fontaine. Davantage, toutes les garnisons des villes fortes, que nous tenons le long de ceste frontiere, et sur les marches des duchez de Lorraine et Luxembourg, couroient journellement sur les ennemis, desquels le plus souvent rapportoient les despouilles, et retournoient chargez de butin; tenans toute ceste commune en terreur et mesme effroy qu'elle resentoit encore du passage de l'armée du Roy, tellement que le capitaine Vaulusseau, gentilhomme vaillant et hardy, qui lors estoit en garnison à Yvoy avec sa compagnie de gens de pied, et quelques pieces de bois montées sur rouës en façon d'artillerie, surprit et se fit rendre un assez fort chasteau près de là, appellé Villemont, lequel depuis fut repris par les Bourguignons, y'usant de plus grande cruauté envers ceux qu'ils y trouverent, qu'on n'avoit fait precedemment envers les leurs. Devers Metz, M. de Vieilleville, qui en est gouverneur, sçachant que ceux de Theonville bastissoient un fort appellé la mauvaise S entre les deux rivieres, et sur le chemin de l'une à l'autre ville, pour empescher que la garnison de Metz n'allast tant hardiment courir sur leurs limites qu'elle souloit, y envoya un bon nombre de cavallerie et de gens de pied, avec quelque peu d'artillerie. Mais pource que ceste entreprise ne fut conduite ny executée tant accortement qu'elle avoit esté deliberée, les François retournerent avec peu d'avantage, et perte de beaucoup de vaillans hommes.

L'hiver estant adonc du tout venu, par ses importunes pluyes contraignit le duc de Savoye rompre son camp, et quitter la campagne de Picardie, pour mettre son armée à couvert contre l'aspreté et rigueur des froidures; et, ayant laissé le sieur Dais, gouverneur du fort du Mesnil (qui auparavant l'estoit d'Arras), avec vingt enseignes de gens de pied espagnols et allemans, et quelque cavallerie, alla retrouver l'Empereur à Bruxelles. Pareillement furent contraints les François se contenir en leurs garnisons, et les aucuns se retirer en leurs maisons, pour laisser passer l'indisposition et contrarieté du temps, laquelle seule fut cause de donner un peu de séjour et delay aux soldats. Neantmoins que, là où le temps, par aucuns jours, se monstroit beau ou propre pour appareiller surprises ou embusquades, à peine laissoient ils eschapper l'occasion, sans se le faire sentir et cognoistre les uns aux autres. Comme advint au capitaine Mazieres, lieutenant d'une compagnie de gens de pied que M. de Vandosme avoit adonc, lequel, retournant d'une course devers Ranty avec force butin, fut prevenu et rencontré par ceux du fort du Mesnil, et par eux tué avec deux autres capitaines françois, et cent ou six vingts vaillans soldats taillez en pieces. Et d'ailleurs, où les combats et faicts d'armes cessoient, toutes machinations et toutes sortes de ruses estoient cherchées, inventées et mises en avant, pour suborner les gouverneurs et chefs des villes de l'un ou l'autre party, et les solliciter à commettre trahisons et infidelitez contre leur honneur et devoir ; mesmement en ce temps furent descouvertes deux conspirations fort dangereuses pour nous, si elles eussent sorti effect selon qu'elles estoient traitées. L'une, du lieutenant du capitaine du chasteau d'Abbeville, nommé Anvoelle, qui, pour se venger d'un sien ennemy, avoit conspiré et conclud avec le gouverneur du fort du Mesnil de le mettre dans ledit chasteau : ce qui fut revelé mesmes par le messager qui portoit l'advertissement. L'autre, des cordeliers (1) de Metz; lesquels, soubs couleur que leur chapitre general s'y devoit assembler, où devoient comparoir de leurs freres de toutes les provinces de la chrestienté, avoient entrepris et machiné y faire entrer un grand nombre de soldats ennemis en habit de cordeliers, et toutes sortes d'armes y devoient estre amenées, enfoncées dans des pippes et tonneaux comme si ce fussent vins et provisions pour ceste assemblée. Puis estant sortie une partie de la garnison de Metz à une allarme que ceux de Theonville devoient donner, tous ensemble sortiroient en armes, et desferoient ce qui resteroit dans la ville, et, sur l'heure, se saisiroient des portes pour y faire entrer une embuscade qui seroit prochaine de là. Il peult aussi estre qu'ils avoient quelque intelligence avec aucuns citadins de leans. Toutefois, ceste leur malheureuse et maudite trahison fut decelée et averée par l'un de ces bons religieux, qui fut guetté et expressement espié par

---

(1) *L'autre des cordeliers.* Cette seconde conspiration ne fut découverte qu'au mois d'octobre 1555.

quelques chevaux legers françois, entrant et sortant à diverses et reiterées fois dans Theonville, et non sans que chacun se soit grandement esmerveillé de la vulpine cautelle et meschanceté de tels hypocrites, estant un grand scandale pour tout cest ordre, faisant évidente preuve que cest habit monastique et regulier sert bien souvent de couverture et parement à plusieurs énormes pechez et crimes, pour lesquels encourons l'aigreur de la justice divine, et dont adviennent tant de maux et malheurs en ce monde, combien que je m'asseure que les dessusdits conspirateurs et traistres ont esté punis selon le merite de leurs faits.

Tout ainsi que ceste saison d'hyver estoit diversement variable et muable, aussi diversement tous les jours advenoient estranges et nouveaux accidens par tout le monde, et principalement en ceste partie de l'Europe; pource que estans ces deux les plus grands princes chrestiens irritez, et en guerre l'un contre l'autre, l'on peult facilement croire, et ne peult estre autrement, que les moindres, et ceux qui sont soubs eux, n'eussent à souffrir en plusieurs sortes et manieres. Et quant à eux, encore que leurs personnes fussent en repos, et au milieu de tous plaisirs et passetemps, si est-ce qu'ils travailloient continuellement en leurs esprits, pour subvenir et remédier aux affaires survenans qui se présentoient journellement devant leurs yeux, tant pour leurs longues guerres que pour la necessité où estoit reduit tout leur pauvre peuple pour le soustenement et maintien d'icelles, ausquelles toutefois chacun d'eux vouloit donner si bon ordre que de n'estre point surpris, ou que, par faulte d'avoir préveu, l'un se peust avantager sur l'autre. Parquoy ne fault douter qu'ils ne fissent tout devoir, et qu'ils n'employassent tous leurs amis et serviteurs, pour appareiller et mettre sus tous preparatifs, afin qu'advenant la saison, se trouvassent tant plustost prets, ou d'assaillir, ou de se defendre, selon que le moyen et occasion se presenteroient, comme il advint. Car, sur l'advenement du printemps, estant semé par la France ce bruit que les Imperiaux commençoient à sortir en campagne, pour endommager les pays du Roy, tellement qu'on disoit qu'ils s'amassoient en gros nombre au Cambresis pour entrer en Picardie, et devers Namur pour venir essayer s'ils pourroient recouvrer Mariembourg; le Roy estant à Fontainebleau (après le solennel festin des nopces du comte de Vauldemont (1) et de mademoiselle de Nemours), sur le commencement de caresme envoya devers la Picardie M. le mareschal de Sainct-André, son lieutenant en l'absence de M. de Vendosme, et avec luy allerent M. de Nemours, le vidasme de Chartres, le Reingrave, et plusieurs gentilshommes et capitaines, lesquels, aussi-tost y estre arrivez, ayans assemblé toutes les garnisons de la frontiere, entrerent dedans le comté de Sainct-Pol et le baillage de Hedin, pour derechef les ruiner, sçachans certainement que tous les vivres venoient de là, que ceux du fort du Mesnil pouvoient recouvrer. Et ce faict, costoyans l'Artois, et y faisans tout le degast qui leur étoit possible, feignirent et firent semblant de se vouloir retirer; mais estans seürement advertis que au Chasteau Cambresis estoit logé un

---

(1) *Des nopces du comte de Vauldemont.* Nicolas de Vaudemont, oncle du jeune duc de Lorraine Charles, épousa Jeanne de Savoie, sœur du duc de Nemours.

nombre d'Espagnols, et quelques autres compagnies de gens du pays, en une nuict les allerent surprendre si cautement et secrettement, qu'au poinct du jour, et changement du guet, furent eschellez et assaillis de toutes parts, et n'eurent meilleur advis ne moyen, que de se sauver et sortir où ils trouvoient les passages délivrés et ouverts, mesmement les Espagnols, ausquels fut faite bonne guerre et gracieux traitement. Le surplus de ceux du pays qui se trouverent en teste, et qui s'estoient mis en defense, à la furie furent exécutez et mis au fil de l'espée. Après tout cela, pour autant que ce lieu sembloit fort propre à l'Empereur pour y assembler un camp, à raison des commoditez de toutes choses qu'il y pouvoit avoir et recouvrer, ruinerent ceste petite villette et quelques endroits de ceste belle maison de l'evesque de Cambray.

Devers Champagne fut renvoyé M. de Bordillon, comme lieutenant du Roy en l'absence de M. de Nevers, et avec luy alla le marquis d'Albeuf, que suivirent les seigneurs de Montpesat, de Cursol, de Suze, le Pelou et autres gentilshommes et capitaines. Où sitost estre arrivez, pareillement assemblerent toutes les garnisons, tant de cheval que de pied, et, sçachans que dedans Mariembourg y avoit faulte de vivres, nonobstant les grandes neiges et pluyes, y menerent gros nombre de chariots et charrettes chargées de farines, de vins, et toutes autres munitions. Puis, cependant que ceux de là dedans se fournissoient de bois pour se chauffer, passerent oultre jusques à Cimetz, en délibération de forcer et desfaire quelques ennemis qui s'y estoient remis pour nuire à ceux de Mariembourg, ce que toutefois ne trouverent, l'ayant quitté et abandonné, pour avoir ouï nouvelles de ceste venue, dont le feu y fut mis partout et en tous les villages des environs. Mais pource que ceux de Saultour cognurent ou furent advertis qu'on n'avoit point de grosse artillerie capable à faire bresche, ne se voulurent rendre, et ont tousjours tenu fort. Cela faict, noz gens s'en retournerent en leurs garnisons, et depuis, à plusieurs et diverses fois, ont tousjours continué de remplir Mariembourg de force vivres et provisions.

Au milieu de tous ces troubles, le vingt-troisiesme de mars, pape Jules troisiesme décéda de ce siecle, après avoir fait tout ce qu'il avoit peu pour reparer la faulte dont il estoit autheur, s'estant efforcé, avant mourir, d'appointer ces deux grands princes qu'il avoit ainsi divisez. Et, peu de jours ensuyvans, au conclave, par trente-sept cardinaux, sans longues difficultez, mais (comme je croy) par inspiration divine, fut esleu et publié pape le cardinal Marcel Cervin de Montpolitian, du tiltre de Saincte-Croix, Boulonnois, le dixiesme d'avril, intitulé Marcel deuxiesme, qui ne demeura que vingt ou vingt-deux jours en ceste dignité, ayant esté empoisonné (selon la publique opinion) pource qu'il estoit trop homme de bien, et qu'à son nouveau advenement et création il avoit cassé et aboli tant de superfluitez de gardes et honneurs, que les premiers saincts papes n'avoient point, et que les modernes ont voulu avoir, quand ils se sont veuz riches des biens que les empereurs et roys leur avoient donnez, desquels en après se sont aydez contre eux pour leur faire la guerre, où se sont alliez aux uns pour tascher à ruiner les autres. Peu de jours après s'estans derechef les cardinaux rassemblez au conclave, le jeudy, vingt-troisiesme de may, jour de l'Ascension, firent élection du cardinal Jean Pierre Caraffe, dit Theatin, Neapolitain, de la noble et ancienne maison des Caraffes, intitulé Paul quatriesme, que l'on avoit tousjours tenu homme de bien, et de grand sçavoir et éloquence.

Donques on a peu voir une partie des adversitez et accidens qui survenoient en aucuns endroits et contrées des Gaules, sans que nous ayons encore aucunement parlé d'une infinité d'autres, desquels tout le reste du monde estoit frappé et esmeu : comme des innumerables preparatifs que le grand Sulyman de Turquie mettoit sus pour esbranler et envahir toute la chrestienté, ayant dompté et rendu tributaire son plus proche et fort ennemy, le roy de Perse ; comme des ligues et partialitez d'Italie, favorables à l'un de ces deux princes, pour lesquels beaucoup de villes, chasteaux et bourgs ont esté destruicts et ruinez, et infinité de corps et d'ames mises à perdition. Je n'ay rien dit aussi des divisions et guerres sociales de la Germanie, causées et meues, tant pour les departemens, donations, bannissemens et confiscations, que l'Empereur avoit fait des plus grands de ceste nation, après les guerres qu'il avoit eues contre eux, que des potentats et grands seigneurs seculiers, contre les evesques et ministres de l'Eglise, et de mesme pour le faict de nostre religion, remettant ceste charge à quelque plus docte personne que moy, et de plus grande authorité, et qui auroit veu et sceu toutes ces choses certainement. A tout cela on pourroit encore adjouster les grandes esmotions et mutinemens des Anglois à la reception du roy d'Espagne, leur nouveau roy ;

pour lesquelles l'Empereur se trouva d'autant plus esloigné du secours qu'il en esperoit promptement, que ceste alliance luy sembloit commode pour facilement dresser entreprises au desavantage des François; esperant, pour cause qu'anciennement les Anglois estoient appellez anciens ennemis des François, tant plus facilement les pouvoir induire à ceste inveterée inimitié par le moyen de son support et grandeur (nonobstant que peu auparavant, du vivant de Edouard, leur dernier roy, fussent entrez en leur alliance et confédération), et, par ce moyen se promettant que avec les Flamens et Hennuyers, qui nous appareilleroient forte guerre par terre, et les Anglois par la mer, nous pourroit tenir en telle subjection cette part, que tant plus un autre accès et advenue sur nous luy seroit ouverte et facile. Mais tout luy advint au rebours, et contre son opinion; car, après la consommation de ce mariage du roi d'Espagne, son fils, avec la nouvelle royne d'Angleterre (1) sa tante, à telles conditions que chacun sçait, il fit tous les efforts qui estoient en sa puissance pour tenir preste une armée de mer, avec laquelle il fut amené et conduit en Angleterre. Où sitost qu'il fut descendu, au lieu d'estre receu avec grands honneurs et triomphes, et estre bien venu et salué comme roy, trouva partie de ce royaume divisé et en armes, des grands seigneurs tenans le party de la Royne contre le populaire mutiné, pour ne vouloir accepter un roy estranger à leur commander, mais un qui fust de leur nation et origine. Tellement que peu

---

(1) *Avec la nouvelle royne d'Angleterre sa tante.* La reine Marie, fille de Catherine d'Aragon, étoit cousine germaine de Charles-Quint, père de Philippe.

de jours après son arrivée (¹), le serrerent et saisirent de si près, qu'ayant deffait et tué partie d'un nombre d'Espagnols qu'il avoit amenez avecques luy pour sa garde, le contraignirent avec sa femme se retirer en la forteresse de Londres, où ils ont demeuré quelque temps pour éviter la fureur de ce monstre populaire; en laquelle il a assez longuement opiniastré, encore que la Royne ait fait décapiter Nortembèlland, gouverneur du pays, mourir plusieurs de ses adherans, et punir rigoureusement les plus coulpables qu'elle peut attrapper; et que depuis l'Empereur se soit essayé de les appaiser et attirer avec promesses grandes, et toutes sortes de blandimens, ce neantmoins ne les a peu convertir à advouer leur naturel roy et seigneur, estant assez advertis de ses ruses, et cognoissans la présomptueuse audace des Espagnols, ne à se déclairer pour lors ennemis des François, sçachans bien qu'ils n'ont voisins plus prompts et prochains à les secourir en leurs dangers et affaires, ny plus aspres et belliqueux, où ils se seroient autrefois declairez contre eux. Depuis advint qu'un certain nombre de navires et vaisseaux marins, armez de quelques Flamens et peult-estre d'aucuns Anglois (à raison qu'il est fort difficile qu'en la commune d'un pays il ne s'en treuve de plusieurs ligues et partis, mesmement où ils sentent recouvrer quelque profit, ou des pauvres et fuitifs, qui esperent parvenir et s'aggrandir, ou retourner en leurs biens et liberté), fit descente en aucuns endroits

(¹) *Tellement que peu de jours après son arrivée.* L'auteur dénature les événemens. Northumberland, qui avoit voulu donner le trône à Jeanne Gray, avoit été exécuté le 22 août 1553, à l'époque de l'avénement de Marie; et Philippe, qui étoit arrivé en Angleterre le 19 juillet 1554, n'avoit éprouvé qu'une foible opposition.

de la coste de Normandie, specialement en la province de Caux. Et pource que promptement on fit entendre au Roy que c'estoient Anglois, doutans qu'ils se fussent declairez ennemis, soudainement fit arrester par tous ses ports les marchands et vaisseaux anglois qui y furent trouvez, et la traite, qui leur avoit esté accordée de grande quantité de bleds et vins, declairée nulle et enfrainte. Ce que leur ambassadeur, qui lors estoit encore à la Cour, leur fit sçavoir en diligence; mais eux, ignorans et non coulpables de ceste exécution, s'excuserent envers le Roy, et justifierent avec bonnes raisons, faisans déclaration ce avoir esté fait à leur desceu, offrans que là où en leur pays se trouveroient personnes qui y auroient assisté, ou donné port ou faveur, d'en faire exemplaire punition, voulans persévérer en l'alliance et amitié du Roy : ce que d'avantage ils confirmerent en leurs estats, qu'ils assemblerent en ce temps; protestans, oultre plus, de n'advouer ne proclamer le roy d'Espagne leur Roy, jusques à ce qu'il auroit hoir masle de leur Royne.

Ainsi demeura l'Empereur frustré du secours qu'adonc il attendoit des Anglois, et son fils et sa femme en doute et peine pour les seditions et guerres intestines de leur pays. A quoy cherchans tous moyens de remede, et considerans bien qu'il estoit impossible d'en venir à bout sans que l'Empereur et le Roy fussent amis, ou, pour le moins, sans une couverture de paix ou de tresve, chercherent occasion d'inviter le Roy avoir commiseration de la tranquillité de l'Eglise et du bien public, advertissans le roy Philippe et la royne d'Angleterre sa femme, par leur ambassadeur, qu'ils avoient une entiere et parfaite affection de vivre en paix avec luy, et feroient en sorte qu'ils moyenneroient une perpetuelle union et concorde entre l'Empereur et luy, se faisans reciproque restitution de ce qu'ils se détenoient les uns aux autres. A la conduite de cest œuvre se présenta de rechef le cardinal Pol d'Angleterre, qui, l'an précedent (ainsi que j'ay desjà dit), estant envoyé legat de pape Jules troisiesme, s'estoit mis en tout devoir de les appointer, et, ce que n'ayant peu resouldre, estoit passé en Angleterre, en intention de réduire et remettre à l'ancienne religion de l'Eglise ce peuple qui, dès le vivant de leur roy Henry, dernier de ce nom, avoit adheré et receu la nouvelle doctrine que l'on a appellé lutherienne; mais, prevoyant que mal-aisément les en pourroit distraire ne retirer, à cause que les principaux princes et seigneurs du pays occupoient et usurpoient les possessions et domaines des eglises, qu'ils ne vouloient quitter et rendre, se parforça, de plus profonde et affectionnée intention, inventer et chercher tous moyens et conditions à pacifier ces deux princes, et les ranger et faire convenir à ceste raison, d'avoir plus en recommandation la religion et Eglise chrestienne et le bien public, qu'une privée et péculiere ambition; si que se faisans amis fussent autheurs d'admettre la paix de Dieu entre luy et son peuple : en quoy si bien besongna, que tous deux consentirent d'entrer en termes d'amiable justice et équité, en se faisans mutuelle restitution en tous droicts, estant ce bon cardinal de cest arbitrage comme un commun et équitable médiateur; et croy fermement que si fraude y avoit esté d'un costé ou d'autre, que ce n'estoit de son advis et consentement. Dont ne fault douter que par toute l'Europe n'en fust demenée une joye et allegresse indicible, pour l'espérance que chacun avoit d'obtenir et recouvrer ceste desirée paix, comme si (selon ledict du psalmiste) justice et paix se deussent baiser et embrasser. Et par toute l'Eglise des fideles chrestiens estoient adressées à Dieu prieres et oraisons, en jeunes et toute mundicité (1) de l'esprit, afin d'obtenir sa grace à ce qu'elle dirigeast et conduisist les pas et affections de ces princes en bonne paix et concorde.

Ces choses eurent si bon commencement, que le vingt-troisiesme de may, au village de Marc, entre Ardres, Calais et Gravelines, se trouverent le cardinal Pol d'Angleterre, l'evesque de Vuichestre (2), chancelier d'Angleterre, les milords d'Arondel, grand-maistre dudit royaume, et Paget et le seigneur Palmier. Les deputez pour l'Empereur estoient le duc de Medinaceli, l'evesque d'Arras, le comte de Lallein, le seigneur Viglino, president du conseil privé de l'Empereur, le seigneur Briarre, president de Malines, et le secretaire Bave. Pour le Roy estoient le cardinal de Lorraine, M. le connestable de Montmorancy, les evesques de Vannes et d'Orleans, et le secretaire de l'Aubespine; avec ce, plusieurs grands seigneurs et personnages d'authorité, tant de ceux qui y furent appellez et mandez pour la decision d'une affaire de si grande importance, que d'autres de chacun party, qui tenoient à singulier honneur et plaisir se trouver à la confederation et perpetuelle alliance de leurs princes et maistres. Et là toutes causes furent debattues, et les droicts de chacun costé mis en avant et alleguez, avec plusieurs cé-

---

(1) *Mundicité* : pureté. —(2) *L'evesque de Vuichestre* : Etienne Gardiner, évêque de Winchester.

rémonies et particularitez que n'ay voulu icy deduire partialement et de mot à mot, pour estre choses trop prolixes et de petite utilité, ains ay seulement voulu discourir brièvement les principaux poincts et articles d'où dependoit leur different, et ce que sur cela a esté repliqué par leurs commis et deputez, afin qu'on puisse facilement juger d'où venoit la faulte, et auquel devroit estre le tort donné pourquoy la paix n'ait peu estre conclue et faite. Après toutes disputes d'une part et d'autre, tant avec M. le legat et deputez anglois à part, qu'avec les Imperiaux et tous ensemble, finalement cest effect tomba en tel poinct, que l'Empereur avoit donné charge et commandé expressement à ses gens de ne faire aucune restitution au Roy de chose qu'il luy detenoit avant ces dernieres guerres, principalement du duché de Milan, qu'il dit luy avoir esté adjugé par autres premiers traictez ; demandant oultre plus, avant que venir à aucun accord, que le Roy luy rende et restablisse tout ce qu'il a gagné, non-seulement sur luy, mais ce qu'il detient d'autruy depuis cesdites guerres, et, quoy que ce soit, qu'il remette M. de Savoye en ses pays ; offrant, en satisfaction de ce, le mariage de dom Carlo, fils du roy d'Espagne son fils, avec madame Isabelle, fille aisnée du Roy, pour le dot de laquelle il prendroit la querelle que le Roy pretend audit duché de Milan, où il renonceroit, et, pour le surplus, donneroit au Roy le comté de Charrollois en récompense de Teroenne, et le fort du Mesnil pour Hedin, qu'il vouloit et entendoit estre demoli, comme il consentoit de grace de l'une des places siennes, à sçavoir, ou d'Yvoy, Danvillé, ou de Montmedy. Sur cela, après plusieurs controverses, apres diverses remonstrances proposées par les députez du Roy, faisans entendre qu'il n'y avoit aucune apparence d'équité ès demandes de l'Empereur, enfin, pour plus apertement faire paroistre qu'ils ne demandoient qu'occasion d'avoir paix, ont declairé résolument que, pour la confermer et stabiliter plus durable, il estoit necessaire que ce fust en rendant rendre, et en retenant retenir, sans faire difference des vieilles et nouvelles conquestes; car les vieilles playes estoient renouvellement, et celles qui avoient rentamé les premieres, et qui les pouvoient guerir. Toutefois, ne pouvans les parties là dessus s'accorder, fut trouvé un expedient par le cardinal d'Angleterre et deputez anglois, desireux de la tranquillité universelle; à sçavoir que le Roy trouvast bon laisser juger par le concile la querelle de Milan et celle de Bourgongne, aussi celle du duc de Savoye, en le restituant neantmoins en ses pays, et retenant les places fortes; en le recompensant autre part, moyennant le mariage de luy et de madame Marguerite, sœur du Roy. A quoy a esté respondu par les François qu'ils avoient tousjours dit estre contens que toutes querelles, vieilles et nouvelles, qui concernoient les princes, fussent jugées par le concile, sans les specifier, et, quant au duc de Savoye, que lorsque l'Empereur feroit raison aux alliez et amis du Roy, comme au roy de Navarre, au duc de Parme et autres interessez, le Roy feroit le semblable. Sur laquelle response les Imperiaux demanderent cinq jours pour en advertir l'Empereur : lesquels finis, et sa response venue, n'ont jamais parlé que d'entendre aux trois premiers articles; essayans cependant tirer ce negoce et dispute en longueur, pour attendre l'opportunité propre d'endommager le Roy, et l'issue de l'entreprise que le duc d'Albe avoit mis sus pour recouvrer le Piedmont. Ce qu'estant cogneu par les François, se sont departiz et retirez, après avoir prins congé amiablement les uns des autres, et avoir très-affectionnement remercié ledit legat, cardinal d'Angleterre, et les deputez anglois, du bon et grand devoir où ils s'estoient employez pour conduire ce sainct œuvre à bonne fin, et qu'eux, ayans ouy et entendu les raisons de chacun costé, ils pourroient recueillir et juger auquel le droit devroit appartenir, et de la raison où le Roy s'estoit soubmis, estant tousjours prest de se laisser conduire à honneste party, quand il se presenteroit. Pourquoy le seigneur de Noailles (1) estoit sur le lieu où les choses avoient esté commencées, auquel ils pourroient faire sçavoir ce que surviendroit de nouveau pour le bien de la paix, où le Roy ne fermeroit jamais l'oreille.

Tel fut le commencement d'une très-grande espérance de paix, et triste et ennuyeuse l'issue ; et la départie inutile de tant de grands seigneurs qui s'estoient assemblez et entremis pour la traiter, a esté cause d'un grand desespoir entre tous les peuples de ces princes, de pouvoir de long temps recouvrer pareil moyen de repos ; se desfiant un chacun de voir finer son aage avec paix, s'il ne plaist au Dominateur de toutes choses, de son infinie et immense pitié et misericorde la nous envoyer de là sus, car de la tirer d'entre les hommes est impossible, pour la division des regnes, et la merveilleuse avarice dont tout le monde

---

(1) *Le seigneur de Noailles*. Ce seigneur étoit ambassadeur de France en Angleterre.

est embrasé, et tous genres de pechez si exécrables et énormes, que je m'esmerveillerois comme il nous chastie encore si doucement, et qu'il ne confond et abysme tout ce siecle, si je ne savois que, ne voulant ainsi perdre l'œuvre de ses mains, que son fils a recouvré à si inestimable prix que de son propre sang, il attend et nous présente tous moyens de conversion et recognoissance de luy et de sa bonté. Vray est qu'on doit douter qu'après avoir longuement attendu, ayant sondé nos cueurs endurciz à malice, il ne nous visite en extresme rigueur, et que de gravité de punition il ne recompense sa longue attente ; veu mesmement que, nonobstant le travail de la guerre, et divers autres perils et accidens qui surviennent journellement sur nous, qui sont les monitions et advertissemens de Dieu, il n'y a nulle apparence d'amendement, mais plustot, oultre les vices communs, l'on n'entend parler que de toutes sortes d'heresies, d'atheistes, épicuriens, parricides, sodomistes, apostats et interdicts. A bref dire, je croy que sont revenus les jours ausquels le bon Helie disoit : « Seigneur, il n'y a depuis le grand jusques au petit qui ne t'ayt delaissé, pour decliner à mal et toute iniquité. » Voilà qui est, à mon jugement, cause que nous ne pouvons recouvrer la paix. Quant à alleguer à cela l'obstination des princes, et que ce que l'Empereur en a fait estoit une couverture et expectative pour donner tant meilleur ordre à ses affaires, qu'il cognoissoit estre en mauvaise disposition; encore qu'il fust vray, si nous venons à considérer que les cueurs des princes sont en la main de Dieu, avec laquelle ils combattent et sont victorieux ou vaincus (ainsi que quand Moyse tenoit sa main haute les enfans d'Israël vainquoient leurs ennemis aux deserts, et quand elle s'abaissoit estoient vaincus), on jugera qu'il peut rompre et froisser les monarches, empereurs et roys, comme un potier de terre fait son pot, et de la mesme masse et estoffe en redresser autres, et les prevenir en leurs cogitations et pensées; comme l'on cognoistra, s'il est consideré que l'Empereur au commencement estoit en la meilleure volonté qu'on eust peu souhaiter, pour estre conduit, en toutes voyes d'équité, où de luy-mesme s'estoit offert; comme pareillement le Roy s'y estoit converty, en parfaict desir de préferer l'union et utilité publique à son particulier. Davantage, que ce bon cardinal divinement inspiré estoit introduict à avoir trouvé tous moyens de les appoincter; ce qu'il avoit desjà si prudemment conduict, qu'il n'y avoit, je suis certain, homme qui ne s'asseurast de veoir la paix. Puis qu'à tout cela on vienne rapporter comme, tout à coup, l'Empereur se changea et esloigna de toute raison, le Roy se prepara de poursuivre son droict avec les armes, qu'il avoit amiablement requis avec justice, les Anglois se départirent pour continuer et perseverer en leurs divisions et partialitez, on trouvera que toutes ces choses estoient œuvres divines, et les merveilleux et estranges jugemens de l'Omnipotent, contre lesquels rien ne peuvent toutes les puissances humaines : et, en cela, ne sçauroient nos excuses donner couleurs n'y artifices; car, tant qu'il luy plaira, la guerre durera, et, quand il sera satisfait de nous avoir puniz selon sa justice, lorsqu'il nous verra retourner à luy, et que garderons ses commandemens, il nous donnera, ainsi que luy-mesme a dit, tout bien et toute felicité.

Maintenant que j'ay nuement, et selon la verité, descrit le fait de ceste proposition de paix, sans y avoir adjousté aucun fard ny palliation pour farder et colorer nostre querelle; sans aussi y entremesler plusieurs articles, comme de la reddition des prisonniers et trafiques des marchandises, afin de rendre ma narration plus brefve et moins odieuse, je reprendray la suite de mon histoire, et diray ce que durant ceste assemblée a esté faict en noz parties de la Gaule belgique, et ce que depuis est ensuivy. Le Roy, combien qu'il fust en termes de paix, ne voulant estre surpris, tenoit unies et serrées toutes ses forces, faisant, après les monstres d'avril, temporiser en garnison toute sa gendarmerie; et n'y avoit que quelques compagnies de cavallerie legere, et celles de gendarmerie de M. de Nevers et de M. de Bordillon, qui furent envoyées au gouvernement de Champagne, tant pour tenir escorte aux vivres qu'on menoit à Mariembourg, que pour asseurer la frontiere de certain nombre d'ennemis qu'on disoit s'assembler devers Namur et au pays de Lieges, qu'on doutoit vouloir dresser quelques entreprises cette part, soubs couleur de ceste paix. Laquelle doute croissoit tous les jours par les rapports qu'avions ordinairement, comme à la verité leur nombre multiplioit de heure à autre, et sceusmes comme les vieilles bandes espagnolles y estoient arrivées. A ceste cause furent renforcées les garnisons de ceste frontiere, et, sans faire bruit, on y envoya nouvelles compagnies de gens de pied et de cheval pour les soustenir s'ils eussent voulu user de surprises. Dequoy peut-estre advertiz, entrerent en pareille doute de nous qu'estions d'eux, mesmement s'esleva un bruit que devions aller brusler les deux Givets et tout le plat pays de l'environ, et ruiner quelques petits forts qui nuisoient à Mariembourg, où, selon qu'aucuns ont voulu dire, l'on trouva ceste ruse pour mettre hors de Namur les Espagnols et autres gens de guerre qui y estoient logez, et qui y vivoient à discrétion. Pour autant qu'ils s'estoient mutinez à cause qu'ils n'avoient esté payez, et n'avoient receu leur solde d'un fort long temps; pourquoy ils menassoient et murmuroient de piller et saccager ceste grande et riche ville. Tant y a, en quelque sorte que ce soit, que, s'estans renforcez au nombre de dix-huit ou vingt mille hommes de pied, tant de gens de guerre que des communes du pays, et de trois à quatre mille chevaux, à la conduite de Martin Roussan, suyvans la rivière de Meuse, se vindrent parquer aux deux Givets, qu'ils avoient choisiz comme lieux commodes pour recouvrer aisément toutes munitions et appareil de guerre par le cours de ceste riviere, aussi pour nous defendre le passage et entrée de leurs terres. Parquoy deslors commencerent à bastir, pour plus se asseurer, un fort sur une haute montagne au pied de laquelle flotte ceste grosse riviere de Meuse, joignant le port de Givets deçà; au sommet de laquelle desjà un comte d'Agimont en avoit voulu construire un, et y voit-on encore quelques fondemens que l'Empereur ne luy voulut permettre parachever. Et quant et quant, peu de jours après y estre arrivez, firent des courses au long de ceste frontiere, devers Maubert-Fontaine et Aubenton, et meirent le feu en deux villages, l'un nommé Tarzy, et l'autre Anteny. De toutes ces choses estant M. de Bordillon adverty, qui lors estoit à Mesieres, à la fortification de laquelle il faisoit besongner en extresme diligence, l'ayant mandé au Roy, fit promptement serrer dans les villes et lieux tenables toutes les garnisons de cheval et de pied, qui estoient espanchées et eslargies ès villages pour le soulagement du commun peuple, afin de trouver vivres plus commodément, à raison que les avoines et fourrages estoient adonc fort rares et chers; et, d'autre part, envoyoit journellement certaines compagnies legeres courir et recognoistre le plus près du camp de l'ennemy qui leur estoit possible, pour prendre langue, et sçavoir des prisonniers qu'ils saisiroient quelle estoit leur deliberation et ce qu'ils vouloient entreprendre. Au dire desquels estoit malaisé d'asseoir bon jugement, disans les uns que c'estoit pour garder leur pays, les aucuns qu'ils proposoient d'assieger Mesieres, les autres Mariembourg, et se trouvoient en différentes et contraires paroles, mesmement les espions n'en pouvoient asseurer aucune chose certaine; et neantmoins ne desistoient quelquesfois à faire courses le long de la frontiere, où ils pensoient avoir du meilleur, voire jusques à se hazarder de venir fourrager aucuns villages assez près de Mesieres, d'où ils emmenerent grand nombre de bestail et meubles, partie duquel fut recouvert par ceux de la garnison de Mariembourg, qui, en ayans esté advertiz, leur coupperent chemin et les destrousserent, et non sans se estre furieusement et bravement escarmouchez les uns et les autres.

Or nous estions desjà bien avant au mois de juin, avant qu'on peust sçavoir certainement quelle fin et conclusion se resouldroit en ceste assemblée; et tenoit-on par toute la France asseurément que nous aurións la paix ou la trefve. Toutefois le Roy, qui avoit advertissement d'heure à autre de tout ce qu'estoit traité, estant desjà tout arresté ce qu'il vouloit ou n'entendoit pas estre accordé, ayant sceu nouvelles de cest amas et descentes d'ennemis, envoya en diligence M. de Nevers en son gouvernement, luy ordonnant très-expressément, entre toutes autres choses, de fournir et munir Mariembourg si abondamment de tout ce que y seroit nécessaire, que ceux qui seroient dedans n'eussent occasion de se rendre pour aucun defaut, s'il advenoit que l'Empereur voulust convertir toutes ses forces pour la recouvrer. Peu de jours après son partement, luy envoya renfort de quatre à cinq cens hommes d'armes et autres compagnies de fanterie, qu'il départit et logea tout au long de cette frontiere le plus commodément qu'il y fut advisé, et selon que le besoing le réqueroit. Puis, après avoir prudemment donné ordre aux affaires plus nécessaires, advisa avant tout autre satisfaire et exécuter la charge que le Roy luy avoit si affectionnement enjoint ; et pour ce, estant au Chesne Populeux, manda venir devers luy le sieur de Bouran, qui lors estoit à Rhetel, commissaire general des vivres de Champagne et Luxembourg, auquel il commanda assembler audit Rhetel le plus qu'il luy seroit possible de farines et vins, pour estre charriez dans un jour ou deux ensuivans. Ce qu'estant desja prest, assemblé et enfoncé, comme faict d'homme sage et propre à telles charges, à son asseurance au mesme instant ce prince en chargea à tous les capitaines de gendarmerie, cavallerie et fanterie, qui pareillement estoient venus devers luy à son mandement, qu'ils eussent à tenir toutes leurs compagnies prestes et préparées pour marcher dans vingt-quatre heures qu'ils seroient advertis. Et afin que ceste entreprise fust tenue plus secrette, et ne peust estre legerement descouverte par le bruit de ceux qui feroient les levées des charrois, dès le jour et la nuict mesme, fit serrer tant de charriots et charrettes qu'on pouvoit trouver en l'estendue du comté de Rhetelois et du village, et pareillement des plus prochains villages de Champagne, qui furent menez quant et quant à Rhetel, et là aussi tost chargez, et d'un mesme train leur feit-on prendre le droit chemin à Maubert-Fontaine, où semblablement, à poinct nommé, se trouvèrent vingt enseignes de fanterie françoise, vieilles et nouvelles; ainsi que feit le prince le soir mesme, qui estoit du quatorziesme de juin, estans toutes les autres compagnies de gendarmerie et cavallerie logées aux prochains villages d'alentour, et ès environs de sa personne. Auquel lieu ayans seulement séjourné environ deux ou trois heures pour prendre haleine et repaistre nous et nos chevaux, environ les neuf heures de la nuict en partismes à l'advertissement d'un coup de canon, comme aussi feirent la cavallerie legere, les gens de pied et tous les charrois; le tout tenant ordre comme si nous eussions voulu, au partir de là, aller aborder et combattre noz ennemis; selon que, pour en parler au vray, estoit bien requis à si scabreuse et dangereuse entreprise que ce prince avoit deliberé mettre à fin, ayant un tant gros nombre d'ennemis prochain de nous, lesquels estans advertiz, sur le chemin allant ou retournant, nous pouvoient rencontrer et facilement tourner en rotte (1)

---

(1) *Tourner en rotte*: mettre en déroute.

(mesmement en tels destroicts et chemins difficiles des bois de large et grande estendue, qu'ils cognoissent et frequentent coustumierement, pleins de forts tailliz, ruisseaux dangereux, vallées et montées difficiles et penibles) si la discipline militaire n'y eust été prudemment observée. De laquelle conduite j'ay bien voulu en cest endroit dire ce que j'en ay peu voir, apprendre et retenir d'aucuns experimentez capitaines à qui je en ay ouy parler ; selon aussi que j'ay quelques fois leu que les Romains en ont usé anciennement en tant de longues et loingtaines guerres, allans assaillir leurs ennemis en pays estranges, où aucunefois n'estoient pas les plus forts; parquoy leur estoit de necessité inventer et practiquer nouvelles ruses, ou, pour le moins, se ranger et tenir si serrez en telle ordonnance, qu'encore qu'ils fussent chargez et couverts de plus gros nombre, se pouvoient neantmoins le plus souvent sauver et retirer. Telle estoit donc l'ordonnance que ce prince fit tenir à sa petite armée, allant à cest avitaillement : Premierement furent envoyez devant les coureurs, pour descouvrir et recognoistre tous les passages, au nombre de trois cens, partie harquebusiers à cheval françois, partie anglois et escossois, soldats fort duits à ce mestier, soubs la charge, ce me semble, de M. de Sansac, que suyvoit d'assez près le marquis d'Elbeuf, prince prouveu de hardiesse et toute autre vertu, avec sept ou huict cens chevaux-legers dont il estoit général, et après luy M. de Bordillon, qui menoit l'avant-garde au nombre de deux cens hommes d'armes, et à sa queue huict enseignes de fanterie, desquelles tous les corcelets et piquiers marchoient dix à dix de front, et leurs harquebusiers estendus et eslargis des deux costez du chemin et à leurs flancs; les deux autres enseignes, faisans le nombre de dix, estoient mises aux deux flancs de la file des charrois, à sçavoir à chacun chariot deux piquiers et deux harquebusiers, deçà et delà. Et, pour autant qu'à ceste charge de flanquer, et defense de chariots, ne pouvoient suffire deux enseignes seulement, estant la file fort longue, qui duroit un grand quart de lieuë pour le moins, à cause qu'il n'y pouvoit marcher qu'un seul chariot à la fois pour la difficulté des chemins, on y en mit encore deux autres des deux qui estoient à la queuë du prince, lequel venoit après la bataille de trois cens hommes d'armes, suivy de huict enseignes de fanterie, au mesme ordre que les premiers. Tout au derriere demeuroit l'arriere-garde de deux cens hommes d'armes, que conduisoit M. de Jamets (ce bon vieillard et vertueux chevalier), lequel encore faisoit demeurer après luy cent ou six vingts archers, pour faire tout suyvre, et ne laisser rien derriere, aussi pour l'advertir de ce qu'ils verroient ou entendroient. Nous continuasmes ceste marche et forme de bataille tout le long du chemin, qui dure huict grandes lieues, qui en vallent plus de dix françoises, et tous bois, sans nous rompre ou desbander : encore que, tant pour la longue traicte que pour les mortes et mauvais passages, souvent versassent et fussent rompus ou demeurez de nos charrois, si est-ce que, sans se troubler ny changer l'ordonnance l'on faisoit haut le bois, et ne partoit-on de là que tout ne marchast quant et quant. Laquelle ordonnance, selon l'opinion de tous ceux qui sont practiquez et usitez en l'art militaire, est l'une des meilleures qu'on eust sceu inventer à telle necessité, pour sauver un petit nombre d'hommes devant une bien grosse armée en lieux contraints et serrez, aussi pour la conduite d'un grand et lourd cariage et bagage; car, s'il m'est permis en dire ce qu'il m'en semble, les ennemis, combien qu'ils fussent au double de nous, ne nous eussent sceu affronter de quelque endroit que ce fust sans toujours trouver teste, et n'eussent peu enfoncer sans une grande perte, d'autant qu'ils ne pouvoient ordonner de faire marcher un gros bataillon sur nous, tant à cause de l'incommodité et espesseur du bois, que pour estre en butte à noz harquebusiers, au danger de endurer infinité d'harquebusades, sans encore pouvoir joindre; et là aussi peu leur eust servy leur gendarmerie qu'à nous, sinon en escarmouchant, et sçavions bien que la leur estoit beaucoup moindre que la nostre ; parquoy, en tout évenement, quand nous fussions trouvez les plus foibles, ils n'eussent sceu empescher que, malgré eux, en nous soustenant les uns les autres, ne nous fussions sauvez et retirez. Toutefois ne tombasmes point en ce hazard; ains, sans estre aucunement importunez des ennemis, estans libres et ouverts les chemins, environ les dix heures du matin le marquis d'Elbeuf avec la cavallerie legere, et M. de Bordillon avec l'avant-garde, arriverent à Mariembourg, où, peu après, entrerent et furent mis dedans les charriots et charettes, au nombre de quatre à cinq cens, tant de la munition du Roy que des marchands volontaires. La bataille et arriere-garde demeurerent à une petite lieuë près, pour soustenir les charges des ennemis, s'ils nous eussent voulu hoguisner [1] et fascher; et le prince, accompagné de ses plus

---

[1] *Hoguisner* : inquieter.

favoriz et asseurez, passa oultre pour voir et visiter la ville, et scavoir l'ordre qui estoit dedans, qu'il trouva en bonne disposition ; mesmement le sieur de Fumet, qui, depuis que M. de Gonnort s'en démit, en estoit gouverneur, l'asseura de sa parfaite et fidele volonté de se bien défendre et garder ceste brave petite ville, si les ennemis s'y addressoient. Autant luy en dirent et asseurerent le fils du sieur de La Roche-du-Maine, qui, peu de jours auparavant, y estoit entré avec la compagnie de son pere, et le seigneur de La Ferté, qui y estoit aussi avec ses chevaux legers, et généralement tous les capitaines et vaillans soldats, tant de cheval que de pied, qui estoient là-dedans logez et ordonnez pour la defense. Dequoy ce prince bien satisfait et content, après que toutes les munitions furent deschargées et mises à poinct, environ deux heures après midy en partit avec toute l'avant-garde, laquelle depuis demeura derriere pour servir d'arriere-garde ; et le prince avec l'avant-garde et bataille alla devant, estant suivy de la file des chariots, au mesme ordre que nous estions allez. Sans trouver aucun empeschement retournasmes, non par le chemin qu'avions tenu en allant, ains passasmes au retour par le fort de Rocroy, où le capitaine La Lande estoit adonc chef et gouverneur ; lequel, sans ce qu'il est vaillant et hardy gentilhomme, se demonstra davantage honneste et prouveu d'honneur, tant à l'endroit du prince que d'autres plusieurs gentilshommes ses amis et cogneuz ; ayant fait sonner la salve à coups d'artillerie, présenta tous rafreschissemens de pain et vin, selon que il avoit le moyen en lieu mal-aisé. Le prince voulut entrer et considérer ce petit fort, pour sçavoir sa force, et ce qu'il pourroit soustenir; et trouva, à mon advis, que, sans estre battu de grosse artillerie, il estoit capable et assez tenable pour se garder de tous assaults, estant remparé, percé et flancqué assez proprement pour ce qu'il contient; prouveu de menue artillerie et munitions pour tenir quelque espace de temps. Pourtant il ordonna au capitaine La Lande veiller et se tenir sur ses gardes, et ne se point rendre si legerement qu'il n'eust advertissement et cognoissance de la puissance des ennemis, s'ils le venoient envelopper, dont il le feroit certain, s'il lui estoit possible, pour le venir secourir s'il estoit en son pouvoir; toutefois que là où il verroit les ennemis trop roides et puissans, et qu'il se sentist n'y pouvoir resister, qu'il ne fust si téméraire et outrecuidé, qu'estant forcé fist perte, non-seulement du fort qui n'est rien, ains de sa personne et de beaucoup de vaillans hommes qui l'accompagneroient, comme il a veu par divers exemples advenir. Au partir de là, sur les quatre heures du soir, M. de Bordillon avec les compagnies tant de cheval que de pied, qui estoient en garnison à Mesieres et ès environs, se départit et print son chemin cette part; et le prince avec les autres qui estoient en garnison à Rhetel, Chastel en Porcean, et là autour, retourna au coucher à Maubert-Fontaine, et les compagnies en leurs premiers logis, et de là en leurs garnisons ordinaires.

Ainsi fut la forte ville de Mariembourg, en vingt-quatre heures, à la barbe des ennemis, remplie d'un gros nombre de vivres et munitions, estant desjà garnie de neuf compagnies de gens de pied, des estimées entre les vieilles enseignes, de cinquante hommes d'armes et deux cens chevaux legers. Dequoy le Roy estant peu après adverty, osta toute doute et défiance qu'il en eust peu avoir auparavant, et les ennemis au contraire perdirent tout espoir d'y pouvoir addresser leur premier effort. Encor a il esté dit, suyvant ce propos, qu'un soldat, qui estoit sorty de Mariembourg pour venir à Rocroy, passant par le chemin que nous avions tenu, et ayant de long entendu et apperceu quelques Bourguignons à cheval, se jetta dans un fort tailliz avant qu'il fust veu d'eux, d'où il les oyoit devisans de cest avitaillement, s'esmerveillans d'une si incredible diligence, comme s'ils eussent trouvé presque cela impossible d'amener si grande quantité de chariots par tels inusitez destroits et passages, et sur tout comme, sans grand peril et perte, on les avoit peu faire avaller et descendre en un vallon duquel le précipice estoit fort roide et droict, au fond duquel y avoit un pont de bois rompu, lequel, pourtant qu'il estoit force de passer par dessus, fut tant soudainement reparé et redressé, qu'ils s'en esbahissoient comme d'un miracle. Tant y a, le repos et contentement qu'en eusmes après, nous fit oublier le précédent labeur et travail qu'y avions souffert; d'autant qu'il nous sembloit avoir gaigné le plus grand advantage sur les ennemis, ayans ainsi abondamment muni noz forteresses les plus esloignées de nous, et à eux les plus prochaines et dommageables, comme ceste ville de Mariembourg et le fort chasteau de Bouillon, où pareillement on avoit fait besongner à davantage le fortifier ès lieux qu'on avoit peu considerer et cognoistre subjects à estre battuz du canon : mesmement y a esté eslevée une plateforme du costé de la montagne, où fut mise l'artillerie quand dernierement il fut rendu; estant au surplus suffisamment pourveu et rempli de tous vivres et munitions, pour soustenir le siege si longuement que l'ennemi en pourroit estre ennuyé. Dedans lequel chasteau estoit le seigneur de La Lobe, enseigne de M. le duc de Bouillon, qui, quelque temps après la prise du chasteau de Hedin, où il fut fait prisonnier avec sondit maistre, en homme de gentil esprit s'estoit eschappé et sauvé de la main de ses ennemis. Et pour la defense de ce chasteau, avoit choisi et emmené avecques luy quinze hommes d'armes et trente archers des plus experimentez et fideles de cette compagnie, faisans ordinairement sorties et diverses entreprises sur leurs voisins Bourguignons et Ardennois et Liegeois, desquelles le plus souvent avoient bonne issue et victoire. Entre lesquelles je ne veux alleguer que celle du septieme d'avril, jour de Pasques flories en cest an, en laquelle furent tuez, rompuz et faits prisonniers plus de trois cens ennemis (eux estans seulement au nombre de quarante ou cinquante chevaux), lesquels ennemis s'estoient embusquez près de là, pensans attraper et surprendre vingt-cinq ou trente chevaux anglois de la garnison d'Yvoy. Quant à Mesieres, Yvoy, Montmedy, Stenay, Danvillé, et toutes les autres places le long de ceste frontiere, esquelles le chemin estoit facile et non dangereux, on peult croire que les gouverneurs faisoient tout devoir de les munir et tenir en tel ordre que l'ennemy n'eust perdu que temps de les assaillir, mesmement Mesieres, où M. de Bordillon et le sieur de Troussebois, qui en est gouverneur, faisoient besongner à la remparer et fortifier à grand soing et diligence; pour autant que c'estoit celle (selon le rapport des espions) que les ennemis le plus menassoient.

Voilà les choses les plus mémorables que j'ay veu ou sceu avoir esté faites le long de la frontiere de Champagne, durant le temps de ceste assemblée, sans que j'aye aucunement parlé d'aucune entreprise executée en Picardie, pource qu'adonc trefves y estoient accordées pour l'asseurance des passages et chemins. Toutefois, peu de jours après cest avitaillement de Mariembourg, sur la fin du mois de juin, eusmes certaines nouvelles comme ceste assemblée s'estoit départie sans nul effect, et comme M. le cardinal de Lorraine, et M. le connestable et les deputez du Roy estoient de retour. Parquoy, estant toutes trefves rompues, et la guerre ouverte entre le Roy et l'Empereur plus que devant, chacun d'eux commença à reunir toutes ses forces, et à les faire acheminer et assembler ès lieux où ils jugeoient et cognoissoient avoir le moyen d'assaillir ou de se defendre. La gendarmerie du Roy, laquelle cependant avoit tousjours temporisé et sejourné en garnison, fut tantost mise aux champs et departie en divers endroits de ce royaume. Certain nombre, comme de trois à quatre cens hommes d'armes, fut envoyé en Piedmont devers M. de Brissac, qui tenoit adonc Vulpian assiegé en extrême necessité. Du costé de Champagne, furent envoyez de renfort sept ou huict cens hommes d'armes, et pour le moins autant en Picardie. La maison du Roy fut pareillement mandée, et les rieresbans criez et advertis pour marcher en tel équippage qu'il leur estoit ordonné. Quant à la fanterie, peu de compagnies de gens de pied nouvelles furent levées; ains aucuns capitaines, qui de long-temps estoient depeschez, et qui avoient leurs commissions prestes de lever soldats quand on les advertiroit, les ayans desjà tous prests, furent tantost sur pieds et prompts à estre mis en besongne. A d'autres capitaines des vieilles enseignes, furent données les creuës (1) pour redresser leurs compagnies complettes, avec exprès commandement de les tenir armez, et en tel équippage que convenoit à leurs charges. D'estrangers, le Roy n'en fit point venir par-deçà de nouveaux à son service, et se contenta des vieilles enseignes d'Allemans du Reingrave. Vray est que furent envoyez en Piedmont trois ou quatre mille Suisses, et quelque nombre d'Allemans, à cause que le duc d'Albe, qui lors estoit lieutenant pour l'Empereur au duché de Millan, faisoit gros amas d'armée pour venir secourir et avitailler Vulpian. Ainsi, à ce que j'ay peu cognoistre, le Roy, pour ceste année, délibéroit se defendre seulement, ayant mis toutes ses affaires en meilleur ordre que ne pourrois dire, à raison que le tout estoit conduit et executé si secrettement et seurement, que peu de peu personnes en pouvoient juger, aussi que tels negoces peu souvent sont descouverts à petits soldats comme je suis, sinon que l'effect soit ensuivy. Or, pour retourner aux ennemis, je croy bien qu'ils estoient autant peu paresseux que nous à disposer et ordonner de leurs forces qu'ils prévoyoient estre de besoing, cognoissans mesmement n'estre petite entreprise d'assaillir un si grand et puissant prince comme le Roy, ayans freschement ressenti pertes et très-grands dommages pour ce avoir esprouvé et avoir osé entreprendre; aussi que, pour luy faire teste et le soustenir, estoit fort requis qu'ils fussent bien forts d'hommes et tout autre

(1) *Les creuës* : les recrues.

appareil. Pourtant, sans rien de nouveau attenter, de plus en plus s'assemblerent aux deux Givetz : et là, en toute solicitude et avec tout labeur, s'employerent à eslever et mettre en defense ce fort que j'ay cy-devant dit qu'ils avoient commencé, comme si, de ce lieu, deussent dresser et prendre tel advis et chemin que bon leur sembleroit. Quant à descrire le nombre qu'ils pouvoient estre, il m'est fort difficile, sinon par le commun rapport de ceux qui y alloient pour les recognoistre, ou des espions, qui les disoient passer le nombre de vingt mille hommes de pied, de bas Allemans, Clevois, Gueldrois, Walons et Liegeois, et quelques vieilles enseignes espagnolles, et de cinq à six mille chevaux, la pluspart reitres ou pistolliers, avec aucuns gensdarmes clevois, flamans et bourguignons de la Franche-Comté. Et, pour en faire un brief compte, ils s'y amasserent en si gros nombre qu'en peu de jours ils eurent consumé les vivres du plat pays de ceste contrée, veu mesmement que le territoire n'est fort fertile, aussi que l'an précédent l'armée du Roy y avoit passé, qui y avoit fait si grand degast que tout le pays s'en ressentoit encore : de sorte qu'il estoit fort malaisé, et se trouvoient les grosses villes de dessus ceste riviere de Meuse, fort grevées de fournir tant de vivres pour nourrir si grosse armée, qui ne faisoit que despendre. D'autre part les soldats, qui, estans mal payez et sans argent, se voyoient en faulte et disette de vivres, murmuroient et se mutinoient les uns contre les autres : tellement que les Allemans commencerent à se bander et attaquer aux Espagnols, cognoissans qu'on les traitoit mieux qu'eux, comme la raison le veult, estans vieux soldats aguerris et fideles à leur prince. Et davantage, parmi ceste necessité se mesla la peste, ainsi qu'il advient souvent en camp mal ordonné, tumultuaire, et qui n'est remué : laquelle, en peu de temps, esclaircit et feit un grand desbaux (1) de tout ce peuple, tant pour en faire mourir plusieurs que donnant occasion à d'autres de se retirer et esloigner. De laquelle maladie mourut en ce lieu de Givetz, entre autres hommes de renom, Martin Roussan, bastard et mareschal de Cleves, et, en ceste armée, lieutenant general pour l'Empereur, qui, en sa mort, feit perte de l'un des meilleurs serviteurs qu'il eust, et autant sage et expérimenté aux armes qu'homme de son temps.

Aucuns jours se passèrent jusques au commencement de juillet que ne nous demandions rien les uns aux autres, si ce n'estoit quelquefois que ceux de Mariembourg les alloient escarmoucher jusques dans leur camp. Eux, au cas pareil, venoient veoir la ville, et dressoient quelques algarades devant, pour faire sortir ceux de dedans au combat. Ainsi nous tenions tousjours en doute de leur délibération, et ne sçavoit-on que penser (veu qu'une partie de l'esté estoit jà passée) qu'ils délibéroient entreprendre, sinon qu'on présumoit (selon qu'en venoient aucuns advertissemens) qu'ils cherchoient et attendoient trouver quelque endroit foible de ceste frontiere, pour le plus qu'ils pourroient entrer et brusler du plat pays, puis s'en retourneroient avec tant de vivres et de butin qu'ils sçauroient trainer et emporter, se retirans dans leur fort, pour tenir Mariembourg en subjection, et empescher qu'on la peust aisément avitailler. Ce qu'estant prudemment préveu par le Roy, estans toutes ces

(1) *Desbaux* : dispersion.

choses debattues et résolues en son conseil, fut conclud qu'il valloit mieux les prévenir et les aller chercher et semondre jusques en leur fort que demeurer continuellement en ceste doute et crainte ; aussi qu'on vouloit bien faire paroistre aux Imperiaux que le Roy n'estoit point si petit compagnon, et despourveu de bons hommes, comme quelqu'un d'eux s'estoit avancé de dire en ceste assemblée que l'Empereur son maistre estoit assez fort, et avoit assez puissante armée à Givetz, pour non seulement contraindre le Roy à luy rendre ce qu'il luy detenoit, ains pour le venir veoir jusques dans ses pays. A ceste cause on le vouloit bien relever de ceste peine, et aymoit-on mieux l'aller veoir qu'il nous visitast de la façon qu'il entendoit. Et pource que n'y voulions aller en si petite compagnie que fussions contraints retourner avec honte, on advisa de joindre aux forces de Champagne celles de Picardie. Et fut si couvertement conduite ceste menée, que sans bruit les compagnies de gendarmerie qui estoient cette part, furent amenées et logées à l'entour de Rhetel, et les garnisons qui y estoient jà, de cheval et de pied, furent renforcées le plus estroitement et commodément que se peut faire. Les Allemans du Reingrave s'approcherent et vindrent loger à Montcornet en Thirasse, et le surplus des compagnies de gens de pied françoises furent départies ès villages circonvoisins. Puis estant M. le mareschal de Sainct-André venu trouver M. de Nevers à Rhetel, prindrent jour de se trouver à Maubert-Fontaine avec toutes leurs forces.

Or, pour retourner aux ennemis qui estoient à Givetz, je ne sçay s'ils estoient advertis de nostre venue, toutefois que nous avions souvent nouvelles d'eux, et sçavions bien que ils s'affoiblissoient journellement, tant à cause de ceste maladie contagieuse qui en depeschoit plusieurs, pourquoy on avoit fait retirer les plus sains en prochaines garnisons, aussi que ils avoient envoyé du secours en Artois et Henault, pour defendre le plat pays que noz gens des garnisons de la frontière de Picardie, qui s'estoient renforcez, endommageoient fort. Et davantage, nous fut rapporté que le mutinement des Espagnols et des Allemans s'estoit si fort eschauffé, qu'ils estoient venuz jusques à prendre les armes et à se battre, de sorte qu'il en estoit beaucoup demeuré de chacun costé. Toutes ces choses furent cause de faire avancer nostre voyage; car, estans toutes nos provisions prestes, et tous les charrois conduits à Maubert-Fontaine, se trouverent en ce lieu, le treizieme de juillet, M. de Nevers, chef et lieutenant general pour le Roy sur toute l'armée, accompagné de la meilleure part de la gendarmerie, cavallerie et fanterie de son gouvernement, et M. le mareschal de Sainct-André avec la gendarmerie, cavallerie et gens de pied de Picardie, et les vieilles enseignes du Reingrave; ensemble plusieurs grands seigneurs et capitaines, comme M. le marquis d'Albeuf, general de toute la cavallerie legere, M. de Nemours, M. de Sansac, M. d'Annebault, le comte de La Rochefoucault, les sieurs de Sipierre, de Montpesat, de Cursol, de Suze et de Negrepelisse, et plusieurs autres, montant le tout au nombre de huict ou neuf cents hommes d'armes, et pres d'autant de chevaux legers et de sept à huict mille hommes de pied. M. de Bordillon avec sa compagnie et quelques autres, tant de cheval que de pied, nous vint rencontrer sur le chemin, amenant avecques luy des chariots chargez de boulets, de pouldres et autres munitions. Au partir de là, le lendemain allasmes camper à Couvins, petit chasteau à demy ruyné, distant une lieuë de Mariembourg, dedans lequel toutefois l'on avoit mis un esquadre de soldats pour empescher que les ennemis ne s'en emparassent, et pour descouvrir et donner advertissement des advenues. Le jour ensuyvant allasmes passer *rasibus* et près des portes de Mariembourg, où l'on fit entrer les vivres qu'on avoit amené pour mettre dedans, et là s'assemblerent à nous le fils de M. de La Roche du Maine avec les cinquante hommes d'armes de son pere, le seigneur de La Ferté avec ses chevaux legers, et cinq enseignes de gens de pied.

De ce lieu ceste petite armée, encore que elle eust tenu forme de bataille selon que la commodité des lieux le permettoit, fut adonc davantage eslargie et estendue, tant pour se monstrer plus grosse et mieux complette, que pour plus facilement occuper la planure qui estoit bien ample et descouverte, et pour y choisir l'advantage, y survenant la nécessité, d'autant que nous doutions, et ne sçavions à la vérité où ny comment nous attendroient noz ennemis. M. de Sansac avec sa compagnie et quelques chevaux legers anglois et escossois, estoit parti des premiers pour descouvrir et recognoistre le chemin que nous devions tenir, que suivoient d'assez près M. le marquis d'Albeuf et M. de Nemours avec la cavallerie legere. M. le mareschal de Sainct-André conduisoit l'avantgarde de cinq cens hommes d'armes, montant au nombre de deux mille chevaux, et trente-deux enseignes de gens de pied françoises. M. de Nevers, general sur toute l'armée, et chef de l'entreprise, venoit après avec sa bataille d'autres cinq cens hommes d'armes et les vingt enseignes vieilles d'Allemans du Reingrave : le tout autant bien armé et complet que l'on eust sceu demander ne choisir. Et quant à la volonté et maintien, s'il faut que j'en die ce que j'en ay peu cognoistre aux visages, qui sont volontiers tesmoings des sentimens de l'esprit, tant des plus apparens que des moindres, et aux langages qui communément estoient tenuz, je croy que chacun se promettoit ce jour faire autant d'exploits d'armes qu'Homère et Virgile en dient d'Achilles et Ulysses(1). Aussi sembloit il que le ciel et la terre nous vouloient favoriser en ceste affaire, estant ce jour autant beau et clair qu'on n'en avoit point veu de l'an, et la terre ny trop molle ny trop seiche, couverte de toute verdure et diverses fleurs. Mais fortune coustumiere le plus souvent contrarie aux desseings et haultes délibérations de tous hommes de vertu, pour mieux les deçevoir leur demonstre une grande apparence de prochaine faveur, quand d'autre costé leur brasse et prepare quelque desastre, comme il advint. Car, estans toutes choses conduites à si bon poinct qu'il ne restoit plus, ce sembloit, qu'à exécuter une victoire si grande qu'elle eust fait retentir le nom des François par tout le monde, rémémorant la gloire et louange de leurs predecesseurs, se representa au Roy douteuse et pleine de crainte d'une mauvaise issue de ceste délibération, luy formalisant une grande perte et meurtre d'hommes vertueux, en une chose de si petit profit et grand danger, comme d'assaillir hommes desesperez en un fort de terre. Parquoy, meu de ceste opinion, ou ne sçay de

(1) *Et Ulysses*. L'auteur a oublié d'ajouter Enée.

quel autre conseil, depescha le sieur de Bouquart, qui vint trouver M. de Nevers à une petite lieuë par-delà Mariembourg, près d'un chasteau appellé Faignolles, par lequel il luy mandoit et enchargeoit expressément qu'il ne mist rien au hasard, et n'entreprist aucune chose qu'à son plus grand advantage, et surtout qu'il n'allast point assaillir les ennemis dans leur fort, mais que s'ils vouloient sortir et combattre en campagne, qu'il ne differast point. Desquelles nouvelles estant ce prince fort ennuyé, comme ayant desjà preveu et projetté le faict et conduite de ceste entreprise, ayant communiqué le tout à M. le mareschal de Sainct-André, les princes et capitaines dignes de ce conseil, adviserent de redresser le tout selon le mandement de Sa Majesté. Sur l'heure arriva un trompette que M. le marquis d'Albeuf luy envoyoit, par lequel estoit adverty que M. de Sansac avoit descouvert et recogneu les ennemis au nombre de cinq cens chevaux, aussi qu'on avoit desjà donné allarmes sur des premiers bagages qui alloient devant. Lequel advertissement feit soudainement partir ce prince d'un petit bois umbrageux et fraiz où il s'estoit arrêté, tant pour quelque peu se rafraischir et repaistre, que pour donner haleine à ses soldats, mesmement aux gens de pied, qui estoient fort travaillez et eschauffez de l'ardeur du soleil, qui s'estoit renforcé sur les dix heures du matin, les rendant grandement alterez et pesans. Toutefois que nul ne fut paresseux de s'acheminer et suivre quand les trompettes et tambours sonnerent, et marcha toute l'armée deux grandes lieuës sans trouver ennemis, ni sçavoir plus grands advertissemens d'eux.

Quand la cavallerie legere fut arrivée près d'un petit

village appellé Gemigny, distant une trop grande lieuë de Givets, leurs coureurs descouvrirent et recogneurent dix-sept enseignes de gens de pied et dix-sept ou dix-huict cens chevaux ennemis, qui estoient sortis du fort et s'estoient embusquez en un bois, le long d'un coustau, au dessus de ce petit village, ayans deliberé nous defendre et empescher le logis qu'ils prévoyoient qu'avions choisi pour camper. A l'arrivée s'attaqua l'escarmouche, forte et aspre de chacun costé, mesmement de noz chevaux legers et harquebusiers à cheval, qui estoient contraints d'aller chercher l'ennemy jusques dans les bois, d'où ils ne vouloient sortir, comme estans en lieu advantageux pour eux et difficile à estre forcé ny eux enfoncez, sans faire un grand meurtre par leurs harquebusiers, qui estoient couchez sur le ventre dans des fossez et cavins, d'où ils pouvoient tirer en butte et asseurément; dequoy M. le marquis d'Albeuf donna derechef advertissement à M. de Nevers de luy envoyer promptement mille ou douze cens harquebusiers pour faire ouverture à sa cavallerie, et trois cens hommes d'armes pour les soustenir. Donc n'estant ce prince fort esloigné avoit receu ces nouvelles, fit tirer et choisir entre toutes les compagnies ce nombre d'harquebusiers, et davantage, des plus dispos et allegres qu'on trouva, pour les luy envoyer en diligence, commandant à M. de Bordillon avec sa compagnie, et trois ou quatre autres qu'il esleut, d'aller à ceste charge; et luy et M. le mareschal de Sainct André s'advancerent de faire suivre et marcher toute l'armée, en telle opinion, comme j'estime, que les ennemis nous releveroient de peine de les aller chercher, mais qu'ils viendroient audevant de nous, et que le surplus de ce jour ne se passeroit sans un furieux combat, ou peult estre une bataille. Parquoy chacun d'eux commença à departir les regimens de la gendarmerie, ordonnans aux capitaines de ranger et tenir leurs compagnies en bataille estendue, pour occuper tous les lieux que l'ennemy pourroit prendre, et ne marcher confusément les uns sur les autres, mais séparément, avec esgale distance, pour donner espace aux chevaux de se manier, comme aussi nous avions la commodité du lieu pour nous.

Or, pour retourner à l'escarmouche, estans nos harquebusiers arrivez au lieu où elle avoit esté commencée, sans se faire semondre, mais d'une incredible hardiesse, donnerent dans ce bois, où ayans rencontré ceux des ennemis, s'entresaluerent les uns les autres d'une infinité d'harquebusades; et lors s'eschauffa et s'aigrit l'escarmouche de beaucoup plus qu'auparavant : car nostre cavallerie legere, voyant l'embuscade descouverte et le passage ouvert, entra quant et quant dans ce bois, escarmouchans si vivement, tant ces compagnies de gens de pied que ceste cavallerie, qu'estans favorisez et secouruz de certaines compagnies de gendarmerie, finalement les contraignirent de le quitter et abandonner, non en désordre ou comme du tous rompuz ; mais, cognoissans bien qu'à la fin n'y seroient les plus forts, au danger de se perdre tous, se retiroient en gens de guerre, de pied à pied, en se soustenans les uns les autres. Puis, estans réunis sur le hault et en planure de la montagne, ce fut adonc que la meslée recommença de plus belle ; car nostre cavallerie, toute d'un front, commença à les charger de toute lucte et force, et nos harquebusiers et les leurs se vindrent à joindre et approcher à la portée de l'harquebuse, mais tant furieusement de chacun costé, que c'estoit chose esmerveillable d'en ouyr le chamaillis et le tonnerre, qui dura plus de cinq grosses heures; ce qu'accrut davantage l'opinion à M. de Nevers et à M. le mareschal de Sainct André que pour le seur ce jour nous aurions la bataille, estimans ce que les ennemis s'estoient pour quelque temps tenuz forts dans ce bois, et puis l'avoient quitté, avoir esté fait par une ruse, pour attirer les nostres en lieu aisé et advantageux pour eux, presque ainsi qu'en avions usé à Ranty ; et aussi avoient ce fait pour donner temps et espace à leurs gens de se disposer et asseoir commodément. Parquoy, soubs ceste asseurance, envoyerent au devant de gens de pied qui venoient à l'aise, estans fort ennuyez et las, tant pource qu'ils marchoient armez, que pour la grande et extreme chaleur qu'il faisoit ce jour ; et croy fermement, s'ils eussent peu arriver à temps, pour certain que les eussions combattus et poursuivis jusques au bout : car il me semble qu'il n'est possible de veoir hommes en meilleure volonté qu'estions adonc, et sur tous le prince, qui, se promenant de rang en rang avec un visage asseuré, faisoit cognoistre à tous que sa vertu, accompagnée de noz fideles affections et forces, luy acquerroit et à nous une grande gloire et réputation.

M. le mareschal de Sainct André faisoit le semblable (comme il est chevalier duquel la sage hardiesse est aornée de sçavoir et eloquence), exhortant et admonestant avec un doux langage ses compagnies d'avoir en recommandation cest honneur et estimation, que de tout temps la noblesse et gendarmerie françoise s'estoit acquise, et sur tout qu'ils ne se desbandassent, mais qu'ils se tinssent serrez et près de leurs enseignes. A bref conclure, il ne restoit plus qu'à donner dedans, quand les ennemis apperceurent en la prairie et vallée au dessoubs d'eux toute ceste grande assemblée de gendarmerie, ayans les visieres baissées et les lances sur la cuisse, prests à les enfoncer, et les gens de pied venir au grand trot, desjà assez proches. Lors commencerent à caller, et leur fureur premiere s'appaisa; lentement se retirans de bois en autre, de vallon en vallon, tousjours escarmouclians et s'entresoustenans, feirent tant qu'ils passerent un petit ruisseau qui court en une creuse vallée tirant à leur camp, et de-là gaignerent leur grand fort. Ainsi commença et finit l'escarmouche de ce jour, en laquelle je n'ay oüy parler y estre tuez hommes de renom des François, sinon quelques harquebusiers à pied, encore bien peu, et quelques chevaux blessez et tuez. Vray est qu'il y eut un cheval leger des nostres qui y fut deux fois abbatu et par deux fois rescoux; à la deuxieme, voyans les ennemis qu'ils ne le pouvoient retenir et émmener, le foulerent aux pieds des chevaux, et passerent plusieurs fois par dessus; toutefois enfin ses compagnons le releverent et sauverent. On disoit qu'il y estoit mort davantage des leurs, mesmement un capitaine espagnol, vaillant homme et bien estimé. Après ceste départie, à soleil couchant, toute nostre armée monta en ceste plaine dessus la montagne, pour camper au mesme lieu où ce furieux combat s'estoit démeslé, à la verité bien raze et descouverte, n'ayans aucuns vivres pour nous, ny pour les chevaux, sinon ceux que nous avions portez, combien que de foing et bleds verds on en pouvoit recouvrer aucunement; mais il falloit aller loin et en danger, estant la nuict prochaine. Ce qui restoit encore du jour, M. de Nevers et M. le mareschal de Sainct André, messieurs le marquis d'Albeuf, de Nemours, comte de La Rochefoucault, de Randan et autres capitaines des plus vieux et experimentez, employerent à revisiter et considérer les places et endroits propres à y loger et accommoder leurs gens de pied ou de cheval, pour derechef le lendemain inviter les ennemis à la bataille; et davantage sur la nuict envoyerent secrettement recognoistre les advenues et addresses à leur camp, à sçavoir s'ils y auroient point appareillé quelques embuscades, afin qu'estant le chemin asseuré et non suspect, tant plus seurement peussions entreprendre de les assaillir, ou de nous defendre.

Au surplus, les guets furent si bien assis, renforcez et revisitez si diligemment, qu'ils ne pouvoient en aucune sorte nous surprendre, combien qu'on n'ouït point de bruit qu'ils s'en fussent mis en essay; ains nous reposasmes et passasmes ceste nuict paisiblement. Le lendemain, jour de mardy, seizieme de juillet, dès que le jour commença à poindre, toute l'armée fut mise et rangée en bataille en la plaine de ceste montagne; marcherent les deux bataillons de gens de pied coste à coste environ deux traicts d'arc, tenans le chemin pour tirer au fort des ennemis, et toute la cavallerie et gendarmerie, prit la descente le long du grand chemin et pendant du coustau. Mais avant que continuer davantage la description de ceste escarmouche, il m'a semblé, pour plus grande intelligence d'icelle, estre requis faire celle de la forme de ce fort, et de la contrée et situation où il est basty, selon que j'ay pu le considérer et comprendre. Il me semble que ceste montagne et coste est celle mesme qui commence assez pres de Nimes, laquelle s'eslargissant fait diverses vallées et combes (1) (mesme cette grande vallée par laquelle allasmes à Givets), toutefois qu'en approchant prés dudit Givets, elle va tousjours en estrecissant, et, finissant sur Givets deçà, fait une poincte et quelque peu de plaine d'environ cinq ou six cens pas, sur laquelle est ce commencement de fort ; et de là continue en précipices, rochers et estranges destroicts contremont le cours de la riviere de Meuse. Et pour dresser ce grand fort, qu'ils ont depuis construit, ont fermé de trenchées un quarré traversant ceste petite plaine du haut de la poincte et croppe (2) de cette montagne, qui enceint le vieil petit fort; venant respondre à un boulevert qui estoit jà presque hors d'eschelle, à my chemin de la descente sur Givets deçà, avec une courtine le long du pendant, qui se rend à un autre boulevert regardant et commandant sur toute la riviere, et dans tous les deux Givets; ayant chacun boulevert, ses flancs pour defendre et tirer au long, tant de ceste courtine que des tranchées hautes et basses. Car, à l'un des coings de ce premier boulevert, se joinct une longue trenchée, qui enferme tout le bourg de Givets deçà, qui se va rendre à la riviere de Meuse, ayant pareillement ses flancs et defenses bien à propos; et ont appellé ce fort, Charlemont.

Or, pour retourner à la narration de ce qui est ensuivy, assez près de ce petit village de Gemigny, où commença la premiere escarmouche, du flanc de ceste longue montaigne en sort une autre en forme d'un fourchon, revestue d'un bois taillis ; laquelle à main gauche

---

(1) *Combes* : vallons. — (2) *Croppe* : croupe.

tirant contre Agimont, et sur soleil couchant, va tousjours en diminuant, et s'abaissant, traversant et rendant à demy la vallée en cest endroit assez estroitte, et presque close, pour autant que le ruisseau qui coule au long d'icelle y fait deux ou trois tours, et se courbe en forme d'une lettre appellée S, rendant ce passage marescageux et difficile. Mais la descente du vallon, qui est entre ces deux montagnes, est assez aisée, aussi y passe le grand chemin : parquoy fut trouvé le meilleur de faire prendre ce chemin à la gendarmerie ; car de suyvre la plaine et le haut de la montagne, à la main droitte, pour aller à leur fort dessus, il y avoit encore entre deux un vallon penible et mal-aisé. A ceste cause on mit à ceste advenue le bataillon des François, et remplit-on ce vallon d'harquebusiers, et, dessus une petite motte eslevée et éminente, on y affusta deux coulevrines, qui batoient au long de la plaine, et jusques au fond de la vallée. Entre ces deux montagnes et Givets deçà, y a encore un autre coustau, sortant de la grande montagne, qui commence sa montée à travers de ceste petite combe, qui est en trepied ou presque comme un triangle, d'estendue deux ou trois cens pas, où fut le plus fort de l'escarmouche ; et au milieu de ce coustau est un mont aigu, qui depuis le pied va tousjours s'aguisant en forme de pyramide, de la hauteur d'environ quatre-vingts ou cent brasses, le haut duquel avoient farcy d'harquebusiers, et y avoient affusté force harquebuses à croc pour descharger sur nous. Derriere ce coustau et ce mont estoit toute leur cavallerie à couvert, et hors de danger d'estre offensée de nostre artillerie, ny d'estre forcée de nous, pource qu'il nous falloit passer encore un petit ruisseau, et au partir de là monter et nous presenter en butte à toute la batterie de leurs forts. Or, pour de trop loing ne m'esgarer en ceste description, quand les premieres compagnies de nostre cavallerie furent descendues au plus bas de ceste combe, jusques sur le bord du petit ruisseau, soudain elles trouverent certain nombre d'harquebusiers à pied ennemis, qui les commencerent à escarmoucher, et quelques uns de leurs reistres y vindrent à la file; les nostres d'autre costé les soustindrent et rembarrerent vivement; ainsi commença à s'attaquer l'escarmouche fort furieusement et chaudement. Cependant M. de Bordillon, qui estoit ordonné pour les soustenir, avec sa compagnie et quelques autres, devalla et s'approcha; semblablement aucunes de cavallerie des ennemis en gros nombre se monstrerent sur le haut de ce coustau; et quant et quant un gros esquadron de leurs harquebusiers desbanda sur les nostres, les repoulsans impetueusement. Ce qu'estant veu par M. de Nevers, fit tirer des bataillons des François et des Allemans, à deux ou à trois fois, bien près de mil ou douze cens harquebusiers à pied, qu'il feit descendre en ceste combe, pour si bien entremesler et eschauffer l'escarmouche, qu'elle ne se peust départir sans amener les ennemis en lieu plain et aisé à les combattre; y estant sollicité d'un parfait desir, pour le grand advantage qu'il se cognoissoit avoir adonc sur eux.

M. le mareschal de Sainct André d'autre part commença avec l'avantgarde à marcher et descendre, estant suivy d'assez près de l'arrieregarde, et les deux bataillons de gens de pied furent un peu approchez jusques sur le haut, où commençoit la descente. Promptement que nos harquebusiers furent descenduz, et aborderent les ennemis, les recullerent et leur feirent à toute haste regaigner le haut; et n'est possible, pour en parler au vray, de voir soldats mieux faire leur devoir qu'adonc feirent les nostres: car, chaussez et vestus, ils se jettoient dans l'eau, l'harquebuse au poing, pour chercher et joindre l'ennemy, mesmement nos Allemans, ce qu'on ne voit pas communement aux autres, pource que ceste nation n'est duitte ne disposte à tel exercice. Et lors sourdit et s'esleva un horrible et espouvantable tintamarre et retentissement, tonnant nostre artillerie et harquebuserie, et la leur aussi, tellement, que toutes ces montagnes estoient remplies et couvertes de feux, de pouldres et fumées. Leurs harquebusiers, qui s'estoient tousjours tenus couverts au haut de ce mont, commencerent en ces entrefaittes à se descouvrir et à descendre pour venir secourir leurs compagnons; toute leur cavallerie s'advança et sortit en évidence, pour, ce leur sembloit, favoriser et donner cueur aux leurs, et deux cornettes de leurs reistres vindrent à devaller, comme voulans affronter les nostres: donc que messieurs le marquis d'Albeuf, de Nemours, de Randan et La Roche Sainct Maz, les veirent si à propos pour les charger (encore que M. de Nevers leur eust mandé expressement de ne rien entreprendre au hasard), impatiens de tant temporiser, poulserent et passerent oultre le ruisseau; comme aussi feirent messieurs de Bordillon et de Sipierre, et tous d'une charge descocherent sur ces reistres, qui ne les attendirent pas, ains de vistesse et à toute bride regaignerent le haut, et se retirerent près de leur grosse troupe. Noz reistres et harquebusiers à pied de leur part feirent un si grand effort, qu'ils feirent à la fin tourner le doz et bien vistement remonter sur ce mont leurs ennemis, les chassans à coups d'harquebuses et coups de main, jusques à my chemin de ce coustau, qu'ils gaignerent sur eux, où ils se tindrent assez longuement, les appellans et invitans à descendre; ce qu'ils n'oserent, mais leur tiroient de loing; et, pensans se vanger, essayerent de donner feu à ces harquebuses à croc qu'ils avoient attitrées (1), pour endommager la gendarmerie : toutesfois leur amorce ne voulut jamais prendre, et leur fut encore la fortune si contraire, que, se approchans trop près de leurs munitions, mirent le feu à une cacque de poudre, qui en brusla et fricassa quinze ou seize. Pour conclure, j'ay opinion que si on eust poursuivy la victoire qui se presentoit desjà à nous, c'est chose seure que nous les eussions, non seulement rompus et desfaits, ains chassé et mis hors de leurs forts, comme nous ont depuis confessé aucuns de leurs prisonniers, qui ont dit que, quand on vit les leurs ainsi repoulsez, on fit passer les malades et les bagages de là la Meuse; mais le devoir et l'obeissance que ce prince vouloit rendre au Roy le retint de passer oultre son commandement. Vray est que, pour ne rien obmettre de toutes occasions qu'on peut presenter à l'ennemy, quand on desire combattre à force ouverte et esgale, il envoya son trompette devers le comte de Barlemont, qui estoit lieutenant pour l'Empereur dans ce fort, et luy manda que le Roy ayant esté adverty comme l'Empereur avoit en ce lieu amassé la pluspart de ses forces, le menassant de luy venir brusler ses païs jusques au milieu de son royaume, où le

(1) *Attitrées* : disposées.

contraindroit de luy donner une bataille qu'il s'asseuroit bien de gaigner, avoit aussi recueilly les siennes, pour non seulement se garder et defendre de luy, mais que davantage, plustost que le venir chercher si avant, avoit bien voulu envoyer au devant de luy pour le recevoir en toutes les sortes qu'il vouldroit eslire : toutefois le trompette ne perdit que temps et peine, et mit encore sa vie en grand hazard ; car ce comte de Barlemont, marry et fort despité d'endurer ceste bravade, ne luy feit autre response, sinon, que, s'il ne se retiroit bien-tost, le feroit percer à jour de cinq cens harquebusades, et ne sçay encore s'il luy en fut tiré : parquoy ce fut le plus seur au trompette retourner hastivement. Donc, après avoir veu et sceu leur froide volonté, ne nous estant permis de rien entreprendre davantage, commençasmes à nous retirer ; ce qu'eux cognoissans, pour monstrer quelque apparence de se vouloir vanger, et cuidans reparer et colorer la honte qu'ils avoient receuë, feirent semblant de nous suyvre, mesmement de leur fort d'en haut sortirent force harquebusiers, et s'advancerent jusques à la moitié de la plaine pour charger sur la queue des nostres ; qui fut cause de nous faire tourner visage et leur faire teste, estimans qu'ils avoient repris le cueur, qu'à ce coup s'acheveroit la partie : mais quand ils nous veirent retourner aussi feirent ils, et regaignerent leur fort, se contentans de nous avoir donné ceste baye (1) et s'estre mocquez de nous. A ceste cause, voyans que la pluspart du jour estoit passée, et que peu nous en restoit pour arriver d'heure au lieu de nostre retraitte ;

---

(1) *Baye* : tromperie, fausse bravade, plaisanterie qu'on fait aux dépens de quelqu'un; promesse qu'on ne veut pas tenir.

pareillement appercevans que l'air se troubloit et préparoit à la prochaine pluye, sans davantage temporiser en vain, reprinsmes le chemin pour nous retirer. Telle fut donc l'issue d'une si haute entreprise, nous rapportant moins de profit que d'honneur, d'autant que, sans le travail qu'y supportasmes, qui estoit plus excessif que je ne veux dire, et sans les fraiz qui ne pouvoient estre petits, le tout n'engendra qu'une opinion aux ennemis de nostre foiblesse de cueur et mauvaise cognoissance de sçavoir user d'une victoire, et à tous ceux qui n'ont sceu les causes, de juger les chefs de ceste entreprise n'estre parfaittement experimentez en l'art militaire; parquoy j'ay bien voulu amplement déduire le tout, et ce qu'estant venu à la cognoissance du Roy, s'est repenty grandement d'avoir plus adjousté de foy à la doute et envieuse opinion, qu'à la prudence d'un sage prince. Combien que la perte de nostre costé n'y fut si grande (mesmement d'hommes de renom) qu'on la présumoit devoir advenir, et y furent tuez un capitaine d'une compagnie d'Escossois chevaux legers, nommé Grey, et un autre de gens de pied, nommé Sainct Larry, vray est qu'il y en eut aucuns blessez, comme les capitaines Vauguedemar, Soleil et autres, ensemble quelques soldats au nombre de cent ou six vingt. Je ne puis dire certainement le nombre des morts et blessez de la part des ennemis, sinon qu'aucuns François, qui, quelque temps après, retournoient de prison d'entre leurs mains, nous contoient avoir ouy murmurer d'un gros nombre des leurs y estre demeuré, entre lesquels on parloit d'un nepveu de Martin Roussan, et d'un ou deux capitaines espagnols, fort plaincts et regrettez.

Or, pour n'estre trop ennuyeux en ce discours, je diray que, ce jour mesme, nous retournasmes au coucher à Nimes, à quatre lieuës deçà, et demie lieuë près de Mariembourg, non par le mesme chemin que nous estions allez à Givets, mais suivismes le haut chemin et la coste de la montagne, pour autant que c'estoit le plus court. Ce Nimes là estoit autrefois un assez beau village, et où il y avoit une église assez forte et tenable sans le canon; maintenant le tout est bruslé. Dès ce soir, pour autant qu'on avoit deliberé en ce voyage d'aller voir ceux de Sautour et de Cimets, et de les forcer s'il estoit possible, afin de supporter et soulager un peu les soldats, et pour ne leur faire d'un chemin deux, aussi, comme j'ay cy-dessus dit, qu'on voyoit l'air se changer, nous menassant de fascheuses pluyes, ainsi que desjà il commençoit, fut advisé et conclu par tous les capitaines que, de ce lieu, cette nuict, on envoyeroit à Sautour certaines compagnies de cheval des moins grevées, avec un chef accort et experimenté pour le sommer, lequel advertiroit le prince de la responce qui luy auroit esté faitte, dès le poinct du jour, avant que l'armée fust aux champs, afin de luy faire prendre le chemin tel que le besoing requerroit; à sçavoir, que s'ils se rendoient volontairement, ce que l'on présumoit, eux sçachans et estans advertis de la force des François à laquelle la leur ne pouvoit resister ne dont peussent estre secourus, on feroit tirer l'armée droit à Cimets, sans se fourvoyer n'y esloigner du droit chemin de nostre retour; autrement, s'il estoit besoing d'y aller, ce fust dès ce lieu, sans avoir la peine d'y retourner une autre fois. Ceste commission fut donnée au fils de M. de La Ro-

23.

che du Maine, lequel, faisant toute diligence, avec la compagnie de son pere et quelques autres, à la diane et changement du guet, avant que le jour fust du tout clair, se trouva devant Sautour; dont ceux de leans se trouverent à l'instant tant estonnez, qu'à la premiere semonce qu'il leur feit respondirent qu'ils se vouloient rendre à honneste composition. Laquelle response si-tost avoir esté entendue, promptement, et le plustost qu'il fut possible, ledit sieur fait sçavoir à M. de Nevers, n'y ayant de là que deux lieuës jusques à Nimes, ainsi que les trompettes sonnoient à cheval, et que les gens de pied mettoient aux champs: dequoy ce prince fut fort aise, pour doute qu'il avoit qu'eussions à séjourner et souffrir plus que noz provisions ne se pourroient estendre, qui n'estoient que pour trois ou quatre jours, nous estant encore le temps contraire. A ceste cause, pour diligenter et gaigner tousjours pays, fit marcher l'armée droit à Cimets, qu'on luy avoit aussi asseuré luy estre rendu si-tost que les coureurs arriveroient devant; et y adjoustoit-on encore, selon que j'ay entendu, que ce seroit de merveille si on trouvoit personne de defense dedans. Et prenoient ceste opinion sur ce que, quand le marquis d'Albeuf et M. de Bordillon y estoient passez premierement, avoient trouvé les portes ouvertes et la ville sans personnes de contredit. Or, pour retourner à ceux de Sautour, je ne sçay s'ils se r'aviserent ou s'ils se repentirent d'avoir si soudainement dit le mot; tant y a, qu'en après demeurerent longuement à parlementer et consulter ensemble, cependant que le sieur de La Roche du Maine attendoit qu'ils luy fissent ouverture et délivrance de la place et eux en sortissent. Mais après qu'ils eurent longuement debattu et disputé de leur reddition, finalement ils vindrent redire audit sieur qu'ils ne pouvoient et ne devoient se rendre sans voir le canon, comme aussi l'avoient juré et promis; s'asseurans pour tout certain que, si autrement le faisoient, ne pouvoient esperer que passer par les mains d'un bourreau, ou, pour le moins, d'estre à jamais bannis de leurs biens et maisons, et d'estre estimez traistres. Ainsi demeura ledit sieur de La Roche du Maine abusé et deceu; et par ce moyen ceux de Sautour se sauverent et exempterent de la venue des François; car, avant que M. de Nevers sceust ceste derniere response, toute l'armée estoit desjà près de Cimets, fort battue et travaillée de la pluye qui nous avoit accompagné la pluspart du chemin; pourtant n'y avoit plus ordre de retourner.

A l'arrivée de noz coureurs et de la cavallerie legere devant Cimets, fut trouvé tout autrement qu'on espéroit et qu'on ne l'avoit fait entendre à M. de Nevers; car on trouva que dedans estoient logées deux enseignes de gens de pied et une compagnie de cavallerie, en délibération, selon qu'ils se presentoient et faisoient mines, de se defendre et de ne se point rendre qu'à contraincte, deschargeans force mousquetades et harquebusades à ceux qui trop près s'en vouloient approcher. Et croy que l'opinion ou l'advertissement qu'ils pouvoient avoir que ne charroyons point artillerie pour leur bien faire, les rendoit ainsi asseurez, et point la force de la ville, qui n'est ny forte ny bastante d'attendre batterie, ne de naturel, ne d'artifice. Parquoy, après avoir quelque temps escarmouché devant pour essayer à les faire sortir, et voyans qu'ils n'en faisoient compte, nous retirasmes et allasmes loger en des villages au long de la lisiere du bois, en l'un desquels se trouva une petite église fortifiée, où estoient quelques paysans, qui, à l'arrivée et entrée du village, deschargerent plusieurs harquebusades sur ceux qui y devoient camper, dont fut tué, comme me fut dit, un homme d'armes de la compagnie de M. de Montpensier; mais à la fin, en peu d'heures, fut ce fort surpris et eschellé : mesmement un soldat harquebusier des nostres fut si hardy et adventureux d'y monter avec les ridelles d'une charrette, et y entra par une fenestre; qui estonna tellement ceste canaille, qu'il en fit sauter une partie du haut en bas, aucuns exécuta, et les autres amena prisonniers, qui furent depuis chastiez comme ils le meritoient. Sur l'entrée de la nuict, ceux de Cimets entreprindrent une saillie, et s'addresserent premierement aux fourrageurs qui amassoient du foing et de l'herbe par les prez, et à d'autres qui retournoient de chercher vivres en aucuns villages des plus prochains du bois. Depuis, sur la nuict close, ayans rencontré partie de la compagnie du capitaine l'Adventure, retournant de courir et recognoistre les chemins de ces bois, pour estre adonc les plus forts, les desfirent et en prindrent quelques uns prisonniers.

Toute cette nuict il plut si merveilleusement, et en si grande abondance, qu'il n'y avoit tentes ny pavillons qui ne fussent outrepercez et qui ne baignassent en l'eau, estans les petits ruisseaux devenus rivieres, et ceste pluye si froide, que c'estoit chose pitoyable voir trembler, tant les pauvres soldats que les chevaux, dont en mourut beaucoup de valeur et de service, mais plus des chevaux de charroy, qu'on avoit levez par les villages pour trainer la munition. A ceste cause estoit presque impossible d'y pouvoir séjourner et temporiser davantage; et bien estoit encore advenu qu'on n'avoit point amené d'artillerie, car j'ay opinion qu'elle eust donné un incredible travail à la retirer des chemins tels que nous trouvasmes. Pourtant M. de Nevers, pour descharger et soulager le surplus de nostre attelage et charroy, renvoya à Mariembourg le reste des vivres et munitions dont nous pouvions passer, à ce qu'elles ne fussent perduës, et leur donna partie de sa compagnie, et quelques autres de la cavallerie legere, pour les y conduire. Le surplus de l'armée ce matin, qui estoit du dix-huictieme de juillet, prit le chemin, en se retirant à travers les bois, droit à Aubenton, cinq grandes lieuës de là. Le chemin, sans mentir, s'estant de beaucoup empiré par ce temps pluvieux, estoit aussi mauvais et malaisé qu'il me semble en pouvoir estre, tant pour ce qu'il est farcy de toutes sortes de mortes et esgouts de fontaines, qu'estant la contrée fort scabreuse et estrange; ce que ceux de Cimets avoient bien sceu choisir et cognoistre si leur entreprise se fust trouvée telle qu'ils espéroient, et qu'on n'y eust point preveu, car ils estoient embusquez en des plus forts lieux et difficiles passages, pour charger et faire butin sur la queuë du camp. Mais, en la consideration de ceste doute, on avoit laissé quelques compagnies de cavallerie, avec des pistolliers qui suyvoient de loing, pour ne laisser rien derriere perdu. Si que eux, rencontrans les ennemis, qui s'estoient trop tost descouverts, les remeirent et firent rentrer dans le bois, non sans y en laisser des morts sur place, et en ramenerent noz gens vingt-cinq ou trente prisonniers : le surplus se sauva dans les bois. Ce soir, M. de Nevers et M. le mareschal de Sainct-André coucherent à Aubenton ; les Allemans retournerent à Montcornet en Thirasse, et les compagnies de gendarmerie du gouvernement de Picardie allerent loger ès villages selon les brisées de leur retraite ; celles de Champagne prindrent à la main gauche, devers Rhetel et Chastel en Porcean, et en leurs garnisons ordinaires ; les compagnies de gens de pied feirent le semblable. Ainsi se departit toute nostre armée en divers quartiers.

Chacun s'assuroit certainement qu'à peine se termineroit le mois d'aoust sans que les Impériaux eussent leur revanche de la bravade que leur avions fait. Toutefois nous passasmes jusques au quinziesme qu'ils n'avoient rien entrepris plus que de coustume, à sçavoir, de courir sur noz frontieres et les nostres sur eux. Mais environ le seizieme ou dix-septiesme, nouvelles vindrent qu'ils s'estoient de beaucoup renforcez, et que le prince d'Oranges estoit arrivé en leur camp, comme lieutenant pour l'Empereur, avec renfort d'Allemans de cheval et de pied. De quoy M. de Nevers advertit les gouverneurs et capitaines des places le long de la frontiere, et redoubla les garnisons ès lieux qu'il sentoit foibles, et les munit de ce qu'il pouvoit penser y defaillir et estre nécessaire ; présumant et prévoyant, avec ce qu'aucunement luy en estoient faits rapports, que si gros amas d'armée ne se faisoit sans quelque plus apparente cause, veu que la plus grande partie de la bonne saison pour faire la guerre se passoit jà, et qu'ils ne pouvoient plus différer sans se déclairer et executer leur délibération; que pour le moins ils ne se départiroient sans attenter et entreprendre aucune chose, comme il advint : car, encore que depuis ceste entreprise de Givetz les Imperiaux eussent redoublé leur diligence et labeur à continuer et parachever leur fort de Givetz, appellé Charlemont, à la venue du prince d'Orenges, ils s'employerent davantage à y travailler en toute et derniere solicitude, et s'eslargirent comme pour y recommencer un autre fort jusques à ceste planure, et sur la descente que nous occupions lorsque les allasmes veoir. Peu de jours ensuivans se mirent à la campagne avec toutes leurs forces et artillerie, tenans le chemin pour venir à Mariembourg, qu'ils faisoient bruit devoir assieger, et en chemin sommerent quelques soldats qui estoient dans le chasteau de Faignolles de se rendre, ce qu'ils feirent, ne se sentans en pouvoir de resister, voyans le canon; ausquels le prince d'Orenges fit honneste et gracieux traitement, comme il est prince humain où il est requis, mesmement envers les debiles et non puissans, et ruina les plus forts endroits de ce chasteau. Ce qu'estant sceu par M. de Nevers, quant et quant s'approcha à Rozoy en Thirasse, et là, en bien peu de temps, y assembla à l'entour de luy toutes les forces qui luy restoient en Champagne, pour les départir et employer où il sentiroit que l'affaire s'adresseroit, pour la doute qu'il pouvoit conjecturer n'estre la vraye intention du prince d'Orenges d'assieger adonc Mariembourg, mais bien se doutoit du fort de Rocroy, aussi qu'il en sourdit quelque murmure. Toutefois qu'il n'attenta ny l'un ny l'aultre, peult estre ayant sceu que M. de Nevers s'estoit ap-

proché, aussi que vivres luy eussent esté difficiles à
recouvrer. Mais ayant couché une nuict près de Mariembourg, et de là à Couvins, d'où semblablement il
fit sortir quelques soldats françois qui estoient dedans,
et ruina la grosse tour du chasteau; passant par Bossu,
s'alla parquer près de Saultour, où tousjours demeura
campé avec la meilleure part de son armée, pour favoriser l'œuvre et commencement d'un nouveau fort,
ou, comme ils ont depuis semé le bruit, d'une nouvelle ville, à laquelle ils ont donné le nom de Philippe-Ville.

En ces entrefaictes une partie de noz rieres-bans,
et certaines compagnies de cavallerie legere qu'on
avoit mis en garnison le long de la frontiere de Picardie, furent desfaites assez malheureusement entre Arras
et Bapaulme. Dont je ne puis parler certainement
pource que j'en estois trop esloigné, et qu'on desguise
ceste desfaite en plusieurs sortes, s'excusans les uns sur
les autres. Vray est que, par la plus commune opinion,
ils avoient fait une entreprise autant belle et louable
qu'il estoit possible, si la fin eust esté semblable au
commencement, rapportans et ramenans gros nombre
de butin. Mais eux retournans à la desbandade, sans
tenir ordre, ou comme gens mal exercitez aux armes,
ou trop mols, ou non accoustumez de porter longuement le travail et sueur du harnois, furent en cest estat
rencontrez et enveloppez entre un bois, un village et
une riviere, de laquelle les ennemis avoient couppé
et rompu les ponts, et par eux chargez de si grande
ruse et furie, qu'estant plus esperduz et estonnez que
rompuz, furent desfaits et mis à vau déroute par bien
petit nombre de gens de cheval, et quelques gens de

pied ramassez, eux estans, comme l'on disoit, au nombre de douze à quinze cens chevaux, et près de trois à quatre cens hommes de pied, y restans quelques-uns des plus gens de bien morts et blessez, et grande quantité de prisonniers, entre lesquels se trouva le sieur de la Jaille, leur general. On attribue l'honneur de ceste execution au sieur d'Haulsimont, gouverneur de Bapaulme, chevalier des plus estimez de l'Empereur : de laquelle les Imperiaux prindrent tant de gloire, et la tournerent à si grande mocquerie de nostre noblesse, qu'ils en forgerent un proverbe, à sçavoir : qu'ils prenoient les nobles de France sans poiser (1), combien qu'à la verité la pluspart de ces rieresbans, qu'on appelle autrement les bandes des nobles, ne sont fournies ny complettes en la meilleure part de gentilshommes, lesquels se retirent communément ès compagnies des ordonnances, ains le plus souvent sont roturiers annoblis de l'an et jour, ou de quelques valets que les vieils seigneurs, femmes veufves ou orphelins y envoyent ; et fault dire qu'en ceste ordonnance y sont commis de grands abuz, que delaisserons à réformer à ceux qui y ont la superintendance et respect, comme chose qui n'est de nostre histoire.

Pour ce commencement heureux de ceste petite victoire, les ennemis se promettoient desjà quelques plus grandes choses que depuis ne leur sont advenues, proposans de changer et convertir leurs entreprises par les entrées de Picardie, puisque fortune commençoit favoriser cette part; et desjà l'on entendoit aucunes de

---

(1) *Les nobles de France sans poiser :* sans peser. Pour comprendre cette plaisanterie, il faut se rappeler qu'une monnoie anglaise portoit le nom de *nobles à la rose.*

leurs secrettes menasses de vouloir assieger Guise, tellement que ceste doute, encore que l'adresse ne leur fust si facile qu'ils présumoient, fut cause que M. de Guise s'y retira avec sa compagnie et certaines autres de cheval et de pied, pour y faire besongner à la fortification nouvelle en toute diligence. Et M. l'Admiral, auquel peu de temps auparavant avoit esté donné le gouvernement de Picardie (ayant esté mis entre les mains du Roy par M. de Vandosme (1) pour succeder au royaume de Navarre, estant peu de jours précédemment decedé Henry, dernier roy, duquel il avoit espousé la fille unique et seule heritiere, Jeanne, à present regnante), réunit et assembla toutes les forces qui y estoient, pour prévenir les déliberations des ennemis. Le Roy aussi avec toute sa maison s'en approcha peu à peu, jusques à Villiers-Cottretz, attendant quelle issue auroit ce bruit, qui ne fut autre chose que vent et parolles sans effect; car, depuis ceste cavalcande du prince d'Orenges, se contrindrent tousjours serrez en leurs forts, plustost doutans qu'on les cherchast qu'ils n'avoient volonté de nous venir irriter et travailler.

Puisque j'ay le plus amplement qu'il m'a esté possible narré les choses dignes de mémoire, passées ès parties de deçà, desquelles je pouvois rendre certain tesmoignage pour y avoir esté present en aucunes, et pour avoir employé toute diligence à sçavoir la verité des autres, il m'a semblé que, sans m'esloigner par trop de mes termes, ains attendant le poinct de retomber en la suite de mon deliberé discours, n'advien-

---

(1) *De Vandosme.* Antoine de Bourbon avoit épousé à Moulins, le 20 octobre 1548, Jeanne d'Albret, héritière du royaume de Navarre. De ce mariage naquit Henri IV.

droit hors de propos d'y adjouster plusieurs et diverses adventures et executions traitées ès autres endroits de nostre Europe, esquels ces deux grands princes, ou de leurs serviteurs et confederez, exerçoient aspres et furieuses guerres, afin aussi que je face aucunement paroistre la diversité et variation des accidens qui sont ceste année advenuz, selon que dès le commencement de ce livre j'ay aucunement touché, encore que je sçache bien qu'ils soient desjà tant publiez et cognuz à chacun, qu'il ne me seroit jà besoing en dire davantage ; mais j'en ay voulu faire ce brief recueil pour demonstrer que, combien que ces exploits militaires se feissent en lieux esloignez et longtains, et à divers traitz de temps et opportunitez, si est-ce que le tout dependoit d'un mesme commencement, et tendoient tous les effets à une mesme fin, qui estoit de demeurer supérieur et victorieux. Auquel bref narré on pourra veoir le bonheur qui adonc accompagnoit le Roy, conduit, comme j'estime, par la main de Dieu, luy departant en separez et escartez endroits une mesme victoire. Et pour ce faire, suis contraint reprendre le fil de l'histoire un peu loing, qui ne sera neanmoins par trop prolixe et ennuieux; mais pour deduire les premieres causes, selon que les ay peu ramasser et recueillir ensemble, pour en après les rapporter et referer à mon deliberé subject. Donques diray-je qu'estans les passages de la Vaudotte (1), et des Alpes Penins et Graies (2), pour entrer en Piedmont et semblablement en Lombardie et Italie, asseurez et ouverts pour nous, par la prise que fit M. le mareschal de Brissac l'hyver precedent de la ville d'Yvrée; s'estant aussi volontai-

---

(1) *Vaudotte* : val d'Aoste. — (2) *Graies* : Graglia.

rement reduite soubs l'obeissance du Roy la ville de Bielle, avec toutes ses appartenances, de sorte que cest accès et entrée nous estoit seurement bornée [1] cette part ; pour ne perdre temps, et deuement employer une brave petite armée qu'il avoit adonc, et ne laisser inutilement consumer les fraiz que la majesté du Roy exposoit libéralement à l'entretenement d'icelle, pour la tuition et defense de son pays de Piedmont, delibera sur le nouveau temps, à l'entrée de ceste année 1555, estendre davantage ses frontieres et limites, et ne laisser lieu à l'ennemy, pour se trouver si proche voisin, qu'il se peust de plus près advantager et eslargir sur le milieu de son pays, et au surplus tenter toute fortune pour le déjetter et mettre hors de ce qu'il detenoit si près de luy ; ce que non seulement luy pouvoit nuire à cest effect, mais aussi de long temps rendoit toute la contrée circonvoisine en subjection, exerçant infinis pillages et volleries. Pourtant considera, comme chevalier sage et experimenté, que de promptement entreprendre à combattre des forts, de la pierre et de la terre, feroit non-seulement hasarder, ains peult-estre perdre à petit profit grandes forces, mais aussi de perir grandes provisions et vivres inutilement, qui estoient adonc fort rares et chers, et destruire la province desjà fort pauvre, travaillée et foullée grandement, et outre plus trainer ceste exécution en plus grande longueur de temps, et par ainsi mettre toutes ces affaires au danger d'un mauvais succès ; parquoy il résolut pour le plus certain, délaissant derriere luy ce que ne luy pouvoit fuir et eschapper, retrancher à l'ennemy le chemin du secours qu'il

[1] *Bornée* : ouverte.

pouvoit donner et avoir, luy mettant au-devant une barriere et empeschement qui l'arresteroit tout court; et avec ce, s'il estoit possible, le devancer, et regagner sur luy autant d'avancement qu'il en avoit sur nous. Pour à quoy donner bon commencement, en premier lieu fortifia une place appellée Sanct Iaco (1), qui luy sembla, et à tous les chefs et capitaines se trouvans près de luy, en fort belle assiette et propre pour estre fortifiée facilement, estant située en une planure grande et spatieuse, où elle pouvoit en tout commander sans estre en aucune sorte subjette; à laquelle il desseigna une forme quarrée, flanquée de quatre gros boulevers, couverte et defendue de deux haultes et massives plates formes, descouvrans tout le circuit à la portée d'une fort longue coulevrine. Laquelle place ainsi bien fortifiée et munie, comme il la rendit en peu de jours par sa très-grande diligence, fermoit le pas à ceux de Versel, Crescentin, et de toute la Lombardie, et, encore plus, tenoit subject et soubs bride Vulpian, pour le rendre en brief affamé et sans secours. Ce qu'estant entrepris et mis en bonne disposition, pour descouvrir aussi et estre certain de l'advenue de Pavie, fit battre le chemin par quelque nombre de cavallerie et gens de pied ; où trouvans une place nommée Crepacuore, ou Crevecueur en françois, mal pourveue et gardée, la saisirent et gaignerent, chose bien advenante, pour estre place fort commode à rendre ce passage ouvert et libre pour nous. En ces entrefaictes se practiqua une ruse par le seigneur de Salvoison, gouverneur de Verrue, gentilhomme de bon esprit, et autant vaillant qu'il en peult estre, pour recouvrer Casal à bien

(1) *Sanct Iaco*: Santia.

petite perte et despense pour nous; qui est l'un des meilleurs moyens qu'un chef d'armée doit suivre pour conquérir et entrer en pays, et sans grand effroy et ruine, tant du peuple que des soldats. Advint que ledit sieur de Salvoison de longue main avoit attiré à sa menée, et pour la conduite de son chef d'œuvre, un bon compagnon nommé Fontarolle, homme subtil et prompt, lequel estoit du pont de Sture; et pour ce qu'il avoit accoustumé de hanter ceste ville, à cause des trafiques de sa marchandise, il pouvoit sçavoir toutes les rues, entrées et issues fortes et foibles, dont il rendoit certain ledit seigneur de Salvoison, sur quoy pouvoit fonder et arrester ses entreprises, et pareillement dresser tous appareils de surprises. Si bien succeda encore pour l'execution de son faict, qu'un gros festin et solennelles nopces se vont faire en ceste ville, à un jour determiné qu'il sceut à la verité, où le seigneur Figuerol(1), gouverneur de là, se trouvoit, pareillement plusieurs gentilshommes et dames, tant estrangers que voisins, pour solemniser ce jour en bonnes cheres et passe-temps, sans penser, à mon jugement, de tomber au danger qui leur advint. En quoy se presenta ceste apparente occasion au seigneur de Salvoison d'imaginer ne pouvoir choisir meilleure opportunité, pour obtenir bonne issue de son negoce, qu'adonc n'y estant plus requis qu'une grande celerité et conduite bien couverte et celée, ayant au surplus toutes ses eschelles, cordages et autres engins prests. Ainsi, pendant qu'il contrefaisoit le malade à Verrue, pour faire croire qu'il n'estoit en disposition de se remuer, ayant envoyé quérir medecins à Casal,

(1) *Figuerol* : Figueroa.

pour estre arrivez tard, remit à estre veu d'eux au lendemain matin. Cependant avoit donné ordre qu'estant pourveu de ses gens que M. de Brissac luy avoit envoyez cette nuict mesme, se rend au pied des murailles de Casal, où, ayant appliqué ses echelles, monterent sans aucun empeschement; et trouvans les sentinelles, corps de gardes et generalement la meilleure part de tous ceux qui étoient léans, tant habitans que gens de guerre, endormis et ensevelis en vin et profond sommeil, après en avoir fait grand carnage se saisirent de la place publique, des portes et des plus forts endroits de la ville. Le seigneur Figuerol, gouverneur, à demy endormy encore, estant estonné d'ouyr ces voix non accoustumées, crians France! France! n'eut jamais plus grande haste que se sauver à demy habillé, en chausses et pourpoint, en la citadelle, avecques quelques gentilshommes et soldats espagnols des plus apparens. M. le mareschal de Brissac, avec le surplus de l'armée, ne fit faulte au matin de se présenter devant la ville pour parachever la victoire; lequel, voyant qu'il ne restoit plus qu'à prendre ceste citadelle à demy ébranlée, pour continuer une bonne suite à ce que tant heureusement avoit commencé, poursuivit ceste premiere poincte avec telle promptitude, qu'ayant fait approches, tranchées et mis son artillerie en batterie en bien petit espace de temps, la canonna si furieusement qu'il contraignit le seigneur Figuerol et ceux qui estoient là dedans avecques luy, quitter la place à composition, telle que, si dedans vingt quatre heures il n'estoit secouru, il sortiroit avec ceux qui l'accompagnoient, vies et bagues sauves, sans autres choses transporter de l'artillerie, et toutes autres munitions de guerre. Telle fut donc là surprise de la ville et forteresse de Casal, le dixieme de mars mil cinq cens cinquante cinq; magasin et estappe des provisions qu'on préparoit pour le recouvrement de Piedmont; de laquelle dependoit aussi toute l'asseurance et commandement de la pluspart du marquisat de Montferrat, qui estoit desjà entre les mains du Roy, comme estant icelle ville le chef de toute ceste province, et l'ouverture de la Lombardie; pourquoy l'ennemy à bonne considération l'avoit ainsi fortifiée et munie. M. de Brissac, pour la rendre plus libre et hors des doutes des courses et surprises, d'un mesme train se saisit de tous les petits forts qui l'enveloppoient, la pluspart desquels il ruina; et poulsant plus oultre vers Alexandrie, print aussi Sanct Salvador et Valence, qu'il fît pareillement raser, pour n'estre tenables et difficiles à estre promptement fortifiez et secouruz, pour estre aussi trop esloignez, que les ennemis toutefois depuis recouvrerent et fortifierent pour clorre l'entrée aux François du plat pays milanois, qui leur estoit desjà ouverte. Tous ces bons évenemens estans venuz en évidente cognoissance aux Impériaux, et prévoyans qu'avec les intelligences grandes que le Roy avoit alors en Italie, et l'appui et support des potentats qui s'entendoient avecques Sa Majesté, et des villes de par delà qui luy estoient obeissantes et favorables, se pouvoient promettre un facile accès pour non seulement recouvrer son duché de Milan, de long temps querellé, et pour lequel, à mon jugement, sont renouvellées ces dernieres guerres, mais un grand espoir d'enjamber plus avant, où il y avoit encore autre occasion de vieilles querelles, adviserent tous expédiens pour arrester ses entreprises, et interrompre ce bonheur duquel il estoit guidé, si la fortune estoit stable et permanente. Et, pour ce faire, ainsi que l'on peult juger par le succès qui depuis en est advenu, conclurent de tenter et mettre en avant ceste proposition de paix (de l'issue de laquelle j'ay aucunement escrit cy devant, à la sollicitation et conduite du cardinal Pol, de la royne Marie d'Angleterre, et des Anglois ; nonobstant laquelle toutefois ils ne desisteroient en premier lieu, avec toutes les forces qu'ils pourroient assembler et en toutes les sortes qu'ils pourroient inventer, de debouter et déjetter les François de l'entrée d'Italie, et leur renverser et emmesler toutes les faciendes (1) et pactions qu'ils pratiquoient, et surtout reduire la ville de Siene à telle extrémité, luy estant osté tout espoir de secours de France par le désastre du maréchal Strossy, qu'elle vint à se soubmestre, reprendre et recevoir les conditions et loix de l'Empereur, au mesme estat qu'elle estoit auparavant ; d'autant que c'estoit, ce leur sembloit, la principale resource et capitale banque où respondoient, pour l'heure, les factions des François cette part, et en laquelle se départoient les délibérations qui se traitoient pour eux en Italie. De laquelle se faisans maistres et demourans superieurs, facilement entroient en esperance peu après revoquer et retirer les autres à leur ligue, et les pourroient induire à accepter les alliances, avec promesses que le roy Philippe, succedant à l'Empereur son pere, leur presentoit ; selon aussi que desjà se traitoit l'accord et convention de Parme avec le duc Octave par la conduite du cardinal Farneze, ainsi que plus à plain cy après nous deduirons. Or en ceste pre-

(1) *Faciendes* : menées.

miere charge estans desjà entrez le duc de Florence et marquis de Marignan, avec si heureux commencement que d'avoir desfait le mareschal Strossy l'an precedent 1554, le troisieme d'aoust, et avoir repris et retiré, partie par ruses et subornations, partie par force, la pluspart des forteresses circonvoisines de Siene, firent un si grand devoir, et sceurent si utilement user de leur victoire, que cette puissante et très ancienne république fut réduite en l'obeissance de l'Empereur le 21 d'avril en cest an 1555. Et peu de jours aprés, pour demeurer du tout maistres, et ne laisser seur accès aux François d'y pouvoir remettre le pied, emporterent d'assault le Port-Hercule le 14 de juin ensuivant.

Le succès advenu en ce premier advis selon que les Impériaux le préméditoient, leur augmenta davantage le courage d'entreprendre plus avant, et leur donna fantaisie que, si la fortune les avoit jà tant favorisez que leur remettre en main ce qu'ils craignoient le plus du pouvoir que les François s'estoient acquis en Toscane, d'autant plus aisément les pourroient reculer de la Lombardie et duché de Millan, et finalement reconquérir sur eux non-seulement ce qu'ils avoient empieté au marquisat de Montferrat, mais davantage tout le résidu du Piedmont. Parquoy estant le duc d'Albe envoyé en Italie comme lieutenant general de l'Empereur (homme de qui la conduite et expérience en autres grands affaires et expéditions militaires, avoit acquis excellente réputation par tout le monde, et l'avoit fait juger digne et capable pour mettre si ardues et difficiles entreprises à fin prospere), ayant retiré et recueilli toutes les forces qui y estoient, tant celles du duc de Florence et marquis de Marignan que les garnisons, que autres nouvelles qu'il y joignit, se prépara mettre en campagne son armée, avec laquelle, entrant en espouvantable furie au marquisat de Montferrat, se promettoit non-seulement en peu de jours recouvrer ce que les François y occupoient, et au surplus razer et ruiner ce qui ne luy sembloit propice, mais aussi aller rencontrer M. de Brissac pour ou l'assieger ou combattre, ou rendre enfin, en quelque sorte que ce fust, si atténué qu'il ne luy osast faire teste, et ainsi rester maistre de la campagne, où il se jugeoit et sentoit adonc le plus fort. Or adonc, comme j'ay desjà dit, l'on estoit sur ceste proposition de paix; et en estoit l'attente de chacun tournée en bonne part, mesmement pour le grand desir que tout le pauvre peuple avoit de l'obtenir, et pour laquelle estoient faites très devotes prieres et oraisons en toute la chrestienté. Toutefois M. de Brissac, se tenant de son costé sur ses gardes, et retenant en memoire que volontiers durant ces traictez et propositions de paix se brassent surprises et conspirations, avoit tousjours ses forces unies, et pareillement l'esprit et l'œil tenduz à considérer et prévoir pour n'estre point déceu et surpris. Doncques voyant le duc d'Albe avec ceste grosse armée preste et appareillée d'estre employée, estant aussi bien informé de la délibération dudit duc, et d'ailleurs sentant desjà remuer les garnisons des places que l'ennemy tenoit encore cette part, entre autres que, durant la trefve, Cesar de Naples et le capitaine La Trinité estoient sortis de Vulpian avec grosses troupes et soldats à cheval et à pied, pour ravir et voler sur les communes, et outre plus essayer de nouveau munir et avitailler ceste place, quant et quant de son costé meit son armée aux champs, et par mesme moyen, faisant la reveuë des villes et places fortes qui sont en l'obéissance du Roy, et les munissant de toutes choses nécessaires, enveloppa et assubjectit Vulpian de quelques forts qu'il feit bastir à l'entour, où il laissa gens pour empescher les saillyes de ceux de là dedans, pour n'estre troublé et fasché d'eux à doz, tandis qu'il respondroit au duc d'Albe s'il se présentoit. Pendant que ces prémices et preparatifs de guerre future se demesloient ainsi de par delà, l'assemblée qui s'estoit dressée de par deçà pour le fait de la paix, et que les Impériaux avoient tousjours tiré en longueur pour voir sortir l'effect du duc d'Albe, se va rompre et séparer sans aucune resolution d'accord n'y de trefves, de sorte qu'expirans tous delais la guerre recommence comme auparavant. De quoy M. de Brissac adverty, estant aussi bien acertené des defaults qui estoient au camp de l'ennemy, entre autres de vivres et argent, cause et empeschement qu'il ne pouvoit promptement s'acheminer, voulut user du temps et de l'occasion qui se présentoit si propre pour destourner et divertir tous les desseings du duc d'Albe. Pourtant sur la my juin, ayant réuni et rassemblé les forces qu'il pouvoit adonc avoir, au nombre d'environ dix ou douze mille hommes de pied françois, suisses et allemans et quelques deux mille chevaux de gendarmerie et cavallerie, et quatre canons et deux coulevrines, au partir de Casal alla assiéger un chasteau appellé Pomar, qui luy fut rendu après avoir enduré cent ou six vingts coups de canon. Puis, luy estant rapporté que les ennemis se fortifioient à Valence, et que là se devoit rendre toute l'armée du duc d'Albe, pour dresser ses entreprises comme il les sentiroit avantageuses pour luy, les voulut aller voir de près et recognoistre avant qu'ils fussent les plus forts, pour essayer aussi s'ils voudroient point venir aux prises, et se joindre au combat pendant qu'ils estoient egaux. Toutefois, se tenans forts dans la ville, et serrez sur le bord de la riviere du Pau qui les flancquoit, les François se contenterent de les avoir escarmouchez de si près joignant leurs portes, qu'ils leur faisoient paroistre comme ils n'eussent pas eu du meilleur s'ils fussent sortis plus avant. Au partir de là, M. de Brissac alla à leur nez assieger Sainct Salvador, dernier chasteau de Montferrat, à cinq milles près d'Alexandrie, lequel, après avoir tiré contre trois cens coups de canon, lui fut rendu à telle composition que les soldats sortiroient avec leurs espées, et les capitaines avec les armes, et laisseroient leurs enseignes. Au même instant M. de Brissac le fit ruiner avec tous les autres petits forts qu'il tenoit et sentoit non tenables, tant pour oster la commodité à l'ennemy de s'en pouvoir servir que pour ne laisser perdre les soldats qui estoient à les garder, qu'il vouloit assembler pour en croistre ses forces, se retirant aux lieux les plus seurs, et qu'il proposoit defendre. D'autre part l'ennemy se renforçoit d'heure à autre, tant pour la crainte qu'il avoit d'estre rompu et desfait pendant qu'il estoit encor foible, que pour arrester et empescher les François d'entrer plus avant, et ne plus souffrir ceste honte à leur barbe ravir et forcer les places, et estre journellement sacmentez et escarmouchez jusques en leurs tranchées, aussi que la saison propre à faire la guerre declinoit fort, et ne restoit plus guères de bon temps pour exploitter tant grandes choses qu'ils tenoient pour seures et en main : et davantage estoient bien certains que, si en peu de jours ne faisoient un dernier effort à secourir Vulpian, estoit réduit à telle extrémité et nécessité de vivres, que il estoit impossible qu'il peust longuement tenir. Toutes ces causes et considérations feirent haster le duc d'Albe d'assembler ses forces, et les rendre si grosses et puissantes, et prouveues de tout équipage, qu'elles peussent non-seulement repoulser les François, et les aller chercher, mais aussi recouvrer ce qu'ils avoient perdu, et secourir leurs places esbranlées et esperdues, et les renforcer de ce qu'ils avoient de besoing. Parquoy, sur la fin de juillet, ceste fort grosse et bien complette armée du duc d'Albe commença à marcher, montant au nombre de plus de trente mille hommes de pied, tant d'Allemands, d'Italiens, que d'Espagnols, et de six à sept mille chevaux, et trente ou quarante pieces d'artillerie. Dont M. de Brissac bien certain et asseuré de tout ce faict, et cognoissant ses forces n'estre assez roides pour l'arrester, mesmement pour estre départies en divers endroits, aussi qu'il estoit en doute où il voudroit desgorger sa premiere furie, fut contrainct retirer ce qu'il avoit de gens à l'entour de Vulpian, et, se fortifiant près Casal, qu'il craignoit estre assailly, adviser là en aprés à tous remedes qu'il pourroit prévoir contre les attentats du duc d'Albe ; et par mesme moyen en toute diligence advertit le Roy de le renforcer de secours.

Le duc d'Albe au commencement fit quelque semblant de vouloir tourner à Casal, tellement qu'ils prindrent un petit chasteau à trois milles près, appellé Fracinet du Pau , où se démonstra le premier acte de leur délibérée cruauté, ayans fait pendre et estrangler le capitaine, mettre en galere les François, et tailler en pieces tous les Italiens. D'autre part, pour donner terreur aux communes, et pour advertir et encourager ceux qui tenoient pour luy, fit faire une sortie au capitaine La Trinité, qui estoit adonc à Vallefeniere (1), avec trois ou quatre cens chevaux, et quatre ou cinq cens hommes de pied, afin aussi de rebrousser et revisiter les advenues qu'il vouloit suivre; lequel, estant rencontré et chargé de quelque gendarmerie françoise, se trouva le plus foible, de sorte qu'estant fait grand massacre de ses gens, fut contrainct avec le surplus de sa cavallerie se retirer à grand haste à Ast et Alexandrie. Enfin le duc d'Albe, après avoir tasté en tous endroits où il se devoit premierement addresser, resolut avant tout œuvre rafreschir et munir Vulpian de gens de guerre, de vivres et toutes autres provisions, pendant que ses forces estoient fresches et entieres, pendant aussi qu'il avoit et le temps et le loisir favorables, se doutant bien que, s'il temporisoit davantage, le secours des François arriveroit assez à poinct pour luy fermer le pas et le divertir; avec ce, M. de Brissac ne faudroit à le traverser d'infinité d'empeschements et destrousses. Parquoy, ayant toutes ses provisions prestes en deux jours, librement remplit Vulpian de tout ce qu'il voulut sur la fin de juillet. Cela fait, balança et contrepensa en son esprit que d'aller trouver et combattre M. de Brissac à forces déployées, ce seroit trop tost hazarder son bonheur et l'exploit de son armée, ayant affaire à homme sage, et qui avoit préveu à tous dangers qui luy pouvoient advenir,

---

(1) *Vallefeniere :* Valfenera.

ayant aussi à besongner à vieux soldats aguerriz qui luy vendroient leur sang et leurs vies bien cherement, et d'ailleurs, d'entrer plus avant en pays, et le laisser derrière luy avec les places fortes qu'il tenoit pourveues et bien armées, ce seroit se desfaire soy mesme, pour estre en brief affamé et rompu sans desgainer espées. Pour ces considérations tomba en derniere opinion prendre autre addresse ; et, traversant la riviere de Dorie (1) au commencement du mois d'aoust, alla assiéger la nouvelle fortification Sanct Iaco, que il estimoit adonc imparfaicte et encore neufve, et par ainsi facile à estre emportée en bien peu de jours à la furieuse batterie qu'il proposoit y faire ; résolvant qu'après ceste prompte et soudaine exécution, qui seroit terrible et nompareille, rempliroit le surplus des autres places fortes de telle crainte et espouventement, que on luy apporteroit les clefs au devant, et qu'il entreroit par tout sans frapper seulement à la porte. Toutefois, estant arrivé devant Sanct Iaco, trouva la forteresse neufve en meilleur estat qu'il ne présumoit, et que pour la defendre estoient dedans d'autant braves et vaillans hommes qu'il eust sceu rencontrer, desquels estoient les principaux chefs le sieur de Bonivet, colonel de la fanterie françoise, et le seigneur Ludovic de Biraigues, accompagnez de deux mille François, soldats esleus, de deux enseignes de Allemans, du régiment du comte Rocquendolf, et de deux d'Italiens, et de cent chevaux legers albanois, soubs la charge de Theode Bedaine. Tous lesquels luy feirent paroistre, en quinze jours ou trois semaines qu'il les tint assiégez, par les desesperées et hazardeuses

---

(1) *La riviere de Dorie* : la Doire.

saillyes qu'ils faisoient sur son camp, et en l'asseurance et contenance qu'ils se representoient sur les remparts et murailles, qu'il n'estoit si près à en demeurer maistre comme se l'estoit persuadé et promis : tellement qu'après avoir foudroyé et rué par terre grand' partie de leurs fortifications, il n'osa s'aventurer de leur présenter l'assault.

Pendant ce siege, l'armée de M. de Brissac s'engrossit et augmenta de secours qui luy furent envoyés de France; car, estant le bruit commun de pardeçà que l'ennemy tenoit Sanct Iaco si estroittement assiegé, qu'il estoit plus que besoing le secourir en bref (estant place de très-grande importance pour tout le Piedmont), autrement qu'elle estoit en fort grand danger d'estre perdue avec beaucoup de gens de bien et d'estime qui estoient dedans, ce que l'on ne pouvoit faire sans grandes forces pour estre l'armée imperiale fort grosse et puissante, le Roy y envoya les princes et ducs d'Aumalle, d'Anguian, de Condé et de Nemours; les seigneurs visdame de Chartres, de Gonnor et d'Aubigny, et plusieurs autres grands seigneurs et capitaines, avec grand renfort de gendarmerie, cavallerie et gens de pied. Outre tout cela encore, pour se trouver en un si glorieux et mémorable affaire, et pour y avoir part de l'honneur et reputation, y allerent de leur gré plusieurs autres seigneurs et gentilhommes françois, en plus gros nombre que ne pourrois dire; entre lesquels estoient les seigneurs de Ventadour, d'Urfé de La Roue, de Levy, du Lude, de La Chastre, et le puisné de La Trimouïlle, de Lausun, de Gourville, de Vassé, de La Bastie, de Prunel, de Malicorne et de La Chasteneraye, et infiniz autres. Tout ce secours arrivé et joinct à M. de Brissac luy redoubla et à tous ceux qui estoient desjà avec luy la volonté et courage de rembarrer le duc d'Albe, et le faire retirer avecques sa courte honte, tellement qu'estans les François auparavant resserrez et retirez ès forts, sortirent adonc en campagne et meirent les enseignes au vent, déliberans d'aller accoster l'ennemy, et, sans davantage marchander, ne tiendroit qu'à luy ou à ce coup la partie seroit parachevée : au contraire, le duc d'Albe commença deslors abbaisser ses grands coups, et à modérer et refroidir sa premiere furie ; de sorte que, sans se preparer à recevoir la bataille, après avoir deschargé infinies canonnades contre Sanct Iaco, avec perte du grand maistre de l'artillerie de l'Empereur, et près de deux mille hommes de ses meilleurs soldats, leva le surplus de son armée de ce siege, reprenant son chemin devers Versel, suyvant lequel luy furent rendus et prins quelques chasteaux, aucuns desquels il fortifia, entre autres le chasteau de Gabiano et le bourg Sainct Martin, quatre milles près Casal, et les autres ruina. Ce qu'estant rapporté à l'armée françoise, meirent en délibération de le suyvre : toutefois après avoir bien debattu et consideré les dangers qui sont autrefois advenuz pour avoir voulu par trop suyvre l'ennemy desesperé, et que desjà nous cedoit assez la victoire en nous abandonnant la place, et pouvoir de executer ce que nous sembleroit le meilleur, fut jugé plus certain employer et convertir noz forces ailleurs; et, dès l'heure, fut mise en avant l'entreprise de Vulpian, tant pour effacer et oster du tout l'envie et occasion d'y retourner, que pour affranchir et descharger le pays de la doute de ce fort, qui tenoit en subjection et la campagne et les grands chemins ; de sorte qu'il n'y avoit personne, de quelque qualité que ce fust, qui s'osast mettre aux champs sans bonne escorte et compagnie. Ainsi, sur la fin du mois d'aoust, se trouva l'armée françoise campée à l'entour de Vulpian, montant au nombre de vingt ou de vingt-deux mille hommes de pied, françois, suisses, allemans et italiens, de huict cent ou mille hommes d'armes, et mille ou douze cens chevaux legers, estant a donc M. d'Aumalle(1) lieutenant general pour le Roy, et commandant sur toute ceste armée ; de laquelle armée fut tellement enveloppée ceste place de tous costez, qu'il estoit presque impossible d'y entrer ou sortir personne sans tomber en prise. Toutefois le duc d'Albe, la voulant favoriser et consoler de tant peu de secours que il pouvoit adonc, essaya d'y faire entrer cinq ou six cens harquebusiers à cheval, espagnols et italiens, à la conduitte d'un capitaine fort accort et adventureux, nommé Emanuel de La Lune, espagnol. Lequel, encore qu'il eust traversé à gué la riviere du Pau, ne sceut guider son astuce et entrer si couvertement qu'il ne se trouvast surpris au passage, où estant attendu et guetté expressement, à l'improviste fut desfait par le sieur de La Roche Posay qui l'attendoit de guet à pend, et la pluspart de ses harquebusiers executez, rompus et prisonniers ; le résidu à toute peine se sauva dans Vulpian. Ceste place fut battue et canonnée par trois endroits ; à sçavoir, du costé des Suisses, vers le moulin, où furent logez quatre gros canons ; en un autre endroit, entre la ville et le chasteau ;

---

(1) *M. d'Aumalle.* Le maréchal de Brissac indisposé avoit remis à ce prince le commandement de l'armée.

vers le camp des François, où furent pareillement bracquées cinq grosses pieces; la tierce batterie estoit du costé du grand boulevert, vers le chasteau, de quatre grosses pieces. Et se peult dire qu'en vingt et quatre jours ceste batterie y continua autant furieusement qu'il est mémoire en avoir esté. Avec ce, par mesme suitte, se continuoient les mines qu'on trainoit dessoubs ce grand boulevert qui flancquoit et la ville et le chasteau, avec telle diligence que l'un et l'autre se trouva prest à poinct nommé quand on y voulut donner l'assault, ce que plus rendit les assiegez estonnez, et fut la principale cause de la prise et reddition; car, estans les bresches faites soudainement, et sans respit assaillies avec une desesperée hardiesse de noz soldats, en mesme instant faisans ces deux mines sauter la plus entiere part de ce grand boulevert, rendirent une tant large ouverture et si grand estonnement et terreur, tant aux Espagnols qui estoient dessus qu'aux François mesmes qui l'assailloient, qu'ils se trouverent pesle mesle esblouis en ceste obscurité; laquelle estant un peu esclaircie, et se voyans les ennemis à la mercy des François, quittans ce boulevert, les uns se rendirent, les autres, à la course, employèrent ce que leurs jambes pouvoient avoir de vistesse, pour se renfermer dans le chasteau, où toutefois ne leur fut donnée entrée, craignans ceux qui estoient dedans, pour sauver quelques hommes, perdre l'un et l'autre ensemble. Parquoy restans ainsi à la discretion des François, desquels estoient poursuyviz en extreme cholere et fureur, les uns passerent au tranchant de l'espée, entre lesquels, des hommes de nom, se trouva le nepveu du duc d'Albe, et les autres furent retenus prisonniers, comme le seigneur Sigismond de Gonzague et le capitaine Lazare, lieutenant de la garde du duc d'Albe, et beaucoup d'autres seigneurs et vaillans soldats. Quant à la bresche d'enbas de la ville, laquelle, en mesme heure que les autres, avoit esté assaillie avec une incredible dexterité et furieuse hardiesse, ne se trouvant raisonnable à cause qu'après avoir passé le fossé en l'eau jusques à la ceincture il falloit que les soldats gravissent et y montassent avec les eschelles et les picques, les assiegez la defendirent pour ce jour là si bien, et avec telle vertu, qu'il fut impossible aux François en demeurer maistres, combien que les princes d'Anguien et de Condé y fussent presens, et plusieurs autres grands seigneurs et capitaines; lesquels, pour servir de conduitte et d'exemple à chacun, y montoient des premiers, et n'y espargnoient leurs personnes ny vies, non plus que le moindre de la troupe. Ce neantmoins en furent repoulsez enfin, y demeurans beaucoup de gentilshommes et vaillans hommes morts et blessez ; entre lesquels fut le comte de Creance, seigneur vaillant et hardy jusques au bout, qui, y ayant esté fort blessé à la teste, depuis en mourut. Le jeudy ensuyvant, M. d'Aumalle feit amener sur une partie de la plate-forme de ce grand boulevert restée entiere, trois ou quatre pieces d'artillerie, qui pouvoient tirer à plomb et battre par la pluspart des rues de la ville, et descouvroient tout le derriere de la bresche, de façon qu'il estoit fort malaisé aux assiegez la defendre sans en estre grandement offensez. Cela les estonna tellement qu'ils demanderent à parlementer et capituler pour leur reddition. Ce que leur fut accordé à tels articles : à sçavoir qu'ils sortiroient en gens de guerre, enseignes desployées, tabourins sonnans, avec leurs hardes et bagues sauves, et seroient conduicts à sauveté jusques à la riviere de la Dorie, près de Trin, moyennant aussi que toute l'artillerie et munitions de guerre, tant vivres que pouldres et boulets, demeureroient en la place. Suyvant lesquelles conditions le capitaine du chasteau se rendit aussi vingt et quatre heures après; se reservant au par dessus, pour son plus grand honneur et justification envers le duc d'Albe, qu'on tireroit encore cinquante coups de canon contre le chasteau; ce que luy fut accordé. M. de Brissac, qui ne s'estoit peu trouver au commencement de ce siege pour beaucoup de causes, fut présent à l'accord de la reddition de ceste place, advenue sur la fin du mois de septembre; laquelle place après fut demantelée de toutes ses fortifications, et devint d'une fort belle et forte ville de guerre une bourgade champestre. Ces exécutions parachevées, fut deliberé d'aller à Pont de Sture, que le duc d'Albe fortifioit en toute diligence, tant pour faire teste et s'opposer aux sorties de ceux de Casal, que pour estre un arrest aux François de ne passer plus outre, et pour leur barrer le cours de la riviere de Casal à Turin. Pour ces causes, sembla il à quelques uns le meilleur advis d'aller interrompre ceste entreprise des Imperiaux, avant qu'ils eussent mis ceste forteresse en defense et perfection. Et, sur ceste délibération, l'armée françoise costoya les places fortes que l'ennemy tenoit sur ce chemin, comme Crescentin et Trin, devant lesquelles furent dressées de fort braves et gaillardes escarmouches de chacun costé; puis alla camper à Villeneufve près Casal. Et là fut faite la résolution de remettre l'entreprise de Pont de Sture à une autre fois, d'autant que ceste place, bien advertie d'estre menassée, s'estoit pourveuë jusques à tout pour soustenir un long siege, à la longueur et temporisement duquel les ennemis avoient mis le but et fin de noz desseings, cependant que les places circonvoisines se renforceroient de toutes choses, et que la contrarieté et indisposition du temps et l'hyver y arriveroient, y estant desjà la saison fort prochaine. Pourtant le plus expedient estoit tourner à Montcalvo, qui s'appuyoit à Pont de Sture, et qui ne se doutoit de nous; laquelle prise bridoit et tenoit subjecte, non seulement la forteresse de Pont de Sture, mais toutes les autres le long de la rive du Pau, et de la plaine du marquisat de Montferrat; mais encore seroit un grand parement et affranchissement des appartenances de Casal. Parquoy, sur ceste conclusion, au decamper de Villeneufve, l'armée françoise se monstra seulement, et passa à Pont de Sture, où la cavallerie attacqua une furieuse escarmouche, pour tousjours tenir ceux de dedans en doute du siege, pendant que les gens de pied, l'artillerie et tout l'attirail suyvoient la traitte à Montcalvo. Pour l'arrivée si soudaine et non suspecte de l'armée françoise devant ceste place, furent ceux qui estoient dedans si estonnez et esbahis, que cette nuict mesme la ville fut eschellée et prise à bien petite defense et perte d'hommes; ne sçay aussi, et ne veux asseurer s'il y avoit dedans aucunes intelligences. D'une mesme suite furent faites les approches au chasteau; et l'artillerie plantée et bracquée pour le canonner et battre, comme il fut l'espace de six ou sept jours, sans faire breche suffisante pour l'assaillir. Depuis furent amenées de renfort de Casal quatre grosses pieces, lesquelles fureut logées devant le grand portail, qui défendoit l'un des flancs, afin de rompre ses defenses et le desarmer, et en un autre endroit fut grattée et creusée une mine soubs un boulevert qui respondoit à un autre flanc. Estant tous ces œuvres conduicts avec une si grande promptitude et celerité, que les assiegez n'y pouvoient s'asseurer faire grande resistance, et ce qu'estant cogneu d'eux, se representant de fresche memoire la prise de Vulpian, place beaucoup plus forte que la leur, s'offrirent à la quitter et en sortir, soubs les conditions et promesses que ce seroit bagues sauves, l'enseigne desployée, avec une piece d'artillerie, trois boulets et trois charges de pouldre; ce que leur fut accordé, fors que la piece d'artillerie qu'ils demanderent se trouva desmontée, qui fut cause qu'ils ne l'emmenerent point. Eux sortis, et les François mis dedans, se retirerent à Pont de Sturé, où pour recompense furent pendus et estranglez les principaux et plus apparens, pour avoir rendu si legerement ceste place, sans, pour le moins, avoir enduré un assaut. Telle fut la prise et reddition de la ville et chasteau de Montcalvo, le septieme d'octobre en cest an 1555, advenue plus soudainement à l'advantage des François qu'ils ne l'espéroient, et plustost que les ennemis ne le cuidoient, se promettans et les uns et les autres ce siege avoir plus longue durée qu'il n'eut. Cependant que l'on reparoit les bresches du chasteau et qu'on le renforçoit, et semblablement qu'on fortifioit et remparoit la ville, l'armée françoise demeura campée à l'entour, et à Montechiaro, ville de Dia, à Lapia, et autres villages circonvoisins; et de là en avant n'y furent faites choses dignes de grande mémoire, que quelques courses et tournois dont ne feray ici mention, pour avoir esté desjà assez publiez et imprimez, et ne seroient ainsi que redites et remplissage de papier. Estant donc la saison de l'hyver prochaine, et les œuvres de la fortification de Montcalvo parachevez et mis en bonne disposition, ayant M. de Brissac pourveu ceste place, et generalement toutes les autres, de toutes choses nécessaires pour un an, retira l'armée françoise ès garnisons. Et demeura ainsi le duc d'Albe frustré et fort esloigné de ce qu'il s'estoit promis, présumant en quinze jours ou trois sepmaines reprendre tout le Piedmont; et en cela, il a fait preuve que ce que nous appellons bonne fortune, ne respond pas également, et n'est semblable en toutes choses; que si elle luy avoit esté favorable à la conduite des guerres d'Allemagne, en ceste entreprise le succès estoit changé.

J'ai bien voulu adjouster à ce que j'avois escrit estre passé de pardeçà, toutes ces choses dignes d'immortelle memoire, advenues et executées en Italie et Piedmont, non que je y aye esté présent, mais suivant la verité et le plus certain que j'ay peu allicer (1) et tirer des rapports communs qui en ont esté faits, et de ceux qui en ont escrit. En quoy on pourra veoir les mutations et variables changemens qui sont advenuz en cest an, selon la volonté qu'il plaist au Seigneur Dieu omnipotent les départir.

(1) *Allicer* : du latin *allicere*, attirer à soi.

HUITIESME LIVRE.

Du grand avitaillement de Mariembourg, et de plusieurs choses memorables qui y advindrent au mois de novembre 1555. — De la demission et deposition volontaire de Charles V, empereur, des Estats et charges de l'Empire. — De la trefve accordée pour cinq ans entre le Roy et le roy Philippes, et des principales causes de la rupture d'icelle; et d'autres choses advenues en l'an 1556.

[1555] Après avoir discouru et déduit le plus fidelement, et au plus près de la vérité qu'il m'a esté possible, toutes choses dignes de memoire, mesmement qui appartenoient au faict de la guerre, advenues et executées ès premieres saisons de ceste année 1555, tant par deçà qu'en Italie et Piedmont, pour soubsmettre au jugement de chacun le bonheur qui accompagnoit adonc les François dans la pluspart de leurs entreprises et expéditions militaires, nonobstant diverses traverses et contrarietez qui leur seroient advenues, selon l'instabilité et inconstance de la fortune, ne départant ses bienfaits et faveurs sans y entremesler le plus souvent de l'aigreur et mécontentement, je reprendray maintenant le droit fil de mon histoire, suivant ma premiere et proposée intention, qui est d'escrire plus amplement ce que j'aurois veu et sceu certainement en nostre Gaule belgique (1) qu'ès autres en-

(1) *En nostre Gaule belgique.* Par cette expression Rabutin désigne les provinces septentrionales de la France.

droits de l'Europe, sinon là où il tomberoit à propos, et qu'y serois contraint pour la necessité et éclaircissement de l'histoire.

Ainsi je recommenceray ce huictiesme livre par ce qui est ensuivy sur la fin et derniere saison de ceste dite année et au commencement de l'hyver, pour fermer une conclusion, et faire paroistre que le succès de tous ces effects, comme depuis s'est apparu, fut cause des trefves accordées entre ces grands princes, desquelles aussi, en continuant, nous dirons les causes de la rupture, et les maux et malheurs qui en sont advenuz. Estant donc passée la saison de l'esté et d'automne, jusques à la my-septembre, que le prince d'Orenges avec l'armée imperiale n'avoit rien entrepris de grande importance, s'estant tousjours tenu fermé et resserré, tant ès forts de Givetz que de Philippe-ville; après aussi que noz forces, bien départies en tous endroits où il estoit requis, pour remédier à toutes surprises, eurent longuement attendu et temporisé pour veoir l'issue de la délibération et dernier exploict des ennemis, finalement la doute qu'on avoit euë d'eux si longuement vint à estre esclaircie, et cognut-on que la crainte qu'ils avoient de perdre leurs nouvelles fortifications, les faisoit tenir ainsi forts et uniz pour les favoriser et attendre le temps qu'elles fussent pour le moins hors d'eschelle et en defense, et qu'elles peussent estre gardées à moindre despense et peu de gens; s'asseurans pour certain, et comme ils l'avoient peu apprendre par la précedente escarmouche devant Givetz, que là où faudroit (1) l'occasion de la continuation de l'œuvre, et que les François sçauroient y

(1) *Faudroit* : manqueroit.

avoir aucun default, n'oubliroient à s'y representer à leur dommage et interest. A quoy sur tous les Namurrois et Liegeois sollicitoient fort le prince d'Orenges, et n'y espargnoient aucune despense pour estre bientost deschargez de ceste grosse armée qu'ils avoient dès long-temps sur les bras, et aux fraiz de laquelle estoient les plus chargez et contribuables, qui ne leur servoit seulement que pour les couvrir et s'opposer aux courses des François, tant de ceux de Mariembourg que de Rocroy et Maubert-Fontaine. Avec tout cela encore se promettoient les ennemis que, pendant le temps qu'ils rendroient leurs ouvrages en perfection, et qu'ils nous tiendroient en continuelle suspicion de leurs deliberations, il seroit force entretenir ordinairement grosses garnisons en toutes noz places deffensables, mesmement à Mariembourg, et non sans y despendre et consumer infinité de vivres et munitions, qui seroient en après très-difficiles à recouvrer et à y remettre, et beaucoup plus que à eux, qui estoient adonc maistres de la campagne, et qui avoient à leur doz tout leur pays ouvert, d'où leur arrivoient toutes provisions sans aucun empeschement. Tellement qu'estant venu l'hyver, auquel seroit impossible y conduire nouveaux avitaillemens, facilement pourroient enclore et Mariembourg et Rocroy, estans desjà chariez et préparez sur les lieux, et enfin les affamer et retirer à bon marché ; que, si les François dressoient armée pour secourir ces places et y amener vivres, seroit neantmoins en leur pouvoir de se fortifier et choisir lieu advantageux sur le passage pour les attendre et empescher. Toutes ces choses venues à la cognoissance de M. de Nevers, après en avoir donné advertissement au Roy, fut résolu de faire un avitaillement général à Mariembourg, plus grand et ample que tous les autres précédens. Lequel toutefois ne peut estre prest ny parachevé devant le commencement du mois de novembre, pour diverses causes et retardemens que je veux bien icy specifier, d'autant que plusieurs personnes, tant gentilshommes qui s'y seroient trouvez, et qui y auroient ressenti perte, et supporté travail et maladie, ou autres qui en auroient ouy parler, se sont esmerveillez pourquoy l'on attendoit si tard à le commencer. Sur cela, fault-il premierement sçavoir que, sur le poinct qu'on advisoit et qu'on préparoit tous moyens pour l'entreprendre, advint qu'un capitaine Beaujeu, de la Franche-Comté, ayant quelque charge et commandement dans Theonville, practiqua de recouvrer un chasteau à deux lieuës près de Metz, appellé Enery, à la conduite et intelligence d'un paillard soldat, qui estoit du village mesme, de la compagnie des harquebusiers à cheval du capitaine Lancques. De sorte qu'une nuict, estant ce capitaine Beaujeu et amené et conduit par le doigt dans ce chasteau, et y estans entrez autres soldats ennemis, surprindrent un gentilhomme que le capitaine Lancques y avoit ordonné pour la garde, avec vingt-cinq ou trente de ses soldats, lesquels il mit dehors sans leur faire aucun desplaisir, et, se saisissant de la place, se délibéroit par-là appareiller diverses embuscades et fatigues à ceux de Metz : faisant aussi quelque démonstration que, pour cest effect, ce chasteau seroit fortifié et remparé selon que desjà il faisoit semblant de remuer terre, et semoit un bruit d'avoir en brief plus grand secours. A ceste cause, M. de Sansac, qui estoit chef dans Metz en l'absence de M. de Vieilleville, fut contraint tirer des garnisons de Thoul, Verdun, Danvillé, Yvoy et Montmedy, les compagnies de cheval et de pied qui estoient prestes à estre envoyées à cest avitaillement général, et, avec celles qui estoient à Metz, avant qu'entreprendre plus loingtain voyage, essayer de recouvrer ce chasteau qu'il sçavoit pouvoir donner beaucoup d'ennuy et de troubles aux communes circonvoisines, et que, sans contredit, ceux qui seroient dedans auroient le grand chemin ouvert pour se presenter journellement aux portes de la ville, sçachans mesmement qu'elle seroit desfournie de ses garnisons ordinaires, sans parler encore d'autres secrettes conspirations qui se pourroient trafiquer soubs cest adveu, et, à la sollicitation de ce Beaujeu, homme cault et subtil. Pourtant, environ le commencement d'octobre, M. de Sansac, avec toutes les forces qu'il peut mettre ensemble, promptement alla assieger ce chasteau, lequel luy fut rendu après avoir tiré contre environ cent ou six-vingts coups de canon. Voilà une des premieres causes qui retarda l'avitaillement de Mariembourg : davantage, puis qu'il estoit besoing y aller si fort, que si le prince d'Orenges, lequel j'ay desjà dit avoir adonc une fort puissante et bien complette armée près de là, se vouloit opposer et empescher, nous le peussions et soustenir et contraindre nous ouvrir passage, il estoit ordonné que M. l'Admiral avec les garnisons de Picardie se joindroit avecques nous. Ce que toutefois ne peut estre fait si soudainement, pour estre adonc lesdites garnisons fort travaillées et harassées d'avoir soustenu et repoulsé l'ennemy en diverses courses qu'il avoit entrepris sur ceste frontiere. Ainsi ne peurent arriver qu'environ la fin du mois d'octobre. Oultre tout cela encore, ce pays de Champagne et Rethelois, où il falloit recouvrer la meilleure part des vivres et provisions qu'on vouloit mettre dans Mariembourg, estoit tant mangé et espuisé de toutes choses, et les laboureurs et villageois si las et ennuyez de fournir aux voyages et charrois précédens, qu'ils n'en pouvoient plus, et à toute peine pouvoit-on trouver chevaux et attelages en ceste saison qu'on laboure les terres, pour quelque contrainte et menasses qu'on leur fist. Aussi qu'on faisoit estat d'y en conduire un si grand nombre qu'il estoit fort difficile le pouvoir amasser en si peu de temps, et si propre qu'on l'eust peu souhaiter. Pour résolution, il n'y eut ordre de pouvoir avancer cest avitaillement avant ce mois d'octobre et commencement de novembre, combien que M. l'Admiral, avec cinq ou six cens hommes d'armes de son gouvernement, et les compagnies de cavallerie et fanterie qui estoient ceste part, se trouvast dès le vingt-deux ou vingt-troisieme de ce mois devers Rethel et Chasteau en Porcean; aussi fit le Reingrave avec ses vieilles enseignes d'Allemans à Montcornet en Thirasse. Et devers Mesieres M. de Sansac s'approcha avec les sieurs des Pots, de Rabaudanges et de Haultcourt, et les vieilles enseignes françoises qui avoient esté tirées des garnisons de ceste frontiere pour s'y trouver, ensemble les compagnies de gendarmerie et cavallerie. Le penultieme de ce mois d'octobre se trouverent toutes lesdites compagnies vieilles de fanterie françoise campées à l'entour de Maubert-Fontaine, au nombre de vingt-cinq enseignes, autant bien complettes et armées qu'il est possible d'estre, et celles d'Allemans de vingt enseignes camperent en un petit village demi lieuë de là. La gendarmerie et cavallerie fut logée à couvert és villages circonvoisins, comme à l'Eschelle, Aubigny et autres. Dès ce jour mesme M. l'Admiral alla coucher à Rocroy avec l'avantgarde de cinq cens hommes d'armes : aussi firent les compagnies de gens de pied françoises. Et fut conclud que M. de Sansac, avec la cavallerie legere et trois cens harquebusiers à pied, et M. de Bordillon avec un regiment de gendarmerie pour les soustenir, passeroient encore oultre, et chemineroient toute la nuict pour recognoistre les bois, et donner advis de ce qu'ils entendroient de la délibération de l'ennemy, pour y donner tel ordre que l'on verroit pour le meilleur, et pour faire marcher ou retarder les charrois, qui montoient un fort gros nombre, et qui arrivoient d'heure à autre. Je puis asseurer que deslors chacun commença à taster du mal et du travail que ceste importunité d'hyver a coustume de donner, et ce qu'il promettoit augmenter desjà, pource que toute ceste nuict ne cessa de venter et plouvoir, estans les pauvres soldats et chevaux noyez et transpercez jusqu'au cueur d'une si aspre froidure qu'il en mourut beaucoup dès l'heure, et ce qui empira tellement les chemins qu'il ne fut en aucune sorte possible qu'une certaine quantité de charriots tous prets à Maubert-Fontaine, qui devoient suivre par mesme train, se peussent rendre jusques à Rocroy ce jour-là, distans seulement de l'un à l'autre trois lieuës, demourans les uns versez et rompuz par les chemins, et des autres les chevaux estoient si las et defaillis, qu'ils ne pouvoient estans tombez se relever. Ce qui fut à mon jugement une des principales causes de la longueur de nostre fatigue et incredible peine, pour n'estre toutes choses prestes comme il eust esté necessaire.

Le jour ensuivant M. de Nevers, avec autres cinq cens hommes d'armes, se trouva au matin audit Rocroy avec le Reingrave et les Allemans, d'où estoit jà parti M. l'Admiral avec toute l'avant-garde. Et ne veux oublier à dire que, nonobstant la contrariété du temps, et diversité des mauvais chemins, toute l'armée tenoit forme et ordonnance de bataille pour la résolution que chacun avoit pris de combattre en ce voyage, selon que mesmement les chefs l'avoient asseuré à chacun, ayant souvenance d'avoir ouy dire à M. de Nevers, un jour ou deux auparavant, qu'il falloit que chacun se tint prest, et qu'on fist bien aiguiser les couteaux, qu'à peine l'on retourneroit de ce voyage sans les desguainer et employer à bon escient, advertissant et encourageant par ces propos, et plusieurs autres dignes d'un grand prince, ses soldats à ne rien oublier de leur devoir. A la vérité aussi tous les rapports des espions se trouvoient conformes, que les ennemis proposoient en toutes façons nous empescher de faire cest avitaillement, d'autant que si à ceste fois nous y faillions, c'estoit pour tout l'hyver que ceste ville demeuroit sans pouvoir estre secourue et munie, qui leur seroit un facile moyen de la recouvrer à peu de fraiz. Et, pour sur céla dire un mot de la diversité des opinions qui se tenoient parmy nous, des moyens que l'ennemy pouvoit suivre pour nous arrester et divertir, les uns disoient qu'il s'estoit fortifié au gué de Houssu, avec force arbres abbattuz et plessez (1), et là, ayant attiltré

---

(1) *Plessez* : pliés.

force harquebusiers, nous defendroit passer plus avant.
Les autres jugeoient que ce ne seroit point là, mais
bien à l'hermitage de Couvins qu'il nous presenteroient en teste leur harquebuserie et quelque cavallerie et reistres pour les soustenir; et que, de l'autre
part du bois, à Couvins mesme, au lieu où nous devions aller camper, nous attendroit le surplus de leur
armée, ayant choisi l'advantage du lieu premier que
nous, et que là se donneroient les coups sur le départ-
tement du logis. Auquel lieu se pourroit encore retirer
ceste première embuscade et amorce, de pas en pas,
si elle se voyoit forcée de nous. Toutefois il n'advint
rien de tout ce que les uns et les autres en disputoient
et attendoient; car, ayans messieurs de Sansac et de
Bordillon recogneu et revisité les bois et les chemins,
ne trouverent aucuns ennemis ny empeschemens, et
arriverent le matin en la plaine soubs les bois, sur la
descente pour aller à Couvins et à Mariembourg, sans
aucune rencontre, dont ils advertirent messieurs de
Nevers et l'Admiral, combien que ceste doute et opinion de combattre, non advenue, fut cause d'un grand
retardement et destourbier de plustost avancer les
vivres. Car sans cela on eust fait marcher entre l'a-
vant-garde et la bataille un gros nombre de chariots
qui estoient desjà arrivez à Rocroy; et cependant ceux
qui estoient à Maubert-Fontaine eussent peu suivre
la queuë de l'arriere-garde, et arriver d'heure à Rocroy, pour estre conduits le jour mesme jusques à Mariembourg. Mais, pour ce qu'il estoit de nécessité que
l'armée tint cest ordre de bataille, et qu'elle se trouvast delivrée et non embarrassée s'il survenoit affaire,
l'on fit arrester tous charrois et bagages à Rocroy, jus-

ques à ce qu'on fust du tout certain de la volonté de l'ennemy. Parquoy ne fut possible ce jour-là faire entrer dans Mariembourg plus de quinze ou vingt chariots de vins et de farines.

Ce soir du dernier jour d'octobre, nous campasmes à l'entour de Couvins; les compagnies de fanterie françoise furent logées sur les collines et montagnettes, devers Faignolles, et la cavallerie légere un peu au dessus d'eux sur la descente du ruisseau, les Allemans au long de la lisiere du bois vers l'hermitage, et la gendarmerie, partie aux ruines du bourg et du chasteau de Couvins, et à l'entour, partie en la prairie au dessoubs selon le ruisseau. Et, dès l'heure, advint bien à ceux qui avoient eu la puissance, et s'estoient renduz si soigneux et pourvoyans que d'apporter des vivres pour eux et pour leurs chevaux; car en ce lieu estoit très-difficile d'en pouvoir recouvrer, pour ce soir mesmement, d'autant que la pluspart des bagages estoient demeurez derriere, les aucuns esgarez par les bois, et les autres destroussez. Il sembloit, sur le vespre et à l'entrée de la nuict, que le temps se disposast à la gelée et froidure seiche, ce que chacun desiroit le plus, pour estre plus allegre et facile à supporter que le temps pluvieux, sombre et melancholic, trainant toutes maladies après luy, et mal commode pour toutes choses; mais sur la minuict, il se demonstra tout contraire, se diversifiant, par vents impetueux, en neiges, froidures en l'air, gresles et gresils, si très-froids et très-picquants, que plusieurs pauvres soldats, qui estoient aux sentinelles et escoutes, y demeurerent transiz et morts de l'aigreur du froid. Et deslors ces varietez et importunitez de froidures ne nous abandonnerent, comme s'il eust semblé que le ciel et l'air eussent conjuré contre ceste entreprise. A quoy neantmoins la grandeur et magnanimité des courages des princes et grands seigneurs, jusques aux moindres soldats, résista tant que la force humaine se peust estendre. Dont pouvoient rendre tesmoignage adonc les cadavres et corps morts, tant d'hommes que de chevaux, qui s'y voyoient au deslogement du camp, et les tentes et bagages qui y resterent, à faulte de les pouvoir retirer et remporter. Nous estions adonc, les ennemis et nous, si près campez et proches voisins, comme d'une bonne lieuë et demie, que quand l'air estoit quelque peu esclairci, les tentes se pouvoient veoir des uns et des autres, estans lors campez les ennemis en un pendant de montagne, entre Saultour et leur fort de Philippe-ville; ce qui faisoit penser à chacun de nous que malaisément se separeroit ce voisinage sans venir aux prises et sanglantes menées. Toutefois ils nous laisserent pour ceste nuict paisiblement supporter nostre peine, comme je croy aussi qu'ils en pouvoient sentir leur part, et non pas tant que nous, eux y estans de plus longue main habituez que nous. Le jour de la Toussainct, premier jour de novembre, les ennemis commencerent à se declairer et faire parler d'eux; et nous fut rapporté qu'entre Rocroy et le gué de Houssu, ils avoient destroussé quelque quantité de chariots, taillé en pieces partie des chartiers et chevaux, les autres avoient emmenez, nonobstant quelques soldats à cheval et à pied, harquebusiers françois, qui se cuiderent presenter pour les sauver; lesquels ne s'y trouverent assez forts, et n'en remporterent que les coups. Pareillement fut dit qu'ils avoient esté recogneuz et descouverts escartez en plusieurs endroits de ces bois, par troupes tant de cheval que de pied, pour tenir subjects les passages et advenues, et dévaliser ceux qu'ils pourroient attrapper, et pour enfin nous rompre les vivres et nous affamer, comme ils firent pour quelques jours; de sorte que la faim se faisoit desjà entendre par nostre camp, n'y arrivans plus aucuns vivres.

Sur quoy on fit rapport à messieurs de Nevers et Admiral qu'ils estoient ostez et ravis aux marchands par les François mesmes, qui alloient au devant d'eux bien avant dans les bois entre l'hermitage et le camp. Pour ces causes furent renvoyées de renfort deux compagnies de gendarmerie et cavallerie, et deux autres de gens de pied, tant à Maubert-Fontaine que à Rocroy; et une compagnie de harquebusiers à cheval du capitaine l'Adventure, avec une compagnie de gens de pied, furent logées à l'hermitage : lesquelles compagnies devoient conduire d'un lieu à autre, tant les chariots de la munition qu'on menoit à Mariembourg; que les vivandiers et vivres qui arrivoient en nostre armée, au devant desquels alloient de nostre camp autres compagnies pour les recevoir et amener. Nonobstant tout cela, les ennemis, plus usitez que les François des destroits et eschappatoires de ces forts bois et tailliz, ayans leurs retraites proches et asseurées, ne désistoient d'heure à autre exécuter diverses cargues, taillans en pieces hommes et chevaux, rompans chariots, dévalisans soldats et marchands; et ne s'oyoient, à brief dire, qu'allarmes dans ces bois : tellement qu'un matin, au relevement du guet, l'on entendit près de cest hermitage une furieuse scopeterie et allarme, et fut dit incontinent après que c'estoit la compagnie du capitaine l'Adventure qu'une embuscade des ennemis avoit desfait, et y avoit esté tué son porte cornette avec la pluspart de ses soldats. Sur cela, estant desjà l'allarme fort eschauffée entre nous, redoubla à l'instant un autre rapport que les ennemis avoient donné jusques à la saillie des bois sur la descente de nostre camp. Parquoy, estans desjà beaucoup de compagnies à cheval, et se retirans les gens de pied aux enseignes, et se mettans jà en bataille, fut envoyé M. de Rabaudanges avec sa compagnie de cavallerie et quelques autres, et le capitaine Maumas (¹) avec trois ou quatre cens harquebusiers à pied, pour recognoistre et rapporter comme le tout estoit passé; lesquels, donnans jusques fort loing pardelà l'hermitage, trouverent que les ennemis, de cheval, après ce massacre, s'estoient soudainement sauvez et retirez, mais bien estoient restez encore embusquez cinquante ou soixante de leurs harquebusiers, qui furent taillez en pieces, reservé un que Dieu, par une très-grande grace, sauva, ayant receu une harquebusade de six pas prés; une piece d'argent, appellée une double reale, de la valeur de huict sols, arresta le coup qu'il n'entra point dans le corps; chose trouvée si estrange, et comme miraculeuse, qu'il fut amené à messieurs de Nevers et Admiral, qui l'interrogerent comme il s'estoit peu eschapper de la mort. L'on dit qu'il ne fut trouvé sur luy qu'un petit billet, où estoient escrits quelques mots divins, avec aucuns charactères, ce que toutesfois je ne vey point. Le prince, pource qu'il estoit blessé d'un coup d'espée sur la teste, feit appareiller sa

---

(¹) *Maumas* : Montamat. Il étoit de la maison de Fontrailles.

playe à son chirurgien; puis, ayant donné quelques escus au soldat qui l'avoit pris et amené, le renvoya en porter les nouvelles à ses compagnons. Ce jour là, pource que les fourrages estoient failliz à l'entour de nous, et qu'à cause des neiges et des pluies il n'estoit plus possible de couper et amasser des herbes, ainsi qu'on pouvoit, par les prez et les bois, ayant esté fait rapport à messieurs de Nevers et Admiral que devers Cimets, à deux et trois lieuës de là, s'en trouveroient en grande abondance, toutefois difficiles à amener sans grande escorte, y envoyerent le comte de La Rochefoucault avec la compagnie de M. de Lorraine, dont il estoit lieutenant, et celles du mareschal de Sainct André et comte de Sancerre, et quelques autres de cavallerie légère; et, se presentans devant Cimets, tindrent longuement en escarmouche ceux qui estoient dedans ceste ville cependant que les fourrageurs se chargeoient de vivres aux villages à l'entour, et avoient loisir de se pouvoir encore retirer jusques en leurs logis; èsquelles escarmouches, entre autres choses, fut fait un acte de très grande hardiesse et digne de perpetuelle memoire, selon qu'il me fut dit, de deux freres (ne sçay de quelle compagnie, et le nom desquels je voudrois bien sçavoir pour leur donner en mes escrits quelque lieu de marque et recommandation, non encore tel qu'ils le méritent), l'un desquels estant fait et demeuré prisonnier ès mains d'une troupe des ennemis qui l'emmenoient, et ce qu'estant aperceu de son frere, luy, d'une force et hardiesse redoublée d'amour fraternelle, l'espée au poing, enfonça cette troupe, sans crainte de mort, et, chargeant de tous costés, recouvra et retira son frere. En ce voyage furent tuez et pris par nos chevaux legers anglois quelques ennemis rencontrez à la sortie d'un bois pour entrer en un village, où ils délibéroient executer de nos fourrageurs. Dautre part, ce jour mesme fut envoyé le seigneur de Villevallier, homme d'armes de la compagnie de M. de Nevers, avec vingt-cinq ou trente chevaux de laditte compagnie, sur le chemin de nostre camp à celuy des ennemis, recognoistre et sçavoir s'il estoit vray qu'une grosse troupe de leur cavallerie estoit départie et sortie aux champs, comme en avoit esté fait rapport, et quel chemin elle avoit pris. En mesme instant le seigneur Paule Baptiste eut charge d'aller avec sa compagnie de chevaux legers battre et descouvrir le grand chemin de Givets à leur camp, par lequel on disoit que les vivres qui leur venoient des Pays Bas par la riviere de Meuse, leur estoient apportez sans aucune doute et à petite escorte. Le sieur de Villevallier estant entré bien avant dans les forts des forets qui estoient entre nostre camp et le leur, prest à en sortir devers eux, trouva et remarqua une piste et fraie d'un grand nombre de chevaux freschement battue, laquelle, à l'endroit où il s'arresta, se séparoit en deux, une partie tirant devers Cimets à main gauche, et l'autre devers nostre camp; parquoy, craignant se perdre et demeurer avec ses compagnons enveloppé, se retira, sans passer plus outre, pour donner advertissement de ce qu'il avoit trouvé. Le seigneur Paule Baptiste ayant approché au plus près de Givets, où il s'estoit embusqué, arriva si à propos qu'il peust faire une cargue sur quelques gens de cheval qui conduisoient des vivres et provisions, desquels il executa une partie, les autres se sauverent à bien courir, ou brosserent (1) à travers les forts du bois, et le surplus emmena prisonniers, avec force chevaux de harnois et paysans qui charrioient ces victuailles et provisions; et, sur le chemin de sa retraitte, de meilleure fortune encore, trouva autres vingt cinq ou trente chevaux, entre lesquels estoient le bailly d'Avanes et le seigneur de Trelon, sur lesquels il redoubla la cargue de une si grande asseurance et hardiesse, qu'il les renversa et tourna en fuite, et à grande peine se sauverent le bailly d'Avanes et ce seigneur de Trelon, duquel toutefois le cheval fut fort blessé, demeurant le seigneur de Vauldrey, son lieutenant, prisonnier. Le troisiesme jour de novembre, jour que l'on dédie pour faire oraisons pour les trespassez, à la diane et remuement du guet, cent ou six vingts chevaux des ennemis feirent une strette (2) et cargue à l'improviste sur l'une des advenues de nostre camp, au long de la prairie et cours du ruisseau devers Cimets, où, traversans d'un bois à autre, donnerent coups d'espées et pistolades jusques dans un quartier et les tentes de quelques compagnies de gendarmerie qui estoient logées en ce quartier là, et en se retirans trouverent quelques chevaux qui bustoient et paissoient, lesquels ils emmenerent, après avoir donné maintes stafilades et coups d'espées aux valets qui les gardoient. Estant l'alarme par toute nostre armée, de cas fortuit se trouverent vingt cinq ou trente chevaux de la compagnie de M. de Nevers, tous prests et à cheval devant les tentes de ce prince, pour estre envoyez au devant des vivres, lesquels desbanderent

---

(1) *Brosserent*: s'enfuirent au travers des broussailles. — (2) *Strette*: attaque.

et coururent après pour les arrester et attacquer à l'escarmouche ; mais, avant qu'ils fussent devallez le vallon, les ennemis estoient dejà bien loing dans les bois, et par ainsi estoit fort à craindre quelque embuscade à les par trop suyvre. Pendant que toutes ces choses s'exécutoient, l'on faisoit tout devoir et diligence de faire entrer les chariots des munitions et vivres dans Mariembourg, selon qu'ils arrivoient, non sans un incroyable travail et tourment, tant aux chartiers et chevaux qu'à ceux qui les conduisoient, et non seulement pour la doute et le danger où ils estoient de moment en moment, mais aussi pour la malignité des chemins, et contrariété du temps, se diversifiant d'heure à autre; mais je dy de telle sorte et froidure insupportable, que c'estoit pitié voir les soldats, mesmes gens de pied, que l'on trouvoit morts et transiz, sans une infinité de malades : avec tout cela nous defailloient vivres pour nous et noz chevaux, estans devenuz les fourrages et herbages si rares et failliz, qu'il falloit amasser et couper des genestes, et les rompre et détrancher menues, pour soustenir les chevaux, que la rigueur du temps ne leur permettoit encore ronger, pour la pluie et la neige qui détrempoit la terre parmy, languissans ainsi et donnans un grand crevecueur aux gentilshommes à qui ils appartenoient, les voyans mourir à leurs yeux sans les pouvoir secourir; tellement que de ceste misere en mourut non seulement un grand nombre de valeur et de pris, mais s'y en sont trouvez d'enragez de froid et de faim : et me souvient en avoir veu un, qui estoit au sieur de Blarru, gentilhomme de la maison de M. de Nevers, lequel en ceste fureur mascha et emporta à belles dents la moitié du gras de la jambe à un valet luy presentant une poignée de foing ; chose qui a esté peu souvent veuë. Or, après avoir supporté tous ces defauts et miseres sept ou huict jours, pour faire paroistre à l'ennemi que tous labeurs nous estoient communs et supportables pour le fait de la guerre et le service de nostre prince, et pour, en munissant la ville de Mariembourg, luy oster l'esperance de la pouvoir recouvrer selon sa premiere attente, nous retirasmes devers Rocroy, et de là à Maubert-Fontaine, et au Rethelois, et en noz garnisons.

[1556] Sur nostre retour les ennemis, en estans advertis, appareillerent force embuscades ès destroits et passages par où ils presumerent que nous ferions nostre retraitte, en laquelle pouvoient facilement juger y advenir quelque desordre, pource que, dès le jour precedent, avoient peu sçavoir que plusieurs de noz gens de cheval et de pied, oppressez extremement des froidures et autres injures du temps, ou estant tombez malades, desbandez, et la pluspart sans congé ny ordonnance de leurs chefs, retournoient en leurs logis et garnisons. Aussi s'asseuroient bien qu'il estoit fort difficile conduire une telle armée et gros cariage par tels chemins malaisez, couverts de neiges, enfondrez et empirez jusques à tout, encore que la conduite y fust bien observée, sans qu'il y en eust quelques uns qui s'escartassent, soit pour trouver meilleurs et plus aisez sentiers, soit pour aller devant prendre les premiers logis, selon la coustume de nous autres François. Toutefois messieurs de Nevers et Admiral, prévoyans tous ces dangers, au deslogement feirent tenir toutes les compagnies de cheval les plus unies et serrées qu'il fut possible, envoyans une partie de la cavallerie légère devant pour descouvrir et asseurer nostre suite; et après marchoit M. l'Admiral avec l'avantgarde de cinq cens hommes d'armes, que suivoient noz enseignes de gens de gens de pied françoises, costoyées d'une partie des charrois qui estoient de retour de Mariembonrg. Puis venoient sur la queuë M. de Nevers avec l'arrieregarde d'autres cinq cens hommes d'armes, noz Allemans, et le surplus de la cavallerie legere, ayans ainsi à leurs flancs le surplus qu'on avoit peu ramener des charrois, avec l'artillerie, que l'on ne pouvoit avancer que bien malaisément, et avec grand travail, à cause des bourbiers et mortes qui s'estoient tellement abbreuvées des pluyes et des neiges et par là faites si mauvaises, que bien souvent falloit desatteler les chevaux, et la faire arracher à force de bras par noz Allemans, qui s'y employerent diligemment et de bonne volonté. Ce neantmoins il fut impossible d'y tenir si estroittement la main, pour quelque solicitude et esgard qu'on y eust sceu prendre, qu'à cause de l'importunité de l'air, et de l'aigreur du froid, il n'y en eust quelques uns qui se desrobassent et separassent, et pensans s'avancer, s'esloignerent, tombans prisonniers ès mains des ennemis qui les attendoient, ainsi qu'ils l'avoient preveu, combien qu'il n'y eut en ce nombre hommes de grand marque. Entre autres fut pris un vieil homme d'armes de la compagnie de M. de Nevers, nommé Daspart, conducteur en partie des munitions pour cest avitaillement, et trouverent sur luy le pouvoir et commission qu'il avoit dudit prince pour cest effect; dequoy bien aises et resjouiz, pensoient avoir fait un grand butin, principalement pour entendre et s'enquerir de luy de toutes nouvelles, et sur tout de la quantité des vivres et munitions qui estoient entrées dans ceste ville. Lequel toutefois leur en respondit au plus loing de sa pensée (ainsi que depuis a esté sceu), leur faisant le nombre beaucoup plus gros qu'il n'estoit, et le sçavoit à la verité. Ce que leur ayant fait croire par diverses et vives raisons, qu'il leur affermoit, leur effaça et osta du tout ceste opinion de plus y temporiser et s'y addresser pour ceste fois. D'autre part, estans certainement advertiz qu'au surplus de toutes les villes de la frontiere estoit si seurement prouveu, qu'il ne leur restoit un seul moyen d'y pouvoir fonder aucune entreprise, prindrent une derniere conclusion de se retirer comme nous, et remettre la partie à une autre saison. Et deslors, le prince d'Orenges, après avoir laissé quelques garnisons à Philippe-ville et à Charlemont, donnant congé au surplus de l'armée, prit chemin devers Bruxelles, où estoit adonc l'Empereur : lequel dès ce temps, comme les nouvelles nous furent rapportées, délibéroit se retirer en Espagne, tant pour sa santé, par l'advis de ses medecins, qu'oubliant la solicitude de tant d'affaires qu'importe (1) ce tiltre d'empereur, sortir des tempestueux troubles, pour se contenter d'une magnifique maison qu'il avoit fait bastir en un lieu de plaisir appellé Just (2), et là paracheveur le surplus de sa vie en repos. Quant à déduire sur ce propos particulierement les causes des passions et maladies, tant intérieures qu'extérieures de Sa Majesté, et les causes qui ont meu ce grand empereur se retirer en lieu solitaire et privé, après tant de triom-

---

(1) *Qu'importe* : qu'entraine. —(2) *En un lieu de plaisir*. Rabutin se trompe. Saint-Just étoit un monastère situé près de Placentia.

phantes victoires, certainement je ne le puis faire, et ne le voudrois où pourrois entreprendre, pour n'avoir eu aucune cognoissance ny fait un seul approche de sa personne; estant ce subject et argument assez suffisant pour la charge d'un parfaict orateur, comme je m'asseure qu'il ne peult estre qu'aucuns bons esprits et doctes personnages, tant de son party que du nostre, ne s'y employent, pour de chose si rare, et non advenue de la souvenance de nostre aage, laisser une perpetuelle mémoire à la postérité. Toutefois pour sur cela en dire mon advis, afin d'oster tout doute aux lecteurs d'estre suspect, ignorant ou scrupuleux, j'ay ceste opinion que les travaux et labeurs supportez ès premieres guerres de son advenement, luy ont causé les imperfections et maladies de sa personne; et confesseray par mesme moyen que les trop ardues et excessives entreprises qui roulloient en son esprit, et le crucioient (1) sans intermission, ont peu estre et le commencement et l'augmentation de l'aigreur de son mal, et l'ont tellement, depuis, de plus en plus alteré et attenué, qu'il en estoit reduit en ce dernier estat. Mais quant à plusieurs autres occasions, qui ont esté forgées et inventées luy avoir engendré tel regret qu'il se soit voulu demettre de toutes charges et estats de l'Empire, pour voir soubs ses yeux diminuer sa grandeur et renommée, je ne veux en aucune sorte y toucher ny en parler. Je ne doute point, et suyvant les apparences et effects qu'on en a veu reüscir et advenir, que l'empereur Charles n'ayt eu un incredible et très-grand regret et remord de conscience de voir les troubles et divisions des Allemagnes, et les guerres intestines

---

(1) *Crucioient* : tourmentoient, crucifioient.

et sociales entre les princes et parens d'un mesme sang, dont il estoit autheur, mais surtout des contrarietez et schismes de la foy et religion chrestienne, dont il prevoyoit, comme homme de très-subtil entendement, infinité de malheurs et guerres renaistre et arriver à toute la chrestienté. Et croy fermement que toutes ces préméditations et pensées lui esmouvoient un estrange tintamarre en l'esprit, et luy faisoient plaindre sa vie si courte et abbregée, avant y avoir donné quelque ordre, ou bien lui renouvelloient incessamment la faute où il s'estoit oublié, et qu'il avoit fait ès premieres guerres qu'il avoit euës contre les Protestans ; à quoy pour l'heure ne pouvoit remédier. Il peult estre aussi que, de longue main, s'estoit persuadé que les roys de France l'avoient toujours traversé, et interrompu ses deliberations de bonne intention, en son premier advenement et prospere fortune, ainsi que luy mesme s'en estoit plainct, tant au pape Clement troisieme (1), en plein consistoire, que par divers escrits publiez et envoyez par toute l'Europe. En laquelle obstinée opinion l'auroit fait davantage entrer et opiniastrer le bonheur qui avoit tousjours accompagné ce Roy à present regnant, en toutes les guerres qu'il avoit eu à demesler avec luy à l'entrée et commencement de son regne, et lors que cest Empereur se sentoit avoir plus d'experience, et se voyoit au plus hault degré d'authorité, et commandoit à tant d'hommes qu'il avoit subjuguez ou lui estoient subjetz. L'on pourroit conjecturer et penser que tout cela meslé ensemble lui auroit suscité un aiguillon et desir de vindicte. A quoy ne pouvant satisfaire, pour voir la disposition

---

(1) *Clement troisieme* : lisez Clément VII.

et santé de sa personne journellement décliner, sans espoir de convalescence, et les malheurs et afflictions de ce monde resusciter et renouveller tous les jours plus estranges que les precedens, suyvant le plus certain conseil, qui est de rejecter et se decharger des affections humaines, et renoncer à toutes monarchies et empires temporelz et caduques, pour obtenir une cité permanente, il auroit proposé retourner en Espagne, lieu de sa naissance, aymé de luy, et propre à parachever le surplus du cours de sa vie. Ce sont, à mon jugement, au plus près de la verité, les principales causes qui l'ont rangé à ceste derniere résolution, délaissant en dire davantage à ceux qui en sçauroient plus que moy.

Pour cest effect l'on dit que dès le mois de septembre précédent en cest an, il avoit fait passer d'Angleterre, et retiré riere (1) luy à Bruxelles, le roy Philippes son fils, avec lequel, par l'espace de six semaines ou deux mois, seul à seul il communiqua de tous advertissemens et mémoires, et l'informa de tous poincts qui concernoient le fondement et maintien de sa grandeur et conservation de ses royaumes, biens et possessions, et l'entretien et amitié des princes, tant estrangers que proches de sa personne, parens, alliez et confederez, qui le pouvoient conseiller, ayder et secourir en tous ses affaires : mesmement luy recommanda, entre autres particularitez, la recognoissance de ses anciens serviteurs et de leurs services, qu'il n'oublieroit, ains recompenseroit, leur donnant moyen et occasion de continuer et ne se dégouster et absenter de son service. En après luy conseilla, attendant qu'il fust stabi-

(1) *Riere luy* : près de lui.

lité et confirmé ès Estats qu'il luy delaissoit, et laissant escouler les nuées et troubles qui regnoient, qu'il s'appoinctast avec le roy de France, ou pour le moins temporisast avecques luy à certain temps, pour estre le plus fort ennemy qu'il eust, et auquel de soy seul ne pourroit resister. Que si ils ne pouvoient tomber d'accord, surtout il se gardast se desnuer et separer du roy des Romains son oncle, premier entrant au degré de l'Empire, ny du roy de Boheme son cousin et beaufrère, ny de tous ceux qui le pouvoient soustenir; d'autant que le roy de France, tel et si puissant qu'il le savoit, et son prochain voisin, auroit meilleur accès et entrée à s'avantager et aggrandir sur luy, estant seul et séparé, veu que lui estant constitué en toute hautesse et sublimité de pouvoir, et commandant à tant de pays et d'hommes, tant s'en falloit qu'il l'eust peu ranger et matter, que la prosperité de luy entreprenoit sur la sienne. Après avoir fait toutes ces remonstrances, et plusieurs autres qu'un bon et sage père, et qui avoit longue et certaine expérience de diverses mutations d'accidens, peult remonstrer à un jeune prince succedant à une nouvelle charge, après avoir particulierement et privément convoqué tous les princes et grands seigneurs de sa maison et ceux de son service, pour leur déclarer sa délibération, et leur recommander son fils, leur nouveau seigneur et maistre, feit une assemblée générale à Bruxelles, le vingt troisieme octobre en cest an 1555 de tous les estats de son Pays-Bas, et là leur feit entiere declaration de l'indisposition de sa santé pour l'amendement et continuation de laquelle estoit conseillé et contrainct s'absenter et esloigner d'eux et passer en Espagne. Puis, leur ayant deduict de mot à mot les biens et secours qu'ils avoient receus de luy, les requist accepter et recevoir son fils pour leur naturel seigneur, luy aidans tous, d'un commun consentement et union, pour maintenir tousjours le service de Dieu et sa justice, aussi la defense de ce pays. Ce qu'estant accepté et accordé de tout le peuple, avec grandes acclamations et favorables applaudissemens, le roy Philippes se leva de sa chaire, et se vint mettre à genoux la teste nue devant l'Empereur son père, lequel, en luy mettant la main sur le chef, lui dist : « Mon cher fils, je vous donne absoluement tous mes pays patrimoniaux, vous recommandant le service de Dieu et la justice : ce faisant, il vous sera tousjours en aide, auquel je prie vous augmenter de bien en mieux ; » et adonc luy donna sa benediction. Puis le prince se leva, faisant la réverence deue à son père et à la royne Marie sa tante : et, se retournant devers le peuple, rendit graces à Dieu, et remercia l'Empereur son pere : à Dieu, de l'élection qu'il avoit fait de luy, le faisant naistre en telle hautesse et grandeur, et de la continuation et augmentation de la prosperité qu'il lui plaisoit conceder, luy suppliant ne destourner sa face et sa main de luy, à ce qu'il ne se mescogneust, et, s'oubliant, vint à commettre cas contre son honneur et ses commandemens, suyvant lesquels luy ottroyast tant de grace que conduire le peuple qui luy estoit commis à sa gloire et accroissement de sa foy. Et, s'addressant à l'Empereur son pere, avec une très-grande humilité, le remercia de la solicitude qu'il avoit euë de luy, selon le naturel et affection d'un très-bon et très-humain pere, l'ayant fait nourrir doucement, et delicatement instituer en toutes louables et vertueuses doctrines et enseignemens, puis l'avoir eslevé et maintenu jusques en l'aage qui luy devoit sembler assez fort et robuste et propre à raison et prudence, auroit eu tant de confidence et bon jugement de luy que luy résigner et donner liberalement tant de biens et patrimoines. Se retournant devers le peuple, le remercia de l'acception qu'il avoit fait de luy, l'asseurant d'une si entiere administration et police, selon l'office d'un bon prince, et équitable justice, et le vouloir de Dieu, qu'il ne leur donneroit occasion de se repentir de cest adveu et consentement. Il est facile à croire que tous ces propos et pitoyables harangues ne furent tenues, et ne passerent sans maintes larmes : mesmement la constance de l'Empereur ne peust estre adonc si ferme que la reverée recognoissance de son fils ne luy esmeust tellement les sens et affections paternelles que le contraindre en rendre tesmoignage par larmes, qui lui decouloient le long de sa face ternie et pasle, et luy arrousoient sa barbe blanche : ce que pareillement peut esmouvoir la plus part des assistans à pitié et commiseration meslée de joye. La royne Marie, douairiere de Hongrie, à qui l'Empereur son frere avoit donné charge et commandement sur tous les Pays-Bas, se leva adonc de son siege, et, dressant sa parolle au peuple, dit que depuis vingt-trois ans qu'il avoit pleu à la Cesarée Majesté luy donner ceste charge et gouvernement, elle avoit employé tout ce que le Seigneur Dieu luy avoit presté de grace et de moyen, pour s'en acquitter au mieux qu'il luy avoit esté possible : toutefois que si en aucune chose elle avoit fait faute, ce n'estoit à son escient et de malignité, et prioit à chacun luy pardonner, se tenant au surplus l'Empereur son frere pour satisfait et content d'elle. Toutes ces cerimonies et circonstances parachevées, l'Empereur en public remit et quitta à tous ses subjects les sermens qu'ils luy avoient faits, et s'ostant du throne et siege où il estoit y feit asseoir le roy Philippes son fils, qui receut dès l'heure les hommages et sermens de tous ses vassaux. Et en la presence et veuë de toute ceste assemblée furent cassez et rompus les premiers seaux de l'Empereur, et en mesme instant l'on apporta ceux du roy Philippes, desquels sur le champ furent scellées quelques graces et autres depesches. Ainsi commença ce grand empereur à se desmettre et desheriter volontairement de toutes ses amples et opulentes possessions et Estats pour eslire une pacifique vie, pour l'entretien de laquelle l'on dit que seulement il reserva l'usufruict de Castille (1), et la superintendence de toutes les commanderies.

En ce mesme temps se disoit aussi qu'il escrivit lettres fort amples et gracieuses aux electeurs et princes d'Allemagne, les priant et admonestant en parolles fort graves, entremeslées de doulceur et admonition, qu'ils eussent à se réconcilier les uns aux autres, leur déduisant les causes injustes qu'ils avoient à se ruiner d'eux-mesme, et par mesme stile leur alleguoit et proposoit le moyen qu'ils devoient suivre pour se restituer et faire droict reciproque : que si ils n'y vouloient unanimement entendre et prester la main, il leur prédisoit, et voyoit presque desjà à l'œil, une estrange et très calamiteuse ruine. Avec ce, les advertissoit de la ne-

---

(1) *L'usufruict de la Castille.* Charles-Quint ne se réserva qu'une pension de cent mille écus.

cessité qu'il avoit de passer en Espagne, et de la cession volontaire qu'il remettoit en leurs mains des estats et charges de l'Empire, à quoy le contraignoient et l'aage et les maladies : les conseillant toutefois faire élection du roy des Romains son frere pour leur empereur (1), prince qu'ils cognoissoient pour avoir longuement conversé avec eux, et lequel estoit desjà meur et parvenu en l'aage qui ayme le repos et la tranquillité, selon aussi que naturellement il y estoit enclin; ce qui leur estoit adonc necessaire, d'autant que si ils eslisoient un jeune empereur, qui fust de complexion martiale, et qui adjoutast nouvelles guerres à celles qui regnoient et estoient si fort enflammées, ce seroit ouvrir un beau et large chemin au Turc pour entrer encor plus avant sur leurs limites, lequel n'espioit que ceste occasion pour pescher en eauë trouble. Enfin il leur recommandoit et rendoit soubs leur protection Philippes son fils, les rememorant et adjurant que si en sa vie il avoit fait aucune chose pour eux et leur patrie, qui meritast estre recogneuë, que ce fust à l'endroit de son fils, lequel il delaissoit avec très-grandes charges, ayant bon besoing de chercher et employer tous ses amis. Que si leurs affaires ou autres privées et particulieres affections les empeschoient et divertissoient de le secourir, au moins qu'ils ne luy fussent contraires et ennemis. Pareillement il envoya vers le roy des Romains Ferdinand, son frere, un docteur, homme de grande doctrine, nommé Seler, pour prendre congé de luy, et luy de-

---

(1) *Son frere pour leur empereur.* Il paroît au contraire que Charles-Quint auroit désiré que la couronne impériale fût assurée à son fils Philippe.

poser de sa part toutes charges et affaires de l'Empire : l'admonestant et priant chercher tous moyens d'accord et union entre les princes, èsquels consistoit l'appuy et accroissement de cest Empire, et par la division desquels il menassoit prochaine ruine et décadence. Oultre plus, qu'il ne defaillist de conseil et ayde, non comme oncle seulement, ains comme pere et protecteur, au roy Philippes son fils, en considération qu'il luy laissoit sur les bras un trop fort ennemy, non seulement de luy, mais de toute la maison d'Austriche, le roy de France, auquel de soy seul ne pouroit s'opposer et resister, veu l'heur et la fortune qui avoit tousjours esté pour luy en ces dernieres guerres, de sorte que, si les princes n'y remédioient, il luy seroit facile s'investir et recouvrer la pluspart des Italies et des Pays-Bas. S'estant l'Empereur acquitté et deschargé envers ceux à qui il se sentoit tenu, ayant dressé toutes et si amples instructions qu'il peut songer et inventer pour servir d'advertissement et confort à son fils, délibera partir sur le commencement de cest hyver. Toutefois la debilité de sa personne et la contrarieté du temps, addonné à froidures, y contrevindrent, et l'empescherent, mesmement qu'en ceste saison les mers sont fort impetueuses, et sans cesse y surviennent tormentes et tempestes : aussi que ses vaisseaux n'estoient encore prests ny armez, et davantage la chose la plus requise, qui est l'argent, defailloit pour l'heure, comme le bruit estoit commun par tout. Pour ces causes, fut question différer et dilayer ce partement, cependant que la royne d'Angleterre faisoit diligence de serrer et amasser deniers : laquelle pour cest effet principalement avoit fait assembler tous ses Estats, et entre autres inventions requist et demanda certaine somme d'argent pour payer les debtes de ses feuz père et frere. D'autre part il y avoit encore quelques difficultez à reigler et appaiser, pour autant qu'aucunes villes de Brabant refusoient d'accepter le roy Philippes pour leur seigneur, vivant encore l'Empereur. Semblablement autres villes des Pays-Bas disputoient et differoient de recevoir Ferdinand (1), second fils du roy des Romains, pour gouverneur. Et d'ailleurs plusieurs grands seigneurs, qui avoient consumé et leur aage et partie de leurs biens pour le service de cest Empereur, en intention d'en retirer à temps recompense et avancement, se voyoient en ce partement frustrez et fort loing de leur espoir, dont ils estoient fort mal contens, et en murmuroient à bon escient. Parquoy tous ces negoces et affaires estoient restreints et reduits en telles difficultez, qu'il ne pouvoit encore departir sans les avoir demeslez et rangez en bonne disposition. Cependant que ces choses se passoient ainsi ceste part, nouvelles vindrent, et s'esleva un grand murmure que le Grand Turc assembloit une fort grosse armée pour descendre en Hongrie, et pour assieger encore une fois Vienne en Austriche; à quoy voulant pourveoir et remédier, Ferdinand, roy des Romains, sur la fin du mois de novembre, devalla sur la riviere du Danube jusques à Vienne, où il dressa tous préparatifs pour le recevoir et repoulser, avec aussi grande confusion que la première fois qu'il y estoit descendu.

(1) *De recevoir Ferdinand.* Il y a ici une erreur grave : ce fut le duc Emmanuel Philibert de Savoie qui remplaça la reine Marie dans le gouvernement des Pays-Bas.

Or, pour le faire court, selon le rapport des nouvelles seditions et diverses menées qui se pratiquoient par toute l'Europe, sur le partement et retraite de cest Empereur, l'on pouvoit pronostiquer advenir le pareil temps du decez d'Alexandre le Grand, à la mort duquel son royaume, lequel auparavant avoit esté regy et gouverné d'un seul, fut parti et divisé; et ce qu'un seul souloit posseder plusieurs satrapes et tyrans ravirent et occuperent : de sorte que celuy qui estoit le plus fort se saisissoit, fust à tort ou à droit, de ce que luy estoit bienseant et convenable, en depossedant et dechassant le plus foible. Tous ces dangers estans prudemment preveuz par le roy Philippes, mesmement que pour de nouveau recommencer la guerre au Roy tous moyens luy defailloient, promptement voulut suivre et s'aider du conseil de son pere, qui estoit de chercher la paix ou la trefve pour le moins. A quoy le sollicitoit assiduement la reyne d'Angleterre, sa femme, pour deux raisons : la premiere, qu'elle s'asseuroit que tant que la guerre continueroit ne jouyroit de la presence de son mary, et n'auroit ce bien de l'avoir auprès de soy, de qui mesmement elle s'attendoit avoir encore enfans; l'autre, qu'il seroit fort difficile que son royaume n'entrast en guerre suivant son party et alliance, ce qu'elle craignoit et fuyoit le plus qu'elle pouvoit, tant pour le desir de remettre sus la religion selon l'Eglise romaine, que pour eviter les insupportables fraiz, et ne susciter nouveaux mutinemens et riottes entre son peuple; ce que les conseillers, et generalement tous les amis de chacune partie, avoient fort agréable, et en faisoient toutes les poursuites qu'ils pouvoient. En ceste intention le roy Philippes manda et pria de rechef le cardinal Pol d'Angleterre remettre sus ses premieres propositions et termes de paix, comme chose qu'il desiroit le plus en ce monde, et, ce que parachevant, il luy demeureroit redevable d'une très-estroitte et recommandable obligation, l'exhortant et priant davantage se haster et donner commencement à ce sainct œuvre avant qu'il fust revoqué du Pape, qu'il craignoit estre de bref. Pour satisfaire ausquelles lettres iceluy cardinal Pol deslors en communiqua à l'ambassadeur de France qui estoit en Angleterre; et a esté dit encore plus que la royne d'Angleterre, et luy peu après, en escrivirent au Roy, avec si grandes inductions et remonstrances, qui importoient tout le repos et bien de la chrestienté, que, comme il est prince debonnaire et qui ne veult differer à se soubsmettre à toute équité pour le faict et utilité universelle, facilement y consentit et s'y accorda. Mais pource que, pour resouldre une paix universelle, telle et comme la proposition le portoit, par un lien indissoluble de mariages, et que pour cest effect il falloit un long traict de temps pour traiter et diffinir de toutes choses, trefves furent accordées entre tous ces princes dès ce temps, qui estoit sur la fin du mois de janvier, pour cinq ans revoluz et finiz, cessans toutes guerres et discords d'une part et d'autre, et les traictez de toutes trafiques et commerces de marchandises en leurs pays et contrées, tant sur terre que sur mer, ouvertes et libres, avec plusieurs autres circonstances et pactions que l'on peult veoir ès articles de ces trefves. Lesquelles toutefois ne furent publiées à Paris que le seizieme de février en cest an; et depuis le comte de Lalain vint trouver le Roy à Blois sur le commencement du mois d'avril ensuivant, pour estre confermées de Sa Majesté, ainsi qu'au cas semblable M. l'admiral de Chastillon (1) alla à Bruxelles par devers l'Empereur et le roy Philippes, pour estre concluës et jurées de leur part.

L'ouverture et commencement de ces trefves, transigées et passées ainsi facilement entre ces princes auparavant tant irritez et aussi-tost rappaisez, sembloit estre un œuvre de Dieu et inspiration divine, desquelles beaucoup de personnes espéroient advenir une paix de longue durée et perpetuelle. Et, par le moyen de ces mariages, mesmement de dom Carlo, fils aisné du roy Philippes, et prince d'Espagne, avec madame Isabel, fille aisnée du Roy, et autres qui estoient en termes, l'on s'attendoit de veoir encore un coup ces maisons de France et d'Espagne unies et conjointes

(1) *M. l'admiral de Chastillon.* Il existe une relation fort curieuse de ce voyage de Coligny : elle se trouve dans le recueil de Ribier, et dans les preuves de l'histoire de la maison de Châtillon par du Bouchet. On y remarque que l'Amiral et ceux qui l'accompagnoient furent trèspiqués de voir, dans la salle où Philippe II les fit recevoir, une tapisserie qui représentoit la défaite de François I à Pavie. Charles-Quint habitoit à Bruxelles une petite maison située au milieu du Parc. Coligny alla l'y voir. « L'Empereur, dit l'auteur de la relation, estoit assis, à cause de ses gouttes, sur une chaise couverte de drap noir, et toute la chambre estoit tendue de tapisseries de cette couleur. Coligny lui fit son compliment, et lui présenta une lettre de Henri II. *Monsieur l'Amiral,* lui répondit Charles-Quint, *le Roy, monsieur mon beau-frere, me rend un très-apparent témoignage de sa vraye et parfaite amitié, me faisant cest honneur de m'escrire, et d'avoir choisy un si digne ministre que vous, qui estes le bien venu, pour estre porteur de la lettre.* Charles-Quint voulut ouvrir cette lettre, mais ses mains étoient tellement douloureuses, que ce ne fut pas sans peine qu'il y réussit. *Que pensez-vous de moy, monsieur l'Admiral,* dit-il, *ne suis-je pas un brave chevalier pour courir et rompre une lance, moy qui ne puis qu'à bien grande peine ouvrir une lettre?* »

de toute amitié, comme anciennement elles ont perseveré par longues années. De sorte qu'estans ainsi les plus grands princes de l'Europe alliez et bons amis, ils tiendroient tout le reste du monde en obeyssance; et n'y auroit celuy, tant grand fust-il, qui s'osast bouger pour brouiller et remuer quelque mauvais mesnage; et, pour resolution, que, s'accordans benevolement les princes, aussi feroient et y seroient induits et contraincts leurs subjects. Mais les traverses et diverses menées qui, en si peu de temps qu'elles ont duré, ont esté conduites, et les maux et malheurs qu'elles couvoient, ont fait apparoir depuis universellement tout le contraire, et ont fait cognoistre et croire à chacun que c'estoit un songe ou, à mieux dire, une attente de l'issue de plusieurs couvertes et dangereuses entreprises qui se brassoient cependant, lesquelles avoient besoing de temporisement et laps de temps. Combien que de si ardue et haulte matiere je ne veux et ne me appartient estre juge et arbitre; me contentant en descouvrir aucunes et les plus apparentes causes et ce que depuis en est succédé, et en remettre le jugement à toute personne neutre et qui ne sera picquée et transportée d'aucune affection particuliere; si l'on veult en cest endroit rapporter en jeu les avantages que le Roy avoit obtenu sur ses ennemis aux premieres guerres, tant en Italie, Piedmont, Corsegue, que en ceste Gaule belgique; si, avec cela, l'on veult adviser et avoir esgard aux accessions, ligues et alliances qui luy estoient offertes de toutes parts, pour veoir luire et prospérer de plus en plus sa fortune, et celle de ses ennemis diminuer et perir; et si d'ailleurs l'on vient à examiner les affaires de l'Empereur, les haines et inimitiez qui luy estoient portées, l'abbréviation de ses jours, les charges fort pesantes et onéreuses qu'il délaissoit à son fils, avec tous moyens fort courts pour y satisfaire, je croy que, tout bien espluché et consideré, l'on trouvera que la necessité a contraint l'un de tenter et esprouver la bonne volonté de l'autre. Toutefois, pour n'user beaucoup de papier en ces procès, et n'estre suspect en ceste cause, comme j'ay dit, j'en laisseray la décision à quelque autre de meilleur jugement que moy, pour reprendre et continuer mon proposé discours.

Au mesme temps que les choses que j'ay escrit cy-dessus estoient passées et se traittoient de par-deçà, nouveaux troubles et renouvellemens de guerre se demenoient en Italie, mesmement à Rome ; car ayant esté, selon que j'ay déduit briefvement cy-devant, le cardinal Theatin, de l'ancienne maison des Caraffes, neapolitains, esleu pape, pource que, de toute ancienneté, cette maison et celle de Melphe, qui luy est proche et alliée, ont esté enclines et comme dediées à la bienveillance et faveur de la couronne de France, et aussi que desdites maisons plusieurs seigneurs, desheritez par l'empereur Charles à petite raison et cause, s'estoient retirez et estoient encore au service du Roy, où ils avoient trouvé toute doulceur et humanité, et ausquels Sa Majesté avoit départy tous moyens et bienfaits pour les maintenir de par deçà selon leur grandeur et qu'ils le méritoient, les Imperiaux, incontinent après son election, suspecterent ce pape estre françois et de favoriser le party du Roy, imaginant que, s'il vivoit longuement, il s'employeroit jusques au bout, et feroit tous ses efforts d'admettre et rappeller les François en Italie ; que, soubs le pretexte que l'Eglise romaine pretend le royaume de Naples estre de son propre et domaine, et avec les donations qui en ont esté faites aux princes de France, confermées par les precedens papes, et autres querelles que le Roy y demande, il luy en feroit nouvelle ratification et l'aideroit de son secours, en intention de s'en prevaloir, et que ses parens et alliez seroient restituez en leurs biens et avec ce auroient commandement et superintendance non seulement en ce royaume, mais par toute l'Italie. Parquoy plusieurs cardinaux espagnols, et autres seigneurs italiens, tant séculiers que de l'Eglise, adhérans et tenans le party de l'Empereur, mesmement de la maison des Colonnois et leurs alliez, commencerent à conspirer contre luy, pour la doute, à mon advis, et crainte qui les tenoit desjà à la teste de tomber en rabais et diminution de leur pouvoir et crédit, si ceux de la maison de ce pape venoient à s'aggrandir et avoir authorité de par delà ; de sorte que, pour donner commencement à leur entreprise, et pour demeurer les plus forts dans Rome, pourveurent et munirent leurs palais et maisons de toutes sortes d'armes, afin d'armer subitement gens de guerre qu'ils y ameneroient secrettement, et tous ceux qui se trouveroient de leur faction. Tous ces monopoles et conspirations estans descouvertes et venues à la cognoissance du Pape, en premier lieu, au plustost qu'il fut possible, fit serrer et amasser tant de gens de guerre, de cheval et de pied, qu'il peust recouvrer, et les fit entrer dans Rome, et départir et ordonner ès places publiques et communes à faire assemblées, et devant les palais et domiciles de ceux qui luy estoient suspects, fournissant au surplus le chasteau Sainct Ange d'hommes esleuz et fideles, à ce qu'il demeurast en tout et partout le maistre et superieur. En après fit faire recherche et visitation des logis de tous les cardinaux, tant espagnols que françois et italiens, et generalement de tous les seigneurs et gentilshommes romains, et de tous ceux desquels il se doutoit; et là où furent trouvées armes et bastons de guerre plus que de coustume et raison, les fit enlever et transporter : avec ce, par mesme moyen, fit retenir et arrester prisonniers ceux qu'il avoit sceu autheurs et conducteurs de ceste brigue et menée, entre autres le cardinal de Saincte Fleur, et les seigneurs Camille Colonne, Julian Cesarin et Ascanio de La Corne; et, pource que ceste maison des Colonnois et celle des Ursins, unies et conjointes d'alliance et amitié, estoient les deux principales et premieres maisons de Rome, et les plus riches et puissantes pour luy nuire, lesquelles mesmement on luy avoit rapporté et sçavoit avoir conspiré contre luy, et que, pour s'asseurer des moindres et inferieurs, il falloit s'attacher aux plus grands et les matter et affoiblir les premiers, il envoya certain nombre de soldats, tant de cheval que de pied, pour reduire et remettre entre ses mains tout leur Estat et domaine, et se saisit des chasteaux d'iceux Colonnois, la pluspart desquels sont aux portes de Rome de très-grand revenu , comme fut fait au semblable de la ville de Brachiano, capitale de la seigneurie des Ursins. Par ces moyens, se voyans iceux Colonnois fort affoiblis, et tous moyens leur estre retranchez de se pouvoir relever et d'eux mesmes restituer en leurs biens, recoururent à l'Empereur et au roy Philippe son fils, s'advoüans leurs vassaux et leur demandans secours; ausquels ils firent trouver si mauvais et aigrirent tellement le faict et institution du Pape, et pervertirent de telle façon l'ordre auquel il avoit procedé en la preuve et punition du crime de la conspiration deliberée contre luy, que facilement ils s'accorderent à les secourir, aussi que la secrette haine qu'il portoit de longue main à ces maisons de Caraffe et de Melphe les y pouvoit legerement induire. Et pourtant manderent aux ducs d'Albe et de Florence serrer et amasser toutes les forces qu'ils avoient de par delà, avec autres nouvelles qu'ils y firent joindre, avec lesquelles ils eussent à non seulement remettre les Colonnois et leurs alliez en leurs biens et possessions, mais à entrer plus avant ès terres du Pape qu'il seroit possible, et, se fortifians le plus près de Rome qu'ils pourroient, le tenir, et tous ceux qui luy adhereroient, en telle subjection, qu'il ne luy restast aucun espoir de secours, de maniere qu'il fust contraint à se reunir et condescendre à leur volonté, comme ses predecesseurs avoient fait. Ce qu'eux exécutans à toute diligence, selon que le temps et toute commodité leur permettoient, se saisirent et regaignerent sur le Pape plusieurs chasteaux et forts, et rendirent aux Colonnois une partie de ce qui avoit esté prins et occupé sur eux; puis, bastissans plusieurs forts à l'entour de Rome, près d'Hostie, et sur la rive et le cours du Tybre, rendirent le Pape assiegé au chasteau Sainct Ange, toute ceste grande ville en estroite necessité et crainte, et grande partie des alliez et amis du Pape fort desnuez de puissance et bien estonnez. Pour lesquelles occasions et rigueurs injustes, fut contraint le Pape demander secours au Roy, comme au premier fils de l'Eglise, luy envoyant par le cardinal Carlo Caraffe, son nepveu et legat, un chappeau, tel qu'estoient anciennement ceux des senateurs romains, et une espée, signifiant la tuition et defense de l'Eglise et Sainct Siége apostolique. Lequel estant venu trouver le Roy en son chasteau de Fontainebelleau, sur la fin du mois de juin, en cest an mil cinq cens cinquante six, mit entre les mains de Sa Majesté, avec grandes ceremonies, les offres et presens que le Pape luy faisoit; et, selon sa charge et ce que luy estoit ordonné, somma et adjura le Roy du secours qu'il devoit donner, à la nécessité, au pasteur et premier chef de toute la religion chrestienne, comme son devoir l'obligeoit et son plus excellent tiltre le portoit, selon aussi que ses predecesseurs l'avoient observé; lesquels non seulement le bien et revenu de l'Eglise avoient augmenté et accreu, mais plusieurs fois, les armes au poing, avec toutes leurs forces, avoient remis et restitué en leurs siéges les premiers et anciens papes, desquels ils estoient deboutez et demis par les tyrans et princes ambicieux, ainsi que de fresche memoire son feu pere avoit fait le pape Clement; adjoustant autres remonstrances et causes qui pouvoient esmouvoir un grand prince courageux et hardy, à entreprendre la protection et sauvegarde d'un œuvre charitable.

Ausquelles sommations et réquisitions l'on dit le Roy avoir fait response qu'il vouloit ensuivre et ne vouloit en rien differer à ses prédécesseurs en tous œuvres de vertu, et qui estoient selon Dieu et son devoir; ains qu'il essayeroit de faire encore mieux, s'il luy estoit possible, et ne faisoit refus de secourir le Sainct Siege apostolique, et le Sainct Pere qui y estoit assis et ordonné, en chose juste et d'équité, après en avoir toutefois donné advis à l'Empereur et au roy Philippes, et leur en avoir proposé toutes deues et gracieuses remonstrances, afin de moyenner ce different par une voye pacifique, sans de nouveau mettre les armes au feu, pour la crainte qu'il avoit d'enfreindre les trefves et interrompre la paix, laquelle, avec très-grand desir, il esperoit obtenir pour le bien et repos universel. Ce qu'il asseura faire en brief, et, la response ouye, en advertir le Sainct Pere, avec asseurance de filiale obeissance et de ne luy defaillir en sa vie de toute sa puissance.

Le cardinal Caraffe, estant ainsi bien adverti et instruit de la volonté et certaine affection de Sa Majesté, peu de jours après s'en retourna à Rome. Et, d'autre part, le Roy, selon que l'ay peu sçavoir, advertit l'Empereur et le roy Philippes des torts que l'on improperoit (1) au Pape, leur declairant appertement toutes les conspirations qui avoient esté mises en avant et pratiquées contre sa propre vie et personne, desquelles il estimoit la vérité n'estre jamais venue à leur cognoissance, et croyoit fermement eux n'y avoir voulu et ne vouloir encore donner port ne faveur. Ce que luy donnoit occasion les prier très-affectueusement que telles molestes et troubles qu'on luy suscitoit cessassent, et que les injures injustement attentées à sa personne fussent reparées et chastiées. En quoy ils feroient œuvres dignes de princes chrestiens, et à quoy ils estoient tous tenuz et obligez par tous droicts divins et humains, qui les astraint maintenir jusques à exposer leurs propres vies, la foy de Dieu, et son

---

(1) *Que l'on improperoit*: que l'on suscitoit.

eglise et religion, et le souverain prestre, comme celuy qui est constitué au premier degré; lequel, en sa necessité, ne pouvoit de moins que leur demander secours, comme, de sa part, il l'en avoit desjà sommé et requis instamment; dont il les avoit bien voulu advertir, à ce que, pour si mauvaise occasion, ils vinssent derechef entrer en picque et à recommencer la guerre, ce qu'il ne desiroit faire ny advenir de son costé.

L'on a voulu dire que la response que le roy Philippes y fit en peu de parolles estoit assez aigre, à sçavoir que, de sa part, il desiroit la continuation des trefves et encore mieux la paix, s'il estoit possible la parfaire; mais qu'il avoit toujours trouvé le Pape et toute son affinité tant ennemy et malvevillant de sa maison, que quiconque se declaireroit son amy et entreprendroit sa défense, il le tiendroit pour ennemy. Si telle estoit sa response, elle faisoit assez demonstration quelle estoit sa volonté, et que ces trefves, accordées par necessité, ne pouvoient avoir long cours et durée. Toutefois, celle du Roy estoit desjà tant gagnée et vaincue d'un desir de mettre fin au travail universel, et d'ailleurs tant surprise et persuadée de l'asseurance que Regnard, ambassadeur du roy Philippes, luy repliquoit ordinairement que la Majesté de son maistre ne desiroit rien moins que la guerre, et ne procuroit autre chose que condescendre à toutes conditions raisonnables pour un tel et grand bien, veu qu'à la transaction des trefves en ceste intention, s'estoit ainsi qu'on avoit voulu, rendu facile et traitable, qu'il ne pouvoit croire et imprimer en son esprit que, pour cause si injuste et mal fondée, voulust de nouveau rentrer aux premieres arres de guerre, et que par luy reïterassent les malheurs à demy oubliez, mesme à son advenement. Pour le moins le Roy esperoit que si l'Empereur et son fils proposoient secourir les Colonnois, comme leurs vassaux et soubmis en leur protection, contre le Pape, qu'ils disoient leur ancien ennemy, qu'encore qu'il aydast et secourust le Pape, qui l'en avoit sommé et requis, comme tout droict et justice luy ordonnoient, ce nonobstant se maintiendroient tousjours les trefves de pardeçà.

Et tant perseverа en ceste opinion, qu'il n'estoit aucunes nouvelles, tant que l'esté dura, d'envoyer secours au Pape, jusques à ce que ces clameurs et plaintes des estranges oppressions que l'on faisoit au Sainct Pere redoublèrent aux oreilles de Sa Majesté, et qu'il fut sceu que les ducs d'Albe et de Florence s'estoient desjà de tant advancez que d'estre fermez et parquez aux portes de Rome, et le Pape enfermé et reduict en grande captivité au chasteau Sainct Ange. Et d'ailleurs que le seigneur Octavien Farneze, à la sollicitation des Imperiaux et des cardinaux Farneze son frere et Saincte-Fleur son cousin, après avoir receu du Roy toute douceur, confort et ayde, s'estoit revolté devers ceux qui auparavant, après avoir procuré la mort de son pere, le vouloient deshériter. Estant aussi adverty seurement que le progrès de toutes ces forces tendoit à chasser les François de toute l'Italie et Lombardie, et ranger le Pape à recevoir toutes telles conditions qu'ils luy proposeroient, ne peut plus temporiser et attendre, et luy fut force à la haste dresser une armée sur le commencement de l'hyver, et y envoyer M. de Guise, qui fut contrainct, pour diligenter, passer les montagnes de Savoye et les Alpes, aux grandes froidures, avec infinité de travaux. Voilà, à mon jugement, l'une des principales causes de la roupture des trefves, et dont l'on dit que ces dernieres guerres sont renouvellées.

Quant à rechercher les choses de plus loing, et dire que c'estoit une couverture que l'on prenoit pour tascher à recouvrer le royaume de Naples, suyvant l'opinion de quelques-uns, et sur cela debattre les raisons de l'une et l'autre partie, pour refuter l'une et colorer l'autre, je laisse, comme j'ay dit, ceste charge aux bons orateurs et à ceux qui ont veu et sont appelez aux privez et plus secrets affaires de tels et si grands princes, et qui tirent d'eux grandes récompenses et bénéfices, pour défendre leurs querelles à coups de plume. Et pourtant, sans m'esloigner par trop de mon propos, je me parforceray monstrer et faire paroistre à toutes personnes de bon jugement, que ces trefves n'etoient qu'une dissimulation, ou, si l'on veut, un repos et reprise d'haleine pour recommencer de plus belle, quand le pouvoir et le moyen seroient recouverts, ou, pour parler encore mieux à la vérité, quand l'on verroit quelles issues auroient plusieurs secrettes et dangereuses entreprises qui se traittoient couvertement.

Mais, pour venir aux principales causes de la roupture des trefves de pardeçà, nous tenons pour certain que le roy Philippes et les Imperiaux ont commencé les premiers, ce qui se peult vérifier par plusieurs moyens et effects, que je n'aurais presque besoing adjouster icy, ayans esté desjà imprimez et publiez par tout le monde; toutefois pour faire preuve par mesme moyen de mon argument et proposition, j'en ay bien voulu discourir quelques uns des principaux. Et, pour le faire court, sans faire grandes clameurs du rigoureux traitement qui a esté fait à noz prisonniers de guérre, plus cruel que ne pourroit estre celuy des Mores et infideles, laissant à part, ainsi que chacun le sçait, comme M. de Bouillon fut iniquement et proditoirement empoisonné et vendu mort, il est tout notoire que, bien peu de jours après l'accord et transaction des trefves, lors que pardeçà l'on ne pensoit qu'à se resjouir pour l'esperance que chacun avoit de la paix, fut trouvé et vérifié, par la voix et confession des conspirateurs mesmes, que plusieurs surprises et machinations avoient esté dressées sur des principales villes et en divers endroits de ce royaume : comme des soldats de Metz qui avoient entrepris rendre et trahir la ville, à la poursuite du comte de Meigue, gouverneur de la ville de Luxembourg, et à l'adveu du prince de Piedmont; celle d'autres soldats sur la ville de Bordeaux, en Guienne, à la conduite du sieur de Barlemont, général des finances de l'Empereur, un peu avant Pasques, un mois après les trefves accordées. Peu de jours ensuyvans fut surpris près La Fere en Picardie, un ingénieur, conducteur de fortifications, nommé Jacques de Flectias, qui advoua et confessa avoir esté envoyé par le prince de Piedmont, pour recognoistre et dresser portraicts des principales villes de la frontiere, mesmemement de Montereul, Sainct-Esprit de Rue, Dourlan, Sainct-Quentin et Mesieres, et, pour cest effet, luy avoir esté fourniz deniers par son commandement. Encore pourray-je adjouter une conspiration, estrange entre chrestiens, d'un soldat provençal, qui avoit esté pratiqué et tellement suborné avec grandes promesses et présens, qu'il avoit entrepris empoisonner les puits de la ville de Mariembourg, et par là faire mourir misérablement tous les gentils-hommes et soldats qui estoient dedans, pour de tant plus faciliter la reprise d'icelle ville. Toutes ces entreprises ont esté si publiées et sont encore si fresches et manifestes, qu'eux-mesmes ne s'en sçauroient eslaver et repliquer le contraire.

Ainsi ces causes semblent assez suffisantes pour avoir donné juste occasion au Roy de s'en resentir et d'estimer que le roy Philippes et les Impériaux auroient les premiers, en contrevenant à leur serment, fait ouverture de la guerre de pardeçà, d'autant que tous contracts et accords, qui se traittent mesmement entre les princes, estant exemplaires de plus grande confirmation aux loix et decrets qu'ils érigent, doivent estre non seulement sans dol et malignité, ains exempts de toute suspicion, veu que en cela leur seul fait particulier n'y est compris, ains tout le bien et repos universel y consiste. Donques en ces beaux et honnestes exercices, fort différens aux promesses précédentes et affermées en bonne foy, se passa la meilleure part du temps de ces trefves. Outre tout cela encore l'on pouvoit sçavoir de pardeçà que, tant s'en falloit que le roy Philippes désirast réconciliation et amitié pacifique, qu'il sollicitoit le roy de Boheme et les potentats des Allemagnes à entreprendre la guerre contre le Roy pour le recouvrement des villes franches, et que, de sa part, au lieu de donner congé et licencier ses capitaines et soldatz, et rompre son appareil de guerre, il faisoit plus que auparavant extraordinaires préparatifz, mesmement d'argent. Finalement il est tout manifeste que, ne pouvant plus contenir ses entreprises, les garnisons du Mesnil commencerent à courir sur le plat pays à l'entour d'Abbeville et Sainct Esprit de Rue, et celles d'Avanes et de Cimetz vers La Chapelle, Rozoy en Thirasse et Aubenton, soubs ombre de dire que la nécessité les contraignoit, estant adonc la famine fort grande devers eux.

Estant ceste premiere année des trefves, 1556, brouillée et diversifiée des varietez d'accidents et menées dissimulées que j'ay aucunement touché et déclaré cy-dessus, et passée jusques sur la fin du mois d'aoust, l'empereur Charles, voyant les affaires de ce regne, et sa santé au lieu d'amendement tous les jours empirer, resolut, sans davantage temporiser, passer en Espagne; et au partir de Bruxelles prit le chemin à Gand. Au quel lieu appella les ambassadeurs résidans près Sa Majesté, et leur donna mesme heure d'audience le mercredy 26 de ce mois, les faisant entrer les uns après les autres en sa chambre; où il ne tint en général autre langage que leur remonstrer sa vieillesse et indisposition; les priant vouloir faire bons et dignes offices d'eux, au bien et advantage de la chrestienté, protestant au nonce (c'est celuy qui est comme ambassadeur du pape) que toute sa vie il avoit aymé et defendu le Sainct Siege apostolique; à celuy de Venise, qu'il honoroit ceste seigneurie et republique, de laquelle il a aussi toute sa vie desiré la liberté et conservation, sçachant combien elle nourrit et entretient le repos de l'Italie; que son fils suyvroit le mesme chemin, luy ayant laissé par exprès commandement et testament. Aux ambassadeurs de Ferrare et de Mantoué, il dist parolles ge-

nerales aussi, et un peu plus particulieres à celuy de
Florence, le chargeant escrire à son maistre ne jamais
prester l'oreille à nouveaux desseings ny entreprises,
et ne rien de soy brasser sans en advertir le roy son
fils, comme il avoit fort bien fait jusques à présent,
et dont il ne s'estoit pas mal trouvé, ainsi qu'il y pa-
roissoit. Iceluy ambassadeur, qui est evesque, se meit
à le vouloir dissuader de son partement et remonstrer
que tous ses plus chers et fideles serviteurs s'en esbahissoient, considéré mesmes que toutes raisons et bons
discours estoient contraires à telle résolution, et qu'au
lieu d'aller en Espagne il faudroit tourner vers l'Italie, ou pour le moins n'abandonner son fils, qui se
pourroit aider et secourir de son prudent conseil. A
ce propos l'Empereur respondit qu'il ne pouvoit pas
estimer qu'un vieil prince, mal disposé et affligé de
toutes parties comme luy, peust ce qu'un jeune prince
pouvoit; lequel il laissoit si bien instruict et en si bonne
volonté de se monstrer grand et homme de guerre,
s'il falloit y entrer, que l'on cognoistroit que son
absence ne apporteroit aucun dommage à ses amis.
Et là dessus voulant cet evesque derechef lui incul-
quer et rememorer les affaires et grandeur de ce monde,
Sa Majesté l'interrompit, le priant croire que ses pensées et cogitations n'avoient plus rien de commun avec
le monde, auquel il disoit adieu et à luy aussi; et là
dessus se départirent.

Le vendredy ensuyvant il partit de la ville de Gand,
et alla coucher à Saïl, petite bourgade distant de là
cinq lieuës, et le lendemain il passa le bras de mer qui
est entre ledit Saïl et l'isle de Zelande, n'estant ce
bras de mer large que de quatre lieuës, qui sont neuf

de distance de Gand à icelle isle, laquelle n'a que sept lieuës de tour ; mais elle a trois petites villes les unes près les autres, où estoient tous les vaisseaux et l'armée qui devoient porter et conduire l'Empereur. Ces trois villes sont Flesseing, Herinnes et Meldebourg, ausquelles toutefois ne logea point, mais à une demie lieuë du port, en un petit chasteau, nommé Lambourg, appartenant au seigneur de Montlambes. Les deux roynes Eleonor et Marie partirent de Gand un jour après l'Empereur leur frère, et allerent d'une traitte jusques à la ville de Flesseing, proche dudict chasteau, où ensemble attendirent le bon vent et le temps propre pour partir, estant adonc l'armée preste et les avitallemens faits ; vray est qu'il restoit encore quelque payement aux mariniers, mais les marchands d'Anvers y arriverent aussi tost pour y satisfaire. Le roy Philippes conduisit jusques à Saïl l'Empereur son pere, et là il print le dernier congé de luy et luy dist le dernier adieu (1). Voilà le triste département du pere et du fils, des plus grands princes de toute l'Europe, des deux tantes et du nepveu ; qui ne fut comme il est facile à croire, sans très-grands et très-aigres regrets, se retirant des parties de deçà, et comme des miseres de ce siecle inconstant et mobile, le plus grand empereur, et le plus renommé qui ayt regné depuis Charlemagne. Le roy Philippes retourna à Gand, où il se vit si accablé de requestes et debtes, qu'il ne luy

---

(1) *Et luy dist le dernier adieu.* Charles-Quint débarqua à Laredo en Biscaye. En sortant du vaisseau il baisa la terre. « Je te salue, s'écria-t-il, ô terre que j'ai toujours aimée. Je suis sorti nu du ventre de ma mère, et je reviens dans ton sein comme dans celui d'une autre mère. Tout ce que je peux faire pour les bons offices que tu m'as rendus, c'est de t'apporter mon corps.

sembloit pour l'heure en pouvoir sortir de sa vie, ny avoir le moyen de retourner si tost en Angleterre; car les estats de par delà se monstroient adonc si rebelles aux contributions, que l'on n'entendoit quasi par tout qu'une voix commune d'un peuple qui a envie de ne longuement supporter telles oppressions, qui estoient à la verité telles, et si extremes, qu'eux mesmes n'en attendoient qu'une ruine et dangereuse revolte. Le duc de Savoye, sur lequel alors reposoit l'entier gouvernement de ces Pays Bas, fut contrainct, quelques jours auparavant le partement de l'Empereur, retourner à Bruxelles avec tout son conseil, où les estats estoient demeurez, pour les persuader d'aider et secourir le Roy, afin que l'on peust payer aux frontieres ce qui estoit deu, et pour fournir quelques deniers au Roy pour son voyage, ne pouvant aller en Angleterre sans cela. Ce que premierement lesdits estats et princes estans à Bruxelles avoient quelquement (1) accordé; toutefois depuis le tout fut renversé et remis en controverse.

Tel estoit le changement que prenoient les affaires de par delà, ausquelles sur toutes choses le roy Philippes desiroit que celles d'Italie peussent donner aucun repos et surseance à la confusion en laquelle il se voyoit, combien qu'elles lui succedoient tout au rebours, pource qu'adonc les nouvelles estoient telles, que le Pape avoit du tout refusé et rejetté celuy qui de la part du duc d'Albe, et autres tenans ce party, luy avoit voulu faire quelque ouverture de paix. Aussi au mesme instant le Pape renvoya querir, et rappella le nonce qu'il avoit devers le roy Philippes; duquel ice-

---

(1) *Quelquement* : à un certain point.

luy nonce prenant congé, Sa Majesté l'asseura, avec toutes protestations, de sa bonne volonté envers la saincteté du Pape. Mais le plus grand ennuy et regret qui de ce faict troublast l'Empereur et son fils estoient les menasses que l'on leur rapporta que le Pape les vouloit excommunier, et le duc de Florence, avec tous leurs fauteurs et adherens. Il est incroyable combien l'Empereur pour cela estoit en peine, comme il a esté sceu par hommes dignes de foy qui l'en veirent plaindre en sa chambre deux heures avant son partement, et du grand tort qu'on luy faisoit pour quelque vengeance. Au surplus, le roy Philippes, suivant l'expresse ordonnance que son père luy avoit enjoincte de recognoistre et n'oublier ses serviteurs, et rechercher ceux qui pouvoient pour son service et augmentation de sa grandeur, par personnes exprès interposées faisoit attirer et regaigner en toutes sortes de promesses tous ceux qu'il sentoit reculez et absentez de son père et de luy, et quelquefois mal à propos, donnant et distribuant en l'Empire de fort riches présens et dons à personnes où il estoit aussi mal employé qu'il estoit possible, pour la petite condition dont ils estoient et le peu de moyens que ils avoient. Car quant aux grands et principaux, il s'en trouvoit peu qui voulussent approcher de luy, tant la fresche memoire du père et de l'Espagne leur estoit odieuse.

M. de Guise, lieutenant general pour le Roy en l'armée que le Roy envoya en Italie pour secourir le Pape, montant au nombre de douze ou quinze mille hommes de pied, de quatre à cinq cens hommes d'armes, et sept ou huict cens chevaux legers, avec messieurs d'Aumalle et marquis d'Albeuf, freres de ce prince, le duc de Nemours, comte d'Eu, et visdame de Chartres, et plusieurs autres grands seigneurs et gentilshommes françois, partit de France au mois de décembre. Lequel, nonobstant tous labeurs et travaux des montagnes de Savoye et des Alpes, et les insupportables froidures et passions que ceste saison d'hyver traine communement après elle, feit si grande diligence, qu'en peu de jours ayant passé tout le Piedmont, se trouva bien avant en Lombardie, sans aucune rencontre et resistance; et après avoir emporté d'assaut la ville de Valence sur le Thesin et mis en pieces quelques Espagnols qui luy cuidoient empescher le passage, se rendit heureusement en Italie. De la venue duquel estant adverty le duc d'Albe, craignant expérimenter la première furie des François, ou bien par faute de vivres et d'argent, leva le siege de Rome, et se retira sur le royaume de Naples, garnissant les places fortes des limites de soldats et munitions, pour attendre l'entreprise des nostres. Le duc de Florence, pour sauver le plat pays florentin et ses colonies et appartenances du gast et dépopulation, et pour avoir loisir de fortifier et munir ses forteresses, feit semblant de prester l'oreille à quelque alliance avecques le Roy : toutefois les choses ne s'estans peu accorder, se sentant bien soustenu et prochain de son secours, se retira dans sa ville, et se contint sur ses gardes : de sorte que le seigneur Pierre Strossy, mareschal de France, qui estoit party des premiers, et qui s'estoit enfermé dans Rome avec autres gentilshommes, capitaines et compagnies françoises, pour soustenir le siege et defendre la personne du Pape et la ville, avant que M. de Guise fust arrivé, avoit desjà combatu et pris la pluspart des forts et bloculs que les Imperiaux avoient basty et remparé à l'entour de Rome et sur le Tybre. Ainsi fut le Pape remis en liberté, et ceste très-ancienne ville, avec toute la province circonvoisine, reasseurée et ostée de la captivité ou leurs ennemis se promettoient la rendre en bref.

Or durant le temps de toutes ces exécutions il n'estoit encore nouvelles de guerre de pardeçà, sinon que par murmures l'on pronostiquoit qu'en bref l'une donneroit commencement à l'autre, selon que desjà le pouvoient donner à penser et faire croire les preparatifs qui estoient appareillez de la part du roy Philippes: comme il advint que peu de jours ensuyvans l'on rapporta que les garnisons d'Artois et Henaut estoient renforcées, et les villes remplies de gens de guerre, sans qu'on peust entendre la cause, sinon qu'il fut dit y courir un bruit couvert eux vouloir exploiter quelques secrettes entreprises en Picardie, en des principales villes de la frontiere, où ils avoient intelligences. Parquoy s'y estant retiré M. l'Admiral qui en est gouverneur, et ayant assemblé les garnisons ordonnées en cette province, les voulut prévenir et jouer au plus fin, asseuré que l'ennemy faisoit le semblable, et en ayant commandement; de façon que sur le commencement de janvier, la veille des Roys, s'estant embusqué près la ville de Douay, faillit à y entrer et la surprendre la nuict, pendant que ceux de là dedans, qui s'estoient ce soir enyvrez à crier le Roy boit, estoient à cuver et reposer leur vin et cervoise (1), et ce, sans une vieille qui donna l'alarme et qui esveilla le guet à fine force de crier, à laquelle trop tost et trop teme-

(1) *Cervoise*: bière.

rairement s'estoient descouverts quelques soldats françois. Ayant fally à celle là, depuis retourna à Lans en Artois, où il entra, et fut ceste ville pillée et saccagée : où les ennemis ont reproché et fait grandes plaintes après y avoir esté perpetrées et commises de grandes cruautez par les François. Ce sont les causes et preuves que les Imperiaux alleguent pour monstrer que nous avons les premiers enfraint les trefves, et contrevenu à nostre foy et promesse, quoy que, comme dit a esté, ils eussent diversement commencé les premiers. Depuis ce temps les garnisons et soldats de chacun costé et party commencerent à courir les uns sur les autres, et à se chercher et rencontrer comme ennemis : et ainsi commença la guerre de pardeçà.

TABLE DES MATIÈRES

CONTENUES

DANS LE TRENTE-UNIÈME VOLUME.

COMMENTAIRES DE FRANÇOIS DE RABUTIN.

Notice sur Rabutin et sur ses commentaires.　Page　3
Epistre au magnanime prince messire François de Cleves, duc de Nivernois, etc.　9
Proeme de l'auteur.　13
Premier livre.　17
Deuxiesme livre.　50
Troisiesme livre.　91
Quatriesme livre.　124
Cinquiesme livre.　183
Apostrophe à M. de Bordillon.　222
Sixiesme livre.　237
Septiesme livre.　300
Huictiesme livre.　388

FIN DU TRENTE-UNIÈME VOLUME.

www.ingramcontent.com/pod-product-compliance
Lightning Source LLC
Chambersburg PA
CBHW071106230426
43666CB00009B/1850